内蒙古财经大学实训与案例教材系列丛书

丛书主编 金 桩 徐全忠

U0505670

ERP 原理与应用实验实训教程

——基于 SAP Business One

主 编 丁惠萍

副主编 杨 婧

中国财经出版传媒集团

经济科学出版社

Economic Science Press

图书在版编目（CIP）数据

ERP 原理与应用实验实训教程：基于 SAP Business One/
丁惠萍主编 . —北京：经济科学出版社，2020.6
（内蒙古财经大学实训与案例教材系列丛书）
ISBN 978 - 7 - 5218 - 1622 - 8

Ⅰ . ①E… Ⅱ . ①丁… Ⅲ . ①企业管理 - 计算机管理
系统 - 高等学校 - 教材 Ⅳ . ①F270.7

中国版本图书馆 CIP 数据核字（2020）第 095593 号

责任编辑：陈赫男
责任校对：刘　昕
责任印制：李　鹏　范　艳

ERP 原理与应用实验实训教程
——基于 SAP Business One
主　编　丁惠萍
副主编　杨　婧

经济科学出版社出版、发行　新华书店经销
社址：北京市海淀区阜成路甲 28 号　邮编：100142
总编部电话：010 - 88191217　发行部电话：010 - 88191522
网址：www. esp. com. cn
电子邮箱：esp@ esp. com. cn
天猫网店：经济科学出版社旗舰店
网址：http：//jjkxcbs. tmall. com
北京密兴印刷有限公司印装
787 ×1092　16 开　25.25 印张　540000 字
2020 年 10 月第 1 版　2020 年 10 月第 1 次印刷
ISBN 978 - 7 - 5218 - 1622 - 8　定价：76.00 元
（图书出现印装问题，本社负责调换。电话：010 - 88191510）
（版权所有　侵权必究　打击盗版　举报热线：010 - 88191661
QQ：2242791300　营销中心电话：010 - 88191537
电子邮箱：dbts@ esp. com. cn）

前　言

一、教程特色

1. 内容体系完备

本实验实训教程共十一章，分为三部分内容，其中第一部分为企业资源计划（enterprise resource planning，ERP）理论部分，共两章。第二部分为SAP Business One 系统理论与实验实训部分，共九章，该部分是本实验教程的重点内容。第三部分为综合练习部分。对 ERP 理论部分内容的掌握和理解，无论在理论认识上还是实践操作上都会有助于第二部分实验实训内容的完成。第二部分 SAP Business One 实验实训内容，使用户在实践中体会和理解 ERP 理论精髓的同时，能够有效提高用户应用软件管理企业的实践能力。在完成第二部分分模块化理论学习和实践操作的基础上，第三部分综合练习以整体案例的形式呈现，大部分业务内容与第二部分实训内容差别很大。用户要在熟练掌握第二部分实训内容的基础上，独立思考完成本部分的业务处理内容。本教程中，理论、实训、综合练习三部分内容相辅相成、相得益彰，这是本实验实训教程的一大特色。

2. 以案例导入教学

本教程实验实训部分首先导入案例背景，每一章理论和实验内容均以模拟案例为蓝本，用户在完成实训内容的过程中，可以感知企业的需求和可行的 ERP 解决方案。从面到里，深刻体会 ERP 理论。

3. 注重实践能力的培养

本教程的第二部分 SAP Business One 实验实训部分和第三部分综合练习部分，注重用户实践能力的培养。第二部分中，在理论论述的基础上，每一个实验都具有明确的实验目的、详实的实验内容和资料，配有详细的实验操作指导，使用户在实践中体会 ERP 系统的精华，并增进应用 ERP 软件管理企业的综合实践能力。第三部分的综合练习要求用户在完成第二部分实验内容的基础上，独立思考完成综合练习，使实践能力进一步升华。

二、团队组成

本实验实训教程由丁惠萍担任主编，负责编写第三至第十一章以及综合练习题；由杨婧担任副主编，负责编写第一至第二章。执笔教师均有十余年从事 ERP 原理与实验和会计信息化教学的实践经验，理论和实践教学经验丰富。同时，参与本教程编写的还有教学团队其他成员：王铁媛、王春梅、武文超、张术丹。在教程编写过程中，他们的参与及提出的宝贵意见为教程的日臻完善增砖添瓦。

尽管我们在教程的编写过程中尽了最大努力，力争给读者奉献一本尽善尽美的教程，但由于水平和时间的限制，教程中可能还有疏漏和不妥之处，恳请读者批评、指正。

三、课时安排参考

实验项目（理论与实验）	内容	课时
	ERP 原理介绍	2
	ERP 原理介绍	2
实验一	账套的建立、输出和引入	2
实验二	系统初始化设置（1）	3
实验三	系统初始化设置（2）	3
实验四	财务模块初始化设置	4
实验五	预算、模板和成本会计初始化设置	4
实验六	财务模块日常业务处理	4
实验七	财务模块期末处理业务	1
实验八	财务报表的编制和输出	3
实验九	财务报表查询实验	1
实验十	采购模块业务处理	10
实验十一	采购相关报表查询	1
实验十二	销售模块业务	8

实验项目（理论与实验）	内容	课时
实验十三	销售报表查询	1
实验十四	库存模块业务处理	6
实验十五	库存报表查询	1
实验十六	生产模块业务	6
实验十七	物料需求计划模块	2
综合实验		4
合计课时		68

编者

2020 年 9 月

目 录
CONTENTS

第一章　ERP 理论、ERP 发展历程及 ERP 系统概述

第一节　ERP 理论概述

 一、ERP 理论产生的背景

ERP 是建立在信息技术基础上，利用现代企业的先进管理思想，全面地集成了企业所有资源信息，为企业提供决策、计划、控制与经营业绩评估的全方位、系统化的管理平台。

ERP 是信息技术和管理科学结合的产物。它可以对企业的业务过程进行有效的计划和控制，是企业信息化的主要工具之一。作为大型的企业应用平台，ERP 经历了半个世纪的演变过程。20 世纪 90 年代以来，由于经济全球化和市场国际化的发展趋势，制造业所面临的竞争更趋激烈。以客户为中心、基于时间、面向整个供应链成为在新的形势下制造业发展的基本动向。实施以客户为中心的经营战略是 20 世纪 90 年代企业在经营战略方面的重大转变。

传统的经营战略是以企业自身为中心的。企业的组织形式是按职能划分的层次结构，企业的管理方式着眼纵向的控制和优化，企业的生产过程是由产品驱动的，并按照标准产品组织生产流程，客户对于企业的大部分职能部门而言都被视为外部对象，除了销售和客户服务部门之外的其他部门都不直接与客户打交道。在影响客户购买的因素中，价格是第一位的，其次是质量和交货期。于是，企业的生产目标依次为成本、质量、交货期。

以客户为中心的经营战略则要求企业的组织为动态的、可组合的弹性结构。企业的管理着眼于按客户需求形成的增值链的横向优化，客户和供应商被集成在增值链中，成为企业受控对象的一部分。在影响客户购买的因素中，交货期成为第一位的，企业的生产目标也转为交货期、质量和成本。

实施以客户为中心的经营战略就要对客户需求迅速做出响应，并在最短的时间内向

客户交付高质量和低成本的产品。这要求企业能够根据客户需求迅速调整业务流程，消除业务流程中非增值的无效活动，变顺序作业为并行作业。在所有业务环节中追求高效率和及时响应，尽可能采用现代技术手段，快速完成整个业务流程。而基于时间的作业方式的真正实现又必须扩大企业的控制范围，面向整个供应链，把从供应商到客户端的全部环节都集成起来。

实施以客户为中心的经营战略涉及企业的再造工程。企业的再造工程是对传统管理观念的重大变革，在这种观念下，产品不再是定型的，而是根据客户需求选配的。业务流程和生产流程不再是一成不变的，而是针对客户需求，以减少非增值的无效活动为原则而重新组合的，特别是企业的组织也必须是灵活的、动态可变的。显然，这种需求是传统的制造资源计划（manufacturing resources planning，MRP Ⅱ）所难以满足的，而必须转向以客户为中心、基于时间、面向整个供应链为基本特点的 ERP 系统。这就是 ERP 产生的客观需求背景。同时，面向对象的技术、计算机辅助软件工程以及开放的客户机/服务器计算环境又为实现这种转变提供了技术基础。于是，ERP 系统应运而生。

二、ERP 概念的定义和内容

ERP 体现了当今世界上最先进的企业管理理论，并提供了企业信息化集成的最佳方案。今天，ERP 概念的外延变得更加广泛，几乎成了企业信息化的代名词。ERP 将企业的物流、资金流和信息流统一起来进行管理，对企业所拥有的人力、资金、材料、设备、方法（生产技术）、信息和时间等各项资源进行综合平衡和充分考虑，最大限度地利用企业的现有资源取得更大的经济效益，从而科学、有效地管理企业的人、财、物、产、供、销等各项具体工作。

从管理思想角度，ERP 是由美国著名的计算机技术咨询和评估公司嘉纳德咨询提出的一整套企业管理系统体系标准，其实质是在 MRP Ⅱ 基础上进一步发展而成的面向供应链的管理思想。

从软件产品角度而言，ERP 是综合应用了客户端/服务器（C/S）或浏览器/服务器（B/S）体系、大型数据库结构、面向对象技术（OOT）、图形用户界面（GCI）、第四代语言（4GL）、网络通信等信息技术成果，面向企业信息化管理的软件产品。

从管理系统的角度，ERP 是整合企业管理理念、业务流程、基础数据、制造资源、计算机硬件和软件于一体的企业资源管理信息系统。

ERP 系统是企业长期以来一直在寻找的现代企业管理模式，其内容包括以下功能模块：

（1）销售管理、分销管理。

（2）采购管理、库存管理。

（3）生产管理：主生产计划、物料需求计划、能力需求计划、车间作业管理。

（4）质量管理。

（5）财务管理、总账管理、现金管理、应收/付管理、成本管理、固定资产管理、工资管理。

（6）人力资源管理。

（7）设备管理。

（8）系统管理。

厂房、生产线、加工设备、检测设备、运输工具等都是企业的硬件资源，人力、管理、信誉、融资能力、组织结构、员工的劳动热情等是企业的软件资源。企业运行发展中，这些资源相互作用，形成企业进行生产活动、完成客户订单、创造社会财富、实现企业价值的基础，反映企业在竞争发展中的地位。企业发展的重要标志便是合理调整和运用上述资源，在没有 ERP 这样的现代化管理工具时，企业资源状况及调整方向不清楚，要做调整安排是相当困难的，调整过程会相当漫长，企业的组织结构只能是金字塔形的，部门间的协作交流相对较弱，资源的运行比较难把握。随着信息技术的发展，针对企业资源管理而开发的 ERP 系统正是为解决这些问题而设计的，成功推行 ERP 系统的结果能使企业更好地运用资源。

第二节　ERP 理论的产生与发展

ERP 理论的形成大致经历了五个阶段：物料需求计划（material requirement planning，MRP）阶段、闭环 MRP 阶段、MRP Ⅱ 阶段、ERP 阶段及电子商务时代的 ERP Ⅱ 阶段。ERP 理论是随着产品复杂性的增加、市场竞争的加剧及信息全球化而产生的。20 世纪 60 年代的制造业为了打破发出订单然后催办的计划管理方式，设置了安全库存量，为需求与订货提前期提供缓冲。20 世纪 70 年代，企业的管理者们已经清楚地认识到，其真正的需要是有效的订单交货日期，因而产生了对物料清单（bill of material）的管理与利用，形成了物料需求计划——MRP。20 世纪 80 年代，企业的管理者们又认识到制造业要有一个集成的计划，以解决阻碍生产的各种问题。要以生产、以库存控制的集成方法来解决问题，而不是以库存来弥补或以缓冲时间的方法去补偿，于是 MRP Ⅱ 即制造资源计划产生了。20 世纪 90 年代以来，随着科学技术的进步以及不断向生产与库存控制方面的渗透，解决合理库存与生产控制问题所需要处理的大量信息和企业资源管理的复杂化，要求信息处理的效率更高。传统的人工管理方式难以适应以上系统，这时只有依靠计算机系统来实现，而且信息的集成度要求扩大到企业整个资源的利用和管理，因此产生了新一代的管理理论与计算机系统——ERP，其理论的演变过程见图 1 - 1。进入 21 世纪，ERP 引入了"协同商务"（collaborative commerce 或 C - Commerce）的概念，是将具有共同商业利益的合作伙伴整合起来，它主要是通过对与整个商业周期中的信息进行共享，实现和满足不断增长的客户需求，同时也满足企业本身的活力能力。通过对各个合作伙伴竞争优势的整合，共同创造和获取最大的商业价值以及提供获利能力。

ERPⅡ作为一种新的商业战略，它由一组行业专业化的应用组成，通过它们建立和优化企业内部和企业之间流程、协作运营和财务运作流程，从而将客户和股东价值优化。企业需要在协作社区内为协作商务而发布关键业务信息的需求将会使得 ERPⅡ逐步代替 ERP 系统成为企业内部和企业之间业务流程管理的首选。

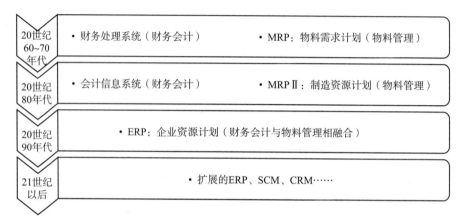

图 1-1　ERP 理论的演变过程

图 1-1 说明了财务会计与物料管理各自独立发展与相互融合的过程。

从财务会计发展主线来看，财务会计软件从单纯的账务处理系统发展到会计信息系统，前者只包括总账与报表子系统，后者在两个子系统基础上还集成了固定资产、应收、应付、采购、销售、库存和存货核算等子系统。随后的会计软件提供商又吸收了计划与生产功能，将原来的会计信息系统升级为 ERP 企业应用平台。

从物料管理的发展主线来看，物料管理主要涉及物流，包括从计划执行开始的采购生产业务，以及与之平行的库存业务、向下循环的销售业务等。物流业务实际上总是与资金流业务相关，企业的物流和资金流可以看成是一件事情的两个方面，是相伴而生的。企业不仅需要物流管理系统，也需要会计信息系统，两个系统只有集成才能去掉重复的操作，清除数据的不一致性，这是基本 ERP 发展到 MRPⅡ的根本原因。

在信息系统分裂的情况下，人们从信息系统中得到的好处是十分有限的。举例来说，假如一个基建管理系统没有与财务系统集成，虽然也可能将材料的数量管理好，但其资金管理可能会失控。一个制造企业的车间管理系统如果不与财务系统集成，就很难达到精确的成本核算。从这个角度看，20 世纪 90 年代出现的 ERP 系统就是一种必然趋势。其实不仅是物料管理，我们还可以举出很多例子，例如质量管理，进而描述它们与财务会计模块的集成过程。但就其重要性而言，以财物管理和物料管理这两部分信息的集成来理解 ERP 的产生可以使思路更清晰。

ERP 是由美国嘉纳德咨询公司首先提出的。其主要宗旨是对企业所拥有的人、财、物信息，时间和空间等综合资源进行综合平衡和优化管理，面向全球市场协调企业各管理部门，围绕市场导向开展业务活动，使得企业在激烈的市场竞争中全方位地发挥潜力，从而取得最好的经济效益。下面对 ERP 的形成历史及有关理论和思想分别予以介绍。

一、MRP 阶段

20 世纪 40 年代初期，西方经济学家通过对库存物料随时间推移而被使用和消耗的规律研究，提出了订货点的方法和理论，并将其应用于企业的库存计划管理中。

20 世纪 60 年代中期，美国 IBM 公司的管理专家约瑟夫·奥利佛（Joseph Oliver）博士首先提出了独立需求和相关需求的概念，将企业内的物料分成独立需求物料和相关需求物料两种类型，并在此基础上总结出了一种新的管理理论，MRP 理论，也称作基本 ERP。这种理论和方法与传统的库存理论和方法有着明显的不同。其最主要特点是，在传统的基础上引入了时间分段和反映产品结构的物料清单，较好地解决了库存管理和生产控制中的难题，即按时按量得到所需要的物料。为了更好地了解基本 MRP 理论，先来了解一下库存订货点理论。

（一）库存订货点理论

早在 20 世纪 30 年代初期，企业控制物料的需求通常采用控制库存物品数量的方法。为需求的每种物料设置一个最大库存量和安全库存量。最大库存量为库存容量、库存占用资金的限制而设置的，也即物料的消耗不能小于安全库存量。由于物料的供应需要一定的时间（即供应周期，如物料的采购周期、加工周期等），因此不能等到物料的库存量消耗到安全库存量时才补充库存，而必须有一定的时间提前量。也就是说，必须在安全库存量的基础上，增加一定数量的库存。这个库存量作为物料订货期间的供应量，应当满足这样的条件：当物料的供应到货时，物料的消耗刚好到了安全库存量。其理论如图 1－2 所示，这种控制模型必须确定两个参数：订货点与订货批量。

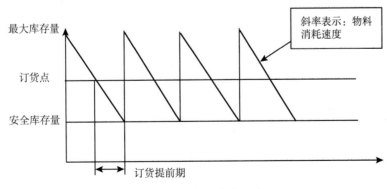

图 1－2　库存订货点理论

这种模型在当时的环境下也起到了一定的作用。但随着市场的变化和产品复杂性的增加，它的应用受到一定的局限。下面是订货点应用的条件：

（1）物料的消耗相对稳定。

（2）物料的供应比较稳定。

（3）物料的需求是独立的。

（4）物料的价格不是太高。

（二）MRP 理论

如前面所述，订货点控制法受到众多条件的限制，而且不能反应物料的实际需求，往往为了满足生产需求而不断提高订货点的数量，从而造成库存积压，库存占用的资金大量增加，产品成本就随之提高，企业缺乏竞争力。20 世纪 60 年代 IBM 公司的约瑟夫·奥利佛博士提出将物料的需求分为独立需求与相关需求的概念。在此基础上，人们形成了"在需要的时候，提供需要的数量"的认识理念。理论的研究与实践的推动，发展并形成了物料需求计划理论，也即基本的 MRP。该理论提出物料的订货量是根据需求来确定的，这种需求应考虑产品的结构，即产品结构与物料的需求量是相关的。

企业生产产品可以说是从原材料的购买开始，也就是说任何产品最终都由原材料构成。原材料，经过一定的生产加工，发生物理和化学变化，然后经过组装和配置，形成产品的组件，即中间件。中间件再通过一定的加工组装形成最终产品。产品的结构与产品的复杂程度有关，有的产品由成千上万个零部件组成，如飞机、火箭、轮船、汽车等；有的比较简单，如镜子、文具盒、圆珠笔等。圆珠笔的组成结构如图 1－3 所示。

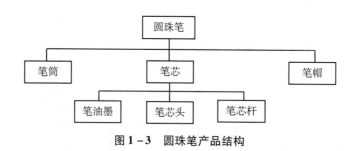

图 1－3　圆珠笔产品结构

产品的组成结构可以通过物料清单来体现，是一种树型层次结构。如圆珠笔的物料清单可以表示为三层的树型结构：第 0 层是最终产品，即圆珠笔本身，是指生产的最终产品，但不一定是市场销售的最终产品；第 1 层是圆珠笔的直接组件和直接零件，笔芯是中间件；第 2 层是笔芯的直接组件和直接零件。这样就形成了一定的结构层次。在这个直接构成的上下层关系中，通常把上层的物料组件称为母件（有时也称为父件），下层的构成部件称为母件的子件。因此处于中间层的所有物料的组件部件如笔芯，既是其上层的子件，又是其下层的母件。

由于产品构成的层次性，产品在生产和组装时就存在一定的顺序性，如图 1-3 所示。假设该产品生产的各层零部件的制造时间周期按小时计算，置于一个时间坐标图中，如图 1-4 所示。从图中可以看出，要完成该产品必须提前 16 小时采购。也就是产品的累计提前期为 16 个小时。可以看出，由于产品各层次需求时间不同，就要求产品在"需要的时候"提供"需要的数量"。产品结构是多层次和树形结构，其中最长的一条加工路线，决定了产品的加工周期。这个原理，也就是网络计划中的关键线路法原理。

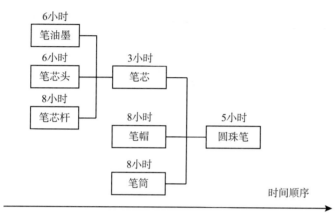

图 1-4　圆珠笔加工周期顺序

在对产品中各层次安排生产时，应按照产品需求的日期和时间向低层次安排，也就是倒排计划，即从确定各层次物料的最迟完工与最迟开工的时间开始。因此，在制订物料需求计划时，需要考虑产品的结构，得出需求后才考虑物料的库存数量（含在制品的数量），再得出各层次物料的实际需求量。其中最终原材料就是采购的需求量，中间件就形成了生产的加工计划，可以用简化的逻辑流程图来表示，如图 1-5 所示。

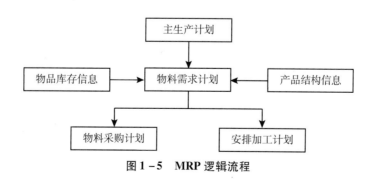

图 1-5　MRP 逻辑流程

二、闭环 MRP 阶段

在上节讨论的 MRP 的制订过程中，考虑的是产品结构、主生产计划信息和库存等相关信息。但实际生产中的条件是变化的，如企业的制造工艺、生产设备及生产规模都是发展变化的，甚至受到社会环境的影响，如能源的供应、社会福利待遇等。MRP 制订的采购计划可能受供货能力或运输能力的限制，而无法保证物料的及时供应。另外，如果制订的主生产计划未考虑生产线的能力，那么会在执行时经常偏离计划，计划的严肃性将受到挑战。因此，利用 MRP 原理制订的生产计划和采购计划，往往不可行。因为信息是单向的，与管理思想不一致，管理信息必须是闭环的信息流，由输入到输出再循环影响至输入端，从而形成信息回路。因此，随着市场的发展及 MRP 应用于实践，20 世纪 80 年代初，在此基础上发展形成了闭环 MRP 理论。

闭环 MRP 理论认为，主生产计划与物料需求计划应该是可行的，既考虑能力的约束，或者对能力提出需求计划，在满足能力需求的前提下，才能保证物料需求计划的执行和实现。在这种思想要求下，企业必须对投入与产出进行控制，也就是对企业的能力进行校验和执行控制。闭环 MRP 流程如图 1-6 所示。

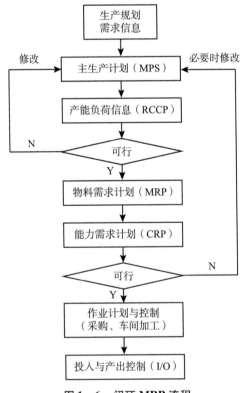

图 1-6　闭环 MRP 流程

现通过流程图对整个闭环 MRP 的过程进行分解描述。企业根据发展的需要与市场需求来制订企业生产规划，根据生产规划制订主生产计划，同时进行生产能力与负荷的分析。该过程主要是针对关键资源的能力与负荷的分析过程。只有通过对该过程进行分析，才能达到主生产计划基本可靠的要求。再根据主生产计划、企业的物料库存信息、产品结构清单等信息来制订物料需求计划。由物料需求计划、产品生产工艺路线和车间各加工工序能力数据，生成对能力的需求计划，通过对各加工工序的能力平衡，调整物料需求计划。如果这个阶段无法平衡能力，还有可能修改主生产计划。采购与车间作业，按照平衡能力后的物料需求计划执行，并进行能力的控制，即输入输出控制，并根据作业执行结果反馈到计划层。因此，闭环 MRP 能较好地解决计划与控制的问题，是计划理论的一次大飞跃。

从图 1-6 中可以看出闭环 MRP 的特点：

（1）主生产计划来源于企业的生产经营规划与市场需求（如合同、订单等）。

（2）主生产计划与物料需求计划的运行（或执行），伴随着能力负荷的运行，从而保证计划是可靠的。

（3）采购与生产加工的作业计划与执行，是物流的加工变化过程，同时又是控制能力的投入与产出过程。

（4）能力的执行情况最终反馈到计划制订层。整个过程是能力的不断执行与调整的过程。

三、MRP Ⅱ 阶段

从闭环 MRP 的管理思想来看，它在生产计划的领域中确实比较先进和实用，对生产计划的控制也比较完善。闭环 MRP 的运行过程主要是物流的过程（也有部分信息流），但生产的运作过程，产品从原材料的投入到产品的产出过程都伴随着企业资金的流通过程，就这一点而言，闭环 MRP 却无法反映出来。并且资金的运作会影响到生产的运作，如采购计划制订后，由于企业的资金短缺而无法按时完成，这样就影响到整个生产计划的执行。

有需求才有发展，市场也是由需求不断推动的。对于新问题的提出，人们就会寻求解决方法。1977 年 9 月，美国著名生产管理专家奥利弗·怀特（Oliver W. Wight）提出一个新概念——制造资源计划，它的简称也是 MRP，为了与传统的 MRP 相区别，将其名称命名为 MRP Ⅱ。MRP Ⅱ 对制造业企业资源进行有效计划具有一整套方法。它是一个围绕企业的基本经营目标，以生产计划为主线，对其制造的各个资源进行统一计划和控制的有效系统，也是企业的物流、信息流和资金流畅通运行的动态反馈系统。MRP Ⅱ的逻辑流程如图 1-7 所示。

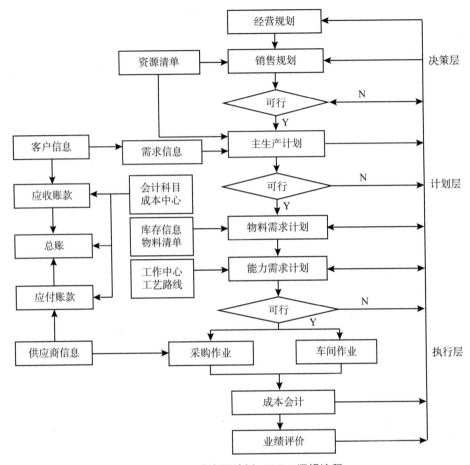

图 1-7 制造资源计划 MRP Ⅱ 逻辑流程

下面对 MRP Ⅱ 的逻辑流程加以描述。MRP Ⅱ 集成了应收、应付、成本及总账的财务管理。对于采购作业，根据采购单、供应商信息、收货单及入库单形成应付款信息（资金计划）。销售商品后，会根据客户信息、销售订单信息及产品出库单，形成应收款信息（资金计划）。可根据采购作业成本、生产作业信息、产品结构信息、库存领料信息等生成生产成本信息。能把应付款信息、应收款信息、生产成本信息和其他信息记入总账。产品的整个制造过程都伴随着资金流通的过程。通过对企业生产成本和资金运作过程的掌握，调整企业的生产经营规划和生产计划，因而可以得到更为可行、可靠的生产计划。

MRP Ⅱ 理论从 20 世纪 80 年代初开始，在企业中得到广泛的应用。MRP Ⅱ 的应用与发展给制造业带来了巨大的经济效益。据 1985 年的不完全统计数字，美国有 160 家计算机软硬件公司开发与提供了 300 种 MRP Ⅱ 商品化软件，已拥有数万家用户。西德也有许多软件公司开发与提供了数十种商品化的 MRP Ⅱ 软件。到目前为止，由于 MRP Ⅱ 所独有的实用性、通用性和强大的生命力及广泛的市场需求，数百个计算机软硬件公司在不同的软硬件环境下，开发出功能各异的数百个商品化软件包。根据相关统计，在美国

80% 以上的大型企业、50% 以上中型企业、30% 以上小型企业安装了 MRP II 系统。

在我国，计算机辅助企业管理起步于 20 世纪 80 年代。1981 年沈阳鼓风机厂率先引进 IBM 公司的 COPICS 系统，揭开了 MRP II 系统在我国开始应用的序幕。到目前为止，国内有近 200 家企业引进了 11 种国外的 MRP II 软件产品，但是纵观这些企业 MRP II 系统的应用状况可以看到，真正全面实施并取得整体效益的企业并不多，其原因在于管理模式的差异和实际的质量等方面的问题。

四、ERP 阶段

（一）MRP II 的局限性

前面讨论了基本 MRP、闭环 MRP 和 MRP II 的理论，这些理论在相应的阶段都发挥了重要的作用，尤其是 MRP II 的发展应用，对世界的发展产生了深远的影响。随着市场竞争日益激烈和科技的进步，MRP II 思想也逐步显示出其局限性，主要表现在以下几个方面：

（1）企业竞争范围的扩大，要求在企业的各个方面加强管理，并要求企业有更高的信息化集成要求，对企业的整体资源进行集成管理，而不仅对制造资源进行集成管理。

现在企业都意识到，企业的竞争是综合实力的竞争，要求企业有更强的资金实力、更快的市场响应速度。因此，信息管理系统与理论仅停留在对制造部分的信息集成与理论研究上是远远不够的。与竞争有关的物流、信息及资金要从制造部分扩展到全面质量管理、企业的所有资源（分销资源、人力资源和服务资源）、市场信息的资源，并且要求能够处理工作流。在这些方面，MRP II 都已无法满足企业需求。

（2）企业规模不断扩大，多集团、多工厂要求协同作战，统一部署，这已超出了 MRP II 的管理范围。

全球范围内的企业兼并和联合潮流方兴未艾，大型企业集团和跨国集团不断涌现，企业规模越来越大，这就要求集团与集团之间、集团多工厂之间统一计划，协调生产步骤，汇总信息，调配集团内部资源。这些既要求独立又要求统一的资源共享管理，是 MRP II 目前无法解决的。

（3）信息全球化趋势的发展要求企业之间加强信息交流与信息共享。企业之间既是竞争对手又是合作伙伴，信息管理要求扩大到整个供应链的管理，这些正是 MRP II 所不能解决的。随着全球信息的飞速发展，尤其是互联网的发展应用。企业与客户、企业与供应商、企业与用户之间，甚至是竞争对手之间都要求对市场信息快速响应、信息共享。越来越多的企业之间的业务在互联网上进行，这些都对企业的信息化提出了新的要求。ERP 系统实现了对整个供应链信息进行集成管理。ERP 系统采用客户端/服务器体系结构和分布式数据处理技术支持互联网/内联网/外联网（Internet/Intranet/Extranet）、电子商务（E – business、E – commerce）即电子数据交换（EDI）。

（二）ERP 的产生

随着现代化管理思想和方法的提出和发展，如准时制生产（just in time，JIT）、全面质量管理（total quality control，TQC）、优化生产技术（optimized production technology，OPT）、分销资源计划（distribution resource planning，DRP）等，又相继出现了制造执行系统（manufacturing execute system，MES）、敏捷制造系统（agile manufacturing system，AMS）等现代管理思想。MRP Ⅱ逐步吸收和融合其他先进思想，来完善和发展自身理论。20 世纪 90 年代 MRP Ⅱ发展到一个新的阶段——ERP。

简单来讲，企业的所有资源，包括三大流：物流、资金流和信息流。ERP 也就是对这三种资源进行全面提升管理的管理信息系统。概括地说，ERP 是建立在信息技术的基础上，利用现代企业的先进管理思想，全面地集成了企业的所有资源信息，并为企业提供决策、计划控制与经营业绩评估的全方位和系统化的管理平台。ERP 系统不仅是信息系统，也是一种管理理论和管理思想，它利用所有资源，包括内部资源与外部市场资源，为企业制造产品和提供服务创造最优的解决方案，最终达到经营目标。由于这种管理思想必须依附于电脑软件系统的运行，所以人们常把 ERP 系统当成一种软件。这是一种误解，要想理解与应用 ERP 系统必须了解它的实际管理思想和理念，才能真正掌握和利用 ERP。

ERP 理论系统是从 MRP Ⅱ发展而来的，它除了继承 MRP Ⅱ的基本思想（制造、供销及财务）外，还极大地扩展了管理的模块。如多工厂管理、质量管理、设备管理、运输管理、分销资源管理、过程控制接口、数据采集接口、电子通信等模块。它融合了离散型生产和流程型生产的特点，扩大了管理的范围，更加灵活和柔性地开展业务活动，实时地响应市场需求。它还融合了多种现代管理思想，进一步提高了企业的管理水平和竞争力。因此，ERP 理论不是对 MRP Ⅱ的否认，而是继承与发展。MRP Ⅱ的核心是物流主线，是计划伴随着物流的过程，同时存在资金流和信息流。ERP 主线也是计划，但 ERP 已经将管理的重心转移到财务上，在企业整个经营过程中贯穿了财务成本控制的概念。总之，ERP 极大地扩展了业务管理的范围及深度，包括质量、设备、分销、运输、多工厂管理、数据采集接口等。ERP 的管理范围涉及企业的所有供应链业务全过程。

（三）ERP 系统常见模块

一般的 ERP 系统包含的模块有：销售管理、采购管理、库存管理、制造标准、主生产计划、物料需求、计划能力、需求计划、车间管理、JIT 管理、质量管理、账务管理、成本管理、应收账管理、应付账管理、现金管理、固定资产管理、公司管理、人力资源管理、分销资源管理、设备管理、工作流管理和系统管理。

五、ERP Ⅱ 阶段

ERP Ⅱ 是 2000 年由美国调查咨询公司嘉德咨询在原有 ERP 的基础上扩展后，提出的新概念。嘉德咨询给出的定义是：ERP Ⅱ 是通过支持和优化企业内部与企业之间的协同运作和财务过程，以创造客户和股东价值的一种商务战略和一套面向具体行业领域的应用系统。为了区别于 ERP 对企业内部管理的关注，嘉德在描述 ERP Ⅱ 时，引入了"协同商务"的概念。协同商务是将具有共同商业利益的合作伙伴整合起来，通过对与整个商业周期中的信息进行共享，实现和满足不断增长的客户需求，同时也满足企业本身的活力能力。通过对各个合作伙伴竞争优势的整合，共同创造和获取最大的商业价值以及提供获利能力。

ERP Ⅱ 是一种新的商业战略，它由一组行业专业化的应用组成，通过它们建立和优化企业内部与企业之间流程、协作运营和财务运作流程，从而将客户和股东价值优化。

传统 ERP 系统注重制造业企业的资源计划和库存准确率，同时也注意到了企业的业务可见度。后续扩展的 ERP 需求使一些非制造业企业也采用 ERP 系统作为后台财务处理系统。ERP Ⅱ 的定义强调未来的企业注重深度行业专业分工和企业之间的交流，而不仅是企业业务过程管理。ERP Ⅱ 相对于 ERP 的主要区别是强调了协同商务的作用。下面从 ERP Ⅱ 的特点来说明其相对于 ERP 的优势。

ERP Ⅱ 系统包含 6 个基本特征，分别从业务、应用和技术方面定义了其战略取向。

（1）作用：从传统 ERP 的资源优化和业务处理扩展到利用企业间协作运营的资源信息，并且不仅是电子商务模式的销售和采购。

（2）领域：ERP Ⅱ 的领域已经扩展到非制造业。

（3）功能性：超越传统通用的制造、分销和财务部分，而扩展到那些针对特定行业或行业段的业务。

（4）业务处理：从注重企业内部流程管理发展到注重企业外部联结。

（5）系统结构：与单调的 ERP 系统结构不同，ERP Ⅱ 系统结构是面向 Web 和面向集成设计的，同时是开放的、组件化的。

（6）数据处理方式：与 ERP 系统将所有数据存储在企业内部不同，ERP Ⅱ 面向分布在整个商业社区的业务数据进行处理。

可以看出，除了系统结构的不同之外，ERP Ⅱ 的这些特征代表了传统 ERP 的扩展。ERP Ⅱ 方案增强了公司改善内部效率及数据自动化的能力，提升了公司对后勤功能的控制，帮助分享客户、产品、竞争对手及市场信息。这个新的模式利用开放的架构及将数据分配设计扩展，以支持公司对内及对外的协同流程。协同方案为商业价值链上的每一位参与者提供功能及重要信息，这是一个最重要的、支持商业运作需求的概念。这个模式意味着整个商业流程中的每个参与者都可随时取得其所需的功能及信息。此模式需要一个能将各种方案整合在 ERP Ⅱ 内并能支持营商事项的架构。有些公司能透过 ERP Ⅱ 的各项功能达到以上目的。有些公司则需向不同的供货商提出要求，组织各种功能的方案配合独特的需要，如财务管理系统。不同的分析员对 ERPⅡ会有不同的描述。从技术上来说，可以将 ERPⅡ扩展成包括 ERP 系统及其他围绕 ERP 系统的各个模块的功能活动。这些功能活动普遍包括：管理、决策、培训、文件存盘、沟通、人事等。所有这些模块及功能都要和平共存才能建立一个 ERPⅡ方案，通过 ERPⅡ系统中的接口把整个 ERPⅡ方案凝固。

第三节　ERP 的发展趋势

1990 年嘉德咨询公司率先提出 ERP 的理念，十年之后该公司又提出一个新概念——ERPⅡ。ERP 从诞生之日起就在不断发展。这里姑且不讨论 ERPⅡ这个名词的叫法，下面从几个方面对 ERP 未来的发展趋势进行展望。

一、管理范围更加扩大

ERP 的管理范围有继续扩大的趋势，继续扩充供应链管理融合企业本身的所有经营业务、企业的办公业务、企业之间的协同商务业务等。如电子商务、客户关系管理、办公室自动化（OA）等都不断地融入 ERP 系统中。协同商务是其内部人员贯穿于贸易共同体的企业伙伴和客户之间的协作及电子化的业务交互过程。贸易共同体可以是一个行业和行业的分支，也可以是供应链或供应链的一部分。此外，ERP 系统还与计算机辅助设计（computer aided design，CAD）、计算机辅助制造（computer aided manufacture，CAM）、计算机辅助工艺计划（computer aided process planning，CAPP）、产品数据管理（product data management，PDM）、销售终端（point of sale，POS）系统以及自动货仓等系统融合，互相传递数据。这样就将其企业管理人员在办公室中完成的全部业务都纳入到管理范围中，实现了对其所有工作及相关内外部环境的全面管理。

二、继续支持与扩展企业流程重组

企业的外部与内部环境变化是相当快的，企业要适应这种快节奏的变化，就要不断地调整组织机构和业务流程。因此，ERP 的发展必然要继续支持企业的这种变化，使企业的工作流程能够按照业务的要求进行组织，以便集中相关业务人员，用最少的环节、最快的速度和最积极的形式完成某项业务的处理工作。

三、运用最先进的计算机技术

信息是企业管理和决策的依据，计算机系统能够及时准确地为企业提供必要的信息。因此，ERP的发展离不开先进的计算机技术。互联网和内联网技术，使企业内部和企业与企业之间的信息传递更加畅通。面向对象技术的发展使企业内部的重组变得更加快捷和容易，计算机在整个业务过程中产生信息的详细记录和统计分析，使决策变得更加科学合理，且有针对性。新的计算机技术的不断涌现，将为ERP的发展提供更加广阔的前景。

思考题

1. 企业信息化经历了哪几个发展阶段？
2. 闭环MRP计划理论与MRP计划理论有什么异同？
3. MRPⅡ计划理论与闭环MRP计划理论有何异同？
4. ERP与MRPⅡ有何异同？

第四节　ERP系统概述

什么是ERP系统？我们开始深入了解ERP系统之前应该清楚什么是ERP系统。应该理解ERP系统和ERP软件两个术语之间的区别和联系。应该明确ERP系统的特点。下面从ERP系统的定义和特点出发，对其进行详细的介绍。

 一、ERP系统的定义

从当前的理论研究和应用实践来看，有关ERP和ERP系统的定义有许多不同的版本。下面给出一些比较典型的定义。

定义1：ERP是用于改善企业业务流程性能的一系列活动的集合，由基于模块的应用程序支持，它集成了从产品计划、零件采购、库存控制、产品分销和订单跟踪等多个职能部门的活动。在ERP中，还可以包括企业的财务管理模块和人力资源管理模块。该定义强调业务流程的活动和业务功能的集合，并且限制了ERP的作用范围主要是企业内部的各个职能部门。可以说，该定义是从ERP的目的角度出发的。

定义2：ERP是一个工业术语，它是由多个模块的应用程序支持的一系列活动组成的。ERP可以帮助制造企业或者其他类型的企业管理主要的业务，包括产品计划、零件采购、库存维护、与供应商交流沟通、提供客户服务和跟踪客户订单等。这也是一个典型的ERP定义。也就是说ERP不但可以管理企业内部的资源，还强调了与供应商和客户的关系管理，实际上延伸了ERP的作用范围。该定义说明了ERP不仅可以应用于制造业，而且可以应用于其他类型的企业。

定义3：ERP系统是一种集成了所有制造应用程序和与制造应用程序相关的其他应用程序来用于整个企业的信息系统。该定义的特点是：使用了ERP系统术语，并且突出了信息系统的作用，强调了 ERP 系统实际上是信息系统的一种类型。但该定义没有提到 ERP 系统在企业中具体的应用范围，而是突出信息技术的作用，从这些特点来看，该定义是从信息技术视角阐释 ERP 系统的。

定义 4：ERP 系统是一种商业软件包，允许企业自动化和集成主要的业务流程，共享通用的数据，且分布在整个企业范围内，并且提供了生成和访问业务信息的实施环境。这个定义是完全从信息系统的角度看待 ERP 系统的作用，软件包、自动化、集成、共享、分布和访问都是信息系统的特点和作用。这个定义没有明确提到 ERP 系统对企业管理的作用，而是通过自动化和集成业务流程共享业务信息，隐含了 ERP 系统对企业管理的促进和提高作用。

定义 5：ERP 系统是一种商业战略，它集成了制造、财务和分销职能以便实现动态的平衡和优化企业的资源。ERP 系统是一种集成的应用软件包，可以用于平衡制造、分销和财务功能。ERP 系统是通过利用关系型数据库管理系统（relational database management system，RDBMS）、计算机辅助软件工程、第四代语言开发工具和客户机服务器体系架构，从 MRP II 演变过来的。当然，企业成功地实施了完整的 ERP 系统之后，ERP 系统允许其优化业务流程、执行各项必要的管理分析，以及快速有效地提供决策支持。随着技术的不断进步，ERP 系统不断增强了应对市场变化的能力。这是一个典型的比较完整描述 ERP 系统的定义。该定义的特点主要表现在 ERP 系统可以从微观的优化业务流程方面发挥作用，也可以有效地在战略方面体现其效用。ERP 系统既是信息技术集成形式，也是制造、分销和财务管理功能的集成。ERP 系统既可以对当前企业的经营和管理提供优化、分析和决策支持，也能不断地自我发展和完善。

定义 6：ERP 是一个信息技术工业术语，它是集成的，基于多模块的应用软件包，为企业各种相关业务职能提供服务。ERP 系统是一个战略工具，它通过集成业务流程可以帮助企业提高经营和管理水平，有助于企业优化可以利用的资源。ERP 系统有助于企业更好地理解其业务、指导资源的利用和制订未来的计划。ERP 系统允许企业根据当前行业和最佳管理实践标准化其业务流程。这个定义有一个与上面定义完全不同的新特点，即 ERP 系统是一种标准化的工具，它提供了许多可供选择的标准化业务流程，可以让企业根据自己的特点选择当前行业的最佳管理实践。从理论上来讲，这是一种十分有效的提高企业管理水平的方法和工具。

二、ERP 系统的组成

从系统的视角来看，ERP 系统是一个有着自己的目标、组成部分和边界的有机统一的系统。只有在 ERP 系统的各个组成部分运行达到协调一致时，ERP 系统才能真正发挥自己的效能。

（一）ERP 系统的目标

ERP 系统的目标是改进和流线化企业的内部业务流程，在此基础上提高企业的管理水平，降低成本以增加效益。一般情况下，在实施 ERP 系统时，需要对其当前业务流程进行再造。

（二）系统的组成部分

ERP 系统包括四个组成部分：ERP 软件、流线化的业务流程、终端用户以及支持 ERP 软件的硬件和操作系统。

1. ERP 软件

ERP 系统的核心是 ERP 软件。ERP 软件是一种基于模块的应用程序，每一个软件模块都会自动化企业内部的某个职能领域的业务活动。一般情况下，ERP 软件设计了产品计划、零部件采购、库存管理、产品分销、订单跟踪以及财务管理和人力资源管理等职能。

2. 流线化的业务流程

管理学家安东尼（Anthony）把企业中的业务流程划分为三个层次，即战略计划层、管理控制层和业务操作层。ERP 软件作为一种企业级的管理解决方案，应该支持企业各个层次业务流程的流线化。实践证明，许多成功的 ERP 系统正是因为集成了跨职能部门的业务流程，从而达到了预期的目标。

3. 终端用户

ERP 系统的终端用户是企业中各个层次的员工，既包括企业底层的业务人员，也包括企业中层的管理人员和高层的决策人员。

4. 支持 ERP 软件的硬件和操作系统

据统计，UNIX 操作系统由于具有很高的安全性、可靠的稳定性和强大的网络功能，而成为当前运行 ERP 软件的主要操作系统。除此之外，Windows 操作系统和 Linux 操作系统是运行 ERP 软件比较流行的操作系统。

（三）ERP 系统的边界

一般认为 ERP 系统的边界小于实施该 ERP 系统的企业的边界。相对来说，供应链管理系统、客户关系管理系统和电子商务系统的边界扩展到了实施这些系统的企业的供应商、合作伙伴和客户。在实践中，如果 ERP 系统的实施涉及与企业外部信息系统的集成，那么表示这种实施内容包括 ERP 系统和其他系统。

从前面 ERP 和 ERP 系统的定义来看，每一种版本都有自己的特点和合理性。造成这种不同版本现状的原因主要有两个：第一，ERP 和 ERP 系统本身的内涵比较复杂，很难从一个方面将其完整、准确地描述清楚。需要通过多种角度来认识这个问题。第二，ERP 或 ERP 系统是一种新生的思想和方法，人们对它的理解和认识还没有达到完全成熟的地步，而且它本身正处于不断发展和不断完善的变化过程中，用一个定义来准确捕捉其本质比较困难，因此它的定义有多种多样的版本。

正是由于 ERP 和 ERP 定义的多样化，才使得 ERP 系统具有更多的灵活性。在当前的理论研究和应用实践中，ERP、ERP 系统、ERP 软件三个术语的使用比较混乱，很多情况下三者交替使用。因此可以说它们具有相同的内涵，ERP 是 ERP 系统的简称。当强调 ERP 系统软件的使用时，统一使用 ERP 软件。需要补充说明的是，本书提到的 ERP 系统，主要是指制造 ERP 系统，因为制造 ERP 系统是当前最主要的 ERP 系统形式，也是占据 ERP 系统市场份额最大的行业领域。

 ## 三、ERP 系统的特点

我们已经了解了什么是 ERP 系统，那么接下来的问题就是 ERP 系统的好处是什么？它还有什么不足之处？下面将围绕这些问题展开。

ERP 系统，把企业中的各个部门和职能集中到一个计算机系统中，它可以为各个职能部门的不同需求提供服务。ERP 系统提供了一个单一的计算机程序，它可以满足财务部门员工的成本核算需求，也可以满足人力资源部门员工绩效考评的工作需要，还可以满足仓库和仓库管理部门员工提高物料管理水平的需要。在 ERP 系统出现之前，许多职能部门都有自己单独的计算机系统，这些系统都有自己特殊的优化方式，以便满足这些职能部门自身的需求。实际上，中国的很多企业或多或少都采用了一些各种各样的基于计算机辅助管理的信息系统。但是 ERP 系统把他们合并成了一个单独的计算机系统，在一个单独的数据库系统下运行，以便各个职能部门方便地共享数据和互通信息，这种集成的方式可以大大提高企业各项业务的运行效率。

例如，与客户签订订单这项业务流程。在采用 ERP 系统以前，一般情况下，当与客户签订一个订单时，该订单文件就开始在企业中从一个办公桌传到另一个办公桌，在不同的计算机系统中重复输入，这种订单处理方式就产生了一系列的问题，订单的处理时间经常被延迟，同一个订单由于在计算机重复输入过程中会产生不同的数据，而造成订单错误，甚至有些订单文件丢失。因此，同一时间，在整个企业范围内，没有人准确地知道某一个订单的当前状态，它进展到什么程度，财务部门由于无法登录仓库的计算机系统，也不知道某种物料是否收到或某个产品是否已经发出。面对客户提出的各种问题，客户服务代表需要不断地向各个部门打电话了解情况、索取数据。但是这些不同部门提供的数据又经常相互矛盾。而 ERP 系统的产生解决了这些问题，它能自动化执行业务流程中重复进行的工作，订单完成工作包括从客户那里获取订单、传输订单和记账等。通过使用 ERP 系统，当客户服务代表从客户处得到订单时，他就拥有了该订单的所有信息，如该客户的订单历史、公司的库存水平和产品开始运输的时间。同时企业中的每一个关联操作的员工都可以看到同一个计算机屏幕，并且可以访问同一个实时保存的客户信息的数据库。当一个部门完成了该订单关联的相应工作后，该订单就通过 ERP 系统，按照已经定好的路径自动传到下一个部门。查找订单在什么地方，只需登录 ERP 系统，并且按照订单处理路径寻找就可以知晓其当前的处理状态。

ERP 系统试图将企业中所有部门集成为单个信息系统的企业级信息系统，以便满足各个不同职能部门的信息需求。ERP 系统的主要优点在于大大改善了部门之间的协调工作，提高了跨职能部门的业务流程的执行效率。ERP 系统的实现有助于数据仓库的建立，这是因为 ERP 系统提高了数据的可访问性，管理人员在需要执行决策时可实时访问所需要的信息。ERP 系统提供了跟踪业务活动的实际成本的能力，允许企业执行基于活动的成本管理方法（activity based costing，ABC，又称为作业成本管理）。

ERP 系统可以在企业的战略计划层、管理控制层和业务操作层这三个层次上提供支持和流线化业务流程。

第一，在业务控制层，ERP 系统可以降低业务成本。ERP 系统是一个企图将企业跨各个业务部门的业务流程集成到一个企业级业务流程的信息系统。其主要优点在于协调各个业务部门，提高业务流程的整体效率。ERP 系统实施后，企业得到的好处是降低业务成本，例如降低库存控成本、降低生产成本、降低市场营销成本和降低客户服务成本。

第二，在管理控制层，ERP 系统可以促进实时管理的实施。ERP 系统提供了对数据的更有效的访问，管理人员可以实时访问信息用于决策。它也提供了跟踪各项活动成本的功能，有助于企业实施作业成本法。管理控制的工作实际上就是及时发现问题和及时解决问题的过程，ERP 系统的使用大大提高了管理人员及时发现问题和解决问题的能力。

第三，在战略计划层，ERP 系统可以支持战略计划。ERP 系统的一个重要作用就是支持战略计划中的资源计划。但是，在许多 ERP 系统中，由于战略计划的复杂性难以与决策支持系统充分衔接等原因，资源战略计划的功能被大大削弱，而只强调具体的业务执行计划。如何更好地提高 ERP 系统的战略计划功能，应该是 ERP 系统今后发展的一个重要方向。

总之，ERP 系统可以为企业带来巨大的好处。可以从定性和定量两个角度分析。一般认为，ERP 系统为企业带来的定性好处，可以包括以下几个方面，如表 1-1 所示。

表 1-1　　　　　　　　　　　　　ERP 系统定性方面的优点

方面	定性优点
存货管理	可以大大减少库存量，从而降低库存成本
订单管理	可以大大加快订单的处理速度、提高订单的处理质量，从而降低订单处理成本
财务成本管理	通过自动化及时采集原始数据，提高数据处理速度和质量，降低了财务记账和保存成本 可以降低生产过程的成本 成本和效率的改善使企业可以确定有利价格，提高企业的利润和市场占有份额 由于实现的信息共享，企业决策有了及时、全方位的数据依据，可以提高决策的质量

方面	定性优点
设备管理	提高设备的管理水平，可以充分配置企业的现有设备，从而降低设备投资、避免闲置
生产管理	生产流程更加灵活，可以有效应对生产过程中各种异常事件的发生 由于提高了生产计划的准确性，从而降低了生产线的非停产时间 更加有效地确定生产批量和调度生产，提高生产效率 减少生产过程中由于无法及时协调而出现的差错率，提高管理水平 改善整个生产过程，可以大大缩短产品交付期
物料管理	提高物料需求计划的准确性，因此大大减少缺货现象
质量管理	可以方便地借鉴行业最佳管理实践，企业管理的精细化、规范化和标准化可以做得更好
顾客满意度	对顾客来说，提高产品生产过程的透明度 允许更大程度的产品个性化定制，可以更灵活地满足用户的需求 客户满意度提高，可以增加产品销售量，增加销售利润
员工能力	管理人员和业务人员有更多的时间投入到业务的研究和问题的解决中 提高管理人员和业务人员的业务素质和管理水平 由于根据需要及时调整业务操作和业务流程，企业员工的全局观念得到增强 ERP 系统经常性的业务操作，使企业员工的计算机技术和数字化管理素质得到提高

从定量方面来看，一般认为 ERP 系统为企业带来的好处有如下几方面，如表 1 - 2 所示。

表 1 - 2　　　　　　ERP 系统定量方面的优点

方面	定量优点
库存管理	降低库存资金占用 15% ~ 40% 提高库存资金周转次数 50% ~ 200% 降低库存误盘误差，控制在 1% ~ 2%
生产管理	减少 10% ~ 30% 的装配面积 减少 10% ~ 50% 的加班工时 减少 60% ~ 80% 的短缺件 提高 5% ~ 15% 的生产率

续表

方面	定量优点
财务管理	降低 7% ~ 12% 的成本 增加 5% ~ 10% 的利润

但是，不能仅看到 ERP 系统有利的一面。实际上，从目前来看，ERP 系统本身还存在着许多缺点。一般认为，ERP 系统的主要缺点包括：ERP 系统的实施过程非常复杂；ERP 系统与传统系统的集成问题；如何更好更快地满足客户的定制需求；实施成本高昂，大多数 ERP 系统的实施都超过了预期的成本和项目期限；组织流程和结构的变化，造成企业内部员工的消极抵触；经常与企业的战略冲突；计算机系统的安全性问题和病毒问题，都会时刻对企业的正常生产经营活动带来严重危害。

 四、ERP 系统的功能分析（SAP R/3）

2003 年 6 月 4 日，信息产业部发布中华人民共和国行业标准《企业信息化技术规范第 1 部分：企业资源规划系统（ERP）规范》（简称 ERP 规范），该标准于 2003 年 10 月 1 日起正式实施。这也是中国第一部关于 ERP 的标准规范。该标准规定了对 ERP 系统比较详细的功能技术要求，给出了 20 个功能模块的功能描述、评比标准以及每个功能描述的重要程度。这些功能描述包括环境与用户界面、系统整合、系统管理、基本信息、库存管理、采购管理、营销管理、物料清单管理、车间任务管理、工艺管理、MRP、成本管理、人力资源管理、质量管理、经营决策、总账管理、自动分录、应收管理、应付管理、固定资产管理的功能类别和描述。

目前，国内 ERP 系统市场上产品众多、良莠不齐，不同产品之间的功能差距很大。下面主要对德国 SAP 公司 SAP R/3 系统的功能特点做详细介绍。SAP R/3 是当前世界上最有代表性的 ERP 系统。SAP R/3 以模块化的形式提供了一整套业务措施，功能强大而完善，突出的特性主要体现在以下几个方面：模块之间有很好的集成性，流程可以重组和优化；SAP R/3 可以灵活地裁剪，从而有效地满足各种特定行业的需要；SAP R/3 具有开放性接口，可以将第三方软件产品有效地集成起来；支持多种语言，特别适用于跨国企业。正是因为 SAP R/3 具有诸多的优点，才得到了世界上许多企业的青睐。据统计，世界 500 强企业中 80% 以上都采用了 SAP 公司的 R/3 系统。SAP Business One 是 SAP 公司针对中小企业开发的 ERP 系统，具备的基本功能结构也可以参考 SAP R/3。

SAP R/3 系统可以分为 7 个子系统，这些子系统分别是生产计划与控制系统、销售与分销系统、物料管理系统、财务会计系统、管理会计系统、资产管理系统和系统技术基础，其结构框架如图 1-8 所示。

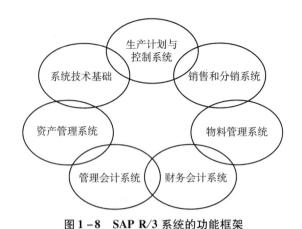

图 1-8 SAP R/3 系统的功能框架

（一）生产计划与控制系统

生产计划（production planning，PP）与控制系统是一个综合性的计划系统，包括制造执行系统的全部功能，它完整地集成了各种应用领域的所有业务功能，支持客户订单快速处理。可以用 R/3 业务模型的组织实体同任何现有企业组织结构对应起来。R/3 支持跨越多个公司的事务处理，以及同一企业各组织实体之间的分销需求计划。生产计划与控制系统可以分为 7 个功能模块，下面详细分析这些功能模块的特点。

销售和运作计划模块（sale operation planning，SOP）是一个通用的计划和预测工具，可以用来实现公司经营的现代化，进而优化公司业务。SOP 的集成功能使用户对公司的各项活动一目了然，可以汇总内部和外部数据，作为设置现实经营目标的数据。SOP 的延展性使它可以对任何逻辑数据进行高级和详细的计划。其弹性计划层次，使用户可以从几乎所有组织单位角度（销售组织、物料组织、生产工厂等），甚至整个企业的角度创建和查看数据。由于充分支持集中规划，SOP 适用于销售、生产采购和库存管理等中长期计划。

需求管理模块（demand management，DM）的功能是用来确定成品与重要部件的需求数量与交货日期，需求管理的结果就是创建需求大纲。为了创建需求大纲，必须首先定义用于计划某一产品的计划策略。该计划策略代表了用于计划与制造和采购产品的不同生产方法。使用这些策略可以决定是否仅由销售订单来触发生产（定制），或者不由销售订单来触发生产（为库存生产）。如果生产时间比标准的市场交货时间长，那么可在任何销售订单存在之前生产成品，或者至少生产某些部件。在这种情况下，销售数量是预先计划好的，可以以计划的独立需求创建需求大纲。计划策略表示计划生产数量与日期的业务过程。在 SAP 系统中可以使用广泛的生产计划策略，范围从纯订货型生产到备货型生产。根据所选择的策略，可以使用销售订单或销售预测值来创建需求大纲，也可以选择把库存水平移至装配水平，以便由新接销售订单来触发最终装配。此外，也可以专门为装配执行需求管理。

模块化产品系统（modular production system，MPS）和 MRP 系统的目的是定制可用能力和可用产品以满足需求量。为了确保物料的可用量，为缓冲时间和安全库存制定不同的数值，这不可避免地导致了高库存水平。尤其对于高价值的物料将会出现高仓储成本。为了减少这些高仓储成本并增加计划的稳定性，成品计划和主部件应该很好地协调，因为这些产品的 MPS 对整个生产流程影响很大。相关零部件的计划依赖于成品的计划结果和主部件。但成品级的频繁更改会引起完整计划运行的不稳定。

MRP 的主要功能是保证物料的可用量，即为保证内部目的以及实现销售和分销的目的而采购和生产的数量。这个过程包含库存监控，特别适用于采购和生产的订货建议。在这个过程中，系统试图达到服务层次最优化与成本和资金占用最小化之间的平衡。

生产计划及生产活动控制模块监控物料生产的全过程。在一个公司内，内部作业通过订单被处理，一个生产订单，指定何种物料将被生产、在何处被生产以及使用什么作业并且用于什么日期。它指定在生产过程中需要什么资源以及订单成本如何被结算。来自前面计划层（MRP）的计划订单和内部请求一旦存在，生产作业控制就把特定订单的数据比如日期和数量加入已存在的信息中。生产订单被用于控制和监控工厂中的生产，作为成本会计的成本控制指令。

能力需求计划模块可根据 R/3 系统的工作中心中使用能力类别定义可用能力。在做人力计划时，可以计划到单独的个人。根据定义的工作中心不同，也可以定义下列能力类别：在工厂车间中的一台单独机器、操作一条生产线的一组人、在工厂维护中的一个维护工作中心、项目系统中的工程师等。订单是能力计划的核心。订单产生需求的同时，也产生订单资源的负载。在 R/3 系统中，订单被创建为物料需求计划中的计划订单、工厂车间控制中的生产订单，以及工厂维护中的工厂维护订单。订单提供排产的基本数据，订单中工序的标准值和数量形成了排产和计算能力需求的基础。通过 R/3 系统能力评估，可以确定可用能力、能力需求，并且还会把可能能力和能力需求进行比较。

CAPP 标准值的计算为确定工艺路线中的标准值提供了支持。这些标准值是利用执行工序的工作中心所允许的加工方法和工艺来计算的。在 SAP 系统中，这些标准值用于下列计算中：计划、能力计划和成本核算。在计划中，利用一个工艺路线中的一个工序中的标准值和数量，来确定该工序的执行日期。在能力计划中，利用一个工序中的标准值和数量来确定执行该工序的能力需求。

（二）销售与分销系统

销售和分销（sale and distribution，SD）系统是一种处理过程驱动的应用系统，全面集成于 R/3 系统中，具有多企业、多语种以及多种货币的销售订单处理功能。SD 系统的定价灵活性和完备性很强。订单状况、顾客服务查询功能使得操作人员可以很方便地从系统中获得相关订单情况和大量信息，甚至可以用图表示订单的进度。R/3 的订单输入允许利用客户的产品编码进入一个客户订单。大量的订单功能允许像处理一份简单文件那样记录最大的销售订单，与此同时，在那个订单内仍可以快速地移动到一个客户部件号码或者一种专用产品号码的登记中。SD 系统中的折扣处理提供了多样选择，包括基于产品、产品组、客户及购买群体的折扣。R/3 的销售信息系统允许搜集、合并使用销售与分销活动中任何类型的数据。SD 系统中的服务包含一整套客户服务功能，包括呼叫管理、担保管理和服务、合同处理等。它还包含出租和采购设备的维护和修理合同，并允许记录全过程，确保即时的服务响应和准确无误地开票。具体地说，SD 系统可以分为 10 个功能模块。

1. 销售支持模块

销售支持模块可帮助销售和市场部门在对现有的客户提供支持的同时，发展新的业务。销售支持将提供一个环境，使所有的销售人员，包括现场销售人员和办事处的员工，都能够提供和存储有关客户、潜在客户、竞争对手及产品和联系人等方面的有价值的信息。销售支持为客户服务和销售及市场人员的商业活动提供了工具和处理手段。该模块紧密地与 SD 系统的销售、发货和开票功能连接在一起，用以提供日常商业事务的必要信息。销售支持使售前功能得以简化和自动化，使人们摆脱了重要但很繁重的日常工作。

2. 销售信息系统模块

销售信息系统模块是 SD 系统最重要工具之一。这个实时数据的公用库，能方便地使操作人员为客户提供更高档次的服务。精确而实时的数据也意味着商业活动在效益上将有显著的提高。在 SD 系统中，所有的销售、发货和开票处理提供的信息将通过中央销售信息系统输入到信息销售支持中。这些信息包括销售的一览表和销售订单的统计资料。销售信息系统具有广泛地用于制定有关销售信息的报表功能。这些报表能协助制定销售和商贸战略以及分析计划的结果。例如，通过销售处和销售组可以制定出一个有关收到订单的详细报表，能检查各个销售订单的历史。

3. 销售活动模块

销售活动模块提供销售活动中询价、报价以及销售订单的处理和监控。任何企业的销售部门都要开展广泛的销售活动，而每一项活动都包含了大量自身的各种变化因素，这些活动包括从处理报价、申请报价单和销售订单到定价信息和产品可用性。这项工作中任何一步稍有疏忽，都可能造成订单的丧失，甚至损害与良好客户的关系。最好的情形是上面提到的所有的活动，甚至更多的活动都是平稳进展，一个过程形式衔接着下一个过程，数据输入减至最少，而误差则被消除。在销售中可以通过销售处理功能模块来实现这些过程。在 R/3 系统中，销售活动模块可以提供询价、报价以及销售订单的处理和监控。广泛的复制功能，可以将订单输入中的误差和重复劳动减至最少，客户定义的凭证类别，用于所有销售订单、可用性检查交货计划、发货点和路线确定，包括本国和外国货币税金确定在内的定价和客户现在检查等。

4. 询价和报价模块

询价和报价模块中，询价和报价文件是关键的售前作业的指导性文件，并且还提供用做业务信息的资料库。当客户需要有关产品和服务信息时，可以使用系统中的询价功能。这些文件提供有关未来客户的重要信息。当销售开始时，可以快速地从询价和报价文件中取出信息，并简单地输到销售文件中。同时 SD 询价和报价模块还包括了许多用于管理和监控这些文件的功能。此模块还可分析销售之前的文件来衡量市场的动向，分析丧失销售的原因，以及建立用于计划和战略的基础。SD 询价和报价模块还提供了用于查阅系统中询价和报价的分析工具，查询表可以随时获得感兴趣的信息。

5. 订单模块

SD 系统的订单模块可以帮助操作人员处理不同的销售订单，这主要取决于特殊的需求。在一个屏幕上输入带有许多项目的销售订单，或利用一份扩展的订单视图来设置一项复杂的订单时，这些功能非常方便。SD 系统订单模块提供了加速订单数过程的几种工具：复制功能、产品建议以及面向客户的订单管理。

6. 运装模块

装运模块是供应链中的基本环节。装运部门的主要任务是确保对用户服务和保障分销资源计划。装运成本是后勤成本的主要部分，所以 SD 系统提供的灵活装运处理可以提高总的成本效益使其更有竞争力。在 SD 系统专业处理中，有关正常交货过程中的所有决策都可用如下功能事先做出：跟踪与用户的总协议、跟踪对物料的具体要求，然后对每一订单规定条件。这样做可以使装运过程合理化并且几乎自动完成。

7. 运输模块

运输模块的目标是为运输提供基本功能：运输计划和处理运输运费，计算运费结算，客户运费计算，同时开具客户运费发票以及服务机构选择功能等。运输是供应链中的一个基本要素。为确保装运按计划准时发放到客户所在地，有效的运输计划是必须的。运输成本在决定一个产品价格上起相当大的作用。为保持产品的价格有竞争力，使运输成本保持最低非常重要。运输的有效计划和处理，能使这些成本降低。

8. 发票处理模块

发票处理模块中出具发票是销售和分销系统的最后活动。它支持以下功能：发出根据货物和服务而发出的发票、根据相应的请求发出的凭单、形式发票、取消出具发票事物、回扣的发出以及传递过账数据到财务会计等。

9. 信贷管理模块

信贷管理模块是 R/3 系统提供的强有力的信贷管理环境。通过集成来自财务会计和销售与分销的最新信息，能有效减少信贷风险。尽快解决信贷扣留，加快订单处理。信贷管理包括下列特点：根据现代管理的需要，可规定基于判据多样性的自动化信贷检查，还可规定在销售和分销循环的那些临界点执行这些检查。关键性的信贷状况，可通过内部电子邮件自动通知有关信贷管理人员。信贷管理人员应该能够快速而准确地审查客户的现状，并根据现行政策决定是否延长信贷。

10. 交货计划

按时交货对客户是至关重要的，它甚至会影响客户决定是否购买产品和相关劳务。因此，SD 系统在订单输入时，自动确定交付的进度。交货计划包括所有在货物发出前肯定要发生的活动。交货计划可以确定产品的可用日期和装载日期。当输入客户要求的交货日期时，SD 系统能计算出装运活动的日期，系统可以确定什么时候产品必须获得，什么时候进行分拣、装载以及制订运输计划，用于满足客户要求的交货日期。运输计划要考虑到运送的时间和装运所需的运输提前期，甚至涉及外国运输的情况。SD 系统也考虑了工作日历，例如在确定运输日期时，要考虑到货运代理商和其他的合伙人。

（三）物料管理系统

采购为计划提供重要的交货情况和市场供应情况，并且控制采购物料从请购到收货、检验和入库的详细流程。当货物接收时，相关的采购单进行自动检查。通过与供应商的谈判和报价管理的比较，对价格实行控制，以取得最佳的效益。对供应商和采购部门的绩效评估，可以协助采购部门确定采购环节中尚待完善的地方。同时，在采购和应付账款、收货和成本核算部门之间建立有意义的信息通信，以保证某一环节所提供的信息能在其他所有有关的环节中反映出来。通过建立和维护采购订单的方式来实现采购合同跟踪，通过安排供应商交货进度来评价采购活动绩效等需求目标，从而提高采购活动的绩效，降低采购成本。物料管理系统包含 5 个模块。

1. 物料管理模块

物料管理模块能提供基本的库存分析报告，帮助评价库存管理的绩效。物料管理系统提供了强大和完善的采购管理功能模块。采购管理模块实现了确定采购需求、选择供应商下达采购订单、采购、订单的跟踪及催货、收货及发票校对以及付款等一系列涉及整个采购周期的所有活动。在物料管理系统中，可以为库存进行采购，也可以为消耗进行采购，同时可以选择不同的采购形式。在采购管理模块中支持三种基本团购形式：使用一次性采购订单，使用具有后续发出核准订单的长期合同，使用长期计划协议、供应计划表。可以在系统中建立和维护与采购有关的物料和供应商数据，从而加强对采购的控制及优化系统中的采购程序。这些主数据包括：物料主数据、供应商主数据、采购信息记录、货源清单及配额的分配。

2. 发票校验模块

发票校验模块提供物料管理部分、财务会计、成本控制和资产管理部分的连接。发票校验的目的是完成物料采购的全过程。物料采购从采购申请开始，接下来是采购和收货，并以收到发票为结束。它允许处理不基于物料采购的发票、处理贷项凭证、发票的取消和处理折扣。发票校验不是对支付进行处理，也不是对发票进行分析，这些需求信息会被传递到其他部门进行处理。

3. 供应商评价模块

供应商评价模块可以优化采购操作，简化选择货源过程、不断跟踪和考察现有的供应关系。使用供应商评价模块，能保证更客观，因为所有供货商以同一标准评估并由系统评分，尽量减少个人的主观印象。评分系统的分值为 1 ~ 100 分。供货商的表现有 4 个主要标准度量：价格、质量、交货和服务。如果需要，最多可以设置 99 个评估标准，可以平衡每个标准在综合评估中的影响。每个主要标准可以分为几个子标准，以便进行更详细的评估。系统提供了 5 个子标准，一般能满足评估目的。另外，用户最多可以自定义 20 个子标准。子标准的评分可用不同的方法：自动计算、半自动计算和手工输入。自动计算指分数根据系统中已有的数据确定。半自动计算指采购人员输入重要物料的分值，然后系统计算更高层的分数。手工计算指用户针对某个全局子标准输入某供应商的分数。

4. 库存管理模块

库存管理模块负责现有库存的管理，直到库存被消耗。其基本目标就是要帮助企业维护准确的库存数量，支持各种物料、库存状况、库存变化、历史以及发展趋势的连接查询，并能从多层次上查看库存状况。库存管理模块，允许按数量和价值管理库存计划输入和检查物料移动，进行实地盘存。基于 MRP 确定的需求，物料从外部和内部采购。交货作为收货输入到库存管理中。在所有业务期间，库存管理访问主数据和所有后勤部分共享的业务数据。库存管理直接与 MRP 采购和发票校验相联系。库存管理与生产计划模块紧密相连，负责生产订单所需部分的待运以及在库存管理中记录仓库对产成品的接收。一旦输入了一个销售订单，就可以初始化现有库存的动态可用性检查。在物料移动中，系统确定物料是否进行质量检查操作。

5. 库房管理模块

库房管理模块保证了库房物料的最优库存，不同的盘点方法都可以用于库存的清点范围。库房管理模块，可以为以下工作提供灵活、有效和自动的支持：定义和管理仓库中的存储和仓位，处理所有的记账和实物，如收货、发货和一般的转储等。对库存的变动情况进行监测，按仓位存储，确保在存储管理系统中的记账与仓库中的实际库存情况一致。与材料管理系统、产品计划系统，质量管理系统和销售与分销系统紧密集成。

（四）财务会计系统

有效的财务会计系统必须满足企业内部和法定的会计要求。SAP 公司保证其软件系统符合国际信用的要求。在 SAP 系统中，发生的所有业务都将依据凭证的有关规定记账。这种规定将保证从资产负债表到与之相关的凭证的审计线索。在用户完成记账之后，可以立即看到凭证本身、科目的余额及相关的科目清单。用户也可以立即对资产负债表和损益表进行分析。财务会计系统包括 3 个功能模块。

1. 总分类账管理模块

总分类账管理模块的中心任务是提供一个关于外部会计和所涉及科目的全景。总分类账会计核算所写的会计科目表，既可以用于单个公司，也可以用于整个集团公司。为了满足不同国家对货币的法规的要求，SAP 系统允许用户同时用多达三种货币作为记账和结算的本位币。所有的业务处理均能以记账本位币、集团公司货币、客户自定义的硬通货记录账本。除了能够将后勤子系统与财会子系统集成之外，在财务会计系统中，总分类账同样能够与明细分类账紧密连接。所有与明细分类账中借方和贷方科目包括固定资产模块有关的业务，均会同时反映到总分类账和财务报表中。因此，明细分类账与总分类账之间总是一致的。

2. 应付账款管理模块

应付账款管理模块对所有供应商的财会数据进行管理。它是与采购模块集成的一个不可分割的部分，为每个供应商记录交货和发票情况。应付账款把发票数据提供给现金管理和预测模块，以优化周转计划。如果有必要，用户可以对未兑现的应付账催款，催款程序支持此功能。用户可以对余额确认，对账单与供应商的其他信函格式进行格式化，以满足不同的要求。为了能够在应付账款上记录业务，系统可以产生余额清单、日记账、余额审计索引和其他内部评估。系统提供了供应商主记录、记账凭证、跨公司代码业务、处理凭证、供应商账户余额和未清已清项目、收复通知书、结算未清项目、定金、应付汇票、保证金、收付程序、支票管理和预制凭证的功能。

3. 应收款管理模块

应收款管理模块是对客户账户进行监测与控制的模块。该模块中具备账户分析、预警报告、预计清单以及灵活的退款功能，使用户可以方便地处理客户未清项。而信函功能适合任何企业的要求，可以用于付款通知书、对账单和账户清单。在收款时，用户既可以用简便的直接输入方式，也可以使用自动数据传输方式。该模块与销售与分销模块、现金管理模块以及在损益表中的客户特定的功能之间的预留接口，可以为所有业务处理提供更多的信息。

此外，SAP 的信贷管理、流动资金计划以及利润核算功能，也能提供实时和一致化的数据。系统提供了客户主记录、记账凭证、跨公司代码、业务处理凭证、客户账户余额和未清已清项目、结算未清项目、定金、应收汇票、担保、信用管理、预制凭证和催款程序等功能。

（五）管理会计系统

所有的管理会计应用程序共享同样的数据源，并使用一个标准化的报告系统。该系统包容各个国家的具体要求，这种能力意味着它能适用于控制跨国的业务活动。R/3 系统的管理会计系统，使用户密切监控所有成本、收入、资源及期限，对计划成本与实际成本进行全面的比较，管理会计数据被完全集成到 R/3 的后勤销售和财务会计的业务活动中。管理会计系统包括 4 个功能模块。

1. 成本中心会计核算管理模块

成本中心会计核算管理模块帮助用户确定在企业的何处将生产何种成本，并将成本分配给产生该成本的部门。此类型的记录和分配不仅能够进行成本控制，也能作为其他管理会计核算部门的核算基础。

2. 基于作业的成本核算模块

基于作业的成本核算模块是一种测定业务过程和成本对象的成本完成量的方法。作业成本法根据业务处理过程中使用资源的情况来分配成本。业务处理过程中发生的成本，根据这些可分割的业务情况将产品分配到产品对象当中，例如产品、服务、顾客订单等。SAP 订单和项目会计管理系统的功能可用于各种投资支出测算，这些功能包括资源与成本计划功能、材料管理与生产能力和计划系统全面集成。广泛的选项功能，用于监控实际成本、计划成本、原价及次级成本。未清项目管理功能用于管理采购订单、采购需求、材料及资金储备等。

3. 产品成本核算模块

产品成本核算模块支持下列成本会计核算程序：一般附加费、统计标准、成本核算和基于边际成本的灵活标准成本核算。此外，该模块也为无形产品和服务生产中的产品成本管理会计提供了一个简单的成本评估程序。

4. 利润中心会计支持模块

利润中心会计支持模块面向销售的销售成本会计方法和基于期间会计方法的分析。利润中心会计的主要目的是确定利润中心的净利润。该模块可以按期间会计方法和销售成本会计方法反映利润。

（六）资产管理系统

R/3 的资产管理系统，使用户能以电子形式监控固定资产和物料。它与 R/3 的会计系统相集成，能够用于控制并使用公司的资产。该系统提供了灵活的功能，使用户可以对资产进行不同方式的折旧，估算利息以及保险金方面的处理。同样，用户也可以在内部分析时选择不同的指标和顺序来处理报表功能。用户自定义的对资产价值的评估模拟优化了用户的计划处理。这种模拟的功能，为用户提供了资产价值的不同视角，并且能处理计划值与实际值的投资。资产分类支持固定资产的结构和分类。重要的默认值，例如分类标准、折旧代码和使用寿命、净资产评估数据及保险相关数据，都存在固定资产类别当中。需要编制资产目录时，仅复制该类别即可。既使用户的资产繁多，系统仍可保证对固定资产进行完整清晰的分类。有许多简化的系统操作，包括模拟任意资产信息系统报表中折旧的综合功能，将资产会计数据传输到 SAP 系统中的灵活工具，大量处理数据的工具，尤其是用于执行大量更改和大量报废等。

 五、系统技术基础

系统技术基础可以分为在线帮助，多元支持和工作流三个模块。在线帮助功能，为用户提供了使用 R/3 的详尽帮助信息。它采用了超文本链接等技术，用户可以方便地浏览搜寻所需信息，可以通过多种不同方式获得帮助。SAP R/3 是一个真正国际化的大型应用软件，提供了强大的多国语言及多国货币支持功能。SAP R/3 还提供了强大实用的工作流解决方案，对业务作业流程的灵活设计和持续有效的管理控制，是 SAP R/3 软件的基本特征。因而，一些基本的业务作业流程管理功能已经内置于 R/3 系统的底层应用模块中。也就是说 R/3 提供了跨越不同应用模块的更高层次的工作流管理能力。

思考题

1. ERP 系统的定义和特点是什么?

2. ERP 与 ERP 系统、ERP 软件概念上有什么差别?

3. 在信息产业部发布的 ERP 标准中, ERP 系统可以分解为哪些功能模块? 这种分解方式是否合理? 为什么?

4. 简要描述 SAP R/3 系统的功能模块及它们之间的集成关系。

第二章　企业业务流程、业务流程重组及 ERP 系统实施

第一节　企业业务流程及业务流程重组

 一、企业业务流程

ERP 不是一个单纯的计算机项目，而是一个复杂的软件系统和一个复杂的管理模式的结合。企业只有拥有很好的管理模式，才能有效地使用 ERP 软件，实现预想的效益。管理模式的内容可以概括为经营策略和业务流程。企业经营的市场导向决定了企业对市场应变能力的重要性。这要求企业的业务流程也随机应变。因此，从某种意义上说，市场导向的重要性决定了业务流程的重要性。流程是一系列活动的组合，这一组合接受各种投入要素，包括信息、资金、人员、技术文档，最后通过流程产生所期望的结果，包括产品、服务和某种决策结果。

ERP 提供商在设计 ERP 软件包时使用了最佳实践的业务流程模型。系按照某一行业中运行比较平稳、比较优秀的企业的资料，提炼出流程模型，或者说标准模型。在此基础上，按照软件工程方法一步一步将流程转变为软件组件。当然，任何一个硬软件都应具有足够的弹性，但如果考虑弹性过多，又可能增加软件的复杂度。因此，按行业来设计 ERP 就是解决办法之一。ERP 一般是针对某一行业的管理需求，提供一定程度的业务流程设定方面的弹性，既允许用户在一定范围内根据自己的管理模式设定流程。

作为 ERP 软件的代表性产品——SAP R/3 系统提供的业务功能覆盖财务、销售、采购、库存、银行、客户关系管理、生产装配和成本管理等方面的内容。系统各模块集成性高，下面以制造企业的实际业务为例，简要描述几个主要模块的业务流程。

（一）企业采购管理业务流程

采购作业流程是指多个采购作业的序列。采购作业流程有三个特点：第一，这些采购作业之间的信息具有共享性，前面的采购作业为后面的采购作业提供基础信息，后面

的采购作业基于这些共享信息展开工作。当然，有些采购作业之间信息的流动和共享是双向的。第二，各个采购作业的执行，其顺序是不可改变的。第三，采购作业流程是一个整体，一般情况下是不能遗漏的。

普通采购业务的具体流程描述为以下几个步骤：

（1）生产部根据技术部的投料单核对库存，对缺货的材料由生产部进行采购申请单录入，生产主管对采购申请单进行审核。

（2）采购部根据生产部的采购申请单关联生成采购订单，由采购部经理进行审核。

（3）供应商材料送到后，由采购部在质量管理模块中填制采购检验申请单，由质检员进行检验并填制采购检验单。保管员根据采购检验申请单生成外购入库单。

（4）采购发票收到后，采购部在采购管理模块进行录入。所有的采购发票到齐后，财务部往来会计在采购管理模块进行采购结算，核算材料入库根据采购发票在应付账款模块作付款或挂账处理。如果月末未作结算处理，则系统自动记录为入库。

（二）企业销售管理业务流程

供需矛盾是企业最基本的矛盾，ERP 系统正是紧紧抓住了这个最基本的矛盾，用模拟的手段进行计划和调整，充分利用反馈实现供需平衡。在 ERP 系统中，销售与运营规划有两个基本目的。首先，它在企业的经营和战略计划过程与详细计划执行过程之间起到关键的联结作用。其次，销售与运营规划管理着企业中所有其他计划，包括主生产计划和它的所有支持计划。

下面以发出商品销售为例描述销售业务处理流程的具体步骤：

（1）销售业务员与客户签订销售合同，销售助理根据销售合同在销售管理模块中录入销售订单，销售主管对销售订单进行确认并在系统中审核。

（2）产品生产完毕入库后，销售助理在销售管理模块根据销售订单生成销售发货通知单。

（3）仓库保管员根据销售管理模块中审核后的销售发货通知单生成仓库调拨单并进行审核，产品出库。

（4）以后期间结算时，销售助理根据客户开票需求，把已审核的提货存根联及开票通知单并送财务部进行开票。

（5）财务开票员根据销售助理复核后的开票通知单开具销售发票。

（6）材料成本会计在仓库核算模块根据仓库调拨单生成销售出库单，材料会计对销售发票进行审核并勾稽销售出库单，月底根据销售出库单生成销售结转凭证。

（7）往来会计收款时在应收管理模块填制收款单，并根据收款单生成收款凭证。

（三）企业财务核算业务流程

ERP 系统深刻地把握了企业经营活动的本质，有效地实现了财务管理和生产管理、采购管理、销售管理、库存管理的集成，将数据的采集延伸到生产、采购、销售和库存管理等环节。财务核算是财务管理的基础，通过与其他模块之间的接口，将生产活动、采购活动和销售活动输入的信息自动过入财务模块，更新总分类账和明细分类账中的数据，进而更新会计报表，从而实现物料、资金流和信息流的集成。

 ## 二、业务流程重组

由于管理的需求最终由业务流程来实现。一个企业经过慎重选择购买了某个 ERP 产品，可能要基本上按照这个软件的标准流程来改变现有的业务流程。如果有问题，那就要进行一定程度的二次开发，而二次开发的量应该越少越好。因此企业要实施 ERP，先要进行业务流程重组（business process reengineering，BPR），尤其是销售、采购、生产、财务、成本核算等几个核心业务流程必须要整顿好。

（一）业务流程重组源起

迄今为止，能称之为管理革命的只有两次，前后相隔 150 年。第一次管理革命开始于 1840 年，其最突出的成果是所有权与经营权分离。第二次管理革命就是 1993 开始的业务流程重组。

现在企业是基于亚当·斯密（Adam Smith）劳动分工的理论建立起来的，其组织结构是金字塔式的，按层级制进行管理。劳动分工理论提高了工作效率，也对现在企业的组织结构产生了深刻影响。但是劳动分工理论在带来兴旺发达的同时，也给企业的持续发展套上了枷锁。首先，被分割的支离破碎的业务流程，使员工在生产经营活动中"只见树木不见森林"。企业管理者各自为政甚至争权夺利，企业内部各部门之间的竞争更甚于同行业其他企业的竞争。其次，在金字塔式的官僚体制下，高级经理要协调和管理中层经理的工作，中层要管理下层，信息要一层层下达再一层层向上反映，加长了决策过程，而且会出现信息传递失真的情况。

企业流程重组就是在这种环境下出现的。重组一词正式开始使用是在 1987 年前后，当时麦克尔·汉默（Michael Hammer）是信息技术的咨询顾问。1993 年，麦克尔·汉默和詹姆斯·钱皮（James Champy）发表了《公司重组》一书，正式把重组学介绍给全世界，宣告了第二次管理革命的开始。

企业流程重组就是对业务流程从根本上再思考，要脱胎换骨、重新设计，从而使公司业绩在成本、质量、服务和速度等关键的方面有显著的提高。在企业流程重组的定义中，有如下四个关键词。

1. 业务流程

企业是由业务流程组成的，业务流程是指我们怎样做事，是一组共同为客户创造价值，而又互相关联的活动。它不同于产品和产品的功能。企业创造财富的基础是业务流程。

2. 显著提高

显著提高指的不是略有改进或稍有改进，而是极大的戏剧性的提高，有突破、有大飞跃。

3. 脱胎换骨

脱胎换骨不是修修补补，不是稍做改良，而是要治本。要根本改变思路，重新做是从一个"熟悉"走向"未知"的过程。

4. 重新设计

重新设计是企业流程重组定义的核心。要抛开旧框框，从提高客户服务水平出发，重新设计业务流程。设计好业务流程是企业成功的基本条件。

（二）何时业务流程重组

什么样的公司要做业务流程重组？根据美国的经验，有三类公司要实施企业业务流程重组，他们的处境和打算各不相同。

第一类公司深陷困境，走投无路，迫于形势，准备背水一战。若能借重组冲出困境，那就能使企业获得新生。这里所谓的困境可以是成本太高、废品率太高、客户抱怨太多，到了忍无可忍的地步。于是，重组是唯一出路，关系到企业的生死存亡。

第二类公司当前过得去，财政状况还令人满意，公司并未遇到真正的麻烦，但公司领导似乎预感暴风雨要来，可能给他们带来严重的问题，甚至威胁他们成功的基业。这些公司有远见，未雨绸缪，把决心下在紧要关头，与其走入逆境，不如着手重组。

第三类公司正处于巅峰时期，不要说眼前没有困难，就是将来也不会出现问题。这些公司领导不是安于现状，而是雄心勃勃、敢于进取，把重组看作提高竞争力水平的手段，要把竞争对手抛得更远。真正卓越的公司，其标志是舍得丢弃长时间有效的东西。世界在变，环境在变，一个卓越的公司不满足于现状，要取得更出色的成绩就必须求变。故步自封，抱住已有的东西不放是不行的。

从这样粗线条的划分可以看到，业务流程重组并不一定是要到走投无路时才做。不同水平、不同发展阶段的企业都可以做，关键在于看清形势，是否下决心去做。

那么如何把握企业重组的机会？如何找到重组的突破口，无疑是企业流程中的一大难点。根据美国开展企业流程重组的经验，人们提出"问题—规则—理念"三层次认识论，以便有效地把握重组机会，取得重组的成功。第一层次的问题，是指流程中一个具体的缺陷，是改进的对象。第二层次规则，是流程设计中所遵循的某项规则，有时造成了企业所出现的问题。第三层次理念，是对事物的认识，是规则的依托。流程重组涉及理念的转变，发现问题比较容易，质疑理念则需要胆识。

（三）业务流程重组引起的变化

企业业务流程重组无疑会为企业带来许多的变化。我们从人、工作和组织三个方面进行归纳。

1. 业务流程重组带来人的变化

企业经理，不再高高在上，为别人安排设计做什么事、什么时候做、怎样做，而是成为员工的指导和良师益友。员工，要有成熟的判断力，不但知其然，还要知其所以然，员工不再仅仅是遵守规则，而是有更多的自主权可以在各自的工作范围内做决定。考核更注重结果，也就是说考核的关键不在于员工是不是忙忙碌碌做事，而是看做事的结果怎样。

2. 业务流程重组带来工作的变化

以前在分工的原则下，每人做一项简单的工作，而现在一个人可能要承担几项工作。由于这样的变化，需要协调的事也就少了，减少了不必要的重复劳动和无用功。每个步骤自然衔接、运转自如，而且在不同的情况下可以有不同的流程结构。决策不再是经理的专利。因为决策层下移，员工有权处理其职责范围内的问题。

3. 业务流程重组引起的组织变化

企业业务流程重组的一个重要的副产品就是在重组的最后必然组建的流程小组。重组前，公司按职能划分管理范围，将工作人员分级分类，形成金字塔式的组织结构。如前所述，这种结构是劳动分工理论的必然产物，能适应高增长环境的需求，发挥过积极的作用。经过企业流程重组，公司的基本工作单位将发生变化，从以职能部门为工作单位，转变为以流程小组为工作单位。流程小组形式多样，不存在最佳和最差的问题，能够适应工作性质的需求就是好的。对这样的巨变企业要有一个适应过程，从观念到实际运行都会有这样那样的问题需要解决。

从组织结构的角度看，企业流程重组引发的不仅仅是工作单位由职能部门变为流程小组，更重要的是组织结构层次的减少向扁平化方向发展，原来涉及多个部门的事情，现在全在一个流程里解决了，从而使得决策层下移。组织结构层次减少，与决策层次下移是联系在一起的。决策层次下移使经理人员的传统职能削弱，经理人员的数量也会相应减少。最终管理层次减少，真正实现集权与分权的有机结合，使公司的整体管理更合理、更有效。

（四）业务流程重组的实施

为了更好地理解企业流程重组的实施过程，我们再次强调以下观点：①企业组织间的真正区别在于它们各自的业务流程不同。②大多数企业会有七个左右的核心业务流程，它们是重组的对象。③从整体上识别重组流程，是流程重组过程中最富挑战性的工作。④由于过去强调职能部门不强调流程，所以从未有人对流程负责。

企业业务流程重组的经验表明，没有两家公司的经营情况会完全相同，所以不同公司进行业务流程重组的具体方法也不相同。但总体来说，企业业务流程重组可分为四个阶段。

1. 流程的识别

在现在的绝大多数企业中，人们总是处于某一职能部门从事某一具体工作，尽管这些工作都是某一特定流程的一部分，但由于我们并不熟悉流程的思考方式，因此往往并未意识到流程的存在。要重组流程，就要改变思维习惯，树立企业运作的流程观，把各种各样的流程识别出来。识别流程，就是用流程的观点描述企业。流程是由活动组成的，活动之间有着特定的流向，有明显的歧视活动和增值活动。识别流程可以通过绘制流程图来实现，通过流程图可以直观地反映各个流程中各项活动的关系以及各个流程之间的关系。

2. 关键流程的选择和认识

有了企业的流程图，流程图组就有了初步的依据。然而在企业众多的流程中，从何处着手，重组必须进行选择。根据经验依据以下三条原则容易选出关键流程进行重组。这三条原则是：问题严重，机能失调的；举足轻重，影响巨大的；切实可行的。

选择出关键流程，指定流程负责人，组织好流程重组小组后，并不意味着可以进行流程重组。因为重组小组中的外部成员可能还不熟悉现行流程，内部成员可能非常熟悉现行流程的运作过程，但却缺乏深刻的认识。所以在重组流程之前，先要认识现行流程，如它的功能、效果、关键因素等。认识现行流程意味着对现行流程的总体把握，理解现行流程"是什么""为什么""做什么"和"怎么做"。

3. 流程重新设计

选出关键流程，并认识了关键流程之后，就进入流程重组的攻坚阶段。对现行流程进行脱胎换骨的重新设计，可以获得一个全新的流程。这是流程重组过程中最困难和最富挑战性的工作。企业流程的基本构成要素包括四项：活动、活动之间的逻辑关系、活动的实现方式、活动的承担者。重新设计流程，就要对现行流程进行根本性的思考和分析。通过对其构成要素重新组合，产生更有价值的结果。在这个过程中，识别流程瓶颈是非常重要的。流程的瓶颈是对流程运作起决定性作用的问题。流程重组一定要解决好瓶颈问题。

经过以上的工作得出新的流程备选方案，然后评估备选方案代价的收益，确定最适宜的实施方案。

4. 实际运行

将实施方案小组在小范围内试验，谨慎行事，发现问题随时调整。经过审慎的实验之后，新的业务流程才可以投入实际运行。

第二节　ERP 系统实施

ERP 实施是将 ERP 功能系统合理地应用到客户的实际环境中，建立 ERP 运行系统的过程。ERP 系统实施的输入是 ERP 功能，系统输出则是 ERP 运行系统。ERP 系统的实施过程，也是 ERP 系统使用权转移的过程。

 一、ERP 系统的实施原则

ERP 系统的实施原则是大量 ERP 系统实施项目的经验和教训的知识结晶，是贯穿于整个实施过程的指导思想，是实施过程中应该遵循的行为规范，降低实施项目的风险管理，是提高实施结果质量和加快实施进度的有效工具。本书参考了 10 个 ERP 系统的实施原则，包括：目标原则、计划原则、个性化方案原则、用户参与原则、投入产出分析原则、先进性原则、最小化定制原则、授权原则及风险防范原则等。

二、ERP 系统实施的 ASAP 法

ERP 系统的实施方法，也称为 ERP 系统实施的操作方法，是实施过程中各个活动的详细描述和工作方式约定。当前，许多研究人员和厂商都提出了许多不同的 ERP 实施方法，例如像 SAP、甲骨文（Oracle）等 ERP 厂商都有自己的实施方法。但是到目前为止并没有得到一个大家公认的、具有普遍适用意义的实施方法。本书主要为大家介绍 SAP 公司的 ASAP（as soon as possible）法。

ASAP 法也被称为快速 SAP 实施法。这是 SAP 公司提出的描述 ERP 系统实施过程中各项活动的方法。该方法包括了 ERP 系统实施过程中的整个技术领域，并且重点解决诸如接口、数据转换及决策授权等实施问题。ASAP 法包括五个阶段：项目准备阶段、绘制业务蓝图阶段、实现阶段、系统调整阶段以及运行和持续支持阶段。

第一阶段是项目准备阶段。该阶段的主要工作包括制订正确的项目计划和企业对整个项目进行评估的结果。具体来说，该阶段工作要重点解决以下几项内容：企业的高层决策人员达成系统实施的共识；给出清晰完整和可评估的项目目标；制定高效率的实施沟通方式和决策流程；促使企业的文化气氛适合进行 ERP 系统实施。

第二阶段是绘制业务蓝图阶段。在绘制业务蓝图阶段，SAP R/3 的业务范围局限于特定行业的业务流程，通过使用工具提供的问卷调查和模型，可以绘制反映企业未来状况的业务流程。内置的行业模板可以加速这种绘制速度，并且提供预先设定的最佳行业业务流程。该阶段的输出结果是全面、系统和完整的业务员业务蓝图。

第三阶段是实现阶段。基于上一阶段定义的业务蓝图，一个配置 SAP R/3 系统的两步骤过程开始了：第一步，按照定义的蓝图，配置初始的基线系统。第二步，调整基线系统应满足所有业务流程的需求。由于初始的基线系统是基于蓝图的，因此该系统给出了当前业务实际运行的情况。

第四阶段是系统调整阶段。在该阶段中，需要对 SAP R/3 系统进行精细调整，确保系统可以满足生产环境的需要。除此之外，应该对调整后的系统进行环境测试。解决测试出现的问题。终端用户的培训工作也在该阶段完成。在该阶段，应该完成对整个实施项目进行审计和鉴定的准备工作。

第五阶段是运行和持续支持阶段。ERP 系统正式开始运行，对 ERP 系统投资工作进行度量和评估，实际支持的目的是保持 ERP 系统连续稳稳定地运行，ASAP 法提供的工具提供了常见问题解答。

思考题

1. 简述普通采购业务的业务流程。
2. 什么是业务流程重组（BRP)？
3. 什么样的公司要进行业务流程重组？
4. ERP 系统实施的 ASAP 法包括哪几个阶段？

第三章 SAP Business One 系统概述

第一节 SAP Business One 系统介绍

SAP Business One 系统是一款可以随企业发展而扩展的业务管理软件，其应用会有助于企业加强对自身的管控，加强企业运营管理，有助于基于实时信息制定决策，推动企业盈利增长。该产品由全球最大的企业管理软件及协同商务解决方案提供商、全球第三大独立软件供应商 SAP 公司开发，其目标客户主要为员工在 300 人以下，年营业额在 3000 万元到 3 亿元的独立法人机构或大型企业的分支机构。根据 SAP 公司 2017 年 4 月发布的文件显示，SAP Business One 软件能够提供 400 多种工业解决方案，在全球拥有客户数量达到 55000 多家，超 100 万使用者，每年的营业额增长在 22% 以上。超 95% 的客户在使用许可到期的情况下，选择继续使用 SAP Business One 产品。在全球 43 个国家设有分支机构，SAP 中国在我国北京、上海、大连、广州、香港和台北设有分支机构。SAP 中国官方网站发布了很多中国客户应用该软件的成功案例，供潜在客户在软件选型时参考。

客户通过购买 SAP Business One 软件的许可来使用该软件，其软件许可采用模块化结构，用户可以根据任意指定时间段需要的用户数量购买许可和支付费用。这意味着，用户可以先购买企业目前需要的许可，然后再随着需求的变化，添加更多许可。相较于 SAP 公司针对大型企业的 SAP R/3 ERP 产品和针对中型企业的 SAP All-In-One 产品，SAP Business One 软件定价和实施周期基本上都能符合小型企业的实施需要。在短短 2~8 周内，就可以以企业预置型模式或云模式部署好该解决方案。随着技术的发展，SAP Business One 软件与技术同进步，如目前的 SAP Business One Sales 移动应用产品，支持 iOS 和安卓系统，专门为销售人员设计，借助于该产品销售人员可以随时随地访问该软件，轻松管理销售线索和客户账户，查看库存和下单。

SAP Business One 软件是一款针对目标客户具有代表性的 ERP 软件产品，因此本实验实训教程以 SAP Business One 软件为蓝本，在理论论述的基础上，来完成实训内容。

第二节　SAP Business One 系统架构及主要功能

 一、SAP Business One 系统技术架构

SAP Business One 是一款基于客户/服务器结构的企业资源管理系统，其应用程序安装在单一的服务器之上，该服务器采用 Microsoft Windows 操作系统，并支持 Microsoft SQL Server。数据库服务器之外，SAP Business One 软件还提供以下几种服务器端应用和工具：①许可证服务器（license server），用于管理购买的最终用户许可证。②备份工具，可执行数据库备份。③集成平台，可将 SAP Business One 与其他业务软件相集成。④SAP Business One 远程支持平台，可为解决方案环境提供前瞻性支持和维护。

本书 SAP Business One 版本软件推荐的运行环境如表 3 - 1 所示。

表 3 - 1　　　　　　　　　　　SAP Business One 软件运行环境

运行环境	服务器	工作站
软件环境	Microsoft® Windows 2000 Server/Microsoft® Windows Server 2003/MS SQL 2000	Microsoft® Windows 2000/XP
CPU	Pentium Ⅲ 600MHz 以上	Pentium Ⅲ 450MHz
内存	512MB 以上	128MB RAM
硬盘空间	2GB 以上	400MB

一般情况下，用户在实施 SAP Business One 前，SAP 实施顾问会根据用户的需求进行调研，其中包括 SAP Business One 系统配置环境的搭建，SAP 实施顾问会提供用户实施 SAP Business One 的最低系统配置要求，一般 SAP Business One 各个版本的安装步骤不变。

 二、SAP Business One 系统功能

SAP Business One 中文版是 SAP 公司专门针对小型企业以及大企业分支机构设计的产品，从物料需求计划的编制，到采购业务的完成，再到产品的生产和销售，以及与此相关的库存管理和财务凭证的生成，该系统提供全面的功能，能够满足制造型中小企业的经营管理需求。

其功能模块如图 3 – 1 所示。

图 3 – 1　SAP Business One 软件功能模块

其中管理模块主要包括账套的建立、初始化设置、各模块基础内容的设置等功能。财务模块主要包括财务模块初始化设置、日常业务处理（包括手工填制的凭证和接收采购、销售、库存和生产模块自动生成的凭证）。销售模块主要处理与销售业务相关的订货、发货、应收发票、收款和退货等业务。采购模块主要处理与采购相关的订单、收货、应付发票、付款和退货等业务。收付款模块主要处理与采购和销售相关的收付款业务。采购的入库和销售的出库都会引起库存模块库存状态的变化，非交易性出入库业务也需要在库存模块进行处理。物料需求计划模块主要功能为物料需求计划的编制。生产模块主要涉及生产订单、生产发货和收货等业务。人力资源模块主要管理企业的人力资源信息。除了每个主要功能模块都有强大的报表功能外，在 SAP Business One 系统中还有一个集中的报表模块，从财务凭证到财务报表，从采购报表到销售报表，从库存报表到生产报表以及人力资源报表，涵盖了全面的报表查询信息。

本实验实训教程将按照管理模块、财务模块、采购模块、销售模块、库存模块、生产模块和物料需求计划模块的顺序，在后续章节中对各功能进行展开论述，在理论论述基础上，实验实训内容是本教程的重点之一。

第三节 SAP Business One 系统主菜单功能介绍

在进行 SAP Business One 系统学习前，用户有必要对系统的菜单栏和工具栏的主要功能进行识别，在了解其相关功能的基础上，可提高系统的应用效率。其功能主菜单如图 3 – 2 所示。

图 3 – 2 SAP Business One 软件功能主菜单

其中，位于第一行的是菜单栏，为文字表述。用户经常用到的功能是"数据"菜单，通过此菜单，用户可以对数据进行查询、添加、删除或取消。"模块"菜单功能与系统的菜单功能一致，用户可以通过选择使用该功能。

位于第二行的是工具栏，为图标表述。用户经常用到的功能如下：

：："查找"按钮，用户可以对数据进行查询。

：："添加"按钮，进入新页面，用户可以对新数据进行添加。

：：上下翻页按钮，用户可以对数据进行查询。

：："基础凭证"和"目标凭证"按钮，用户可以对基础凭证和目标凭证进行查询，在采购模块和销售模块业务流程中，经常会使用此按钮对凭证进行查询。

：："事务日记账"按钮，可以对手工填制的日记账凭证进行查询。

：："付款方式"按钮，采购的付款和销售的收款都要使用该付款方式按钮进行款项的收付。

：："毛利"按钮，在销售业务界面，用户点击该按钮，系统会显示按照系统设置的毛利计算方式的毛利信息。

：："体积与重量计算"按钮，按照在物料主数据中设置的长、宽、高与重量，来计算业务单据的体积与重量。

：："设置"按钮，对于在单据中不能显示的项目，用户可以通过该按钮将项目激活。

第四章 案例背景、账套的 建立、输出和引入

第一节 实训教程案例背景介绍[①]

企业名称：中山市飞达灯具生产有限公司；法人代表：王威；地址：中山市翔云路180 号；电话：0760 – 38×××98。

企业内部机构设置：财务部、办公室、采购部、生产部、销售部，以及仓储部。

注册资金：600 万元人民币；实收资本：580 万元，其中广东霞红商贸公司投资占30%，中山市凤飞灯具有限公司占70%。

经营范围：灯具生产与销售

纳税信息：增值税一般纳税人，增值税税率13%，企业所得税税率25%，纳税人识别号（社会信用证代码）81480040312348090H。

开户银行及账号：中国银行中山市支行翔云路分理处，账号：10783298471

物料的发出采用移动平均的成本计价方式。

第二节 账套的建立、备份和引入

 一、账套的建立

在应用 SAP Business One 软件系统进行企业管理前，首先要建立账套，企业在账套建立过程中，可以按照企业的实际情况和统一的核算要求，选择相应的参数设置，软件根据参数设置自动建立一套针对建立企业需要的账套。

路径：管理（模块）—选择公司—新建。

---

① 本书案例中的企业名称、法人、地址、电话等信息均为作者虚构，如有雷同，纯属巧合。

　　SAP Business One 软件建账参数设置示例如图 4-1 所示，主要包括数据库的设置，本地设置、科目表模板和语言设置的选择，以及会计期间的设置。账套一旦建立，建立账套过程中设置的参数大部分是不可修改的，如本地设置、会计期间的设置等，因此对于参数的选择，用户要经过充分的考虑。

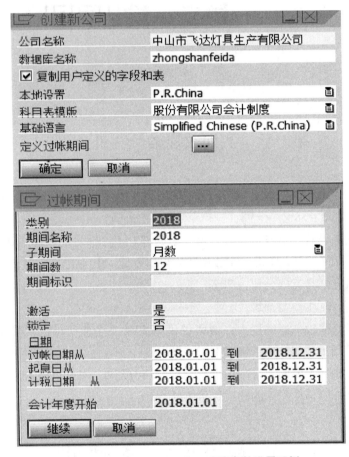

图 4-1　SAP Business One 建账参数设置示例

　　只有具有超级用户权限的用户才能有权限创建账套。系统内置的超级用户为 manager（用户代码和密码均为 manager）。

　　说明：

　　◇ 在本地设置的所有选项：在中国（P. R. China），日本（Japan），韩国（Korea）和新加坡（Singapore）中选择中国，这样才能激活适合我国会计核算的专用功能。

　　◇ 在基础语言设置的所有选项：简体中文（Simplified Chinese），繁体中文（Traditional Chinese），在英语—美国（English – United States），英语—新加坡（English – Singapore），日文（Japanese），韩文（Korean）中，选择简体中文，这样输入的中文以简体中文显示。

　◇ 期间类别和期间名称可以按照账套年度进行命名。激活"是"，锁定"否"意味着所在会计期间处于可以进行相应的业务处理状态。

　◇ 会计期间以我国公历会计年度 1 月 1 日~12 月 31 日为基准，按照年、季、月、日进行会计分期。按照惯例，在这里选择以"月"来分期，一个会计年度有 12 个分期。

　注意：

　◇ 过账期间、起息日和计税日期一定与账套建立时的系统年度一致。

　◇ 在同一服务器下，所设置的数据库名称要保持唯一性，否则会出现建立数据库不成功的情况。

二、账套的备份

　无论对于实验实训账套还是实务中公司账套，为了确保账套数据的安全性，一般都会定期对账套数据进行备份。如果出现不可预测的因素导致数据不能恢复，可以通过对输出的账套数据进行恢复的形式，使损失降到最低。

　在实验实训中，每次实验内容的完成并顺利输出，是确保后续实验内容顺利进行的主要因素之一。

三、账套的引入

　账套的引入指将账套数据引入到系统中。在本实验实训内容进行中，每次新实验内容的开始，都是前序实验内容的延续，因此每次新的实验实训内容开始前，一般都要引入上一个实验完成的账套数据。

　实务中，一般只有在不可预测情况发生，导致账套数据不可用的前提下，才会使用账套引入功能对账套数据进行恢复。

实验一　账套的建立、输出和引入

【实验目的】

理解并掌握 SAP Business One 软件账套的建立、备份和引入。

【实验内容】

1. 账套的建立。

2. 账套的备份与引入。

【实验准备】

1. 已经正确安装了 SAP Business One（720119 版）软件。

2. 将计算机系统日期调整为 2018 年 1 月 1 日。

3. 以系统内置的具有超级用户权限的用户 manager，进行账套的建立、备份与引入操作。

【实验资料】

建立账套数据信息：

公司名称：中山市飞达灯具生产有限公司；数据库名称：zhongshanfeida。科目表模板选择股份有限公司会计制度。基础语言为简体中文。账套所属会计期间为 2018 年 1 月 1 日 ~ 2018 年 12 月 31 日。按照"月"对会计期间进行分期。

【实验操作指导】

1. 账套的建立

（1）登录 SAP Business One 系统。按照"开始"—"程序"—"SAP Business One"路径或双击桌面上的 [图标] 图标（以系统安装的不同情况来选择），进入 SAP Business One 系统。如图 4 - 2 所示。

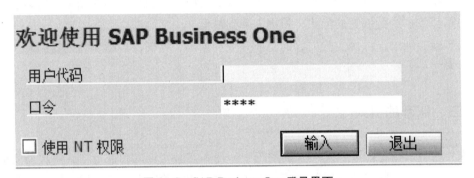

图 4 - 2　SAP Business One 登录界面

在图 4 - 2 界面输入系统内设的用户代码 manager，口令为"manager"，进入 SAP Business One 系统。或者用户代码和口令均为空，直接点击"输入"，进入 SAP Business One 系统。

注意：

◇ 实际工作中，在建立账套以及增加操作员的基础上，可以通过新增超级用户或修改用户 manager 密码的形式，来确保系统使用的安全性。

（2）建立账套。

①单击"管理"—"选择公司"，在弹出的对话框中单击"新建"，如图 4 - 3 所示，进入建立公司账套界面。

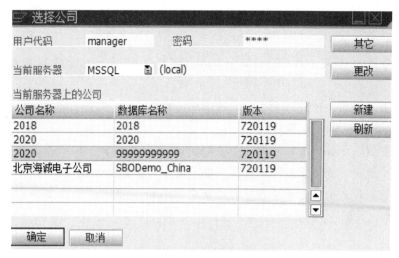

图 4-3 账套建立界面

②在创建公司账套界面，输入公司名称：中山市飞达灯具生产有限公司；数据库名称：zhongshanfeida，选择本地设置为：P. R. China（中华人民共和国）；基础语言为：Simplified Chinese（简体中文）；本公司的过账期间为日历年度 2018 年 1 月 1 日~12 月 31 日，按照"月"进行分期。如图 4-4 所示。

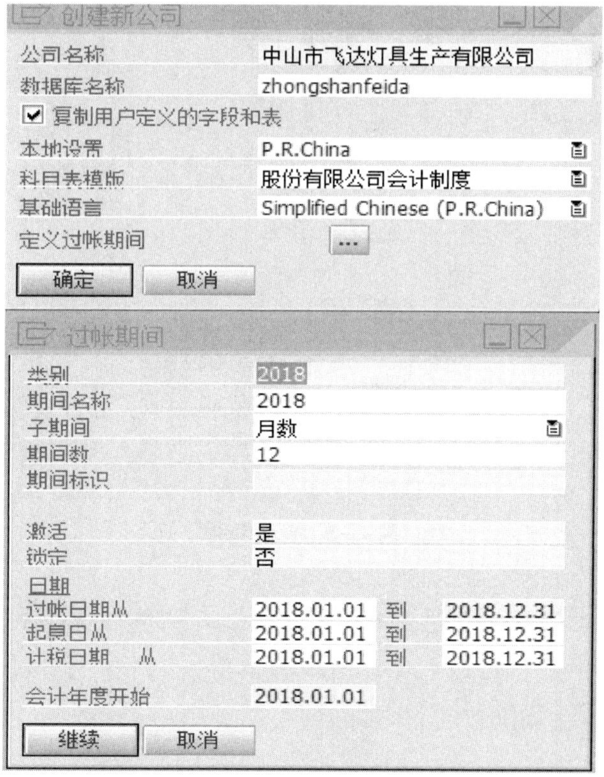

图 4-4 账套建立示例

③单击"继续",完成公司账套的建立。

2. 账套的备份

（1）C 盘建文件夹，如 2018zhongshanfeida 建立账套，用于将账套输出的目的位置。

（2）单击"开始"—"所有程序"—Microsoft Server-企业管理器，进入控制台根目录 \ Microsoft SQL Servers 界面。

（3）单击 SQL Server 组-（Local）（Windows NT），在弹出的下拉菜单中鼠标右击数据库，在弹出的"所有任务"下拉菜单中，点击"备份数据库"。

（4）在数据库选项中选择要备份的数据库"zhongshanfeida"，添加到已经在 C 盘建好的指定位置，如图 4-5 所示。

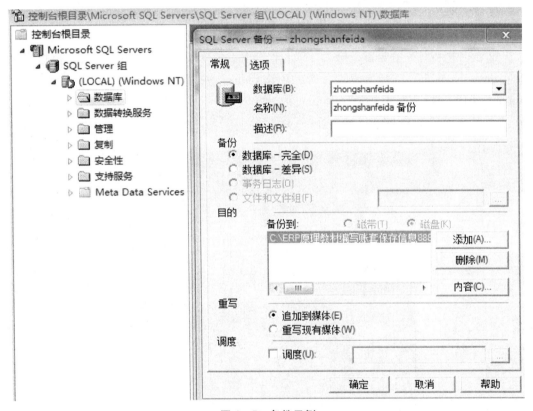

图 4-5　备份示例

（5）点击"确定"，备份进度完成后，会显示"备份操作已顺利完成"的对话框。

备份账套注意事项：

◇ 在备份数据库选项中，在同一服务器下存在多个账套的情况下，一定要注意选择输出所要输出的账套，否则会出现后续引入账套不正确的情况。

3. 账套的引入

（1）单击"开始"—"所有程序"—Microsoft Server - 企业管理器，进入控制台根目录 \ Microsoft SQL Servers 界面。

（2）单击 SQL Server 组 –（Local）（Windows NT），在弹出的下拉菜单中鼠标右击数据库，在弹出的"所有任务"下拉菜单中，点击"还原数据库"。如图 4 – 6 所示，在还原数据库界面输入数据库名称，并指定保存有数据库的位置。

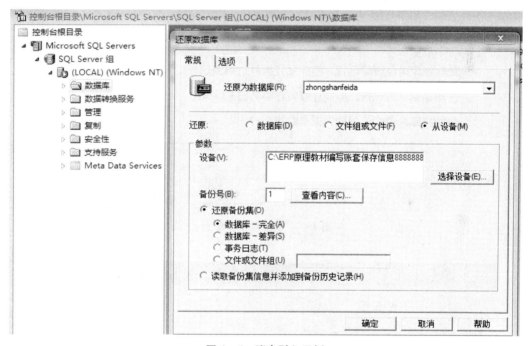

图 4 – 6 账套引入示例

（3）点击"选项"页签，如图 4 – 7 所示，选中"在现有数据库上强制还原"，并通过数据库的逻辑文件名来检查还原的数据库是否正确。

（4）引入成功后，在管理模块选择公司界面，点击"刷新"，系统会显示还原的数据库。如图 4 – 8 所示，双击要登录的账套（数据库行），或选中要登录的账套，并点击"确定"按钮，即可登录到相应的账套。

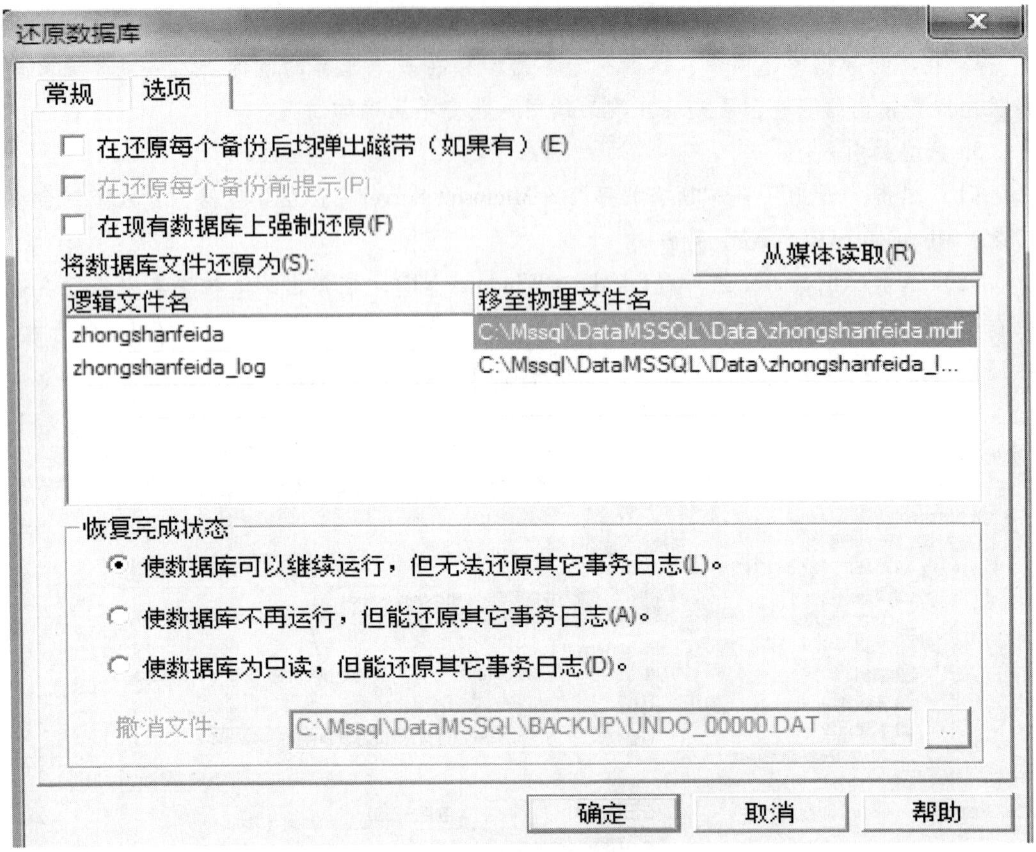

图 4-7　还原数据库示例

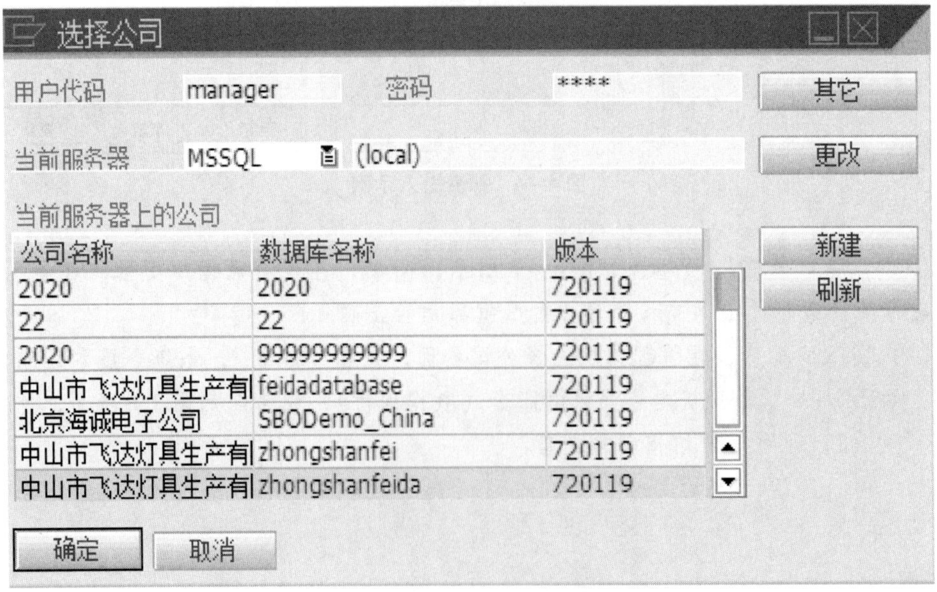

图 4-8　登录账套示例

第五章 系统初始化设置

第一节 系统初始化概述

SAP Business One 软件系统初始化设置，是财务模块、采购模块、销售模块等后续模块业务处理的前提。其内容既包括管理模块下"系统初始化"和"定义"部分涵盖的内容，又包括在库存模块设置的"物料主数据"和"价格清单"定义的内容，以及财务模块下的"编辑科目表"和"科目表"的内容，以及业务合作伙伴模块中"业务伙伴主数据"的内容等，本书结合理论知识和实验实训流程的设计，本部分在系统初始化（1）和（2）两部分中介绍公共数据的初始化定义。与应用模块具有特殊意义的初始化定义会结合后续模块的应用逐一展开。

第二节 系统初始化（1）

管理模块"系统初始化"设置的主要内容，如图 5-1 所示，包含公司明细、一般

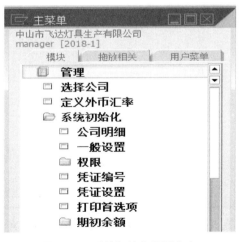

图 5-1 系统初始化设置内容

设置、权限设置、凭证编号、凭证设置等。初始化设置主要是配置系统的参数设置，是系统启用之前，由各部门业务人员参与完成的一项重要工作。有的参数在发生业务后，不能更改，大部分的参数设置会影响后续的软件应用。系统参数的具体设置由用户的实际业务处理需要决定。

 一、公司明细设置

路径：管理（模块）—系统初始化—公司明细。

公司明细设置内容如图 5 – 2 所示，主要包含概览、会计数据和初始化三部分。其中概览部分主要为公司的一般地址等联系信息，会计数据部分主要为与税务管理部门相关的信息，初始化部分主要包括科目表模板、货币使用、发出存货成本计价方式等多项内容。

（1）概览页签：各字段内容主要为有关公司的联系信息，企业可以根据实际情况进行设置。

（2）会计数据页签：各字段设置内容主要为有关税务的信息，应用企业可以根据实际情况来进行设置。用户可以在此处设置假期，以便在编制生产计划时引用在此创建的假期。

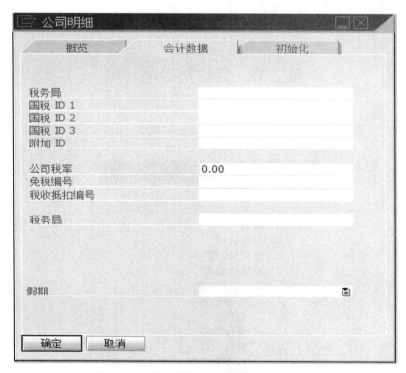

图 5 – 2　系统初始化——公司明细设置内容

（3）初始化页签：初始化不同设置对后续业务处理有决定性影响，一旦用户输入了后续信息，如会计科目的编辑、凭证的输入等，部分参数不能进行更改。因此，用户要在充分考虑需求的基础上确保在进行相关业务处理前，正确维护这些数据。如图 5 - 3 所示，为"初始化"页签需要设置的主要内容，下面对其主要内容进行分项介绍：

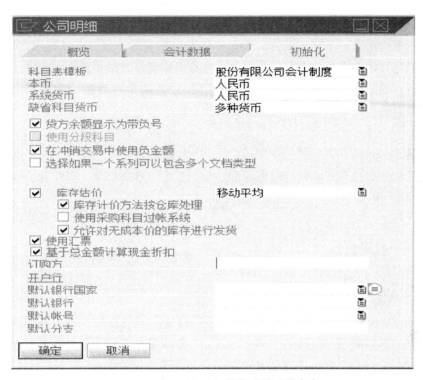

图 5 - 3　公司明细—初始化页签设置内容

科目表模板：进入公司明细—初始化界面后，系统自动显示与建立账套时所设置的科目表模板相同的设置，在没有使用过会计科目进行相应业务处理前，在该界面用户可以在"用户自定义"和"股份有限公司会计制度"两个选项中进行选择。一旦后续业务使用会计科目进行过相应业务处理，科目表模板选项背景置为灰色，意味着不能再做更改。为了减轻后续设置会计科目表的工作量，建议用户在应用 SAP Business One 软件前，选择一个已有的会计科目模板，后续可以在现有模板基础上，通过对科目表编辑的方式设置适合用户需求的会计科目表。

本币、系统货币和缺省科目货币：用户可以将三种货币设置为本币，也可以将本币和系统货币设置为不同货币，如果本币和系统货币设置不同，以汇率为桥梁，系统可以用两种货币显示凭证金额，也可以以本币和系统货币输出会计报表。系统货币和本币的不同设置非常适合在我国设置分支机构的外企应用。对于在中国设立的企业，缺省货币设置为人民币为宜。

贷方余额显示为带负号：此选项为系统默认选项，用户也可以进行更改，但对于中国境内用户，此选项为必选项，否则后续业务处理的数据将以不符合我国会计核算的相关规定的"借""贷"反方向显示。

在冲销交易中使用负金额：此选项为系统默认选项，用户也可以进行更改。如果选择此复选框，后续手工凭证"冲销"交易中，凭证会以负金额来显示。否则，手工凭证"冲销"交易中，凭证将以"借""贷"方向相反的方式冲销原凭证。

库存估价：对于库存计价方式，用户可以在"移动平均""标准"和"先进先出"三个选项中进行选择。不同的设置对于库存和发出存货的计价方式具有决定影响作用。一旦用户确定某种方法，并在系统中录入了业务单据则该方法不能更改。

开户行：通过定义—收付款—定义银行界面设置用户开户银行的基础上，在此界面，可以通过选择的方式设置相应的开户行信息。

注意：

◇ SAP Business One 软件的中国用户，"贷方余额显示为带负号"为必选项，否则日后生成的财务凭证与正常的会计账户的"借""贷"方向相反，与实际会计核算原则背离。

二、一般设置

路径：管理—系统初始化——一般设置。

SAP Business One 软件系统的一般设置包括过账期间的设置、有关销售系统的收入设置、预算设置、系统服务设置、显示设置、背景设置、路径设置、有关库存模块的库存设置以及有关现金流量表的现金流设置。一般设置的相关设置对后续业务处理有统御作用，因此在设置时要做充分考虑。

（一）过账期间页签

一般情况下，过账期间的设置是建立账套必须设置的内容之一，因此该页面显示的过账期间信息为在建立账套时设置的会计期间，其中当前会计期间以粗体字显示。用户也可以通过单击不同的会计期间所在的行，点击"设置为默认值"的方式，设置当前会计期间为默认期间。在此界面，用户可以通过点击"新建期间"来设置新的会计期间，新会计期间是现有会计期间的延续。通过"新建期间"界面，通过工具栏上的" "上下翻页键，找到所需的会计期间，来进行不同会计期间的结账处理。过账期间页签内容如图 5 - 4 所示。

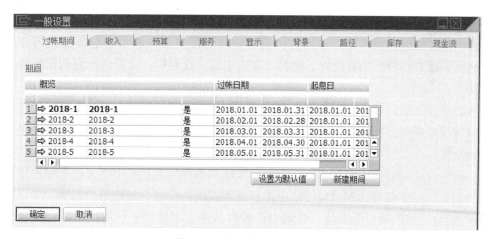

图5-4 过账期间页签内容

(二) 收入页签

如图5-5所示，此界面各字段的设置与销售模块的业务处理息息相关。

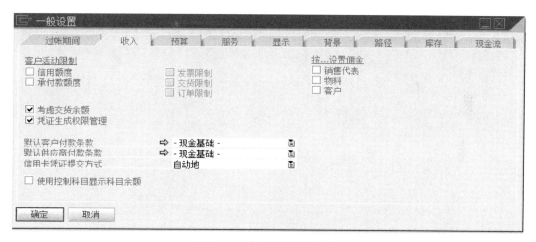

图5-5 收入页签设置内容

客户活动限制：在销售活动中，用户可以通过系统设置对销售赊销的信用额度以及承付款额度进行控制。信用额度指尚未付款的发票所允许的总金额，承付款额度还包括客户承诺付款（如应付票据的使用）但没有付款的额度。如果在初始化设置中选择了这两个复选框，则在销售业务中同时对这两项进行额度检查。如果销售业务导致客户超过了信用或者承付款额度，系统会弹出警告信息。操作员的权限决定是否可以确认该销售业务。如果操作员拥有适当的权限，用户可以忽略此信息，如果没有适当权限，系统会弹出相应的错误信息。此种情况下，可单击"由其他用户授权"来确认相关销售业务是否可以进行。

发票/交货/订单限制：客户活动限制的不同选择，是激活该选项的前提。用户可以选择在发票录入、交货或者订单输入环节对信用或/和承付款额度进行检查。

按…设置佣金：用户可以在销售代表、物料和客户三种选项中选择设置佣金的方式。此处的设置是激活销售代表、物料或客户主数据设置中，设置佣金复选框是否显示的前提。

考虑交货余额：如果选择此复选框，系统在衡量某项业务是否超过所设置的信用额度或承付款额度时，不仅要检查未清发票的余额，还要检查已经交货但未录入发票的交货单的余额。

凭证生成权限管理：此复选框是激活在采购和销售凭证业务中定义权限程序发挥效用的前提。如果要在采购和销售模块中进行流程权限的设置，此处是必选项。

默认客户/供应商付款条款：在用户设置付款条款的基础上，用户可以在此选择不同的付款条款。未设置付款条款前，系统将内设的"现金基础"付款条款设为默认的付款条款。

（三）预算页签

预算初始化设置内容，如图 5-6 所示。

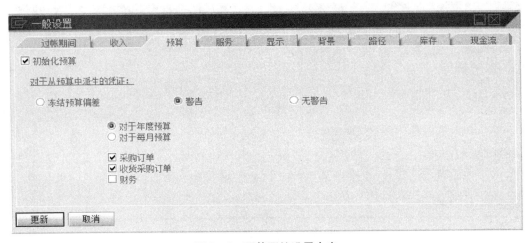

图 5-6　预算页签设置内容

图 5-6 预算初始化设置是激活财务模块预算功能的前提。用户可以在编制年度或月度预算基础上，选择在采购订单、收货采购订单或者在财务模块手工输入有关预算派生的凭证时，是否对预算进行控制。

对预算派生凭证不同的控制，可以通过在冻结预算偏差、警告和无警告三个选项中做出选择。选择"无警告"，系统在相关业务凭证超预算的情况下，也不会弹出任何警告信息。选择"警告"，系统在相关业务凭证超预算的情况下，会弹出超预算的警告信息，用户如果忽略警告信息，仍可以进行相应的操作。选择"冻结预算偏差"，系统在相关业务凭证超预算的情况下，会在屏幕下方弹出以红字显示的超预算信息，相关业务将不能继续。但这种控制只针对主预算，对非主预算，系统不能根据初始化设置的控制选项进行自动控制，用户可以通过查询预算报表（路径：财务报表—预算—预算报表）执行情况，对预算方案的执行进行人为控制。

用户可以在"对于年度预算"和"对于月度预算"两个选项中进行预算初始化设置，"对于年度预算"选择，系统只有在超过年度预算的情况下，才能进行相应的系统控制。"对于月度预算"，系统会在每月超过月度预算的情况下，进行相应的系统控制。用户可以根据预算控制的强弱，在这两个选项中进行不同的选择设置。

（四）服务页签

"服务"页签初始化设置的内容，如图5-7所示。

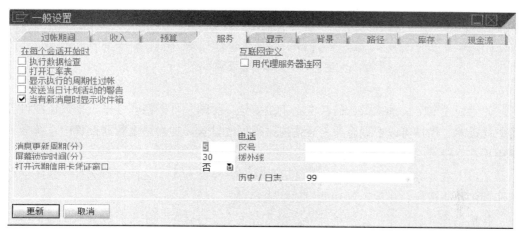

图5-7　服务页签设置内容

执行数据检查：选择此复选框，将激活对数据库表的自动、常规检查。如果检查到不一致，系统会弹出相应的信息。一般建议用户选择此复选框。

打开汇率表：选择此复选框，用户每次登录后，系统会自动弹出汇率表，以便用户进行汇率的设置。用户可以根据企业的汇率政策，在打开的汇率界面，进行固定或浮动汇率的设置。选择此复选框，一般比较适合企业选择浮动汇率的情况。

显示执行的周期性过账：选择此复选框，系统会自动弹出需要执行的周期性事务，用户可以在弹出的界面选择需要执行的周期性过账事务。如果没有需要当期执行的周期性事务，系统会在界面底部弹出以蓝色字体显示的文字信息。

用代理服务器联网：如果用户通过代理服务器直接从 SAP Business One 访问互联网，要选择此复选框。选择此复选框后，系统会弹出服务器 IP 地址和连接端口对话框，用户可根据实际情况进行设置。

（五）显示页签

"显示"页签初始化设置的内容，如图 5 - 8 所示。

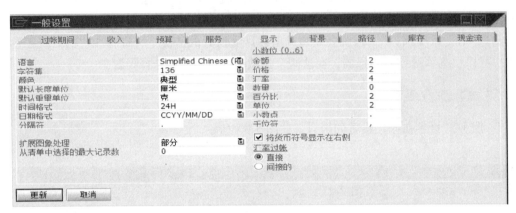

图 5 - 8　显示页签设置内容

此界面主要定义系统默认的长度、重量单位、时间及日期格式，以及小数位数设置等常规设置，用户可以根据企业实际情况进行更改设置。在物料主数据设置中系统会自动引用在此设置的计量单位。

语言：在此界面，用户可以通过语言的选择在英文和中文之间进行选择，系统会根据不同的语言设置，显示不同功能模块的内容。

扩展图像处理：系统提供了部分、没有和完全三种选项，主要是设置系统显示图像的分辨率。

汇率过账：用户可以在直接或间接两种汇率方式中进行选择，在没有使用汇率进行不同货币折算前，该选项可以更改。一旦发生了相关业务，该选项不可以更改。

（六）背景设置

用户一般会在背景设置界面，将企业的徽标作为系统背景，或者通过该界面的"浏览"按钮选择网络上或某一存储地址存储的图像作为背景，用户可以在"图像显示"字段设置显示图像的方式：居中、全屏或平铺。背景页签设置内容如图 5 - 9 所示。

（七）路径设置

在路径设置页签，用户可以设置将数据导出到 word 模板或 excel 模板的路径。通过图片文件夹的设置，可以从此文件夹向系统中导入图片文件。通过附件文件夹的设置，在以电子邮件发送文件时，系统可以调用附件中的文件。若系统连接有扫描仪，用户可以直接扫描凭证并将其与 SAP Business One 中的对应对象链接。如果是这种情况，系统将自动查找连接的扫描仪并将其复制到此处的字段中。路径页签设置内容如图 5 - 10 所示。

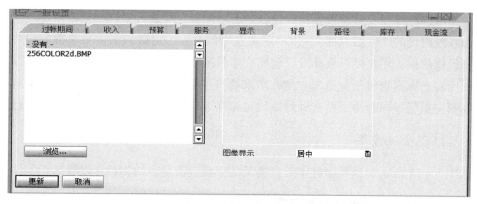

图 5-9　背景页签设置内容

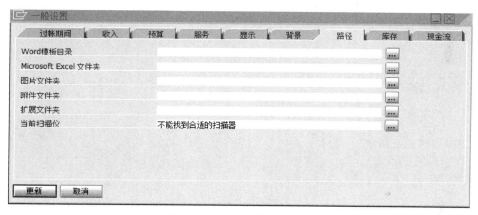

图 5-10　路径页签设置内容

（八）库存设置

"库存"页签初始化设置的内容，如图 5-11 所示。

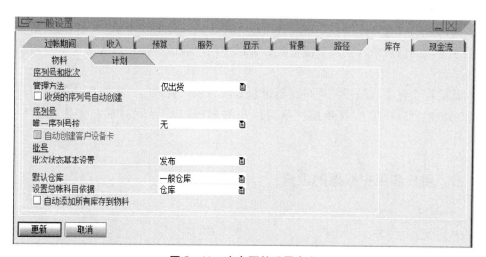

图 5-11　库存页签设置内容

　　用户可以在库存一般设置界面，设置是否对库存存货进行序列号或批次管理。默认仓库为系统内设的"一般仓库"，用户定义仓库信息后，可以根据需要更改此设置。总账科目设置依据，用户可以选择按照仓库、物料组或物料级别进行设置。如果选择"自动添加所有仓库到物料"复选框，则在增加物料主数据信息时，系统会将所有的仓库显示在物料主数据界面。为了更有针对性地对库存进行管理，建议用户不选择该复选框。

（九）现金流设置

　　如图 5 - 12 所示，该界面各字段主要是关于现金流量表的初始化设置。

图 5 - 12　现金流页签设置内容

　　分配现金流行项目：用户可以在"强制的"和"可选的"复选框中进行选择，"强制的"意味着当应用与现金流相关的会计科目填制凭证时，用户必须要将有关现金流入或流出的信息录入现金流量表，否则会出现无法生成凭证的情况。"可选"意味着是否将有关现金流的信息录入到现金流量表，可以由用户做出选择，录入与否不影响相关凭证的生成。

　　默认的现金流主表项目：用户在销售收款或者采购付款时，系统默认的现金流主表项目。用户也可以在发生收款或付款时，在收款或付款界面对现金流主表项目进行更改。

三、用户和用户权限的设置

（一）定义用户

　　路径：管理（模块）—定义—概览—定义用户。

如图 5 – 13 所示，为定义用户需要设置的内容。

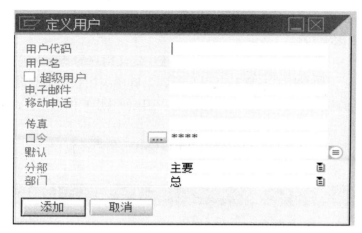

图 5 – 13　定义用户内容

在该界面，企业可以增加用户，为每一个拥有系统访问权限的用户定义代码、用户名、口令、联系信息以及所属部门信息等。也可以对用户信息进行部分修改，还可以对用户信息进行删除。用户的添加设置，是进行权限设置的前提。

1. 用户的增加

用户代码的设置可以是数字或数字与字母的组合，但在同一账套中，用户代码要唯一，否则系统会弹出相应的错误信息。

如果在用户定义界面勾选上"超级用户"复选框，那么该用户拥有系统的所有权限。系统默认的超级用户为 manager。如果要限制用户的权限，就不能把用户设置为超级用户。

用户口令的设置，为四个字符大小的数字、字母或数字和字母的组合。可以点击 按钮进行设置。用户也可以通过管理—定义—概览—修改口令路径，对口令进行重新设置。

如果分部和部门信息不足，可以选择"定义新的"，在系统弹出的窗口中，可以输入分部或部门信息，并对其进行描述。

2. 用户的修改和删除

拥有相应权限的用户，可以通过工具栏上的上下翻页按钮 ，找到要修改信息的用户，除了用户代码不可修改外，可以对用户的其他基本信息进行修改。使用同样的方法，找到需要删除的用户，可以在定义用户的对话框中用鼠标右击，在弹出的对话框中点击"删除"即可，或者点击菜单栏的"数据"选项，在弹出的对话框中点击"删除"即可。

（二）用户权限的设置

路径：管理（模块）—系统初始化—权限。

SAP Business One 软件可以为用户设置三类常规权限：全部权限、只读和没有权限。从拥有所有权限的超级用户，到拥有不同功能模块、不同权限的用户，再到没有任何权限的用户。通过点击不同功能模块前的三角形按钮，企业可以根据实际经营情况，细分不同模块功能权限的设置。

一般情况下，功能权限的设置，需要在系统中定义用户的基础上进行设置。首先，系统默认 manager 为拥有所有权限的超级用户，只有超级用户才能为其他用户设置权限，且超级用户的权限不可以更改。因此，如果要限制某用户的权限，就不能将其设置为超级用户。

如图 5 – 14 所示，拥有超级权限的用户可以给其他用户设置权限。

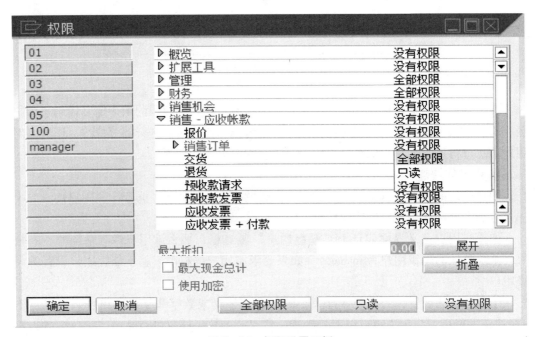

图 5 – 14　权限设置示例

四、凭证编号

SAP Business One 软件提供了对采购、销售、库存、生产和收付款等业务凭证进行编号的功能。通过凭证编号的设置，并结合用户权限的设置，可以对公司的不同操作员定义不同的凭证编号范围，只有经过授权的操作员才能进行所授权"组"的凭证编号范围内凭证的创建操作。通过凭证编号权限的设置，用户还可以设置不同操作员对特定凭证编号范围内凭证的访问权限。本书以报价类凭证为例，对凭证编号功能进行阐述。

路径：管理（模块）—系统初始化—凭证编号。

图 5 – 15 为凭证编号设置的内容，用户通过双击所在的凭证行，用户在系统自动弹出的"系列—报价"窗口，输入不同的报价名称和凭证编号的范围，并通过"组"的

选取，来设置不同权限的操作员对报价凭证的创建权限。

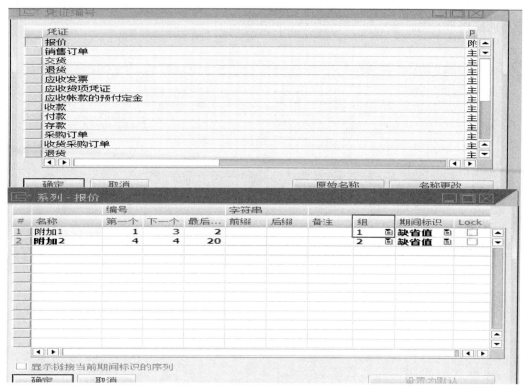

图 5 – 15　凭证编号设置内容

结合以上报价凭证编号的范围设置，配合如图 5 – 16 的权限设置（管理—系统初始化—权限—常规权限选项下的管理—系统初始化—序列设置），说明代码为 05 的操作员具有"序列—组编号 2"第 4 至第 20 个报价单的创建权限。

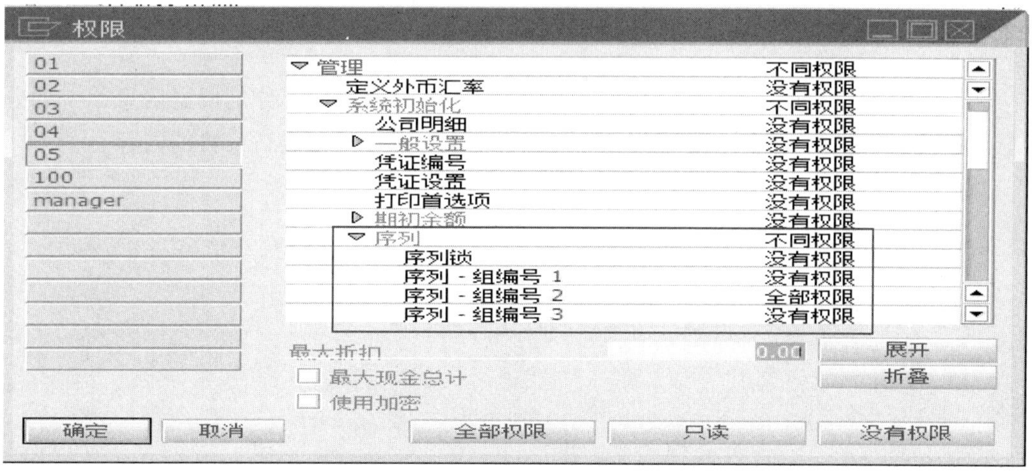

图 5 – 16　凭证编号序列设置内容

用户还可以在图 5-17 界面，在选中所在凭证编号行的基础上，通过点击"设置为默认"，在弹出的对话框中，通过不同的选择（当前用户、所有用户或特定用户），设置不同操作员的凭证编号范围内的凭证访问权限。

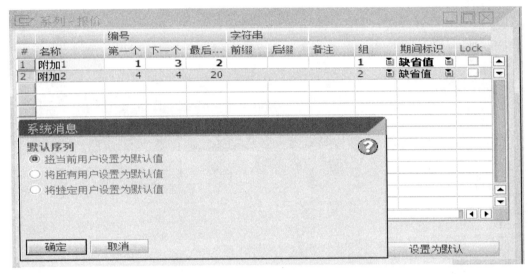

图 5-17　操作员凭证编号范围设置示例

注意：

✦ 凭证编号范围编号不可以重合，但可以不连续编号。

✦ 只有超级用户才能创建和维护编号范围。

✦ 未标记为超级用户的用户只能更改自己的默认编号范围的定义。

✦ 可以使用编号范围"组"来指定用户可以访问哪些编号范围的凭证。

五、凭证设置

SAP Business One 软件凭证设置部分包含两部分内容，一部分是概览信息，一部分是针对采购、销售、库存、收付款和生产流程中主要业务凭证进行设置的内容。

路径：管理（模块）—系统初始化—凭证设置。

（一）概览选项

图 5-18 为概览选项所包含的设置内容。

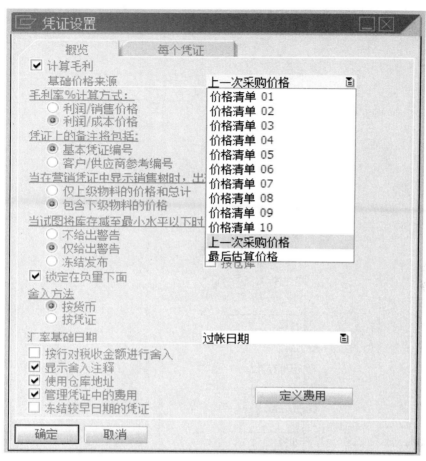

图 5 – 18 凭证设置概览页签设置内容

在图 5 – 18 界面，用户通过下拉菜单的选择，可以设置用于计算毛利的基础价格，也可以选择计算毛利率的不同计算方式。根据业务流程生成的单据，如根据收货采购订单生成的应付账发票，用户可以通过此处的不同设置来选择备注信息所包含的内容。通过选择"仅上级物料的价格和总计"或"包含下级物料的价格"，用户可以设置在定义了产品的销售物料单的基础上，定义显示在销售凭证中的销售价格是产品级还是组件级。在销售过程中，如果物料水平降到了所设置的最低库存水平，用户可以通过此处的设置，来提示警告信息或冻结发布相应的产品。当用户在销售业务中使用外币时，因为舍入操作，会出现折扣金额和折扣百分比不相同的现象，用户可以在此选择基于不同的汇率日期，将舍入信息显示在备注信息中。通过点击"定义费用"按钮，用户可以在此处定义相应的费用，如销售或采购运费等，以便用于后续业务处理。

（二）每个凭证选项

图 5 – 19 为每个凭证选项所包含的设置内容。

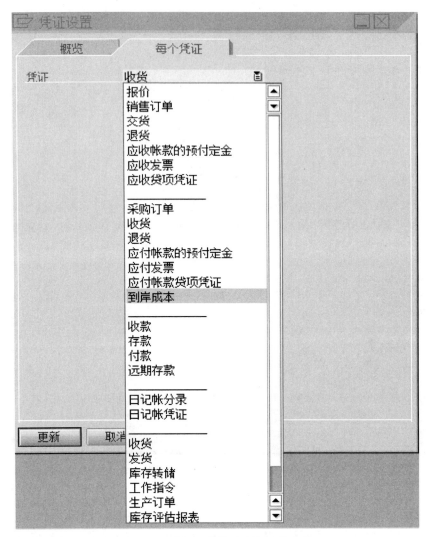

图 5 – 19　凭证设置每个凭证页签内容

在此界面，用户可以根据需要对涉及的采购、销售、库存、收付款和生产类凭证根据实际进行相应的设置，如添加了包含多个仓库的采购订单后，用户可以在此界面设置"拆分采购订单"的方式，系统可以为每个仓库创建单独的子采购订单。

思考题

1. SAP Business One 系统中，用户常规权限设置的权限通常都有哪些？如何设置不同用户对特定凭证编号范围内的不同权限？

2. SAP Business One 系统中，超级用户和普通用户在权限上有什么区别？

实验二 系统初始化设置（1）
——公司明细、一般设置、用户及用户权限的设置

【实验目的】

1. 理解系统初始化设置中公司明细、一般设置的主要内容，及对后续业务的统领影响。

2. 掌握用户及用户权限的设置内容及方法。

【实验内容】

1. 公司明细初始化设置。

2. 一般设置部分内容。

3. 定义用户和权限。

【实验准备】

1. 引入实验一账套。

2. 将计算机系统日期调整为 2018 年 1 月 1 日。

3. 由超级用户 manager 完成本部分基础设置工作。

【实验资料】

1. 公司明细信息。公司明细信息见表 5 - 1。

表 5 - 1 公司明细信息

概览	单位名称：中山市飞达灯具生产有限公司，地址：广东省中山市南区环城社区 108 号，邮编：528400，电话：0760 - 38 ×××× 98 当前管理者：王威；打印抬头：中山市飞达灯具有限公司；邮箱：feida@163.com
会计数据	定义假期：周末假期；周末从周六至周日；起止日期：2018.1.1 ~ 2018.12.31
初始化	科目表模板：股份有限公司会计制度；本币：人民币；系统货币：欧元；缺省科目货币：人民币；库存估价：移动平均；开户行信息待完成银行信息后更新为：中国银行中山市支行翔云分理处，账号：10783298471；其余默认

2. 一般设置信息。一般设置信息见表 5 - 2。

表 5 - 2 一般设置信息

过账期间	2018 年 1 月份为默认会计期间
收入	系统默认，初始化设置销售模块完成

续表

预算	系统默认，初始化设置财务模块完成
服务	执行数据检查；显示执行的周期性过账；其余默认
库存	系统默认，初始化设置库存模块完成
显示	扩展图像处理：完全；汇率过账：直接；其余默认
背景、路径、现金流	系统默认，现金流初始化设置财务模块完成

3. 凭证设置：系统默认。

4. 用户及权限信息。

（1）定义用户时需要定义的部门信息见表 5 - 3。

表 5 - 3　　　　　　　　　　　　　部门信息

名称	描述
财务部	负责公司财务核算
销售部	负责公司销售业务
采购部	负责公司采购业务
总经理办公室	负责公司日常管理
生产部门	负责灯具的组装和生产
仓储部	负责原料和产成品的库存管理

（2）用户及权限信息见表 5 - 4。

表 5 - 4　　　　　　　　　　　　用户及权限信息

用户代码	用户名	是否超级用户	口令	电子邮件	移动电话	分部	部门	权限
0001	王文婧	否	0001	wenjing@163.com	139×××× 4875	总部	财务部	管理模块、财务模块、采购—应付账款模块、销售—应收账款模块、报表模块、收付款模块所有权限
0002	陈敏	是	0002	chenminf@163.com	136×××× 7541	总部	财务部	全部权限

续表

用户代码	用户名	是否超级用户	口令	电子邮件	移动电话	分部	部门	权限
0003	刘文轩	是	0003	wenxuanf@163.com	181××××4824	总部	总经理办公室	全部权限
0004	李慧	否	0004	lihuif@163.com	139××××5631	总部	销售部	管理模块、销售—应收账款模块和业务合作伙伴模块所有权限
0005	马芳	否	0005	mafangf@163.com	139××××4621	总部	销售部	管理模块、销售—应收账款模块、物料需求计划模块和业务合作伙伴模块所有权限
0006	李静	否	0006	lijing@163.com	153××××6541	总部	销售部	同上
0007	苟小莉	否	0007	xiaoli@163.com	138××××1352	总部	采购部	管理模块、采购—应付账款模块、物料需求计划模块和业务合作伙伴模块所有权限
0008	蔡文	否	0008	caiwenf@163.com	181××××5482	总部	采购部	同上
0009	王丹	否	0009	wangdan@163.com	153××××4581	总部	采购部	同上
0010	王丽	否	0010	wangli@163.com	153××××8451	总部	仓储部	管理模块、库存模块、采购—应付账款模块、销售—应收账款模块所有权限
0011	腾飞	否	0011	tengfei@163.com	187××××5324	总部	生产部	管理模块、库存模块、生产、物料需求计划模块权限
0012	王涵	否	0012	wanghan@163.com	139××××5807	总部	生产部	同上

【实验操作指导】

1. 公司明细设置

（1）登录流程：按照"开始—程序—SAP Business One"路径或双击 SAP Business One 系统的快捷键 图标，进入 SAP Business One 系统。在"用户代码"和"口令"对话框均输入 manager，点击"输入"按钮，进入 SAP Business One 系统主菜单窗口。或在 SAP Business One 主菜单界面，按照"管理（模块）—选择公司"路径，进入选择公司界面，点击"其它"按钮，在被激活的用户代码和密码对话框分别输入 manager。（登录方法根据不同环境进行适当选择。本书后面部分不同操作员的登录，与此登录方法相同，在后续实验中不再详述）

（2）按照"管理—系统初始化—公司明细"路径，进入公司明细设置界面。

（3）在"概览"界面，输入单位名称：中山市飞达灯具生产有限公司。地址信息：广东省中山市南区环城社区 108 号，邮编：528400，电话：0760 - 38 ×××× 98（地址在系统内按照街区等对话框输入），打印抬头对话框信息为中山市飞达灯具有限公司；当前管理者为王威；邮箱对话框信息：feida@163. com。

（4）点击"会计数据"页签，进入公司明细会计数据界面，在假期对话框，点击选择设置按钮 ⬛，在弹出的信息对话框内选择"定义新的"，在定义"假期日"对话框，输入假期（名称）为周末假期，周末从周六到周日，在 2018. 01. 01 ～ 2018. 12. 31 的一年内有效。点击该界面的"添加"按钮，返回到"公司明细"界面，点击"更新"按钮，即完成会计数据界面假期的定义。

（5）点击"初始化"页签，进入公司明细初始化设置界面，点击"科目表模板"对话框后的选择设置按钮 ⬛，选择"股份有限公司会计制度"。同样的方法选择设置本币为"人民币"，系统货币为"欧元"，缺省货币设置为"人民币"。选中"贷方余额显示为带负号"及"在冲销交易中使用负金额"前的对话框，库存估价选择设置为"移动平均"法。其余信息默认。

注意：

◇ 为了后续业务处理的方便，待银行信息基础设置完成后，要补充设置公司明细设置界面的银行信息。

2. 一般设置信息设置

（1）由 manager 按照"管理—系统初始化——般设置"路径，进入一般设置界面。

（2）点击"过账期间"页签，选中 2018 - 1 所在的会计期间所在的行（以黄色背景显示），点击该界面下的"设置为默认值"按钮，在弹出的对话框内点击"是"即将该会计期间设置为默认值。

（3）点击"显示"页签，在"扩展图像处理"所在的对话框点击选择设置按钮 ⬛，设置为"完全"，汇率过账选择为"直接"，其余信息默认。点击"更新"按钮，完成"显示"页签内容设置。

3. 用户及权限设置

（1）用户的设置。

① 由 manager 按照"管理（模块）—定义—概览—定义用户"路径，进入用户定义界面。

② 点击"部门"对话框后的选择设置按钮 ⬛，选择"定义新的"进入"定义部

门"对话框，按照实验内容输入部门及部门描述信息。依次点击"更新"和"确定"按钮，返回到定义用户界面。

③依次按照实验内容输入用户代码、用户名、电子邮件、移动电话信息，设置口令，并选择设置所属部门信息，点击"添加"即完成用户的设置。

注意：

◇ 用户代码的设置一定要唯一，即不同用户的代码不能重复。

◇ 设置为"超级用户"的用户，拥有系统的所有权限。如果要限制某用户的权限，则不能将其设置为超级用户。

◇ 只有具有"超级用户"权限的用户，才能给其他用户设置权限。

（2）用户权限的设置。

①由 manager 按照"管理（模块）—系统初始化—权限—常规权限"路径，进入用户常规权限设置界面。

②选中该界面左侧的用户代码0001，在右侧的模块权限设置界面，分别在管理模块、财务模块、采购模块、销售模块、收付款和报表模块后点击"没有权限"，在弹出的下拉菜单中选择"全部权限"，点击"更新"按钮，即完成用户0001（王文婧）权限的设置。用同样的方法，可以完成其他用户权限的设置。

注意：

◇ 根据企业内部管理的规定，用户权限的设置可以细化到某一模块的某一个具体功能，如财务模块的日记账分录功能，也可以扩展至整个财务模块。如果权限设置到某功能模块的上级，其权限自动扩展至上级包含的明细权限。如财务模块的全部权限，意味着权限包含财务模块的所有子项。

◇ 只有超级用户才能给其他用户设置权限。

◇ 用户的设置和权限的设置要在不同的窗口进行。

第三节　系统初始化（2）

一、定义外币汇率

路径：管理（模块）—定义外币汇率。

如图5-20所示，在定义外币汇率界面，包含汇率页签和索引页签两部分内容。

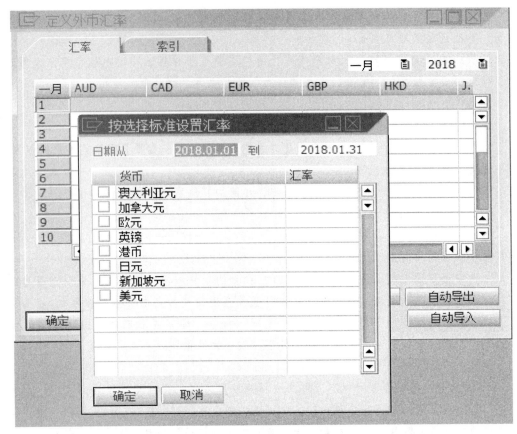

图 5 - 20　定义外币汇率设置内容

（一）汇率页签

在此页签下，包含在"管理—定义—财务—定义外币"窗口定义的所有外币，用户可以按月设置固定汇率，也可以按日设置相对浮动的汇率。用户要按照"管理—系统初始化——一般设置—显示"页签设置的"直接"或"间接"汇率来输入汇率。

对于每日实行不同汇率的企业，当处理外币业务时，如果没有设置业务处理当日的汇率，系统会自动弹出外币汇率设置窗口，并将当日显示为黄色背景，用户需要按照当前日期输入当日汇率。对固定汇率的设置，用户可以在该界面点击"按照选择标准设置汇率"，设置一个时间段内（如一个月）的汇率。

（二）索引（指数）页签

在此页签下，用户可以设置按照"管理—定义—财务—定义指数"窗口定义的各类指数的具体数据，系统默认的指数为消费者物价指数（CPI），系统需要不同指数以运行使用指数的各类报表。

二、财务初始化定义

（一）定义事务代码

路径：管理（模块）—定义—财务—定义事务代码。

为了增加财务凭证的录入效率，可以在图5-21定义事务代码界面，定义事务代码及描述信息，对一些常用的凭证摘要进行定义，在日后输入凭证摘要信息时，可以选择使用该处设置的信息。

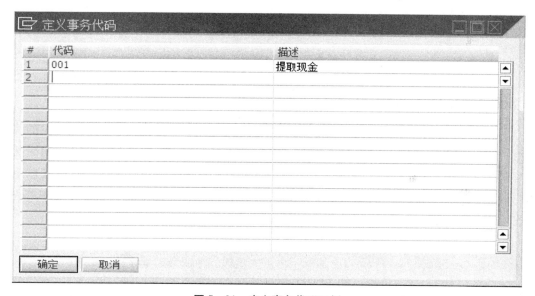

图5-21 定义事务代码示例

（二）定义项目

路径：管理（模块）—定义—财务—定义项目。

如图5-22所示，为了实现对不同项目进行单独核算的目的，可以在此处对具体的项目进行描述。当发生相应的财务信息时，可以在凭证录入界面对不同项目的成本、收益情况进行归集。

图 5-22 定义项目示例

(三) 定义税收组

路径：管理（模块）—定义—财务—税收—定义税收组。

在图 5-23 界面，用户可以增加、修改和删除增值税的相关信息，包括增值税的代码、名称、类别、起始有效日期、税率以及相对应的计税会计科目信息。对于没有定义的税收组，用户可以点击"计税定义"按钮增加税收组的定义，也可以在现有税收组的基础上，通过修改的方式定义税收组。对于不需要的税收组，用户右键点击选中的税收组，在弹出的对话框中点击"删除"即可。

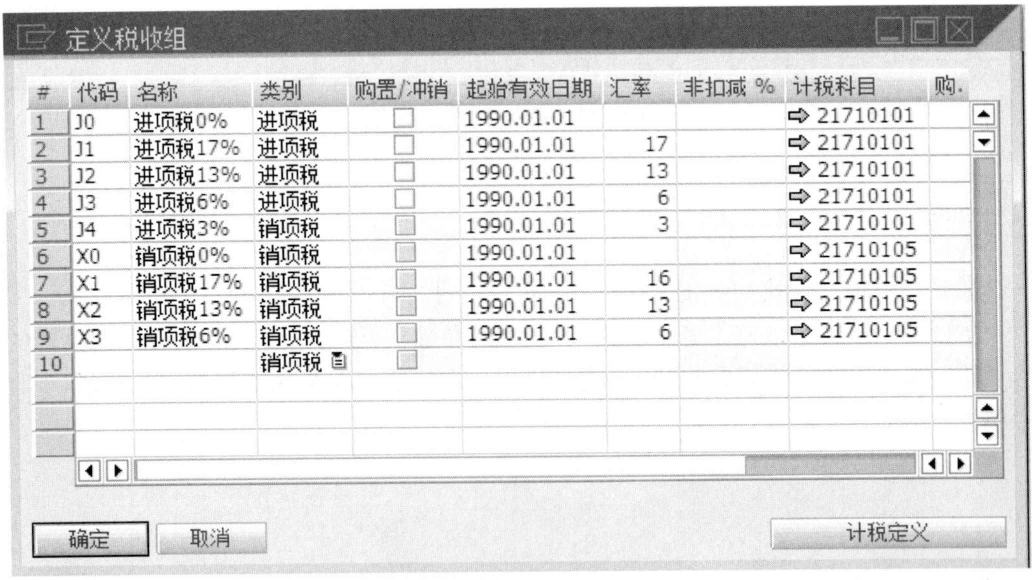

#	代码	名称	类别	购置/冲销	起始有效日期	汇率	非扣减 %	计税科目	购.
1	J0	进项税0%	进项税	☐	1990.01.01			⇒ 21710101	
2	J1	进项税17%	进项税	☐	1990.01.01	17		⇒ 21710101	
3	J2	进项税13%	进项税	☐	1990.01.01	13		⇒ 21710101	
4	J3	进项税6%	进项税	☐	1990.01.01	6		⇒ 21710101	
5	J4	进项税3%	销项税	☐	1990.01.01	3		⇒ 21710101	
6	X0	销项税0%	销项税	☐	1990.01.01			⇒ 21710105	
7	X1	销项税17%	销项税	☐	1990.01.01	16		⇒ 21710105	
8	X2	销项税13%	销项税	☐	1990.01.01	13		⇒ 21710105	
9	X3	销项税6%	销项税	☐	1990.01.01	6		⇒ 21710105	
10			销项税	☐					

确定 取消   计税定义

图 5-23 定义税收组内容

（四）定义货币

路径：管理（模块）—定义—财务—定义货币。

图 5 – 24 界面显示的信息为系统内设外币信息，用户也可以增设其他外币信息。在输入业务伙伴主数据信息、使用外币交易时，可以选择此处设置的外币，还可以使用此处的外币设置指定公司的本位币和系统货币。在定义外币汇率时，此处定义的外币都将显示在汇率表中。在此界面，用户还可以对本外币折算的小数位以及如何舍入进行设置。

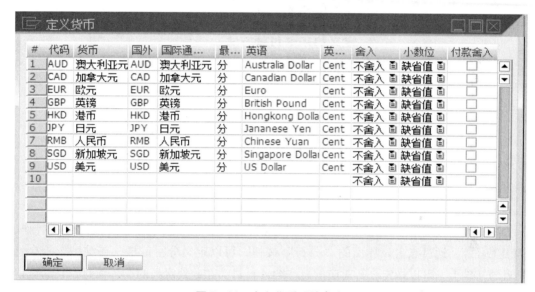

图 5 – 24 定义货币系统内容

三、收付款基础信息定义

路径：管理（模块）—定义—收付款。

如图 5 – 25 所示，收付款基础定义的内容包括定义银行、信用卡及定义付款方式等内容。在此处定义的初始设置内容，可以方便后续收付款的收取或支付业务，用户在收付款业务时，可以选择使用在此设置的银行等基础信息。

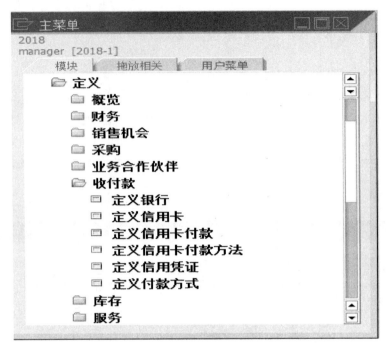

图 5 - 25　收付款定义内容

(一) 定义银行

路径：管理（模块）—定义—收付款—定义银行。

如图 5 - 26 所示，用户可以根据实际的开户情况，定义银行信息，包括代码、SWIFT 号等，通过点击该界面的"分行"按钮，可以定义分行信息，在维护银行会计科目的基础上，可以指定分行对应的总账会计科目。在此处定义的银行信息，在后续以"支票"或"汇票"收货或付款业务中，用户可以选择使用在此处设置的银行信息。

图 5 - 26　定义银行示例

（二）定义信用卡

路径：管理（模块）—定义—收付款—定义信用卡。

如图 5 - 27 所示，用户可以定义信用卡信息，在相应的信息卡已经维护会计科目的基础上，用户还可以定义不同信用卡的总账科目。当用户在款项收付时，如果选择"信用卡"付款方式，用户可以选择在此处设置的信用卡，进行相应款项的收付。

图 5 - 27　定义信用卡示例

（三）定义付款方式

路径：管理（模块）—定义—收付款—定义付款方式。

用户可以在图 5 - 28 界面定义收付款的付款方式，包括支票付款、银行转账付款和汇票付款。只有在此处定义了汇票付款方式，才能在日后收付款时使用汇票支付方式。根据"收款"和"付款"类型不同，"付款方式"的设置略有差异，对于"收款"类型，在此处可供选择设置的付款方式有两种：银行转账和汇票，对于"支票"收款，在财务凭证体现上生成的财务凭证与银行转账方式生成的凭证基本无差异。对于"付款"类型，付款方式除了银行转账和汇票付款外，在此处还可以设置支票付款。

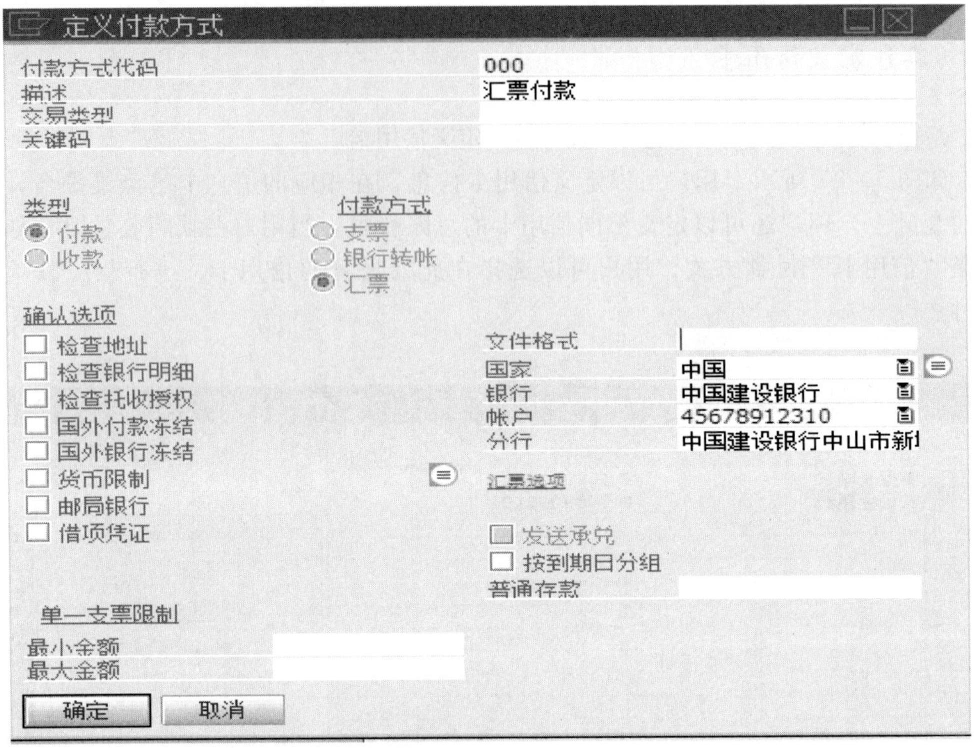

图 5 - 28　定义付款方式示例

四、业务合作伙伴基础信息定义

路径：管理（模块）—定义—业务合作伙伴。

如图 5 - 29 所示，用户可以在该界面定义业务伙伴的国家信息、地址格式、业务伙伴的分组信息以及催款和付款条款等信息。用户在后续设置业务合作伙伴主数据时，可以选择输入在此设置的基本信息。本书仅对其中的业务伙伴分组、属性和付款条款等进行阐述，其余信息用户可以根据实际业务进行设置。

（一）定义客户组、定义供应商组

路径：管理（模块）—定义—业务合作伙伴—定义客户组（或定义供应商组）。

用户为了对不同种类的客户或供应商进行管理，可以将客户和供应商进行分组，如大、中和小型的客户或供应商组，可以针对不同的组别实行不同的价格清单等策略。如图 5 - 30 所示，为文字描述形式对客户进行的分组。同理，用户也可以对供应商进行相应的分组。

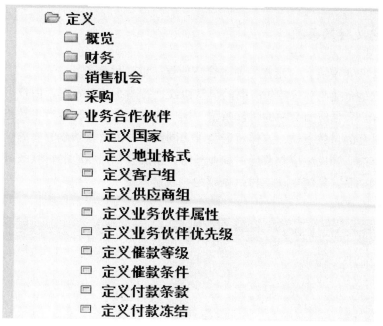

图 5 - 29　定义业务合作伙伴基础信息设置内容

图 5 - 30　定义客户组示例

（二）定义业务伙伴属性

路径：管理（模块）—定义—业务合作伙伴—定义业务伙伴属性。

如图 5 - 31 所示，用户可以按照地区等不同属性对业务伙伴进行维护，以便在经营管理中针对不同的业务伙伴属性进行经营管理。

图 5 - 31　定义业务伙伴属性示例

（三）定义付款条款

路径：管理（模块）—定义—业务合作伙伴—定义付款条款。

付款条款是企业与客户或供应商的典型协议，在图 5 – 32 界面，用户可以按照协议设置应用于客户和供应商交易的付款条款。用户在设置供应商和客户主数据时，可以选择输入在此设置的付款条款，这样就避免了为同属于一类付款条款的业务伙伴重复定义付款条款的弊端。当发生应收或应付款业务时，系统会根据相应的付款条款自动计算收款或付款的到期日。系统默认的付款条款为"现金基础"。

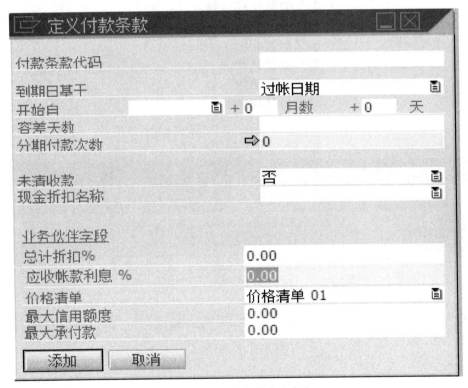

图 5 – 32　付款条款定义内容

付款条款代码：用户可以设置便于标识各付款条款意义的代码，注意代码设置的唯一性。在此处设置的付款条款代码将出现在付款条款下拉菜单中。

到期日基于：用户可以通过下拉菜单在过账日期、系统日期和计税日期中选择开始计算付款条款到期日的起始日期。

开始自：用户可以在"月初""月中"和"月末"开始，加上所输入月份和天数来计算发票的应付日期。如果基于的基本日期在 15 日之前，"月中"即为当月 15 日，否则，"月中"即为当月的最后一天。

容差天数：用户可以设置付款到期日后最大的延展天数。

分期付款次数：用户可以点击分期付款次数后的 ⇨ 按钮来进行付款次数的设置。

未清收款：当用户希望在创建完发票的同时，系统自动弹出付款方式的窗口，则在此界面通过下拉菜单的形式进行选择设置。如果付款方式对话框自动打开，则需要支付全部发票金额。而且收款信息与发票信息需要一同创建，否则无法添加发票。当用户选择"否"时，仅当调用带有接受功能的发票时该窗口才会自动弹出。在此种情况下，用户可调用用于手工输入常规发票付款方式的窗口。

现金折扣名称、总计折扣%：用户可以在定义付款条款窗口相应的对话框定义现金折扣名称，以及折扣百分比，并设置相应的现金折扣科目。当选择此付款条款时，此处定义的折扣百分比将复制到付款方的主数据中，如果实际折扣与付款条款设置不符，用户可以在业务伙伴主数据界面进行更改，主数据中录入的值将复制到销售凭证中，用于计算总计现金折扣。

价格清单：在此处，用户可以在下拉菜单中选择用于与供应商或客户交易的价格清单。在此下拉菜单中呈现的价格清单除了系统内设的清单外，如前面阐述，用户可以通过路径：库存（模块）—价格清单，定义针对不同客户群的价格清单。在定义业务合作伙伴主数据页面，选择付款条款时，此信息将保存在客户或供应商各自的主数据中。用户也可以手动指定其他价格清单。客户/供应商主记录的价格清单将复制到采购凭证或销售凭证。交易中的物料价格源自指定的价格清单。

最大信用额度、最大承付款：在此处定义的额度，将被复制到业务合作伙伴主数据中。当在"管理—系统初始化——一般设置—收入"界面"客户活动限制"做了信用额度和承付款额度的设置，针对客户或供应商进行销售或采购时，系统会对信用额度或承付款额度进行检查，针对不同的用户权限，系统会做出不同的反馈。

五、库存基础定义设置内容

路径：管理（模块）—定义—库存。

如图 5-33 所示，此部分内容是库存模块涉及的主要基础信息，本章节仅介绍物料组、物料属性和仓库的设置，其他相关设置将在库存模块章节进行介绍。

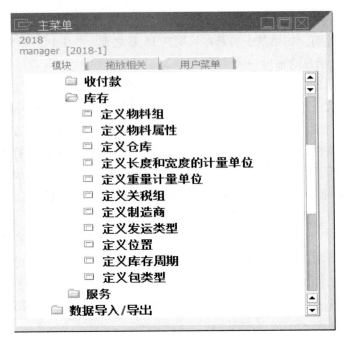

图 5-33 定义库存基础设置内容

(一) 定义物料属性

路径: 管理 (模块)—定义—库存—定义物料属性。

企业为了达到对物料进行精细管理的目的, 可以在图 5-34 界面定义物料属性, 实现交叉查询的目的。例如可以将属性"配件"和"外设"都赋予某一物料, 并可对其查询。在系统中, 最多能定义 64 个属性, 用户可在此基础上进行更改设置。

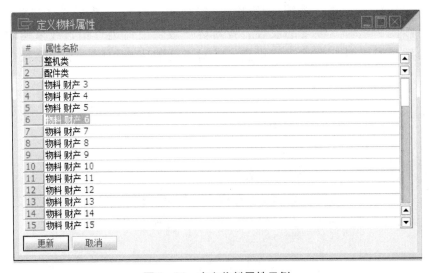

图 5-34 定义物料属性示例

（二）定义仓库

路径：管理（模块）—定义—库存—定义仓库。

定义仓库是库存模块的基础信息，物料的出入库都需要相应的仓库信息。如图 5 - 35 所示，在定义仓库界面，主要是"概览"和"财务"页签两部分内容。

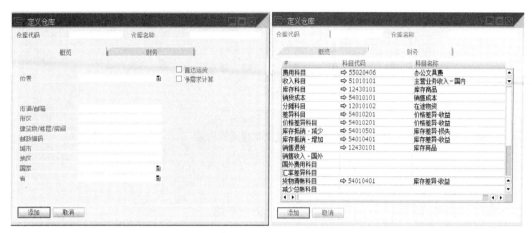

图 5 - 35 定义仓库设置内容

在定义新的仓库之前，用户要通过工具栏的上下翻页键 ，查看系统默认设置的仓库，默认的仓库信息，与"一般设置—库存"页签中最初的仓库信息一致，在仓库编码设置唯一的背景下，新增仓库信息代码不能与系统默认的仓库代码一致，否则，在页面底部会出现以英文显示的代码重复不能插入相同仓库代码的信息。

在"概览"页签，主要为仓库所在的位置信息，在"管理（模块）—系统初始化—凭证设置—概览"中勾选"使用仓库地址"选项的前提下，此处设置的位置信息会自动显示在采购单据后勤页签中物料发运的地址栏内。

在"财务"页签，所显示的会计科目默认取值为通过路径：管理（模块）—定义—财务—总账科目确认设置的会计科目，用户在此基础上可以对会计科目进行更改设置。

（三）定义库存周期

路径：管理（模块）—定义—库存—定义库存周期。

如图 5 - 36 所示，用户可以定义物料的盘点周期和盘点时间。这样用户在定义物料组时，就可以选择使用在此设置的库存盘点周期，以便对物料进行周期性盘点。

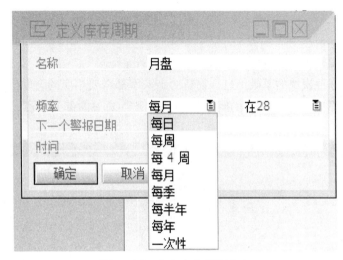

图 5-36　定义库存周期内容

（四）定义物料组

路径：管理（模块）—定义—库存—定义物料组。

企业为了更好地实现对物料管理的目的（如用户可以通过选择不同的物料组或物料属性，在库存模块的库存报表中掌握各类存货的不同情况，以便采取不同的管理活动），会根据不同物料的通性设置不同的组或属性，如对于电脑生产企业可以将物料按照主板、显示器及键盘等分组。SAP Business One 软件就提供了物料组设置功能。

如图 5-37 所示，在物料组定义界面，主要是"概览"和"财务"页签两部分内容。

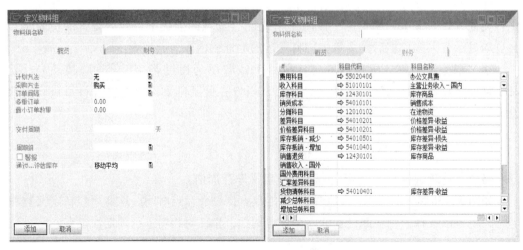

图 5-37　定义物料组设置内容

在"概览"页签，用户通过"计划方法"的选择，设置是否将属于该物料组的物料纳入物料需求计划编制，并设置相应的订单间隔期、订单最小数量等信息，通过周期组以及警报复选框的勾选与否，用户可以设置物料的盘点周期以及是否弹出盘点警告等信息。

在"财务"页签，所显示的会计科目默认取值为通过路径：管理—定义—财务—总账科目确认设置的会计科目，用户在此基础上可以对会计科目进行更改设置。

 ## 六、物料主数据的设置

物料主数据的维护是系统基础设置的主要内容之一，也是采购和销售系统的基础数据。根据企业的不同习惯，物料一般称之为商品或产品。SAP Business One 系统中物料可以是实际物体，也可以是服务。

通过路径：管理（模块）—定义—库存下建立的所有信息（定义物料组、定义物料属性、定义仓库等），是定义物料主数据的基础信息，物料主数据定义时可选择使用所设置的信息。除此之外，还涉及物料价格清单的定义。关于物料库存信息的基础定义请参阅前部分通过路径"管理—定义—库存"路径定义的相关信息，物料价格清单的定义将在销售模块章节进行介绍。

路径：库存（模块）—物料主数据，在该界面点击工具栏上的添加按钮，进入物料主数据添加界面，如图 5-38 所示。

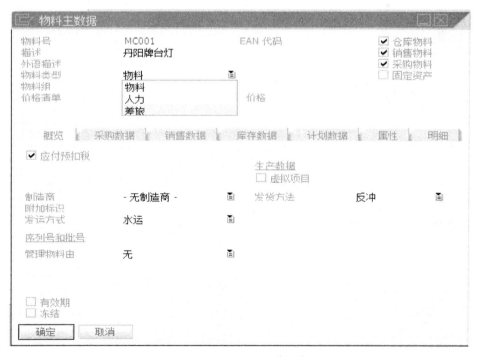

图 5-38　定义物料主数据内容

(一) 物料主数据抬头信息

物料号、EAN 代码：用户可以根据物料实际情况定义物料的编码，并保持物料号的唯一性。EAN 代码一般为物料的 13 位条码。

类型：如图 5 - 38 界面所示，包括物料、人力和差旅三种类型，当物料类型为人力或差旅时，此物料属性只能为销售物料。当物料类型为物料时，物料属性一般可设置为采购物料、销售物料和仓库物料，固定资产属性一般为采购物料和固定资产。这里的固定资产是一种广义的说法，不完全是会计制度规定的固定资产，可以是固定资产、办公用品或者消耗品等。固定资产物料必须链接到财务中资产的相应费用科目，当输入固定资产的应付发票或收货采购订单时，单据总额将过账到相应固定资产费用科目，而不是采购科目。

物料组：在物料组基础数据设置的前提下，用户在设置物料主数据时可以选择设置该物料所在的组。

价格清单：通过在下拉菜单中进行选择的形式，用户可以在此选择该物料的价格清单，也可以在此以直接输入价格的形式来定义价格，在销售环节，用户可调用在此手工设置的价格。

(二) "概览" 页签信息

如图 5 - 39 所示，用户可以选择设置或者定义新的制造商、发运方式等，也可以选

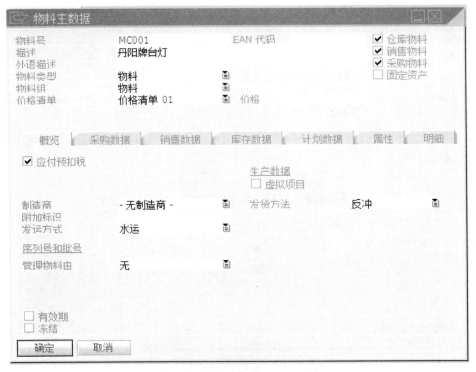

图 5 - 39　定义物料主数据概览页签设置示例

择设置是否对物料进行序列号或批次管理。在该界面，用户也可以设置物料的有效期和冻结期信息，系统默认发货方法为"反冲"，用户也可以通过点击选择设置按钮，将发货方法设置为"手动"。

（三）"采购数据"页签信息

图 5-40 界面定义的信息与物料的采购属性关联，涉及的信息包括常规供应商信息，以及计量单位信息，在此界面用户可以对物料所属的关税组进行选择或者定义所属的新关税组。

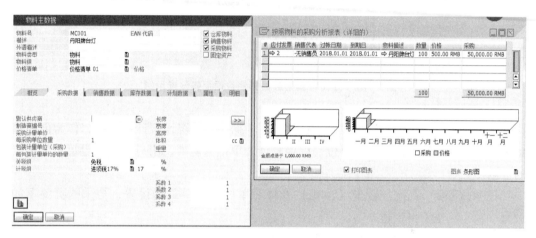

图 5-40　定义物料主数据采购数据页签设置示例

长度、宽度、高度、数量（体积）及体积单位：在用户通过"管理—系统初始化—一般设置—显示"选项卡设置了默认的计量单位的情况下，在此界面输入长度、宽度和高度数值后，度量单位自动显现。系统还会按照输入的长度、高度和宽度自动计算体积，用户可以通过下拉菜单选择通过"管理—定义—库存"路径设置体积单位。为了简化设置，用户也可以不输入长度、宽度和高度，而是直接输入体积及体积单位。

重量：与上述计量单位一致，用户输入重量数据后，系统会自动显示通过"管理—系统初始化—一般设置—显示"选项卡设置的默认重量单位。

计税组：在此字段，用户可以通过下拉菜单选择的形式定义新的增值税进项税的计税组。如果在此已经对增值税组进行了设置，用户在创建采购单据后，该增值税率会过账到相应的财务科目中。

通过点击"采购数据"页签界面的分析图标 ▐▍▍ ，还可以查看有关采购材料的应付账款信息。

（四）"销售数据"页签信息

如图 5-41 界面定义的信息与物料的销售属性关联，用户可以在此界面定义物料的计量单位信息，以及选择设置或定义新的关税组信息。在按照"物料"设置佣金的初始化设置背景下，在此界面用户还可定义关于佣金的信息。

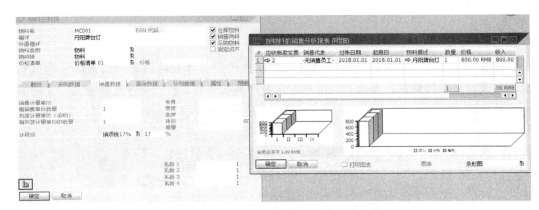

图 5 – 41　定义物料主数据销售数据页签设置示例

销售计量单位与每销售单位数量：用户可根据实际情况设置计量单位，作为创建销售单据时默认使用的销售计量单位，以销售计量单位为基准，用户可以设置每销售单位的数量。

长度、宽度、高度、数量（体积）及体积单位以及重量的设置，与采购页签下的设置一致，这里不再赘述。

计税组：在此字段，用户可以通过下拉菜单选择的形式定义新的增值税销项税的计税组。如果在此已经对增值税组进行了设置，用户在创建销售单据后，该增值税率会自动过账到相应的财务科目中。

如上界面所示，通过点击销售页签界面的分析图标 　，还可以查看有关销售材料的应收账款信息。

注意：

◇ 如果物料已在销售单据中使用，则它的每销售计量数量不能被更改。

◇ 销售数据中的计量单位和包装单位也与采购数据中的不同。

◇ 在创建销售单据时，所销售物料的包装数量会根据销售数量、是否使用基本计量单位（默认为否）进行销售，以及该物料主数据设置中的销售计量单位、每销售单位数量、销售包装单位、每包装单位数量计算得出。

◇ 销售数据中的长、宽、高、体积及重量可以通过在采购数据中点击 >> 按钮从采购数据中复制过来。

（五）"库存数据"页签信息

图 5 – 42 界面定义的信息与物料的仓库物料属性关联。

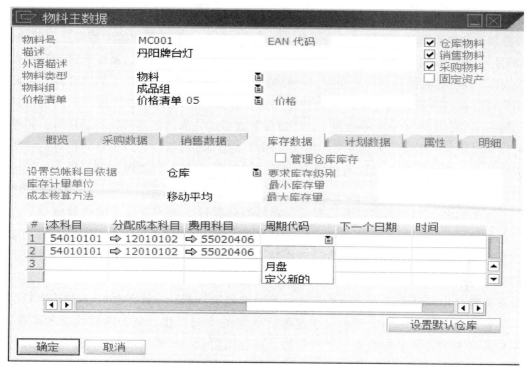

图 5 - 42　定义物料主数据库存数据页签设置示例

设置总账科目依据：用户可以通过下拉菜单在仓库、物料组和物料级别三个选项中进行选择，用于设置当发生此物料的销售、采购和库存时，系统自动生成财务凭证中使用的会计科目来源。选择仓库，意味着总账科目来源于通过"管理—定义—库存—定义仓库"路径设置的会计科目。选择物料组，意味着总账科目来源于通过"管理—定义—库存—定义物料组"路径设置的会计科目。选择物料级别，意味着用户需要在此界面，通过点击工具栏表格设置按钮 ，在弹出的对话框中激活相应的会计科目的形式，来为每个不同的物料设置专属的会计科目。对于按照"物料组"或"仓库"设置会计科目，在物料主数据窗口会计科目与所属物料组和仓库所设会计科目一致，在此不能进行修改。只有根据"物料级别"设置的总账科目依据，才允许用户在此界面进行会计科目的修改设置。系统默认的总账科目依据为仓库（路径：管理—系统初始化设置——般设置—库存项下的系统默认设置）。

管理仓库库存：用户可以设置是按总仓管理库存还是按单个仓库管理库存，不选择此复选框则为按总仓管理库存。如选择使用按单个仓库管理库存，则"要求库存（采购单位）""最大库存量"和"最小库存量"三个字段会出现在本选项卡中表体的每一仓库的行项目上，用户可以进行相应设置。在此设置基础上，当物料数量低于最小库存时，系统会根据系统设置，自动弹出警告或禁止发货信息。当收货时超出最大库存数量，系统同样会弹出提示信息，由用户选择是否继续进行收货。

在该界面的表体部分，用户必须设置所属的仓库信息，在此设置的仓库信息是录入库存期初余额数据时必须要参考的信息。在系统初始化一般设置中的"库存"页签中，如果用户选择"自动添加所有库存到物料"，在录入物料主数据时，系统会自动显示在"仓库"设置界面设置的所有仓库。一般情况下，不同的物料对应不同的仓库，因此用户可以在"一般设置—库存"页签中不选择该选项，而有针对性地使不同的物料归属不同的仓库。但是实务处理中，还要设置虚拟的仓库，如虚拟原材料库等，用于处理采购业务中单到货未到业务。因此，用户在此界面设置一个以上仓库信息时，为方便业务处理的需要，可以通过该界面的"设置默认仓库"选项，将常用仓库设置为默认仓库。

在此界面，用户还可以看到有关该物料的库存量、可用量以及成本等信息。在库存数量中，用户要了解库存中、已承诺、已订购和可用量的含义：库存中指仓库中实际物料数量；已承诺指销售订单中物料的销售数量和生产订单中物料的消耗数量；已订购指采购订单中物料的采购数量和生产订单中母件的生产数量；可用量即为按照库存中－已承诺＋已订购公式计算的结果。物料的采购和销售，以及物料的非交易性引起的入库和出库都会引起库存状态的不同变化，关于库存状态的变化，用户可在本书后续采购模块、销售模块、库存模块和生产模块相关业务内容中进行体会。

对于物料进行库存盘点，进行账实核对是库存管理的一项重要工作。因此，在物料主数据界面用户可以对盘点周期进行设置。默认情况下，在该界面设置盘点周期，用户首先需要点击工具栏上的表格设置按钮 进入表格式界面，将"周期代码""下一个日期""警告"等信息激活。实际工作中，对物料盘点的设置可以在定义物料组时进行盘点周期的设置，这样物料的盘点周期遵循其所在的物料组。

（六）"计划数据"页签信息

图 5－43 界面定义的信息与物料是否纳入物料需求计划息息相关，用户可以在下拉菜单中选择是否将该物料纳入物料需求计划系统，并在采购方法上进行"购买"或是"实施"的选择，输入订单间隔、提前期等用于编制物料需求计划的信息。

（七）"属性"页签和"明细"页签信息

用户可以在属性界面为该物料定义一个或多个属性，但一个物料最多只能选择64个属性，这由物料属性定义所限制，用户不能够增加。在"明细"页签下，用户可以图片的形式展示该物料的相关信息，如物料的外观信息等。

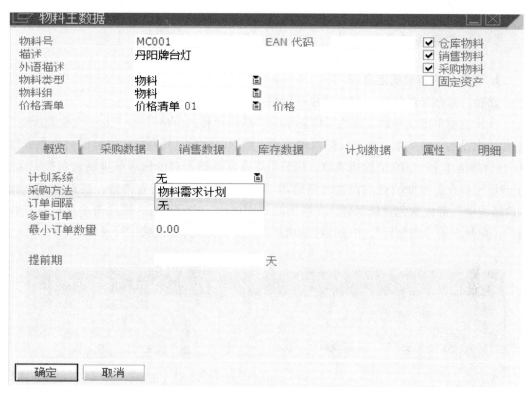

图 5 – 43 定义物料主数据计划数据页签设置示例

七、定义价格清单

在 SAP Business One 系统中，物料的价格是指其基本度量单位的价格。物料价格需要在价格清单中定义，也可以在物料主数据中直接修改，在销售业务中系统会自动调用在此手工直接录入的价格。用户在创建业务合作伙伴主数据时，也可以从已经设置好的价格清单中进行选择。当创建销售/采购单据时，单据中物料的价格会根据客户或物料主数据的价格清单自动添入，用户也可手工输入价格。如果业务合作伙伴和物料主数据都指定了价格清单，则在创建销售/采购单据时，业务伙伴的价格清单具有较高的优先级。

用户可以针对采购客户的不同情况，设置不同的价格，如针对采购量大的客户，可以设置比采购量小的客户相对较低的价格。或者对不同的业务合作伙伴进行分组，如大客户、小客户等，针对不同的分组设置使用不同的价格清单。用户也可以定义特定时期的特殊价格，如促销期间的特殊价格。在实务中，针对不同业务伙伴不同价格清单的使用很普遍，因此建议用户使用 SAP Business One 系统的价格维护功能来实现不同的定价策略。

(一) 定义关联价格清单

1. 关联价格清单的定义

路径：库存（模块）—价格清单—价格清单。

在价格清单定义界面，灰色字体显示的"最后计算的价格"和"上一次采购价格"是系统内设的价格清单，此类价格清单不可以删除，除此之外系统还内设了自价格清单01至价格清单10的10个价格清单，用户可以在此基础上对价格清单重新命名并定义。用户还可以在新增加的行内设置价格清单，新增行的设置方法有两种：通过右键点击"价格清单"界面灰色背景部分，在弹出的"添加行"中新增行；或点击菜单栏的"数据"，在弹出的"添加行"中进行行的增加。价格清单定义内容如图5-44所示。

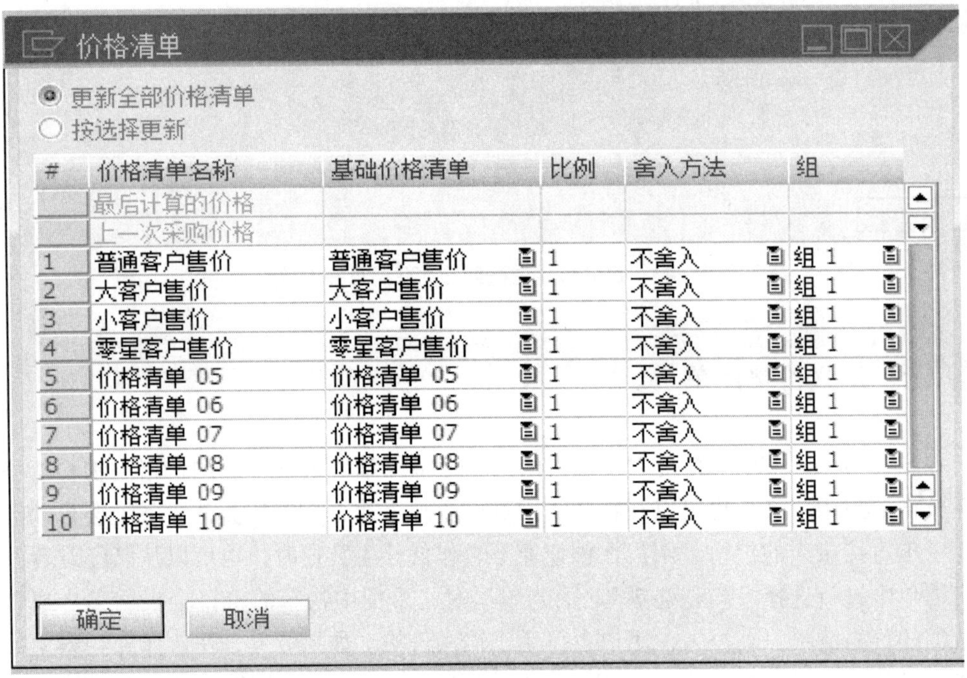

图5-44 定义价格清单内容

本部分价格清单的定义，根据本书前面内容对业务伙伴进行分组的不同设置，进行不同的价格清单定义。如图5-45所示，根据系统提供的功能，此部分将以普通客户售价为基础价格清单，通过比例因子的设置，来设置适合不同组别的关联价格清单。如对大客户基于普通客户可以通过因子0.8的设置给予一定优惠，对于零星客户可以通过因子1.2的设置来定义较高的价格等。用户可以对价格清单中的价格选择不同的舍入方法，如不舍入、舍入到整金额、舍入到整十位金额等。结合用户权限的设置，在此处用户也可以通过选择不同的"组"，来控制用户对价格清单的访问权限（全部权限、只读权限或没有权限）。在相关定义设置完成基础上，用户通过点击价格清单界面上的"更新全部价格清单"或"按选择更新"选项，对价格清单进行更新。

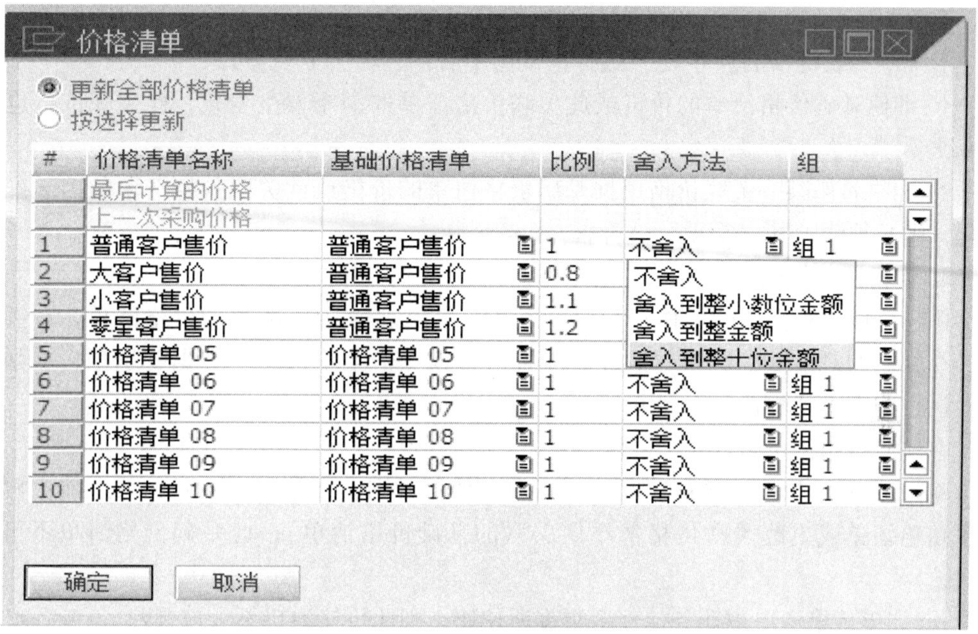

图5-45 基于因子的价格清单定义示例

价格清单物料价格的定义：因为我们要定义的价格清单是以普通客户售价为基础进行的设置，因此，用户通过双击图5-45界面"普通客户售价"所在的行，在弹出的对话框中对不同的物料进行价格的定义。在"更新"基础上，系统自动根据所设因子的不同，定义出其他客户组的价格清单，如图5-46所示的大客户售价清单。

图5-46 大客户价格清单示例

从图5-46中可以看出，作为基础价格清单的"普通客户售价"与作为关联价格清单的"大客户售价",有一个明显不同的列,关联价格清单中可以通过"手动"的形式对关联价格进行修改。如果对关联价格进行了"手动"修改,"手动"选择框会被自动选中。

注意:

当某一关联价格的"手动"选择框被选中后:

◇ 即使基础价格清单的价格或此关联价格清单的因子发生变化,此关联价格也不会变化。

◇ 如果希望某一关联价格根据基础价格清单的价格或此关联价格清单的因子发生变化,则必须清除其"手动"选择框。

2. 价格清单的删除

用户可以对不需要的价格清单进行删除,方法:选中要删除的价格清单,右键点击,在弹出的对话框中选择"删除行"即可;或点击菜单栏的"数据"选项,在弹出的对话框中点击"删除行"即可。

在删除价格清单时,用户要注意:

◇ 如果基础价格清单被关联价格清单所使用,则在删除所有关联关系之前(删除关联价格清单或更改关联价格清单所关联的基础价格清单),此基础价格清单不可被删除。

◇ 如果价格清单被业务伙伴主数据所使用,则此价格清单不可被删除。

(二) 定义特殊价格清单

SAP Business One 系统提供了特殊价格清单定义和应用功能。在实务中经常会用到特殊价格,如基于某一业务伙伴的特殊价格,基于特定时间段的特殊价格(促销期等),基于采购数量的特殊价格(对采购量大的业务伙伴可以执行特殊价格清单)等。在对相应业务伙伴定义特殊价格的基础上,用户还可以使用系统提供的"复制特殊价格到选择标准"功能,将特殊价格复制到目标业务伙伴数据中。用户还可以基于不同的物料组或物料属性或物料的制造商来设置不同的折扣。

注意:

自动价格计算:创建业务交易时,如销售交货,则系统将自动计算物料的价格。系统处理的步骤如下:

◇ 系统首先使用为业务伙伴中定义的特殊价格。该特殊价格可基于特定日期或数量定义。

◇ 如果尚未定义特殊价格,系统将使用业务伙伴主数据中定义的折扣组。

◇ 如上述条件不成立,系统将使用物料中定义的特殊价格,同样该特殊价格可基于特定日期或数量定义。

◇ 如上述条件均不成立,系统将会使用价格清单的计算规则来计算价格。

1. 定义业务伙伴的特殊价格清单

路径:库存(模块)—价格清单—特殊价格—业务伙伴的特殊价格。

在图 5–47 界面，分别在业务伙伴代码和物料号对话框，点击"Tab"键，用户可以选择特定业务伙伴并为其定义特定物料的特殊价格。在该界面，用户可以选择系统已经设置好的价格清单，在此基础上输入相应的折扣比例，系统自动（选中"自动"复选框）按照选定的价格清单和折扣比例，自动计算出相应物料的价格。如图 5–47 所示，对特定客户—北京客户定义在大客户售价清单基础上以 10% 折扣比例定义了特殊的价格。用户在此界面也可以选择没有价格清单，此种选择，需要用户手动输入特定价格。

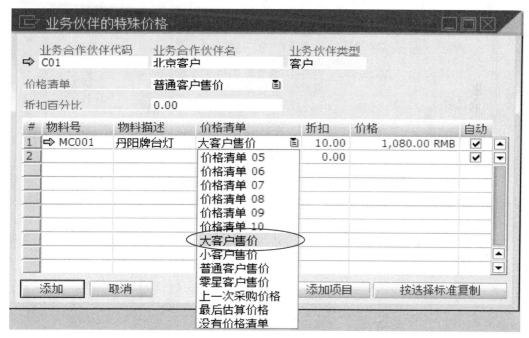

图 5–47　业务伙伴特殊价格清单定义示例

2. 定义与日期相关的特殊价格

接上例，双击特定的物料行，在弹出的"期间的价格清单项目明细"对话框中，用户可以设定特定价格执行的特定日期。在该界面，用户也可以针对同一种物料设定不同时间段执行的不同价格清单，如图 5–48 所示：2018.1.1～2018.1.31 执行的是在大客户售价清单基础上折扣 10% 后的价格；2018.2.1～2018.3.31 执行的是普通客户售价清单。

3. 定义与数量相关的特殊价格

如果在现有特殊价格清单基础上，用户还要给予订购数量大的客户更优惠的价格，还可以定义基于数量的特殊价格。接上例，如图 5–49 所示，在"期间的价格清单项目明细"界面，双击需要定义的与数量相关的行，在弹出的"特殊价格—层次结构"对话框内，输入数量以及折扣，系统会自动计算出基于数量的特殊价格。

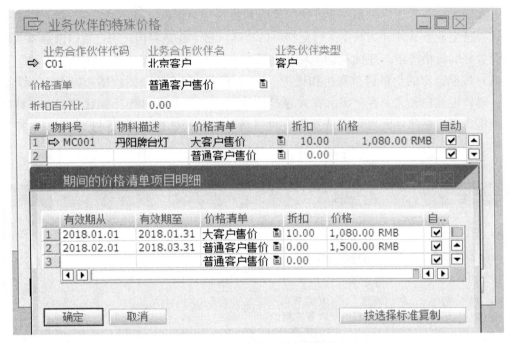

图 5 – 48　业务伙伴与日期相关特殊价格清单定义示例

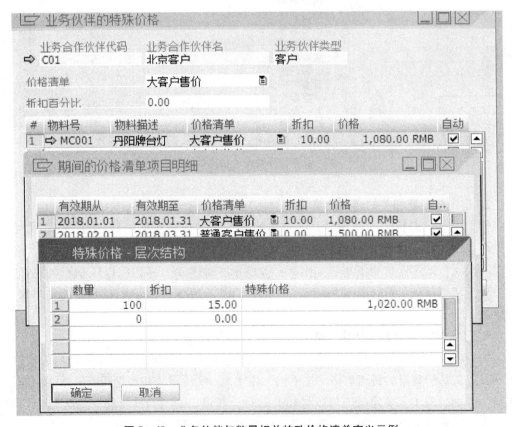

图 5 – 49　业务伙伴与数量相关特殊价格清单定义示例

注意：

◇ 用户定义与数量相关的特殊价格时，也可以不定义与日期相关的特殊价格，方法是"有效期至"设为空。

◇ 定义与数量相关的特殊价格，用户不能像定义日期相关的特殊价格手工输入价格一样。与数量相关的特殊价格是系统根据基础价格清单自动计算出来的，并在相应价格发生变化时自动重新进行计算。

（三）复制特殊价格到选择标准

路径：库存（模块）—价格清单—特殊价格—复制特殊价格到选择标准。

用户使用此功能，可以将为某一业务伙伴定义的特殊价格复制到符合条件的其他业务伙伴。其设置方法为：在复制特殊价格到选择标准界面，用户在界面上方的业务合作伙伴代码处，点击"Tab"键，选择输入源业务合作伙伴代码。在界面的"业务伙伴"部分，点击"Tab"键，选择输入目标业务合作伙伴代码，点击"确定"，即可将该特殊价格复制到该业务伙伴。具体设置，如图 5 – 50 所示。

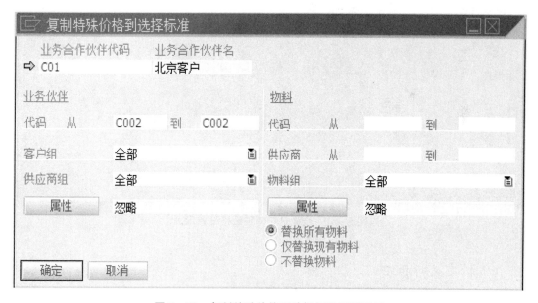

图 5 – 50　复制特殊价格到选择标准设置示例

替换所有物料：系统将为选定的业务伙伴复制物料的所有特殊价格，不管特殊价格是否已经为该业务伙伴定义。如果用户已经定义了特殊价格，系统将覆盖原有特殊价格。

仅替换现有物料：系统将更改该复制过程的源业务伙伴和目标业务伙伴存在的所有物料的特殊价格。

不替换物料：系统将添加该复制过程的目标业务伙伴不存在的物料的所有特殊价

格。源业务伙伴和目标业务伙伴存在的物料的特殊价格不会发生任何更改。

（四）全面更新特殊价格

路径：库存（模块）—价格清单—特殊价格—复制特殊价格到选择标准。

用户使用此功能，可以全面对价格清单进行更新。

在图5-51界面，用户可以通过更改折扣比例和改变价格比例的形式，对特殊价格进行更新，也可以删除特定业务伙伴所属的特殊价格。用户在此界面针对特定业务伙伴，输入折扣比例和价格改变比例，系统会在原有比例或价格的基础上，增加在此输入的折扣比和按照价格增加比例计算的新的价格清单。

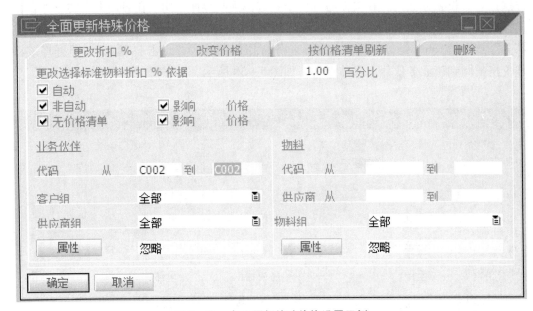

图5-51　全面更新特殊价格设置示例

（五）定义折扣组

路径：库存（模块）—价格清单—特殊价格—定义折扣组。

用户可以针对某一业务伙伴，定义基于物料组、物料属性或制造商的折扣组，三个选项中只能以一个标准设置折扣组，即按照物料组定义了折扣组，就不能再按照物料属性设置折扣组，否则系统会在弹出的对话框中提示相关信息。折扣组中的折扣也会用于为业务伙伴主数据所指定的价格清单中。其定义示例如图5-52所示。

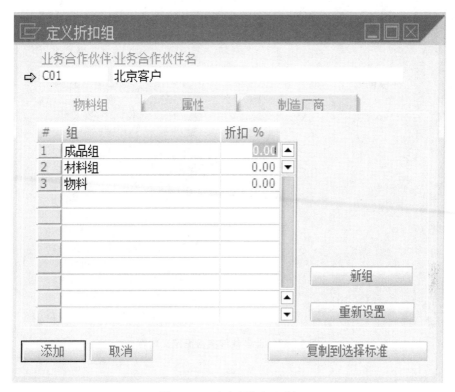

图 5-52　定义折扣组示例

八、定义业务合作伙伴主数据

SAP Business One 软件中有三类业务伙伴：客户、供应商和潜在客户，用户可以根据业务实际在设置业务伙伴主数据时，从下拉菜单中进行选择设置。业务合作伙伴主数据维护是采购系统和销售系统必备的主数据信息，也是系统基础设置部分的重要内容。当用户处理不同业务时，系统自动区分这三类业务合作伙伴。

不同类型的业务合作伙伴涉及不同的业务，客户主要涉及销售相关业务、业务联系和销售机会等，供应商主要涉及采购相关业务和业务联系，潜在客户涉及销售报价、订单和销售机会等。

客户和供应商与会计科目之间的连接是通过会计科目中的"控制科目"进行关联的，客户的控制科目为"应收账款"，供应商的控制科目为"应付账款"。系统会将与客户发生的销售业务和与供应商发生的采购业务自动生成凭证，过账到对应的控制科目。

业务伙伴定义路径：业务合作伙伴（模块）—业务伙伴主数据。

定义业务伙伴主数据信息包括抬头信息、概览、联系人、地址、付款条款、付款系统、财务和明细等选项卡，如图 5-53 所示。

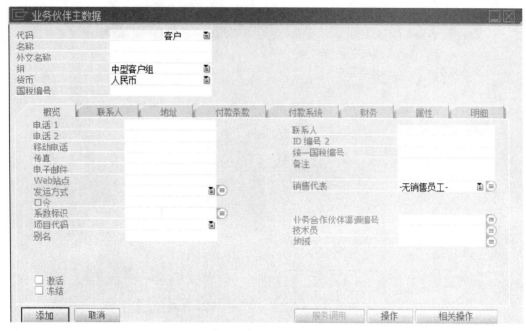

图 5 - 53   业务伙伴主数据定义内容

(一) 业务伙伴抬头主数据

代码：用户首先要定义业务伙伴代码，如用户可以按照自己能够识记的编码定义业务伙伴代码，如对于客户可以以 C（Customer）字母开头，供应商以 S（Supplier）字母开头，潜在客户可以以 PC（Potential Customer）字母开头等。

类型：用户可以从下拉菜单中选择客户、供应商和潜在客户。在业务伙伴没有发生任何交易时，用户可以对类型进行更改，一旦使用过业务伙伴信息如期初余额录入等，该类型将不能更改。

组：为了对不同的业务伙伴进行管理或发展业务，很多企业会将业务伙伴进行分组，如对客户和供应商按照大、中和小型来进行分组，如果通过"管理—定义—业务合作伙伴—定义供应商组/定义客户组"路径对业务伙伴进行分组的情况下，在该界面可以根据实际进行选择输入，或者在此界面进行新的业务伙伴的分组定义。

货币：在此处可以选择用户通过"管理—定义—财务—定义货币"界面定义的任何一种货币与业务伙伴进行交易，或者用户可以在此界面根据实际情况定义新的交易货币。如果用户与业务伙伴之间使用多种货币进行交易，要在此界面选择"多货币"，这样在进行交易单据创建时，就可以根据具体情况使用不同货币了。

账户余额/交货/订单：根据选择，此处以国家货币或系统货币显示与此业务伙伴的已开票但未付款的账户余额，以及已经交货但未开具发票的余额和已下订单的余额信息。

机会：显示与此业务伙伴发生的销售机会的总数。

（二）"概览"页签信息

在概览界面，用户除了设置基本的业务合作伙伴联系信息外，还可以在此处选择已经定义好的发运方式或定义新的发运方式，也可以通过输入项目代码的方式将该业务伙伴与具体项目进行关联。对于客户主数据，在按照销售人员设置佣金组的情况下，此界面还可以输入销售人员以及佣金比例等信息。

在该界面，用户也可通过"激活"或"冻结"设置，与该业务伙伴建立或终止交易关系。

（三）"联系人"页签信息

在该界面，用户可以输入客户或供应商等业务伙伴的联系人信息。默认的联系人会用粗体显示。

（四）"地址"页签信息

在业务伙伴有多个不同地址的情况下，在该界面，用户可定义业务伙伴的开票地址和发运的不同地址。默认的地址会以粗体显示。

（五）"付款条款"页签信息

在该界面，默认的付款条款为系统内设的"现金基础"，在此可以选择输入通过"管理—定义—业务合作伙伴—定义付款条款"路径定义的付款条款，如果在定义付款条款时定义了相关的价格清单、总计折扣、信用额度及最大承付款额度等信息，在选择相应的付款条款后，这些数据会自动复制到业务合作伙伴的主数据信息中。如果已经定义的付款条款不适用于业务合作伙伴，在此界面，用户也可以定义新的付款条款。如果在系统初始化一般设置的"收入"页签，选择了进行信用额度或承付款额度管理，则在为客户创建销售单据时，如果客户的未清账款超出了信用额度或最大承付款额度，系统会限制有关销售单据的创建。

在该界面，用户还可以定义银行信息，如银行所在国家、银行、科目和分行等信息，对于客户来说，当此客户使用支票付款时，这些字段会自动复制到支票当中。对于供应商来说，这些字段只是一般性信息。

当业务伙伴为"客户"属性时，该界面会出现"部分交货"和"延期交货"复选框，用于设置根据销售订单创建发货单时，是否可以按照销售订单的选定行或选定行的特定数量进行部分交货或延期交货。

（六）"付款系统"页签信息

在该界面，用户需要选择输入的重要信息是业务伙伴的开户行信息，可选择的银行信息为通过"管理—定义—收付款—定义银行"界面定义的银行，用户业务伙伴设置的"付款系统"界面，不能定义新的银行信息。

（七）"财务"页签信息

合并业务伙伴、付款合并、交货合并：当用户将一个业务伙伴的多个分支机构分别定义为不同业务伙伴主数据，但希望将他们所有的交易合并到同一家总公司时，需要在"合并业务伙伴"字段为每一个分支结构选择相同的总公司。"付款合并"意味着合并各个分公司的发票，并将发票开具给总公司，由总公司承担所有应付账款付款业务。"交货合并"意味着合并交货单到一张单据，并发货给总公司。

控制科目：在此处，用户可以定义业务伙伴的其他控制科目，对于客户来说，用户可以设置可接受的预付定金、汇票应收账款和未清债务等控制科目，对于供应商来说，用户可以定义应付的预付定金、汇票应付账款和未清债务等控制科目。

冻结催款信、催款等级、催款日期：当业务伙伴为客户时，出现此选项，表示是否停止向此客户发送催款信，客户当前的催款等级以及上一次催款日期等。

在"财务"页签的税额选项，用户可以为该业务伙伴设置默认税收组相关信息，在为该业务伙伴创建业务单据时，系统会优先使用在业务伙伴中为其设定的税收组税率。

（八）"属性"页签信息

在此处，用户可以为业务伙伴定义不同属性，如地区属性等。用以了解与不同地区业务伙伴的交易情况。

（九）"明细"页签信息

在"管理—系统初始化——一般设置—路径"界面定义图片文件夹的基础上，可以以图片的形式输入与该业务伙伴相关的信息。

思考题

1. SAP Business One 系统中，在定义业务合作伙伴主数据时，其代码设置有哪些注意事项？

2. SAP Business One 系统中，特殊价格清单有哪几种？举例说明，如何定义与日期相关的特殊价格清单？

3. SAP Business One 系统中，物料主数据定义界面的"库存数据"页签都需要定义哪些内容？

4. 如果在 SAP Business One 系统中价格清单没有定义，如何在物料主数据中定义价格？

实验三　系统初始化设置（2）

——外币汇率、"定义"部分主要内容、物料和 业务伙伴主数据、定义价格清单

【实验目的】

1. 掌握外币汇率的定义。

2. "定义"部分主要内容和物料主数据及业务伙伴主数据的设置。

3. 理解本部分定义对后续业务的影响。

【实验内容】

1. 定义外币汇率、定义项目、定义事务代码、定义税收组、定义银行。

2. 定义仓库、定义库存周期、定义物料组。

3. 定义物料主数据、定义业务伙伴主数据、定义价格清单、定义付款条款。

【实验准备】

1. 将计算机系统日期调整为 2018 年 1 月 1 日。

2. 引入实验二账套。

3. 由财务部陈敏（0002）完成本部分基础设置工作。

【实验资料】

1. 外币汇率定义资料。

2018 年 1 月 1 日欧元对人民币直接汇率为：1 欧元 = 8.00 元人民币，美元对人民币直接汇率为 1 美元 = 6.00 元人民币。

2. "定义"部分实验资料。

（1）定义项目、定义事务代码、定义税收组。

路径：管理（模块）—定义—财务。

定义项目内容见表 5 – 5。

表 5 – 5　　　　　　　　　　　　　　　　定义项目示例

项目代码	项目名称
P001	丹阳牌台灯项目
P002	飞达牌台灯项目

定义事务代码内容见表 5 – 6。

表 5 - 6 定义事务代码示例

事务代码	描述
001	提取人民币现金
002	提取美元现金备用
003	总经理办公室刘文轩报销办公用品费用

定义税收组：修改增值税 J0，见表 5 - 7。

表 5 - 7 定义税收组示例

代码	名称	起止生效日期	税率	非扣减%	计税科目
J0	进项税 3%	1991.01.01	3	100	默认

（2）定义银行。

路径：管理（模块）—定义—收付款—定义银行。

定义银行内容见表 5 - 8。

表 5 - 8 定义银行示例

国家代码	银行代码	银行名称	分行信息			
			分部	账号	下一支票号	总账科目
中国	BKCHCNZS100	中国银行	中山市中行翔云路分理处	10783298471	38	10020101

注意：在上述银行定义的基础上，补充设置公司明细部分的开户银行信息。

（3）定义仓库、定义库存周期、定义物料组、定义物料属性。

路径：管理（模块）—定义—库存。

定义仓库内容见表 5 - 9。

表 5 - 9 定义仓库示例

仓库代码	仓库名称	位置	街道	邮编	财务
01	成品库	广东省中山市	南区环城社区 106 号	528400	默认
02	原材料库	广东省中山市	南区环城社区 106 号	528400	库存科目：12110101，原材料，其余系统默认

仓库代码	仓库名称	位置	街道	邮编	财务
03	虚拟成品库	系统默认	系统默认	系统默认	默认
04	虚拟原材料库	系统默认	系统默认	系统默认	库存科目：12110101，原材料，其余系统默认
05	虚拟固定资产库	系统默认	系统默认	系统默认	默认

定义库存周期内容见表 5 – 10。

表 5 – 10   **定义库存周期示例**

名称	频率
月盘点	每月 1 日，时间 09：00
年盘点	每年，下一个警报日期：2018.12.31，时间 09：00

定义物料组内容见表 5 – 11。

表 5 – 11   **定义物料组示例**

物料组名称	概览	财务
办公设备	周期组：年盘点 选中"警报"复选框。其余默认	费用科目：15010601，固定资产——办公设备，其余系统默认
计算机	周期组：年盘点 选中"警报"复选框。其余默认	费用科目：15010501，固定资产——计算机，其余系统默认
原材料	周期组：月盘点 选中"警报"复选框。其余默认	库存科目：12110101，原材料，其余系统默认
产成品	周期组：月盘点 选中"警报"复选框。其余默认	系统默认

（4）定义业务伙伴组。

路径：管理（模块）—定义—业务合作伙伴。

定义客户组：大型客户组；普通客户组；小型客户组。

定义供应商组：大型供应商；普通供应商；小型供应商。

3. 定义价格清单。

路径：库存（模块）—价格清单—价格清单。

定义价格清单内容见表 5-12。

表 5-12　　　　　　　　　　　　　　定义价格清单示例

价格清单名称	基础价格清单	比例	舍入方法及"组"信息	手动
普通客户售价	普通客户售价	1	系统默认	无
大客户售价	普通客户售价	0.8	系统默认	无
小客户售价	普通客户售价	1.1	系统默认	无
零散客户售价	普通客户售价	1.2	系统默认	无

4. 定义普通客户售价。

路径：库存（模块）—价格清单—价格清单，鼠标双击"普通客户售价"所在行。

定义普通客户售价内容见表 5-13。

表 5-13　　　　　　　　　　　　　　定义普通客户售价示例

物料号	物料描述	价格
M01	灯架	500
M02	灯罩	200
M03	灯座	80
M04	线缆	15
M05	灯泡	7
P01	丹阳牌台灯	1500
P02	飞达牌台灯	1600

5. 定义物料主数据。

路径：库存（模块）—物料主数据。

定义物料主数据内容见表 5-14。

表 5 – 14　　　　　　　　　　　定义物料主数据示例

物料号	物料描述	物料组	是否序列号管理	采购或销售计量单位	进项或销项税税率	所在仓库	总账科目依据	库存科目/费用科目	属性	其余信息
M01	灯架	原材料	否	台	13%	原材料库（默认仓库）	仓库	库存科目：12110101 – 原材料	仓库物料，销售物料，采购物料	系统默认
M02	灯罩	原材料	否	个	13%	原材料库（默认仓库），虚拟原材料库	物料级别	库存科目12110102 – 原材料—灯罩（待后续会计科目设置后进行完善）	仓库物料，销售物料，采购物料	系统默认
M03	灯座	原材料	否	台	13%	原材料库（默认仓库）	仓库	同 M01 物料	仓库物料，销售物料，采购物料	系统默认
M04	线缆	原材料	否	米	13%	原材料库（默认仓库）	仓库	同上	仓库物料，销售物料，采购物料	系统默认
M05	灯泡	原材料	否	个	13%	成品库（默认仓库）、原材料库	物料级别	库存科目12110103 – 原材料—灯泡（待后续会计科目设置后进行完善）	仓库物料，销售物料，采购物料	系统默认
P01	丹阳牌台灯	产成品	否	盏	13%	成品库（默认仓库）	仓库	库存科目：12430101 – 库存商品	仓库物料，销售物料，采购物料	系统默认
P02	飞达牌台灯	产成品	否	盏	13%	成品库（默认仓库）	仓库	库存科目：12430101 – 库存商品	仓库物料，销售物料，采购物料	系统默认
P03	HP电脑	产成品	否	台	13%	成品库（默认仓库）	仓库	库存科目：12430101 – 库存商品	仓储物料，销售物料，采购物料	系统默认

物料号	物料描述	物料组	是否序列号管理	采购或销售计量单位	进项或销项税税率	所在仓库	总账科目依据	库存科目/费用科目	属性	其余信息
P04	苹果牌电脑	计算机	否	台	13%	虚拟固定资产库	物料组	费用科目：15010501－固定资产—计算机	固定资产，采购物料	系统默认
P05	戴尔电脑	产成品	管理物料由：序列号；管理方法：在每笔交易中	台	13%	成品库（默认仓库）	物料组	费用科目：15010501－固定资产—计算机	仓储物料，销售物料，采购物料	系统默认
P06	飞达牌简易台灯	产成品	否	盏	13%	成品库（默认仓库）	物料组	库存科目：12430101－库存商品	仓储物料，销售物料，采购物料	系统默认

6. 定义付款条款。

路径：定义—业务合作伙伴—定义付款条款。

定义付款条款内容见表 5－15。

表 5－15　　　　　　　　　　**定义付款条款示例**

付款条款代码	到期日基于	开始自	分期付款次数		总计折扣%	其余信息
10 天	过账日期	月初 0 月 10 天	无		2	系统默认
20 天	过账日期	月末 0 月 20 天	无		1	系统默认
30 天	过账日期	月中 0 月 0 天	2 次/首次分期付款	1 月 1 日：60% 1 月 30 日：40%	n	系统默认

7. 定义业务合作伙伴（未说明信息按照系统默认设置，货币均为人民币）。

路径：业务合作伙伴（模块）—业务伙伴主数据。

定义业务合作伙伴内容见表 5－16。

表 5 – 16　　　　　　　　　　　　定义业务合作伙伴示例

代码	类型	名称	组	电话（1）	销售代表/购买者	联系人	地址	付款条款	价格清单	信用额度/最大承付款	财务/控制科目
C01	客户	北京新旺百货公司	大客户组	010 – 69××××66	李慧	王伟	北京市朝阳区东里小区 102 号	20 天	大客户售价	360000	可接受的预付定金；应收账款—国内
C02	客户	上海万嘉灯具销售有限公司	普通客户组	021 – 6××××84	马芳	田刚	上海南京路 103 号	20 天	普通客户售价	260000	系统默认
C03	客户	南京友谊商场	小型客户组	025 – 5××××56	马芳	杭其	南京友谊路 11 号	30 天	小客户售价	50000	系统默认
C04	客户	零星客户	小型客户组	系统默认	系统默认	系统默认	系统默认	系统默认	零星客户售价	系统默认	系统默认
C05	客户	西安北光灯具销售公司	小型客户组	029 – 5××××51	马芳	系统默认	系统默认	20 天	小客户售价	50000	系统默认
S01	供应商	南京诚美灯具配件公司	大型供应商	025 – 7××××34	苟小莉	蔡文觉	南京南里路 11 号	现金基础	普通客户售价	系统默认	系统默认
S02	供应商	中山市祥瑞灯具器材供应公司	普通供应商		王丹	张甜	中山市飞达路 12 号	现金基础	普通客户售价	系统默认	系统默认
S03	供应商	广东河源苹果电脑销售有限公司	小型供应商	0762 – 59××××4	蔡文	朱海	河源市萧山区 25 号	现金基础	普通客户售价	系统默认	系统默认

【实验操作指导】

注：以下操作由陈敏（0002）登录完成。

1. 定义外币汇率。

（1）按照"管理（模块）—定义外币汇率"路径，进入定义外币汇率界面。

（2）在该界面欧元（EUR）和美元（USD）所在的列分别输入 8 和 6，点击该界面的"更新"按钮，即完成外币汇率的定义。

（3）点击"确定"按钮，退出外币汇率定义界面。

2. 定义项目。

（1）按照"管理（模块）—定义—财务—定义项目"路径，进入定义项目界面。

（2）在该界面"项目（代码）"和"项目名称"所在的列分别输入 P001 与丹阳牌

台灯项目，点击"更新"按钮，完成该项目定义工作。点击"回车"键，输入下一个项目（P002，飞达牌台灯项目）。依次点击"更新"和"确定"按钮，完成整个项目定义工作，并退出定义项目界面。

3. 定义事务代码。

（1）按照"管理（模块）—定义—财务—定义事务代码"路径，进入定义事务代码界面。

（2）在该界面"代码"和"描述"所在的列分别输入 001 与提取人民币现金。点击"回车"键，按照实验资料输入下一个事务代码及描述信息。依次点击"更新"和"确定"按钮，完成事务代码的定义，并退出该界面。

4. 定义税收组。

（1）按照"管理（模块）—定义—财务—税收—定义税收组"路径，进入税收组定义界面。

（2）点击该界面 J0 所在行的任一列，然后点击该界面下方的"计税定义"按钮，进入"计税定义 – J0"界面，在税率所在的列输入 3，依次点击该界面的"更新"和"确定"按钮，返回定义税收组界面。

（3）在返回的定义税收组界面，定义"非扣减%"所在的列为 100。依次点击该界面的"更新"和"确定"按钮，完成税收组定义并退出该界面。

5. 定义银行。

（1）按照"管理（模块）—定义—收付款—定义银行"路径，进入定义银行界面。

（2）在定义银行界面，在"银行代码"和"银行名称"所在的列，分别输入"BKCHCNZS100"和"中国银行"，点击该界面底部的"分行"按钮，在分行定义界面依次在"分部""账号""下一支票号"和"总账科目"所在的列输入广东省中山市中行翔云路分理处、10783298471，38 和 10020101。依次点击"更新"和"确定"按钮，返回定义银行界面。在该界面依次点击"更新"按钮，完成银行定义并退出该界面。

（3）补充定义：按照"管理（模块）—系统初始化—公司明细"路径，进入公司明细界面。选择定义在定义银行界面定义的上述银行信息。点击"更新"按钮，完成公司明细部分开户银行的定义。

6. 定义仓库。

（1）按照"管理（模块）—定义—库存—定义仓库"路径，进入定义仓库界面。

（2）点击工具栏的上下翻页按钮的"第一个数据记录"键 ，弹出系统默认设置的 01 — 一般仓库。在"概览"界面下，将其仓库名称改为"成品库"。点击该界面"位置"对话框后的选择设置按钮 ，在下拉菜单中点击"定义新的"选项，进入"定义位置"界面，在该界面输入位置信息"广东省中山市"，依次点击"更新"和"确定"按钮，完成位置信息定义并返回到"定义仓库"界面，按照实验内容输入其他明细位置信息。"财务"页签信息系统默认。点击"更新"按钮，完成 01 仓库的定义，并重新返回到定义仓库界面。

（3）在新的定义仓库界面，继续定义其他仓库。02－原材料库的定义"概览"界面信息定义方法同01仓库的定义，在"财务"页签，将光标置于库存科目所在的"科目代码"列，删除该系统默认的会计科目12430101－库存商品，点击TAB键，选择设置新的会计科目12110101－原材料，点击"更新"按钮，完成02仓库的设置。

（4）03－虚拟成品库，04－虚拟原材料库，05－虚拟固定资产库的设置，请参照01－成品库和02－原材料库的设置方法进行定义。

注意：

✧ 定义仓库代码的唯一性。代码为01的仓库为系统默认设置的仓库，因此按照实验内容设置代码为01的仓库，只能通过上下翻页键的形式查找到该代码的仓库，通过修改仓库名称的形式进行设置。否则，由于违背代码唯一性原则，会出现不能定义实验资料中仓库的现象。

✧ 会计科目设置完毕是定义仓库的前提，这涉及总账会计科目的设置，因此无论是选择系统设置的会计科目模板还是用户自定义会计科目，定义仓库都是在会计科目设置完成后进行，否则，在增设仓库信息时，界面底部会出现"库存科目之一缺失，'库存科目'"的错误提示信息。

7. 定义库存周期。

（1）按照"管理（模块）—定义—库存—定义库存周期"路径，进入库存周期定义界面。

（2）在该界面名称对话框输入"月盘点"，频率设置为在每月1日，09：00. 点击该界面的"添加"按钮，完成本库存周期的设置。

（3）按照如上方法依据实验资料完成"年盘点"的设置。

8. 定义物料组。

（1）按照"管理（模块）—定义—库存—定义物料组"路径，进入物料组定义界面。

（2）在"物料组名称"对话框的"概览"页签，输入"办公设备"，在"周期组"对话框点击选择设置按钮 ▣ 选择"年盘点"。选中"警报"前的对话框。点击"财务"页签，选中费用科目所在的"科目代码"列，将会计科目55020406－办公文具费删除，点击TAB键，选择输入15010601－固定资产—办公设备会计科目。点击该界面的"添加"按钮，完成本物料组的设置。

（3）按照如上方法依据实验资料完成其他物料组的定义。

注意：

✧ 会计科目设置完毕是定义物料组的前提，这涉及总账会计科目的设置，因此无论是选择系统设置的会计科目模板还是用户自定义会计科目，定义物料组都要在会计科目设置完成后进行，否则，在增设物料组信息时，界面底部会出现"库存科目之一缺失，'库存科目'"的错误提示信息。

9. 定义业务伙伴组。

（1）定义客户组。

①按照"管理（模块）—定义—业务合作伙伴—定义客户组"路径，进入客户组定义界面。

②在客户组定义界面的第二行输入组名称"大型客户组"，点击回车键，进入下一行输入组名称"普通客户组"，同样方法输入其他组名称。点击"确定"键，完成客户组的定义。

（2）定义供应商组

①按照"管理（模块）—定义—业务合作伙伴—定义供应商组"路径，进入供应商组定义界面。

②与定义客户组定义方法相同，依次输入供应商组信息，点击"确定"按钮，完成供应商组定义。

10. 定义价格清单。

（1）按照"库存（模块）—价格清单—价格清单"路径，进入价格清单定义界面。

（2）在标注号码的第1、2、3和4行，依次将价格清单01～04修改为：普通客户售价、大客户售价、小客户售价和零散客户售价。并依次点击"基础价格清单"后的选择设置按钮 ▣，将"普通客户售价"设置为基础价格清单。将"比例"所在的列依次设置系数为1，0.8，1.1和1.2。依次点击"更新"和"确定"按钮，完成价格清单的定义并退出该定义界面。

11. 定义普通客户售价。

（1）按照"库存（模块）—价格清单—价格清单"路径，进入价格清单定义界面。

（2）双击该界面"普通客户售价"所在的行，在弹出的界面按照实验资料内容在"价格"所在的列依次输入价格信息。该界面的"基础价格"所在的列信息自动更新。依次点击该界面的"更新"和"确定"按钮，返回到价格清单定义界面，点击该界面的"确定"按钮，其他价格清单以基础价格清单（普通客户售价）为基础，按照定义的系数自动更新其他价格清单。

12. 定义物料主数据。

（1）按照"库存（模块）—物料主数据"路径，进入物料主数据查找界面。

（2）点击工具栏上的添加按钮 ▣，进入物料主数据添加界面。

（3）在"物料号"对话框输入 M01，"描述"对话框输入"灯架"，点击"物料组"对话框后的选择设置按钮 ▣，选择原材料组。

（4）依次点击"采购数据"和"销售数据"页签，分别设置"采购计量单位"和"销售计量单位"为"台"，计税组为进项税/销项税13%。

（5）点击"库存数据"页签，点击"设置总账科目依据"对话框后的选择设置按钮 ▣，选择为"仓库"，"成本核算方法"选择设置为移动平均。将光标放置在"仓库代码"对话框，点击TAB键，选择设置02（原材料库）。选中02原材料库所在的行，点击界面下方的"设置默认仓库"按钮，设置该仓库为默认仓库。

（6）选择设置"灯架"物料主数据的属性，将"仓库物料""销售物料"和"采购物料"前的对话框选中。点击该界面的"添加"按钮，即完成本物料主数据的设置。新的物料主数据定义界面打开。

（7）使用同样的方法，依据实验资料数据完成其他物料主数据定义。

注意：

◇ 物料主数据的添加，进入主数据定义界面，首先要点击工具栏内的添加按钮 ▦，再输入物料主数据内容。

◇ 物料主数据的定义，不要忽略"库存数据"页签下的仓库信息，此处仓库信息的维护，是库存数据期初余额录入的基础设置之一。

◇ 定义物料主数据中，"设置总账科目依据"有不同的选择（本书设置为按仓库、按物料组和按照物料级别），要注意此处设置对后续业务的不同影响。

◇ 定义物料主数据中，是否"序列号和批号"管理的设置，对后续业务影响不同，要注意此处设置和后续业务处理的关联。

13. 定义付款条款。

（1）按照"管理（模块）—定义—业务合作伙伴—定义付款条款"路径，进入付款条款定义界面。

（2）在"付款条款代码"对话框输入：10天，点击"到期日基于"对话框后的选择设置按钮 ▤，选择"过账日期"。点击"开始自"对话框后的选择设置按钮 ▤，选择"月初"，并在后面对话框中输入"0"月数和"10"天。"总计折扣%"对话框后输入2。点击"添加"按钮，完成本付款条款的定义。

（3）按照上述方法和实验资料定义30天付款的条款，所不同的是"分期付款次数"的定义，点击"分期付款次数"后的黄色按钮 ⇨，在弹出的"分期付款"界面，输入分期付款次数2，支付方式选择"首次分期付款"，在被激活的付款时间和比例行（2行），分别输入1（月份）15（天）和60，1（月份）30（天）和40，依次点击"更新"和"确定"按钮，返回到付款条款定义界面，点击"添加"按钮，完成本付款条款的定义。

（4）按照上述方法和实验资料完成其他付款条款的定义。

14. 定义业务伙伴主数据。

（1）按照"业务合作伙伴（模块）—业务伙伴主数据"路径，进入业务伙伴主数据查找界面。

（2）点击工具栏的添加按钮 ▭，进入业务伙伴主数据添加页面。

（3）在"代码"对话框输入C01，在"名称"对话框输入"北京新旺百货公司"，点击"组"对话框后的选择设置按钮 ▤，选择设置"大型客户组"，同样方法选择设置"货币"为人民币。

（4）按照实验资料，在"概览"页签，输入联系方式信息；"联系"页签，输入联系人信息;"地址"页签,输入地址信息;"付款条款"页签,点击"付款条款"对话框后的选择设置按钮 ▣,选择"20 天"付款条款。按照同样方法,选择设置"价格清单"为大客户售价,信用额度和最大承付款额度设置为 360000.00。

(5)在"财务"页签,点击控制科目后的设置按钮 ▭,在弹出的"控制科目 – 应收账款"界面,"可接受的预付定金"科目代码所在的列,点击 TAB 键,选择输入科目代码 11310101 – 应收账款(国内),依次点击"更新"和"确定"按钮,返回到业务伙伴主数据界面。点击"添加"按钮,完成本业务伙伴主数据的设置。

(6)按照上述方法和实验资料完成其他业务伙伴主数据的定义。

注意:

◇ 业务伙伴代码设置一定不能与会计科目代码相同,因为在此版本软件中,业务伙伴对应的总账科目是应收账款和应付账款会计科目,但生成财务凭证时,会计科目直接对应的是业务伙伴的代码。

◇ 如果某一个业务伙伴既是供应商又是客户,则用户需要为该伙伴定义两条业务伙伴主数据。

◇ 业务合作伙伴设置中,类型选择(客户、供应商、潜在客户)要注意设置的正确性,否则会出现期初余额录入试算不平衡的现象。

第六章　财务模块

第一节　财务模块概述

财务系统是 SAP Business One 的核心部分之一，除了在财务系统生成的凭证外，采购、销售和库存等其他模块根据系统配置生成的大量财务凭证，也要传递到财务模块。

图6-1界面显示的是财务模块的主要内容，其中基础数据设置包括编辑会计科目表以及会计科目属性的设置、百分比过账模板和周期性过账模板的设置、预算的设置、成本会计的基础设置等。在财务模块基础数据设置的基础上，根据公司财务管理制度相

图6-1　财务模块主要内容

关规定，可以通过日记账分录和日记账凭证窗口生成永久或非永久的财务凭证。采购、销售和库存模块生成的相应会计凭证也要传递到财务模块。在会计期末，在有外币核算并执行浮动汇率的基础上，用户可以在财务模块进行汇兑损益凭证的生成。用户通过"管理—实用程序—期末结账"路径进行期末结账的基础上，用户可以在财务模块进行报表的编制与输出，以及各种账表的查询和输出。

财务模块业务逻辑可以通过图 6-2 表示。

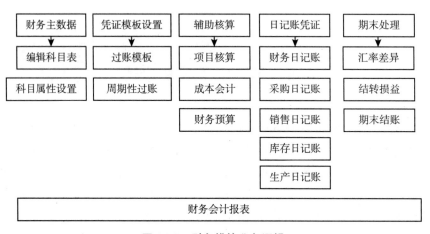

图 6-2　财务模块业务逻辑

鉴于本书的内容安排，财务模块日记账主要指企业日常经营活动生成的财务凭证，不包含采购、销售和库存等模块生成的日记账凭证，其他模块传递到财务模块的日记账凭证，将在其他章节中进行介绍。

对于 SAP Business One 软件系统中，所有的业务单据统称为凭证。在财务模块生成的凭证一般称为财务凭证。

第二节　会计科目设置

 一、会计科目的编辑

对于会计科目的设置，系统提供了两种方式：一种方法是完全由用户进行自定义；另一种方法是系统给出会计科目表模板，由用户在此基础上进行修改。作为初始化设置的一部分，用户可通过路径"管理—系统初始化—公司细节—初始化—科目表"对会计科目模板进行选择，来决定使用何种方式设置会计科目（此部分内容已在初始化设置部分进行过论述，这里不再赘述）。为了提高会计科目编辑的工作效率，一般建议用户选择系统中已有的"股份有限公司会计制度"会计科目模板，并在此基础上通过编辑的方式设置符合公司需求并符合会计科目统一规定的科目。

在 SAP Business One 软件系统中，会计科目最多可设置到 10 级，其中 1 级会计科目在该系统中指属性为"抽屉"的会计科目类别，主要包括资产类、负债类、所有者权益类、成本类和损益类，这类会计科目不允许用户增加、修改和删除。2~9 级可以增设同级标题或下级明细会计科目，10 级会计科目只能增设同级会计科目。

编辑会计科目指在已有会计科目模板的基础上对会计科目的增加、修改和删除。对于用户自定义会计科目的设置，编辑会计科目指会计科目的增加及相关属性的设置。

无论是通过对会计科目表模板编辑的方式，还是用户自定义的方式设置会计科目，都需要用户结合企业的实际业务需求，对会计科目的设置进行详尽的规划，包括属性的设置、级别的设置等。

本教程以系统内设的会计科目模板为基础，对会计科目的设置进行阐述。

路径：财务（模块）—编辑科目表或管理（模块）—定义—财务—编辑科目表。

图 6-3 为编辑科目表所包含的内容。

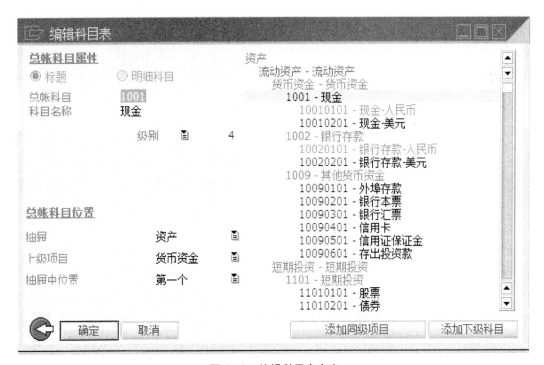

图 6-3　编辑科目表内容

1. 编辑科目表窗口结构及含义

如图 6-3 所示，该窗口分左右两部分，其中用户可以在左半部分对会计科目属性进行选择，对会计科目的代码和名称进行设置，也可以对会计科目所在的级别和在总账科目中的位置进行设置。其中用户可在"标题"和"明细科目"两个选项中对总账科目属性进行选择。标题科目为非明细会计科目，用来做科目汇总使用，明细科目为在日常会计凭证生成时使用的会计科目。会计科目的代码由用户根据上下级关系来编辑，会计科目代码必须唯一，不能重复，否则系统会弹出错误信息。会计科目名称用户也可以根据上下级会计科目关系进行设置。总账科目位置中，用户可以设置会计科目所属的抽屉，即会计科目类别，以及上级会计科目，当设置的会计科目存在同级会计科目时，用户还可以设置会计科目在抽屉中的位置。

窗口的右半部分为会计科目模板已有的会计科目，其中粉色字体会计科目为抽屉类一级会计科目，如资产等，此类会计科目用户不能增加、修改和删除。蓝色字体显示的会计科目为标题属性的科目，如图 6-3 中的货币资金、现金等会计科目。绿色和黑色字体显示的为明细科目，如现金—人民币和现金—美元，其中绿色字体显示的明细科目为控制类明细会计科目，如现金—人民币等。

用户还可以在该窗口，通过单击选中右侧会计科目的形式，来查看会计科目的属性和位置信息。

2. 增加会计科目

对于具有"标题"属性的非抽屉类会计科目，可以通过选中会计科目，并右键点击的方式，在"高级"选项下，增加同级或下级会计科目。对于具有明细科目属性的会计科目，右键点击该科目，在"高级"选项卡下，只能增加同级会计科目。

注意：

◇ SAP Business One 软件每一个期初余额的录入，都会生成相应的财务会计凭证。因此在增加会计科目时，用户还要考虑增加期初余额录入中要用到的过渡会计科目，并注意该会计科目属性的设置，在公司相关会计科目余额涉及外币核算时，用户还要考虑该会计科目的币别设置。

3. 修改会计科目

对于"抽屉"类会计科目，用户不可以对其进行修改，对于其他具有"标题"属性的会计科目的修改，除了科目属性不能修改外，其他信息均可以修改，包括科目代码、名称、级别和位置等。对于属性为"明细科目"的控制科目，用户除了不能修改科目属性和科目代码外，其他信息均可进行修改。对于属性为"明细科目"的非控制科目，信息均可以进行修改。

4. 删除会计科目

对于用户不需要的会计科目，可以选中该科目，右键点击，在"高级"选项下点击删除科目即可。但删除会计科目的前提是该会计科目在业务处理过程中没有被使用过。另外，控制类的明细会计科目也不能删除。

注意：

◇ 已经使用过的会计科目（如进行过期初余额的录入，使用相应会计科目填制过财务凭证等）不能删除。

◇ 如果属性是"标题"的会计科目，则该科目下通常会有明细会计科目，如果要删除该科目，必须先删除其下所属的明细会计科目，然后再删除该标题会计科目。

◇ 与采购和销售模块相关的控制科目不可以删除。

 二、科目属性的设置

路径：财务（模块）—科目表。

在图6－4科目表界面，用户可以对会计科目属性进行进一步详细设置。

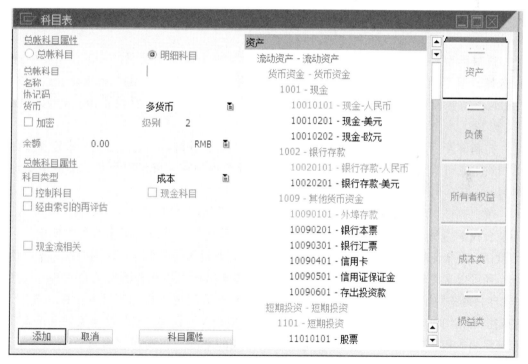

图6－4 科目表设置内容

在编辑会计科目页面，主要功能是增加、修改和删除会计科目，对于更多关于会计科目属性的设置，用户还要在图6－4界面结合企业实际情况进行设置。如对于有预算管控的企业，用户在此界面可以进行预算会计科目的设置，为了编制现金流量表的需要，用户可以对"现金流相关"会计科目进行设置等。

关于"总账科目"与"明细科目"属性的选择，以及会计科目代码和名称的设置，在此界面的编辑方式与编辑会计科目表相同。

货币：在此界面，用户可以对会计科目的货币类型从下拉菜单中进行选择，在下拉菜单中出现的货币类型都是用户通过路径：管理—定义—财务—定义货币窗口定义或系统内设的类型，因此用户如果在下拉菜单中找不到要使用到的货币类型，可以通过上述路径进行相应设置。如果某会计科目要应用的货币类型为多种，用户在此界面要选择"多种货币"类型。

加密：通过路径"管理—系统初始化—权限"对用户权限进行"加密"设置的前提下，如果用户在该界面通过勾选"加密"选项，特定用户在能够显示货币资金金额的界面只能看到相应的替代字符，只有有权限的操作员才能看到具体的金额数字。

余额：在此处会显示当前科目的余额，科目余额以为该科目定义的货币来显示。如果以外币定义科目，用户可以通过从余额字段旁边的下拉菜单中选择本币将其改为本币显示。

科目类型：系统提供"成本、收入、支出"三个选项，供用户从下拉菜单中进行选择，对于抽屉类的"资产、负债、所有者权益"科目，用户无须设置，对于"成本"类要设置为"成本"，对于"损益类"要根据实际情况设置为"收入"或"支出"。

控制科目：系统中显示的以绿色字体显示的明细会计科目都是与采购、销售和库存等模块生成财务凭证关联的控制科目。用户在此界面根据实际情况可增设控制类会计科目。

现金科目、现金流相关会计科目："现金科目"用于出具其他国家的现金流量表，不适合我国的现金流量表编制。"现金流相关科目"为出具我国的现金流量表使用，系统默认的现金流相关的会计科目为货币资金类会计科目下的明细科目。用户根据实际情况，还可以定义其他与现金或现金等价物流入或流出相关的现金流相关会计科目。在"管理—系统初始化——一般设置—现金流"界面，在分配现金流行项目下选择"强制"的前提下，用户使用现金流相关会计科目录入相应财务凭证时，必须将相关信息录入现金流量表的相应项中，否则会出现凭证无法生成的情况。在选择"可选"的前提下，用户使用现金流相关会计科目生成财务凭证时，可以将相关信息录入现金流量表，也可以选择不录入。

对于与预算相关会计科目的设置：

路径：财务（模块）—科目表，选中某会计科目，并点击该界面左侧下方的"科目属性"，系统即弹出图 6-5 界面。

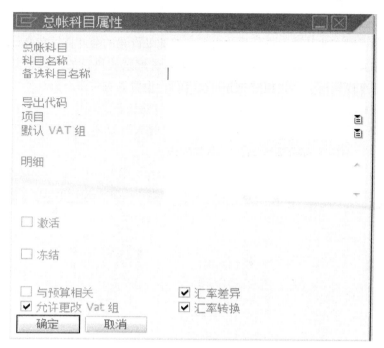

图 6 - 5　总账科目属性设置

此界面弹出的前提：通过"管理—系统初始化——一般设置—预算"路径，用户在该窗口完成初始化预算设置，是进行与预算相关会计科目设置窗口弹出的前提条件。

在图 6 - 5 界面，用户可以在"备选科目名称"处设置相应的外文名称，也可以在项目处进行具体项目的选择。还可以设置对某会计科目激活或冻结的期间。如果某会计科目是与预算相关的会计科目，必须要在此界面对"与预算相关"选项进行勾选。否则，该会计科目不能被编入预算中。在该界面，用户还可以设置是否对该科目进行增值税组的更改，是否进行汇兑损益的结转等。

注意：

◇　理解编辑会计科目窗口和科目表窗口主要功能区别的基础上，进行会计科目的编辑和会计科目属性的设置。

◇　弹出编辑预算会计科目属性对话框的前提的设置。

◇　理解现金流相关会计科目设置的意义。

◇　预算相关会计科目设置的流程。

三、总账会计科目的设置

SAP Business One 是一个集成度非常高的系统，销售、采购、库存等业务系统中的大部分业务流程在创建单据的基础上，将自动生成财务凭证传递到财务系统。生成财务凭证的科目需要用户在总账会计科目设置过程中进行设置，这样系统才会在相关单据保存时按照预先设定的科目生成凭证。在总账会计科目设置界面，大部分会计科目系统已经内设，用户可以在此基础上进行更改设置。在此处设置的会计科目在会计科目表中都是以绿色字体显示的控制类明细科目。本节主要讲解默认科目的逻辑意义，本书的采购、销售和库存模块还会结合相应业务对会计科目设置做进一步介绍。

路径：管理（模块）—定义—财务—总账科目确认。

如图 6-6 所示，总账科目确认界面包含为"收入"页签、"采购"页签、"概览"页签和"库存"页签四部分需要确认或设置的内容。

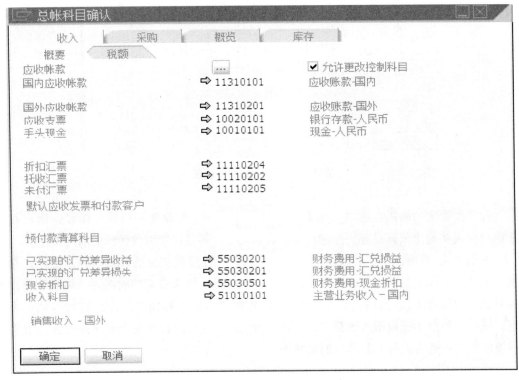

图 6-6　总账科目确认设置内容

（一）"收入"页签信息

如图 6-6 显示，为总账科目确认"收入"页签需要设置的内容。

收入页签定义的会计科目主要定义销售模块销售发货、发票、退货以及预留发票等业务需要的相关会计科目。

允许更改控制科目：勾选此选项，则允许用户在"业务伙伴主数据"的"财务"页签下修改当前业务伙伴所使用的控制科目。如果不勾选此选项，则每个客户将默认使用在总账科目确认—收入页签所定义的应收类控制科目。

国内应收账款、国外应收账款：系统会根据客户主数据中的国家地址来判定客户是国内还是国外客户，并在处理销售相关业务时，使用此处定义的国内或国外应收账款会计科目。

支票、现金：用户可以在此处设置当使用支票或现金对销售业务进行收款时，所使用的默认会计科目。

折扣汇票、托收汇票、未付汇票：在销售业务中发生应收票据使用的情况下，在此处用户设置的默认应收票据的明细会计科目。

默认应收发票和付款客户：当用户处理零售业务，即应收发票＋付款业务时，默认选择的客户代码。

预付款清算科目：在销售业务中，客户预付账款的背景下，为了后续业务处理的方便，在此处要设置预付款会计科目。

已实现的汇兑差异收益、已实现的汇兑差异损失、现金折扣：在销售业务中如果企业业存在外币交易的情况，用户可以在此设置因为汇率变动发生的默认收益和损失会计科目。用户也可以在现金折扣处设置默认的现金折扣会计科目。

收入科目：销售业务必然涉及收入的入账确认，用户可以在此处设置销售业务所使用的默认收入类会计科目，也可以在定义仓库或物料组时定义收入科目。

（二）"采购"页签信息

在总账科目确认页的"采购"页签，用户主要定义采购收货、采购发票、退货等业务需要的相关会计科目。其需要确认的总账会计科目内容，如图6-7所示。

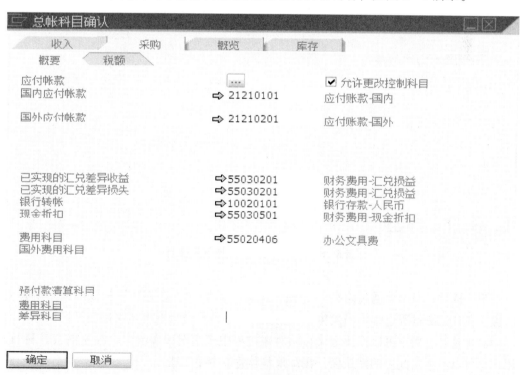

图6-7　总账科目确认采购页签设置

　　与"收入"页签相比，在此界面其各选项含义基本相似，所不同的是一个确认的是相关的销售业务使用的会计科目，一个确认的是采购业务所使用的会计科目，因此除费用科目设置外，在此各选项的含义不再详细介绍。

　　费用科目：当用户采购无"仓库"属性的物料，如采购固定资产、办公用品或采购服务等需要调用的科目，并将相应金额计入该科目借方。在此设置的科目为系统默认值，用户也可以在物料主数据设置总账科目依据（仓库、物料组或物料级别）中设置相应的费用科目。系统初始设置的会计科目，与上述不同界面设置相同。

（三）"概览"页签信息

　　在图 6－8 界面，用户可以设置有关信用卡存款费用、舍入差异科目、对账差异科目和期末结账科目。

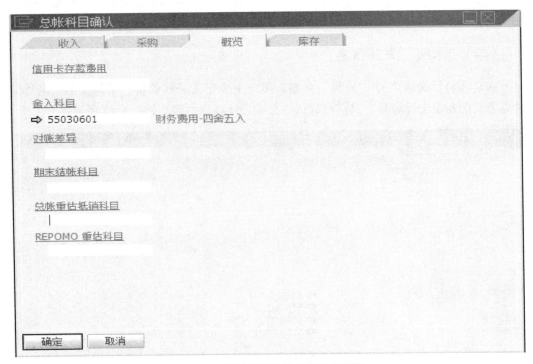

图 6－8　总账科目确认概览页签设置

　　舍入科目：当用户通过路径"管理—定义—财务—定义货币"对货币进行了舍入设置，在日记账过账过程中当发生舍入差额时，系统会选择在此定义的会计科目。

　　对账差异：用户可以在此定义自动对账过程中产生对账差异时，使用的会计科目。用户也可以不指定此处的默认值，在每张差异凭证中手工指定。

　　期末结账科目：期末结账时使用的默认科目，因为期末结账分月末结账和年末结账，所使用的会计科目不同，因此用户可以在期末结账时再确认使用的科目。

（四）"库存"页签信息

在图6-9界面，用户可以定义物料的有关默认核算科目。设定这些科目后，在库存模块进行物料业务相关核算时，系统均采用在此界面设置的相应会计科目进行核算。用户还可以在仓库、物料组、物料级别修改这些科目。

总帐科目确认		
收入　采购　概览　库存		
	科目代码	科目名称
库存科目	⇒ 12430101	库存商品
销货成本	⇒ 54010101	销售成本
分摊科目	⇒ 12010102	在途物资
差异科目	⇒ 54010201	价格差异-收益
价格差异科目	⇒ 54010201	价格差异-收益
库存抵销-减少	⇒ 54010501	库存差异-损失
库存抵销-增加	⇒ 54010401	库存差异-收益
销售退货	⇒ 12430101	库存商品
汇率差异科目		
货物清帐科目	⇒ 54010401	库存差异-收益
减少总帐科目		
增加总帐科目		
WIP 物料科目		
WIP 物料差异科目		
库存重估科目		
库存重估冲销科目		
费用清帐科目		
在途物资	⇒ 12010102	在途物资

确定　取消

图6-9　总账科目确认库存页签设置

思考题

1. 财务模块中"编辑科目表"和"科目表"功能有何不同？

2. 假定两家公司都在进行 SAP Business One 软件会计科目设置的初始化工作，一家公司有外币余额录入，另一家公司只有本位币期初余额录入，假定你是 SAP 公司的软件实施顾问，对于这两家公司期初余额中转科目属性的设置，你有什么建议？为什么？

3. 总账会计科目设置的内容包括哪些？其设置的意义是什么？

<h1 style="text-align:center">第三节　期初余额的录入</h1>

 一、期初余额的录入

期初余额录入是系统初始化设置的主要内容之一，在 SAP Business One 系统中主要包括三类期初余额录入，在系统初始化期初余额录入界面，可以分别录入总账科目期初余额和业务合作伙伴期初余额。对于第三类库存期初余额的录入，要按照"库存（模块）—库存交易—初始数量、库存追踪和库存过账"的初始数据录入界面进行录入。

用户在录入各类期初余额前，选择好录入期初余额的时间点，手工做好各项余额的整理和核对工作，以便确保余额录入的正确性。

SAP Business One 系统中，每一个期初余额的录入都会根据设置的期初余额中转过渡科目生成相应的会计分录：

* 总账科目期初余额录入生成会计凭证模式为：

借：总账科目　　　　　　　　　　　　借：期初余额中转过渡科目
　　贷：期初余额中转过渡科目　　或　　　　贷：总账科目

* 业务合作伙伴期初余额录入生成会计凭证模式为：

借：控制科目——客户　　　　　　　　借：期初余额中转过渡科目
　　贷：期初余额中转过渡科目　　或　　　　贷：控制科目——供应商

* 库存期初余额录入生成会计凭证模式为：

借：库存科目
　　贷：未清库存科目即期初余额中转过渡科目

根据系统初始化设置中（管理—系统初始化—公司明细相应设置）"贷方余额显示为带负号"的必选项设置，用户在输入不同类期初余额时要注意是否在金额前输入负号：录入贷方余额时一定要在金额前输入"－"号。

用户在期初余额录入前，还要根据企业的具体情况，核对期初余额录入过程中应用的过渡会计科目属性和币别设置是否符合企业实际需要。

用户在期初余额录入前，一定要在会计科目设置完毕的情况下进行。

期初余额录入完毕，用户还要注意应用会计的基本恒等式原理即资产 = 负债 + 所有者权益，通过资产负债表来验证期初余额录入正确性的检验。

（一）总账科目期初余额

路径：管理（模块）—系统初始化—期初余额—总账科目期初余额。

图 6 - 10 为总账科目期初余额录入界面。

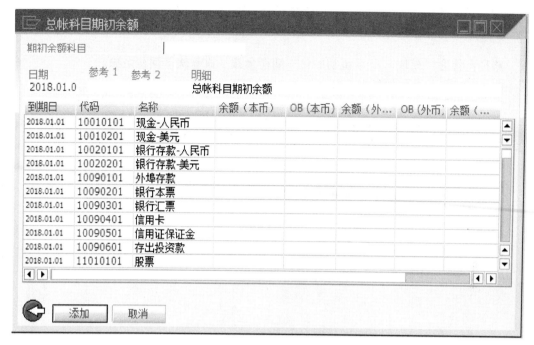

图 6 – 10　总账科目期初余额录入界面

除了库存期初余额和业务合作伙伴期初余额外，用户可以在此界面录入资产、负债、所有者权益类、成本类和损益类科目中其他会计科目的期初余额。借方余额录入正数，贷方余额录入负数。

按照逻辑，一般用户需要在完善会计科目的基础上，进行期初余额的录入。对于本位币期初余额的录入，用户可以在此界面，直接录入本位币余额。如果系统设置的本币和系统货币不一致，按照设置的汇率，该界面会同时出现以系统货币显示的期初余额。对于外币期初余额的录入，用户可以在该界面直接录入外币余额，也可以录入按照汇率折算的本币余额，两种方法效果一致。对于多货币期初余额的录入，在此界面，用户只能录入本币期初余额，对于外币期初余额，要按照"财务（模块）—日记账分录"的路径，通过录入凭证的方式录入。该界面的"期初余额科目"为在会计科目设置中增加的期初余额中转过渡会计科目。

注意：

◇ 检查在增加会计科目阶段，期初余额科目（期初余额中转科目）维护的正确性，包括科目属性和币别的设置。

◇ 多货币科目，期初余额录入的方法：本位币期初余额可以在期初余额录入界面直接录入，外币余额要通过录入凭证的方式进行录入。

（二）业务伙伴期初余额

路径：管理（模块）—系统初始化—期初余额—业务伙伴期初余额。

图 6-11 为业务伙伴期初余额录入界面。

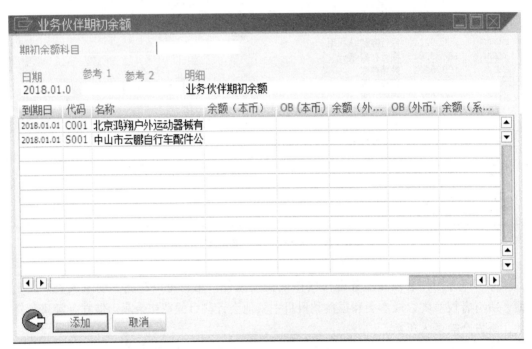

图 6-11　业务伙伴期初余额录入示例

在此界面，用户可以录入供应商和客户的期初余额。该界面的"期初余额科目"为在会计科目设置中增加的期初余额中转过渡会计科目。客户对应的借方余额录入正数，供应商对应的贷方余额录入负数。

按照逻辑，用户要在系统中录入业务伙伴主数据信息的基础上，才能在此界面录入供应商或者客户的细分期初余额数据。业务伙伴的余额实际上为控制科目的明细数据，如在业务伙伴余额处录入了业务伙伴余额后，就不需要在总账科目余额处录入应收账款、应付账款等科目的数据，否则会重复输入。业务合作伙伴期初余额合计会显示在总账科目期初余额界面与应收和应付对应的会计科目行。

（三）库存期初余额的录入

路径：库存（模块）—库存交易—初始数量，库存追踪和库存过账中的初始数量页签。

图 6-12 为库存期初余额录入选择标准界面。

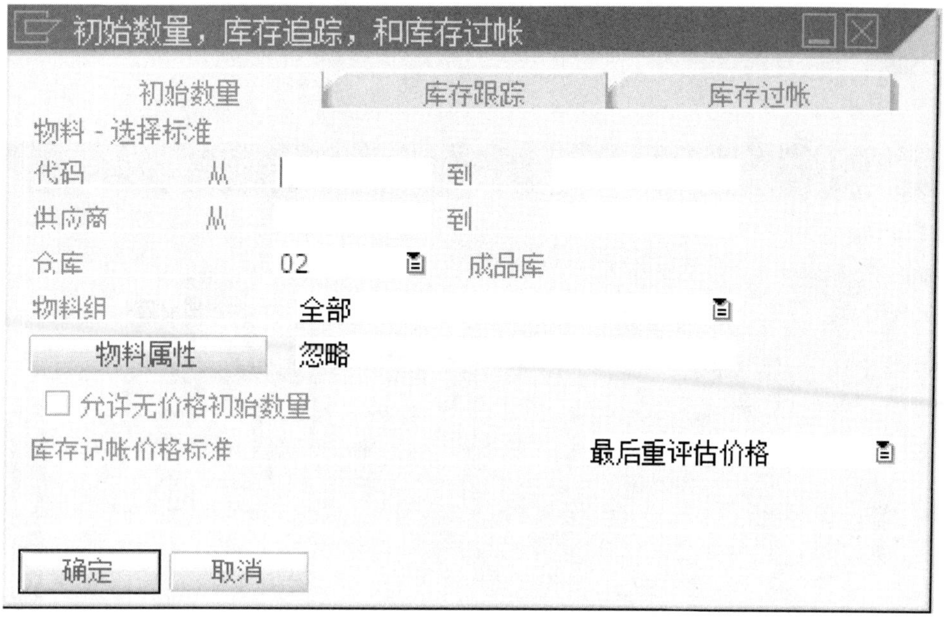

图 6-12 库存数据选择标准示例

企业在正式录入库存期初余额前，相关人员要对各仓库的物料进行实地盘点，将差异按照企业制度进行相应业务处理，确保物料的成本和数量无误后，将库存期初数据录入系统中。

按照逻辑，只有在维护物料主数据时，在"库存数据"页签下正确录入仓库信息，才能在此界面录入相应的期初余额。否则会在系统页面下方出现"没有数据"的错误信息。

在此界面，用户可以通过选择设置的方式，按照不同仓库、物料组或不同物料属性录入特定或全部的库存期初余额数据，用户也可对无价格的物料进行期初数据的录入。库存期初余额录入正数。

点击图 6-12 页面的"确定"按钮，进入图 6-13 库存期初余额录入界面，此界面显示的内容，会根据上述界面选择的录入选项选择不同，如不同的仓库和物料组的选择，会显示不同的物料主数据内容等。

库存余额的录入一方面维护了物料的数量，另一方面维护了物料的货币价值。因此要在此界面录入盘点的物料数量和单位成本。系统按照物料主数据维护中总账科目设置的选择，自动生成凭证，凭证的货币金额为初始数量与单位成本的乘积。用户在库存期初余额界面录入了余额后，在总账科目余额处不再录入，否则会出现重复录入的现象。

与总账科目和业务合作伙伴期初余额录入相似，该界面的未清库存科目为在会计科目设置中增加的期初余额中转过渡会计科目。日期一般与录入期初余额的系统日期一致，一般期初余额录入时间在系统正式应用之前的上一个会计期间的期末为最优。

"明细"即为生成的库存期初余额凭证的摘要信息。仓库与所要录入余额的仓库信息一致。

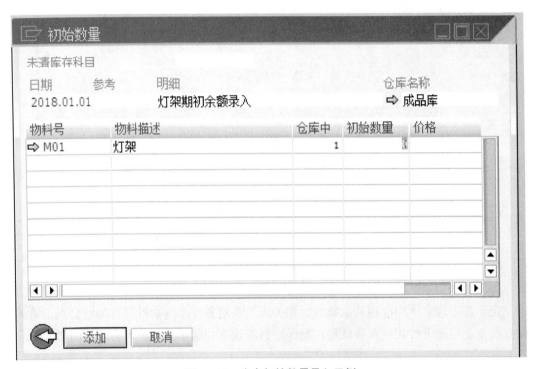

图 6-13 库存初始数量录入示例

二、期初余额录入正确性的验证与更正

在 SAP Business One 系统中，期初余额录入完毕，还要进行正确性的验证。对于错误的期初余额录入，要及时地更正。正确的期初余额录入一定满足资产 = 负债 + 所有者权益会计恒等式的恒等关系。

（一）验证步骤

1. 财务报表模板的调整

路径：财务（模块）—财务报表模板。

在图 6-14 财务报表模板界面，选择"资产负债表"，通过点击"生成科目类型图标"和"确定"按钮对资产负债表的正式模板或新建模板进行更新。目的是使编辑过的报表模板内容都体现在资产负债表中，这是期初余额录入正确性验证的前提。

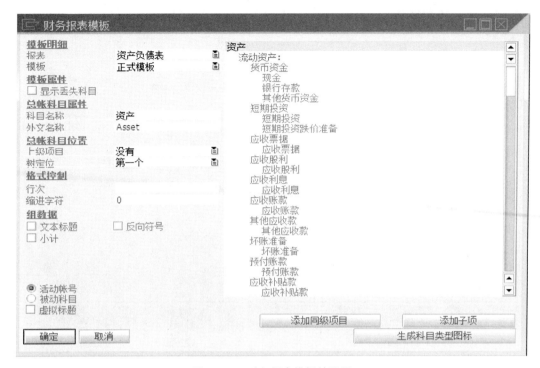

图 6 - 14 财务报表模板的设置

2. 期初余额录入正确性验证

路径：财务（模块）—财务报表—财务—资产负债表。

使用与第一步相同的正式或新建的资产负债表模板进行期初余额的验证，如果输出的资产负债表满足"资产＝负债＋所有者权益"基本会计恒等式关系，说明期初余额录入正确，如图 6 - 15 所示（期初余额录入正确性验证，一般可将会计科目层次设为1）。否则，要查找错误并进行更正。

（二）期初余额录入错误更正

用户如果在期初余额验证过程中，发现不能满足"资产＝负债＋所有者权益"的基本恒等式关系，说明期初余额录入有误。用户首先查找出有误的期初余额录入科目，然后采取相应的方式进行更正。

1. 错误查找

总账科目期初余额录入界面进行录入错误的查找：总账科目期初余额录入界面各科目数据与手工整理的期初余额录入资料进行逐项核对。在总账科目期初余额录入界面直接录入的期初余额要逐项与手工整理的材料核对。对于在业务合作伙伴期初余额录入界面录入的期初余额，在总账科目期初余额录入界面所体现的是应收或应付类会计科目金额的合计数，其合计数要与业务伙伴的明细余额的合计数核对。对于库存期初余额的核对，在该界面体现为合计金额（库存商品或原材料等会计科目的合计金额），要与库存期初余额录入明细的合计金额进行核对。哪类没有核对成功，即为出现错误的期初余额录入。

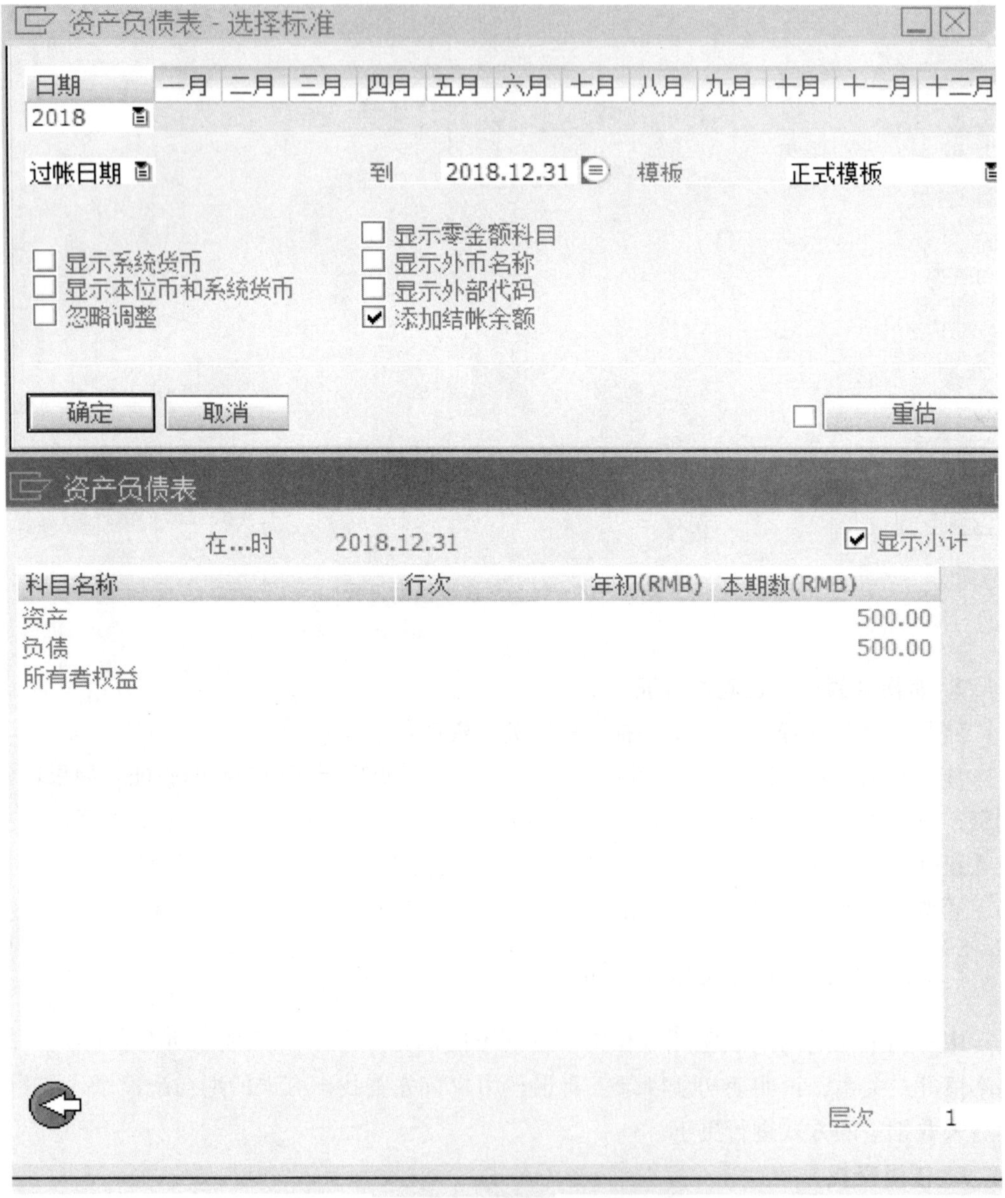

图 6-15　期初余额录入正确性验证示例

2. 错误更正

对于总账科目期初余额和业务合作伙伴期初余额的录入，用户既可以通过凭证修改的方式，也可以通过在录入期初余额界面补录的方式，进行录入错误的更正：通过凭证修改的方式，用户通过路径"财务（模块）—财务报表—会计—凭证日记账"找到要冲销的凭证，点击菜单栏"数据—取消"即可生成一张负号冲销的凭证或与原凭证方向相反的凭证（由系统初始化设置决定凭证生成的类型），然后返回到两类期初余额录入界面重新录入正确的期初余额。对于补录方式，如果出现多录入期初余额的错误，用户在两类期初余额录入界面可以录入"负"的金额，相反，录入"正"的金额，来纠正期初余额录入多或少的情况，并点击生成相应的凭证（注意：补录方式更正期初余额录入错误，建议用户在期初余额录入界面，将明细对话框信息进行有针对性的输入）。

对于库存期初余额录入的修改，不能通过凭证冲销的方式对录入错误进行更改。用户可以在"库存—库存交易—初始数量，库存追踪和库存过账"窗口，找到要修改的库存产品，对于"多"录入的期初余额，在该界面直接输入"负"的库存数量，对于"少"录入的期初余额，在该界面录入"正"的库存数量及单价，并在未清库存科目处输入期初余额中转过渡科目，点击添加，即可生成一张与原凭证借贷方相反的冲销凭证或补充的凭证。

思考题

1. 对于库存期初余额录入错误，如何更正？用户为什么不能通过冲销凭证的方式进行改正，请说明原因。

2. 是否可以通过查询期初余额中转过渡科目余额的方式，验证期初余额录入的正确与否，为什么？（路径：财务—科目表，点击期初余额中转过渡科目，查看其余额。）

3. 在期初余额录入正确性检验过程中，为什么要进行财务报表模板的调整？

实验四 财务模块初始化设置
——会计科目的设置和期初余额的录入

【实验目的】

1. 掌握 SAP Business One 软件会计科目的设置和期初余额录入的内容。

2. 理解本部分定义对后续业务的影响。

【实验内容】

1. 编辑会计科目和科目属性的设置。

2. 总账期初余额的录入、业务伙伴期初余额的录入和库存期初余额的录入。

3. 期初余额的验证。

4. 期初余额录入错误的更正。

【实验准备】

1. 将计算机系统日期调整为 2018 年 1 月 1 日。

2. 引入实验三账套数据。

3. 由财务部陈敏（0002）完成本部分基础设置工作。

【实验资料】

1. 编辑科目表及科目属性的设置。

路径：财务（模块）—编辑科目表。

（1）增加会计科目。

①10020401 - 银行存款—欧元（位于 10020201 - 银行存款—美元后同级明细科目，设置此科目与现金流相关，货币类型为欧元）。

②10020501 - 银行存款—农行（与 10020401 - 银行存款—欧元同级标题科目）。

1002050101 - 银行存款—农行中山路分理处（位于 10020501 - 银行存款—农行后下级明细科目，设置此科目与现金流相关，货币类型为多货币）。

③在 12110101 - 原材料科目后增加如下同级明细会计科目，货币类型为人民币：

12110102 - 原材料—灯罩。

12110103 - 原材料—灯泡。

④在 55020406 - 办公文具费后，增加同级明细会计科目 55020407 - 报刊订阅费，货币类型为人民币。

⑤55020105 - 职工教育经费，55020106 - 工会经费，（明细科目，位于 55020104 - 补贴后，货币类型为人民币）。

⑥5999 - 期初余额中转科目（位于 5801 - 以前年度损益调整后的同级会计科目，科目属性为明细科目，货币类型为多国货币）。

⑦56010501 - 营业外支出—捐赠支出（位于 56010401 - 营业外支出—计提的固定资产减值准备后的同级会计科目，科目属性为明细科目，货币类型人民币）。

（2）修改会计科目（注：在会计科目货币类型没有特别说明的情况下，货币类型为人民币）。

①将 10010201 - 现金—美元会计科目名称修改为库存现金—美元，货币类型修改为美元。

②将 10010101 - 现金—人民币修改为：10010101 - 库存现金—人民币。

③将 5501 - 营业费用会计科目名称修改为：销售费用。

④将 54040101 - 主营业务税金及附加会计科目名称修改为：税金及附加。

⑤将 54010101 - 销售成本会计科目修改为：主营业务成本。

⑥将 10010101 - 现金—人民币科目货币类型修改为人民币。

⑦将 55020503 - 机票费修改为 55020503 - 车票/机票费。

⑧将 10020101 - 银行存款—人民币修改为银行存款—中行翔云路分理处，货币类型为人民币。

⑨将 53010101 - 营业外收入—固定资产盘盈修改为营业外收入—存货盘盈。

⑩将 56010101 - 营业外支出—固定资产盘亏修改为营业外支出—存货盘亏。

（3）修改并增加会计科目。

①将 10090401 - 信用卡设为标题科目，并在此科目下增加明细信用卡科目，此新增

的下级科目与现金流相关，货币类型为人民币。

1009040101 - 农行金穗卡。

1009040102 - 中行长城卡。

②1191 - 其他应收款（标题科目，明细科目货币类型为人民币）。

11910101 - 其他应收款—王文婧（明细科目）。

11910102 - 其他应收款—陈敏（明细科目）。

11910103 - 其他应收款—刘文轩（明细科目）。

③修改 2151 - 应付工资科目为 2151 - 应付职工薪酬，标题科目，并增加以下下级明细科目，货币类型为人民币。

21510101 - 应付职工薪酬—工资。

21510102 - 应付职工薪酬—福利费。

21510103 - 应付职工薪酬—职工教育经费。

21510104 - 应付职工薪酬—工会经费。

④修改 3101 科目名称为实收资本，并增加如下明细会计科目，货币类型为人民币：

31010101 - 实收资本—广东霞红商贸公司。

31010102 - 实收资本—中山市凤飞灯具有限公司。

⑤4101 下修改并增加以下明细会计科目，货币类型为人民币：

41010101 - 生产成本—直接材料。

41010201 - 生产成本—直接人工。

41010401 - 制造费用转入。

⑥将 41050101 - 制造费用修改为制造费用 - 折旧费，并增加同级明细会计科目 41050102 - 制造费用—机器保养修理费。

备注：将现金、银行存款科目和其他货币资金科目所属明细科目属性设置为"现金流相关"，并将现金、银行存款科目下的明细科目设置为"现金"科目。

2. 总账科目设置。

路径：管理（模块）—定义—财务—总账科目确认。

总账科目设置内容见表 6 - 1。

表 6 - 1 　　　　　　　　　　　　　　总账科目设置示例

"收入"页签设置内容	"采购"页签设置内容
默认应收发票和付款客户：零售客户（与业务伙伴主数据匹配）	
预付款清算科目：21310101 - 预收账款	预付款清算科目：11410101 - 预付账款

续表

"收入"页签设置内容	"采购"页签设置内容
定金税抵消科目：21710105 - 应交增值税（销项税额）	定金税抵消科目：21710101 - 应交增值税（进项税额）
销项税组（物料/服务）：13%	进项税组（物料/服务）：13%
应收支票：10020101 - 银行存款 - 中行翔云路分理处	银行转账：10020101 - 银行存款 - 中行翔云路分理处

3. 期初余额录入。

（1）业务伙伴期初余额录入。

路径：管理（模块）—系统初始化—期初余额—业务伙伴期初余额。

业务伙伴期初余额录入内容见表 6 - 2。

表 6 - 2   **业务伙伴期初余额录入示例**

明细	业务伙伴代码	业务伙伴名称	期初余额（元）
业务伙伴期初余额录入	C01	北京新旺百货公司	150000.00
	C02	上海万嘉灯具销售有限公司	200000.00
	C03	南京友谊商场	250000.00
	S01	南京诚美灯具配件公司	-10000.00
	S02	中山市祥瑞灯具器材供应公司	-90000.00

（2）库存期初余额录入。

路径：库存—库存交易—初始数量—库存追踪和库存过账中初始数量页签。

库存期初余额录入内容见表 6 - 3。

表 6 - 3   **库存期初余额录入示例**

明细	产品名称	数量（个）	价格（元）	期初余额（元）
库存期初余额录入	灯架	190	400.00	76000.00
	灯罩	210	140.00	29400.00
	灯座	220	50.00	11000.00
	线缆	100	10.00	1000.00
	灯泡	250	6.00	1500.00
	丹阳牌台灯	198	980.00	194040.00
	飞达牌台灯	560	1020.00	571200.00

（3）总账科目期初余额录入。

路径：管理（模块）—系统初始化—期初余额—总账科目期初余额。

总账科目期初余额录入内容见表6-4。

表6-4　　　　　　　　　　　　　　总账科目期初余额录入示例

明细	会计科目	期初余额（元）
总账科目期初余额录入	10010101 - 现金—人民币	18710.00
	10020101 - 银行存款—中行翔云路分理处	2318808.00
	1002050101 - 银行存款—农行中山路分理处	人民币余额48000.00，美元余额40000.00，（注：录入期初余额当天的汇率为：USD1 = RMB6.00）
	10020401 - 银行存款—欧元	欧元余额为EUR2000.00（注：录入期初余额当天的汇率为：EUR1 = RMB8.00）
	11910103 - 其他应收款—刘文轩	2000.00
	11910102 - 其他应收款—陈敏	1800.00
	15010301 - 固定资产—机器设备	1586000.00
	15010501 - 固定资产—计算机	65000.00
	15020301 - 累计折旧—机器设备	-6344.00
	15020501 - 累计折旧—计算机	-560.00
	18010101 - 无形资产	258500.00
	21010101 - 短期借款	-100000.00
	21510101 - 应付职工薪酬—工资	-2844.00
	31010101 - 实收资本—广东霞红商贸公司	-1740000.00
	31010102 - 实收资本—中山市凤飞灯具有限公司	-4060000.00
	31411501 - 未分配利润	-29210.00

4. 期初余额录入正确性的验证。

路径：财务（模板）—财务报表模板。

报表：资产负债表　模板：中山市飞达灯具生产有限公司资产负债表模板。科目层次：1。

【实验操作指导】

注：以下操作由陈敏（0002）登录完成。

1. 编辑科目表及科目属性的设置。

（1）增加会计科目。

①按照"财务（模块）—编辑科目表"路径，进入"编辑科目表"选择界面。

②依次点击"全选"和"确定"按钮，进入"编辑科目表"界面。

③选中并右键点击 10020201 - 银行存款—美元会计科目，在弹出的对话框依次点击"高级"和"添加同级科目"。

④在"总账科目"对话框输入 10020401，"科目名称"对话框输入银行存款—欧元，依次点击"更新"和"确定"按钮，退出编辑会计科目界面。

⑤按照"财务（模块）—科目表"路径，进入"科目表"界面。

⑥选中会计科目 10020401 - 银行存款—欧元，点击"货币"对话框后的选择设置按钮 ▣，选择设置"欧元"；"总账科目属性"选择"明细科目"；选中"现金流相关"和"现金科目"选项。点击该界面的"更新"按钮，即完成本会计科目的增加设置。

⑦参照上述方法和实验资料完成其他会计科目的增加设置。

注意：

◇ 会计科目的增加，要通过编辑科目表和科目表两个对话框完成，上述会计科目的增加，包括会计科目的编辑和会计科目属性的设置。

◇ 在增加会计科目时，注意会计科目代码的唯一性。

◇ 注意在增加 5999 - 期初余额中转科目时，其货币属性设置为"多货币"，总账科目属性设置为"明细科目"，否则，按照本书的实验资料，会出现部分期初余额不能录入的情况。

◇ 注意在增加会计科目时，会计科目上下级位置的设置。对于需要调整位置的会计科目，在"编辑科目表"界面，选中需要调整位置的会计科目，通过调整会计科目在抽屉、上级项目或抽屉中位置的方式来做出调整。

◇ 注意"总账科目属性"的不同对会计科目增加设置的影响，对于"标题"属性的会计科目，能够增加同级和下级会计科目，对于"明细科目"属性的会计科目，仅能增加同级会计科目。

（2）修改会计科目。

①按照"财务（模块）—科目表"路径，进入"科目表"界面。

②选中"10010201 - 现金—美元"会计科目，修改名称为库存现金—美元，点击"货币"对话框后的选择设置按钮 ▣，选择设置"美元"。点击"更新"按钮，完成本会计科目修改设置。

③在新界面点击"损益类"抽屉，查找并选中"5501 - 营业费用"，修改名称为"销售费用"。

④参照上述方法和实验资料完成其他会计科目的修改设置。

（3）修改并增加会计科目。

①按照"财务（模块）—编辑科目表"路径，进入"编辑科目表"选择界面。

②依次点击"全选"和"确定"按钮，进入"编辑科目表"界面。

③选中"10090401－信用卡"会计科目，选择设置"总账科目属性"为"标题"。

④选中并右键点击"10090401－信用卡"会计科目，在弹出的对话框依次点击"高级"和"添加下级科目"，在"总账科目"对话框输入1009040101，"科目名称"对话框输入"农行金穗卡"，总账科目属性选择明细科目，点击"更新"，完成农行金穗卡明细科目的增加设置。

⑤选中并右键点击"1009040101－农行金穗卡"会计科目，在弹出的对话框依次点击"高级"和"添加同级科目"，"总账科目"对话框输入1009040102，"科目名称"对话框输入"中行长城卡"，点击"更新"，完成中行长城卡明细科目的增加设置。

⑥参照上述方法和实验资料完成其他会计科目的修改、增加设置。

备注：

按照"财务（模块）—科目表"路径，进入"科目表"界面，将现金，银行存款科目和其他货币资金科目所属明细科目属性设置为"现金流相关"，将现金和银行存款所属明细科目设置为"现金科目"。

2. 总账会计科目设置。

（1）按照"管理（模块）—定义—财务—总账科目确认"进入"总账科目确认"界面。

（2）"概要"界面，点击"收入"页签，在"默认应收发票和付款客户"对话框点击TAB键，选择设置"C04－零星客户"，在"预付款清算科目"对话框点击TAB键，选择设置"21310101－预收账款"。

（3）"税额"界面，在"定金税抵消科目"对话框点击TAB键，选择设置"21710105－应交增值税（销项税额）"，点击销项税组（物料）/服务后的选择设置按钮 📄，选择设置"销项税13%"。点击"更新"按钮，完成本会计科目设置。

（4）点击"采购"页签，参照设置"收入"页签总账会计科目设置方法和实验资料内容，完成本页签下会计科目的设置。

3. 期初余额录入。

注：在会计科目设置完毕，录入期初余额前，用户还要在物料主数据设置中，对两种以物料级别为总账科目设置依据的两种材料（原材料—灯罩和原材料—灯泡）进行库存科目的维护工作（维护路径和方法参见物料主数据的设置）。

（1）业务伙伴期初余额录入。

①按照"管理（模块）—系统初始化—期初余额—业务伙伴期初余额"路径，进入"业务伙伴期初余额—选择标准"界面。

②选择标准按照系统默认选项，不做改动（意为选中所有业务伙伴，并进行后续期

初余额录入）。点击"确定"按钮，进入"业务伙伴期初余额"界面，在"期初余额科目"对话框点击 TAB 键，选择输入"5999 - 期初余额中转科目"，"明细"对话框编辑凭证摘要"业务伙伴期初余额录入"，在"OB（本币）"所在的列按照实验资料输入本币余额。

③点击"添加"按钮，完成业务伙伴期初余额录入。

注意：

◇ 注意检查在增加会计科目阶段，期初余额科目（期初余额中转科目）维护的正确性。

◇ 在进行业务伙伴期初余额录入前，要检查业务伙伴主数据属性设置即"供应商"或"客户"属性设置的正确性。否则会出现期初余额录入试算失衡的状况，也会对业务合作伙伴主数据的修改增加难度。

◇ 针对不同属性的业务合作伙伴期初余额的录入，在金额前要注意正确使用"负号"，即对供应商类业务伙伴，在录入期初余额时要在金额前录入"-"号。

◇ 注意理解在此界面录入的期初余额数据与总账科目期初余额录入界面与应收或应付类会计科目金额的对应性。

（2）库存期初余额录入。

①按照"库存（模块）—库存交易—初始数量、库存追踪和库存过账"路径，进入库存初始数量录入选择标准界面。

②点击"仓库"对话框后的选择设置按钮 📋 ，选择设置 01 - 原材料库，点击"确定"按钮，进入"初始数量"录入界面。在"未清库存科目"后点击 TAB 键，选择输入"5999 - 期初余额中转科目"，在"明细"对话框输入"库存期初余额录入"，依次在"初始数量"和"价格"所在的列，按照实验资料依次输入原材料库物料的期初余额。

③点击"添加"按钮，完成库存期初余额的录入，并退出录入界面。

④同样方法，录入 02 - 成品库期初余额的录入。

注意：

◇ 录入库存期初余额前，注意物料主数据"库存数据"页签下仓库信息的完整性，否则会出现不能录入期初余额的现象。

◇ 注意检查在增加会计科目阶段，未清库存科目维护的正确性。

◇ 注意理解在此界面录入的期初余额与所生成凭证的对应性。

◇ 注意理解在此界面录入的期初余额与总账录入期初余额界面所对应的会计科目合计数的对应性。

（3）总账科目期初余额录入。

①按照"管理（模块）—系统初始化—期初余额—总账科目期初余额"路径，进入"总账科目期初余额—选择标准"界面。

②点击"确定"按钮，进入"总账科目期初余额"录入界面。

③在"期初余额科目"对话框,点击 TAB 键,选择输入"5999 - 期初余额中转科目",在"明细"对话框输入"总账科目期初余额录入"。

④对于单一本币期初余额,按照实验资料依次在"OB(本币)"所在的列输入余额。

⑤对于单一外币余额,按照实验资料既可以在"OB(本币)"所在的列输入按照汇率折算的本币金额,也可以在"OB(外币)"所在的列输入外币金额,如 10020401 - 银行存款—欧元期初余额的录入。

⑥对于多货币期初余额的录入,在"总账科目期初余额"录入界面,只能录入本币余额,对于外币余额要通过录入凭证的方式录入,如 1002050101 - 银行存款—农行中山路分理处。凭证录入方式录入外币余额方法:财务(模块)—日记账分录窗口,明细输入"农行中山路分理处美元期初余额录入",点击"显示外币"对话框,在"总账科目/业务伙伴代码"所在的列点击 TAB 键,选择输入会计科目 5999(贷),1002050101(借),金额 USD40000.00,点击"添加"完成多货币账户外币期初余额录入。

注意:

◇ 总账科目期初余额录入分单币种(本位币或外币)账户录入和多货币账户录入,注意其录入方法的区别。

◇ 注意理解在本界面录入期初余额前,其他已录余额的来源和含义。

◇ 通过相应界面录入期初余额生成的凭证,可通过路径"财务(模块)—财务报表—会计凭证日记账"进行查询。

◇ 在总账科目期初余额录入界面录入的期初余额既可以在此界面录入,也可以通过录入凭证的方式进行录入。业务伙伴期初余额和库存期初余额的录入只能通过期初余额录入界面录入,不能通过凭证录入的方式进行。

4. 期初余额录入正确性的验证。

(1)财务报表模板的调整。

①按照"财务(模块)—财务报表模板"路径,进入财务报表调整界面。

②按照系统默认的"资产负债表"设置,点击"模板"对话框后的选择设置按钮 📄,在弹出的下拉菜单中点击"定义新的",进入"定义资产负债表模板"界面,在"名称"所在的列,输入"中山市飞达灯具生产有限公司资产负债表模板",依次点击"更新"和"确定"按钮,返回到"财务报表模板"界面,点击"生成科目类型图标"按钮,完成会计科目表的更新。

③点击"更新"按钮,完成资产负债表模板的调整。

(2)期初余额录入正确性的验证。

①按照"财务(模块)—财务报表—财务—资产负债表"路径,进入"资产负债表—选择标准"界面。

②选择"过账日期"到 2018.01.31,点击"模板"对话框后的选择设置按钮 📄,

在下拉菜单中选择"中山市飞达灯具生产有限公司资产负债表模板",点击"确定"按钮,进入按照设置标准呈现的"资产负债表",点击"层次"对话框后的选择设置按钮 📄 ,选择"1"。(备注:如果满足"资产=负债+所有者权益"的会计基本等式,理论上说明期初余额录入正确,否则,说明期初余额录入错误。)

注意:

✧ 资产负债表模板的调整是期初余额录入正确性检验的关键,否则,即使期初余额录入正确,也会出现检验结果错误的情况。

✧ 期初余额的验证也可以通过"财务(模块)—科目表"路径,查找"5999 - 期初余额中转科目"余额的方式进行。如果余额为"0",理论上说明期初余额录入正确。否则,说明录入错误。

✧ 对于期初余额录入错误的更正,请参考理论部分论述进行,不同窗口录入的错误余额,其更正方法不同。

✧ 一般情况下,期初余额录入正确的情况下,用户进行后续的业务处理。因此,如果期初余额录入错误,用户要积极进行修改更正。

第四节　预算、模板和成本会计初始化设置

一、预算的设置和运用

预算的编制和实施通常是企业管理的一部分,也是财务工作的主要工作内容之一。SAP Business One 软件财务预算业务,依据预算初始化设置的不同,可以对年度预算进行日常控制,也可以对月度预算进行月度控制。

预算的初始化设置,是财务模块激活预算功能的前提,因此用户首先要在系统初始化部分对预算进行初始化设置(路径:管理—系统初始化——一般设置—预算)(请参阅系统初始化设置部分)。因为预算编制的细度具体到明细会计科目,参与预算编制的会计科目必须是"与预算相关"的会计科目,需要用户在会计科目属性中进行设置,否则会出现不能编制预算的情况。用户可通过报表模块对预算的执行情况进行分析。

用户可通过如下路径和过程进行完整预算的编制。

1. 预算初始化的设置

路径:管理(模块)—系统初始化——一般设置—预算。

图 6 - 16 为预算初始化界面。

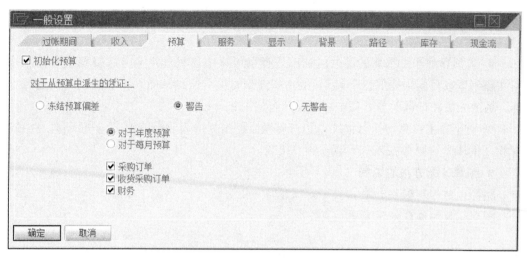

图 6-16 预算初始化设置内容

初始化设置的含义请参见本实验教程系统初始化的一般设置部分。

2. 预算方案的编制

路径：财务（模块）—预算—预算方案。

图 6-17 为预算方案编制界面。

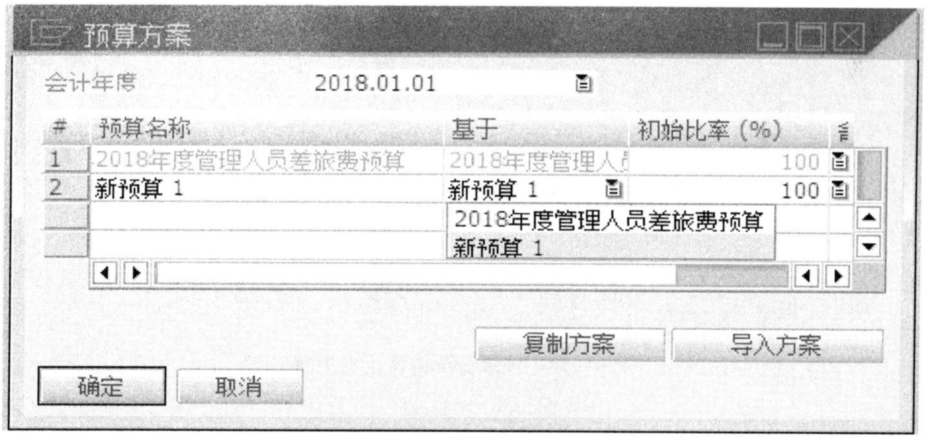

图 6-17 预算方案设置示例

用户在图 6-17 界面可以编制多个预算，在编制预算过程中，用户可以"基于"某预算的一定比例进行预算的编制，并且可以对预算是否舍入做出选择。系统默认的第一行为主预算设置，其他行为非主预算设置。无论"对于年度预算"还是"对于月度预算"的初始化设置，系统都可以通过定义预算分配方法的形式来进行月度的预算分配。

对于新预算的编制，用户首先要通过菜单栏"数据—添加行"或在预算方案编制对话框的灰色背景下右键点击添加行的形式来激活编制预算的行，然后进行相应预算的编制。

注意：

◇ 主预算和非主预算的最大区别：只有主预算才会对日常业务起报警或者控制作用（超年度或月度预算前提下）。其他预算方案的执行信息只能在报表查询界面进行查询，系统无法在日常业务处理中对预算执行情况进行控制。

◇ 对于非主预算的执行情况，用户可以通过预算报表进行查看及分析工作，路径：财务（模块）—财务报表—预算—预算报表。

3. 预算分配方法的编制

路径：财务（模块）—预算—定义预算分配方法。

图 6 – 18 为预算分配方法定义界面。

图 6 – 18　预算分配方法定义内容

在定义预算方案的基础上，用户可以通过定义预算分配方法的方式定义预算的月度分配比例。系统提供了几种内设的预算分配方法，如递增或递减比例分配和平均分配等，用户可以通过点击工具栏的上下翻页按钮　　　　　来进行查看。如系统内置的预算分配方法不符合用户需求，用户可以在该界面定义符合需要的分配方法，如图 6 – 18 所示，用户可以通过在每会计期间定义不同因子的形式，来进行预算的分配。各会计期间的因子合计数要与预算分配方法中"总计"所在单元格数字一致。

4. "与预算相关会计科目"的设置

"与预算相关会计科目"的设置，是定义具体会计科目预算的前提。对于此类会计科目的设置，请参考本书的会计科目属性设置部分（财务＜模块＞—科目表）。

5. 具体会计科目预算的设置

路径：财务（模块）—预算—定义预算。

图 6 - 19 为定义预算界面。

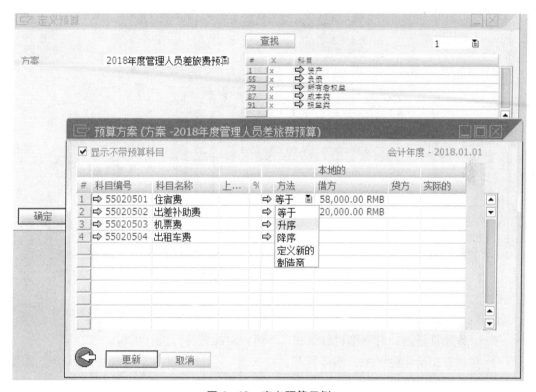

图 6 - 19　定义预算示例

在具体会计科目预算设置界面，用户选中"显示不带预算科目"，定义预算对话框下方会显示所有的与预算相关的会计科目。当用户在预算初始化设置时，选择"将所有收入类科目标记为预算科目"的前提下，在此界面显示的科目包含所有属性为"收入类"的会计科目。在此种选择下，该界面出现的会计科目比较多，在一定程度上会增加用户选择具体会计科目的难度，因此用户可以在预算初始化设置时，不做此种选择，而是有针对性地在会计科目属性部分设置参与预算编制的具体会计科目。

在图 6 - 19 界面，用户还可以通过下拉菜单对预算分配方法进行选择，对具体预算数据进行借方或贷方的设置。当用户用预算相关会计科目处理过具体业务时，在此界面，还会呈现该科目实际已经发生的金额。

在图 6 - 20 界面，用户可以通过双击具体行号的形式，显示按照预算分配方法显示的各月度预算的金额及各月度的分摊比例。

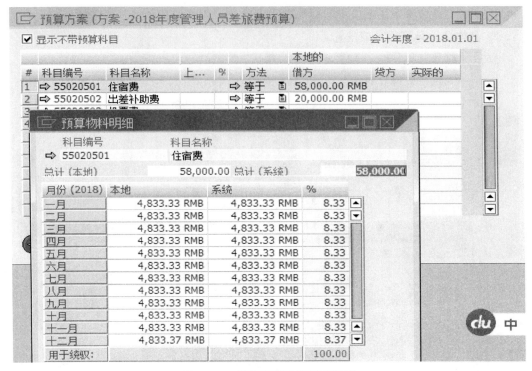

图 6 – 20　预算明细数据显示示例

注意：

◇ 财务预算只能针对明细科目编制，不可以对标题科目进行编辑。

◇ 在预算初始化设置中，不将所有"收入类"会计科目标记为预算科目设置的前提下，只有在科目表中设置为"与预算相关"的会计科目，才可以进行预算金额的录入设置。

◇ 无论是"对于年度预算"，还是"对于月度预算"的预算初始化设置，都要通过定义分配方法来对每月的预算金额进行控制。

◇ 系统只针对于主预算进行控制或报警作用，对于非主预算的执行情况，只能通过定期查看报表的形式进行人工控制。

　二、模板的设置和运用

在财务业务处理过程中，每个会计期间都会生成一些有规律性的财务凭证，如工资及工资附加费的计提、固定资产折旧费的计算等。为了提高凭证录入的效率，SAP Business One 软件系统提供了"（百分比）过账模板"和"周期性过账"模板功能，来规范录入标准，减少录入财务凭证的工作量。

（一）"（百分比）过账模板"的设置和运用

1. "（百分比）过账模板"的设置

路径：财务（模块）—过账模板。

图 6-21 界面为计提管理人员工资和工资附加费的过账模板样例。

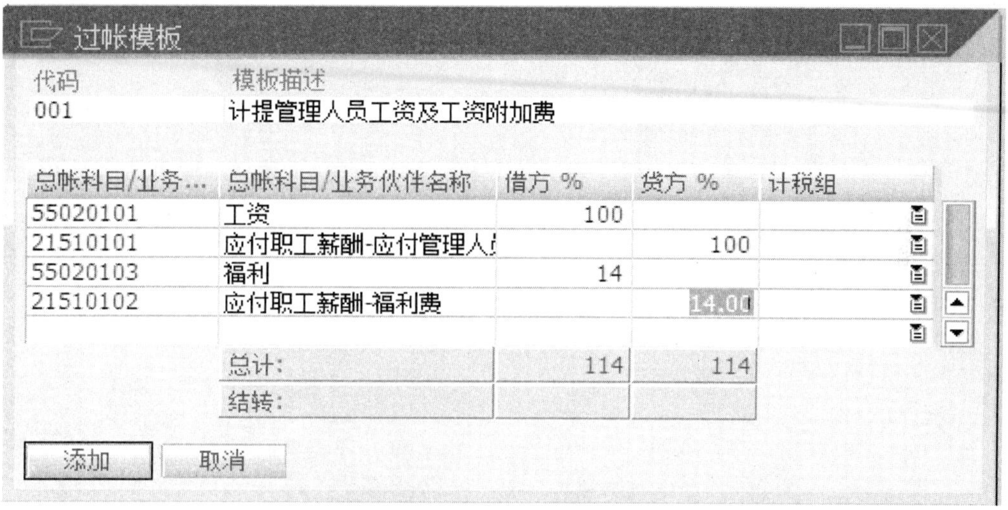

图 6-21 百分比过账模板设置示例

（百分比）过账模板主要处理一些经常发生，且借贷方发生的比例可以固定的业务，例如计提工资及工资附加费的业务等。定义过账模板时，针对具体业务用户除了要定义相应会计科目外，还要定义借贷方的比例，而且借贷方的比例要相等。如果有些业务，在定义百分比模板时，用户还不能确定具体要使用的会计科目，那么在设置过账模板时，用鼠标直接点击借方或贷方输入百分比，而不用输入具体的会计科目，待实际填写财务凭证时再根据实际情况进行会计科目的设置。

注意：

◇ 过账模板代码的唯一性。

◇ 此处输入的模板描述信息不是生成凭证的摘要信息，在使用模板录入财务凭证时，用户要注意补充凭证的摘要信息。

2. （百分比）过账模板的运用

延续以上百分比过账模板的设置，本书以计提管理人员工资及工资福利费为例，以 manager 通过"财务（模块）—日记账分录"路径，来介绍过账模板的运用。

如图 6-22 所示，在日记账分录或日记账凭证录入界面，选择模板类型为"百分比"，将光标置于"模板"对话框，点击"TAB"键，进行具体模板的选择，日记账分录窗口的下方会呈现设置的百分比模板，用户根据每月计提的工资数额输入凭证中，系统自动根据设置的百分比计算出其他数据，点击"添加"按钮，即可生成一张凭证。一般情况下，企业每月计提的工资数据不同，套用该模板生成财务凭证，可以提高凭证录入的效率。

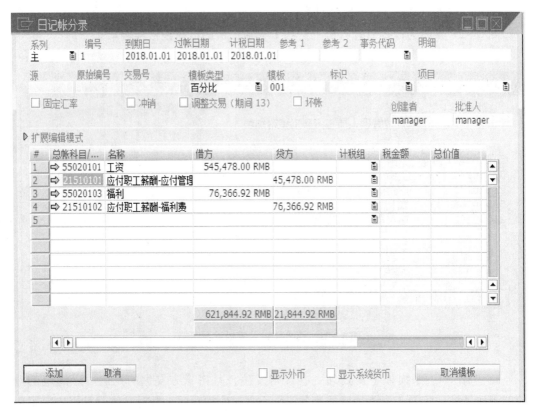

图 6 – 22　日记账分录窗口百分比过账模板运用示例

（二）周期性过账模板的设置和运用

周期性过账用来处理一些经常发生，借贷方科目和金额确定的业务，例如固定资产折旧的直线计提，待摊费用的分摊等。对于该类业务，周期性过账模板的设置和运用，会极大提高凭证录入的效率。

1. "周期性过账模板"的设置

路径：财务（模块）—周期性过账。

图 6 – 23 界面为按月平均分摊行政管理部门报刊订阅费的周期性过账模板的设置，除了要设置模板的明细信息、具体会计科目和金额外，用户还要设置凭证生成的频率，以及模板使用的有效期等。点击"清单视图"，系统将显示执行日期为当日或以前日期且未执行的所有交易，用户可以选择或取消可以执行的交易，也可以删除不希望执行的交易。

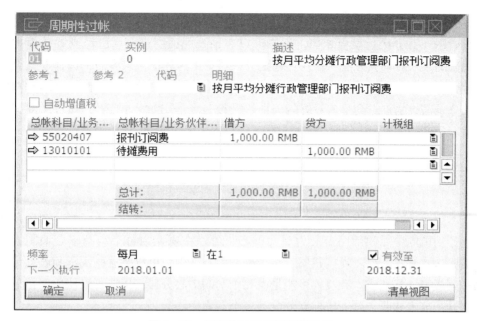

图 6 – 23　周期性过账模板设置示例

2. "周期性过账模板"的运用

延续以上周期性过账模板的设置，本书阐述周期性过账模板运用的两种方式。

方式一：

用户通过路径：管理（模块）—系统初始化—一般设置—服务，勾选"显示执行的周期性过账"的前提下，用户在所设置的周期性过账界面中设置的频率日期登录系统时，系统会自动弹出图 6 – 24 显示的界面。在该对话框内，用户根据实际选择需要在该日期执行的周期性事务，点击"执行"按钮，即可按照模板设置生成一张财务凭证。

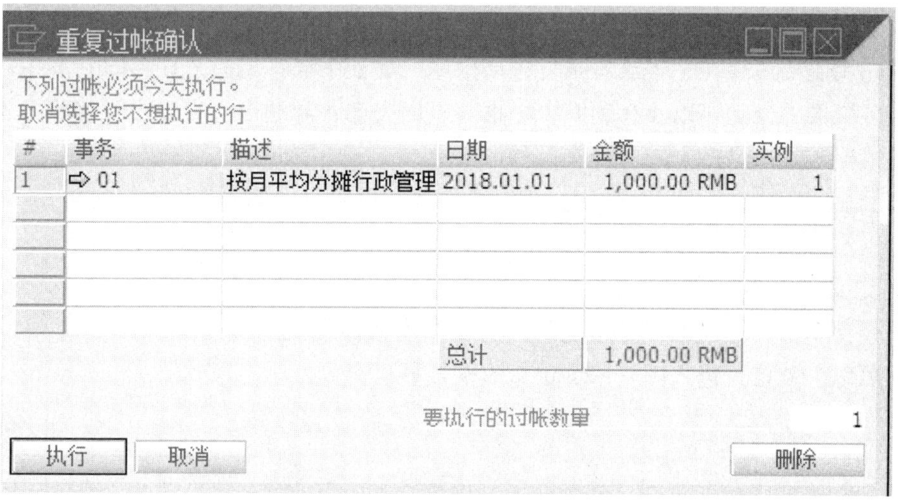

图 6 – 24　重复过账业务确认示例

方式二：

与调用（百分比）模板相似，用户可以在录入凭证窗口调用已经设置的模板，来提高凭证的录入效率。方法为：在日记账分录或日记账凭证录入界面，选择模板类型为"经常性过账"，将光标置于"模板"对话框，点击"TAB"键，进行具体模板的选择，日记账分录窗口的下方会呈现设置的周期性模板，点击"加入凭证"，即可生成一张周期性过账凭证。

三、成本会计

成本会计功能是 SAP Business One 财务模块的主要功能之一，通过将公司内部执行特定业务功能的单元和部门定义为利润中心，可以在每期为每个利润中心编制损益报告。某些成本和收入可以直接归属于某个利润中心，用户可以将这些成本和收入定义为直接分配规则。某些成本和收入可能是由几个利润中心分摊，用户可以使用间接分配规则，将这些成本和收入按一定标准分配到各个利润中心。

用户在系统中创建一个利润中心时，系统将自动创建一个与利润中心相同代码和名称的分配规则，该规则发生的各项成本与收入完全计入此利润中心。此分配规则由系统自行设置，用户不能修改。用户完成利润中心定义后，可以在"定义分配规则"界面点击上下翻页键 查看系统自动生成的与各利润中心匹配的直接分配规则。

系统中内设的利润中心代码为 Centr_Z，名称为一般中心的公共利润中心。当用户无法获得准确的成本收入分配信息时，用户不能准确定义分配规则，任何不能分配的成本或收入都分配到公共利润中心。最终获得所需分配信息时，在凭证录入界面可以修改分配规则，系统据此修正分配数额。

用户首先需要对成本会计进行基础设置，在此基础上再运用系统提供的成本会计功能。成本会计的基础设置包括定义成本核算代码、定义利润中心和定义分配规则。成本会计的应用主要体现在手工或者系统自动生成的凭证中成本或收入在不同利润中心的单维度或多维度的分配，以及在利润中心报表页面查询各利润中心直接或间接收入或费用分配的情况等。

（一）成本会计的基础设置

1. 定义成本核算代码

路径：财务（模块）—成本会计—定义成本核算代码。

按照以上路径，进入图 6－25 定义成本核算代码界面。

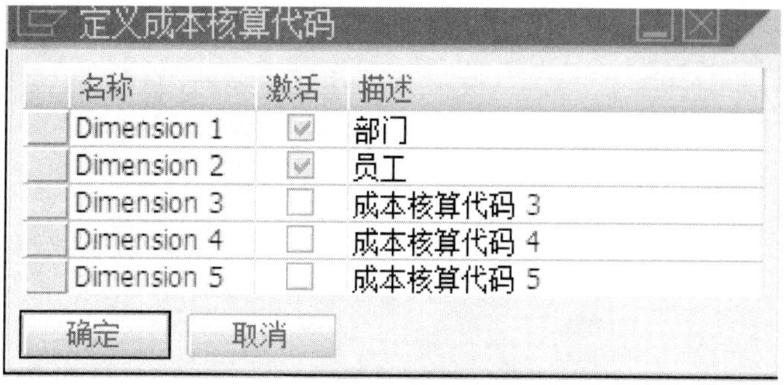

图 6-25　成本核算代码激活示例

如图 6-25 所示，用户首先要激活用来进行收入或成本分配的维度，其描述可以按照利润中心的分类来阐述，如部门、车间和员工等。只有在此被激活的维度，在设置利润中心时才能进行维度的选择设置，才能在填制财务凭证窗口时显示在不同的列中。

2. 定义利润中心

路径：财务（模块）—成本会计—定义利润中心。

图 6-26 为定义利润中心界面。

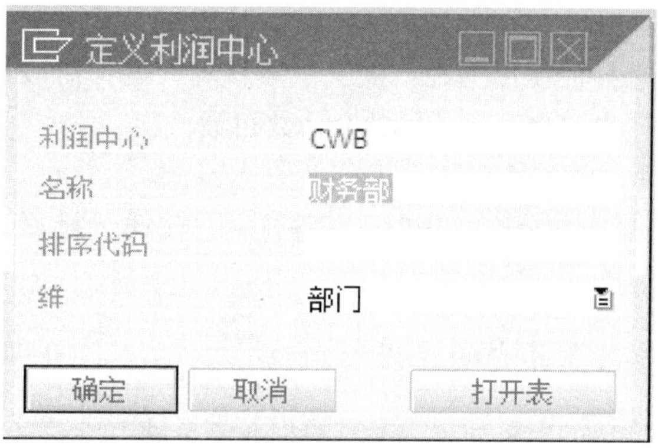

图 6-26　利润中心定义示例

用户可以在该界面输入利润中心的代码和名称，以及选择利润中心所属的维度进行利润中心的设置，用户也可以通过输入排序代码的方式设置将来在成本会计报表中的次序。

3. 定义分配规则

本书以定义"采暖费在不同利润中心（部门）分摊"为例，对分配规则定义进行说明。

路径：财务（模块）—成本会计—定义分配规则。

图 6-27 为定义采暖费在不同行政部门分摊的分配规则样例。

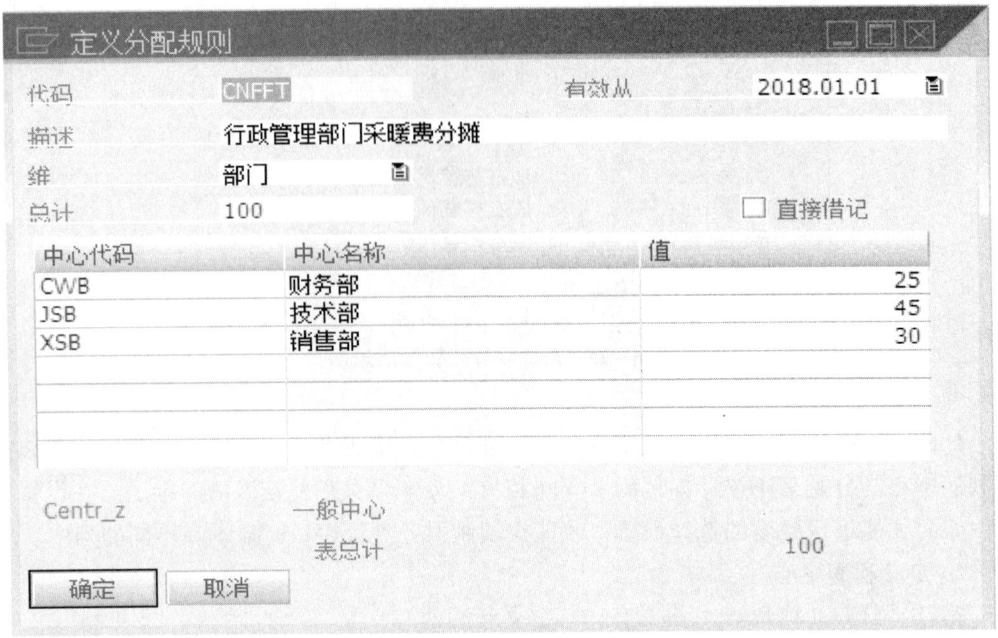

图 6-27　分配规则定义示例

用户在图 6-27 界面定义的是间接分配规则。代码输入要注意唯一性，描述信息要与具体业务一致，所选择的维度为在"定义成本核算代码"阶段被激活的维度。分配规则的总计数要与表体中"借"列比例的合计数相等。

注意：

◇ 在不同利润中心定义分配比例时，注意应用"TAB"键移入下一行进行其他利润中心的设置。

（二）成本会计在核算中的应用

系统中既有手工生成的财务凭证，又有根据业务自动生成的财务凭证。两类凭证都能单维度或多维度进行成本费用和收入的核算，但两类凭证应用成本会计功能操作略有不同。

1. 手工填制的凭证

本书以 manager 在日记账分录窗口生成凭证为例，结合前面定义的成本分配规则（采暖费分摊分配规则），进行手工凭证成本会计功能应用的说明。

（1）单维度成本费用和收入的核算。

路径：财务（模块）—日记账分录。

图 6-28 为在财务凭证生成窗口调用分配规则分配费用的样例：

如图 6-28 所示，用户可以在凭证填制窗口，在费用所在行和维度所在列对应的单元格，通过点击 TAB 键的形式，选择输入已经设置好的分配规则，来进行成本费用的部门分摊。

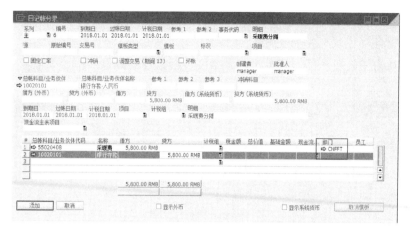

图 6 – 28　日记账分录窗口调用分配规则示例

对于单维度成本费用和收入的核算，用户在输入凭证窗口，在已经激活的维度列，进行分配规则的选择。如果在不同利润中心中对成本费用和收入进行分配，在此界面，用户无法看到不同利润中心分配数额，只能通过成本会计—利润中心报表界面，看到具体的分配金额，用户据此了解不同利润中心的直接或间接的成本费用和收入情况，如图 6 – 29 所示。

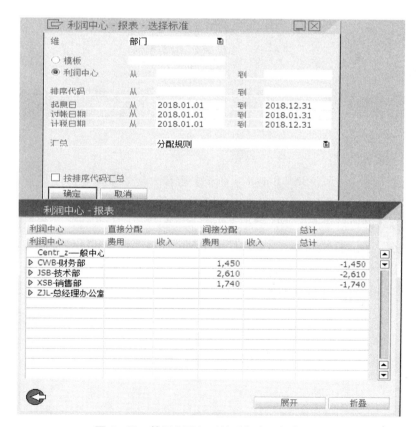

图 6 – 29　基于分配规则的利润中心报表示例

（2）多维度成本费用和收入的核算。

路径：财务（模块）—日记账分录。

图6-30为差旅费在部门和员工两个维度进行核算的样例。

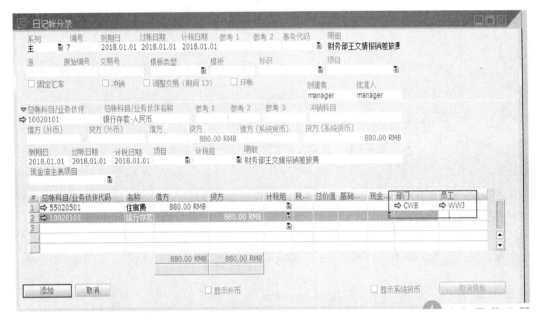

图6-30　多维度费用核算示例

对于多维度成本费用和收入的核算，用户在输入凭证窗口，在已经激活的维度列，选择不同的维度进行成本费用和收入的分配。本例中显示的是以差旅费在部门和员工两个维度下进行核算的内容。

2. 自动生成的凭证

除了手工填制的凭证，SAP Business One 中还有大量的根据业务流程自动生成的凭证。这些系统自动生成的凭证用户无法和手工财务凭证一样选择利润中心或分配规则。例如在生成销售发票过程中指定销售收入为哪个利润中心的收入，添加发票时，系统会自动生成财务凭证，根本无法在生成过程中干预。如要为此类凭证添加利润中心，一种方法为在工具栏使用表格设置按钮 ，系统会弹出图6-31界面，对该类凭证指定默认的利润中心，那么在凭证生成时，系统则自动将指定的利润中心分配到相关科目中去。

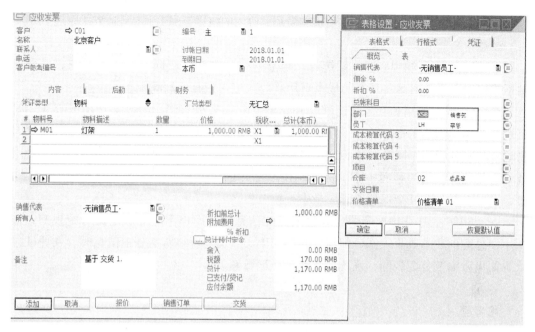

图 6 – 31　基于表格设置功能利润中心设置示例

另一种方法为用户在自动凭证生成后，通过路径"财务报表—会计—凭证日记账"调出已经生成的凭证，如图 6 – 32 所示，在已经激活的维度列进行成本费用或收入在不同利润中心的核算。点击"确定"按钮，相应的成本会计信息即被保存到所选择的利润中心。

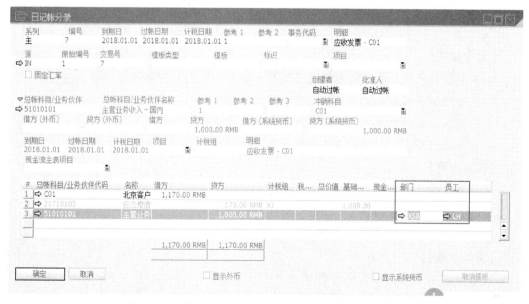

图 6 – 32　基于已自动生成凭证不同利润中心设置示例

自动生成的凭证单维度或多维度成本费用和收入的核算与手工生成凭证方式原理一致。

注意：

◇ 建立一个利润中心时，系统自动建立一个和利润中心同名的分配规则。这个规则不能修改，系统自动将所有的成本费用或收入记入到相应利润中心。

◇ 直接成本费用和收入是能唯一并完整分配入某利润中心的成本费用或收入。间接成本费用和收入是指不能直接分配到某利润中心的成本费用或收入。但由于某些原因必须要将其分配到不同利润中心，用户要通过手工定义分配规则的形式将这些成本费用或收入分配到不同的利润中心。例如，按照供热面积分配取暖费到不同利润中心。同理，可以自行分配社会保障费到职员中。

◇ 当用户无法获得准确的成本收入分配信息时，用户不能准确定义分配规则，任何不能分配的成本或收入都分配到公共利润中心。最终获得所需分配信息时，在凭证录入界面可以修改分配规则，系统据此修正分配数额。

思考题

1. SAP Business One 系统中提供几种模板设置功能，其如何设置和应用？

2. SAP Business One 系统预算设置的过程是什么？结合前面初始化设置章节中预算内容的阐述，预算设置会对后续财务凭证生成有什么不同影响？

3. 成本会计初始化设置的内容包括哪些？成本会计相关设置在相关成本或收入凭证生成环节如何应用？

实验五 预算、模板和成本会计初始化设置

【实验目的】

1. 掌握根据不同的预算控制进行不同预算初始化设置的内容和预算编制流程。

2. 掌握根据不同业务需要进行模板设置及其应用。

3. 掌握成本会计初始化设置内容及其具体应用。

4. 理解本部分定义对后续业务的影响，并在后续业务中体会系统功能。

【实验内容】

1. 预算的设置和应用。

2. 模板的设置和应用。

3. 成本会计初始化设置和应用。

【实验准备】

1. 将计算机系统日期调整为 2018 年 1 月 1 日。

2. 引入实验四账套。

3. 由财务部陈敏（0002）完成本部分基础设置工作。

【实验资料】

1. 预算设置内容及过程。

（1）预算初始化。

路径：管理（模块）—系统初始化—一般设置—预算。

请参照图 6-33 界面内容，进行预算初始化的设置，点击"更新"后，在弹出的系统信息对话框中，"将所有收入科目标记为预算科目？"勾选为"否"。

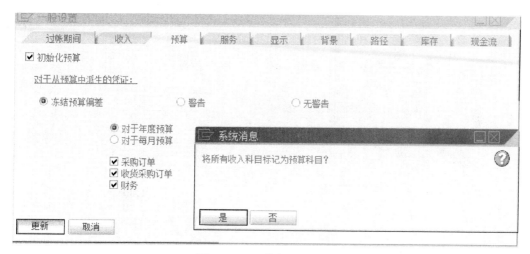

图 6-33 预算初始化示例

（2）定义预算方案。

路径：财务（模块）—预算—预算方案。

请参照图 6-34 界面定义 2018 年管理部门差旅费主预算和 2018 年公司管理部门水电费预算（非主预算），两个预算都是基于其本身进行 100% 的初始比率，不进行舍入控制设置。

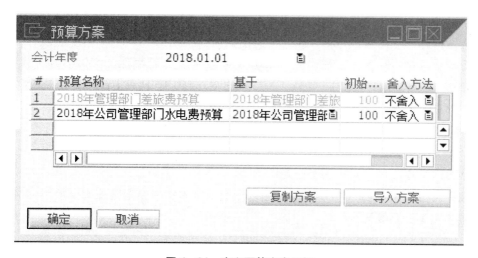

图 6-34 定义预算方案示例

（3）定义预算分配方法。

路径：财务（模块）—预算—定义预算分配方法。

定义预算分配方法内容见图 6-35。

图 6-35　定义预算分配方法示例

系统提供了 3 种预算分配方法的设置，即升序、降序和等于设置，用户可以根据实际需要对预算分配方法进行设置，本书选用系统默认的等于（平均分配）方法进行预算的分配。

（4）定义与预算相关的会计科目。

路径：财务（模块）—科目表。

请参照图 6-36 界面，依次将 550205-差旅费下的明细科目 55020501-住宿费、55020502-出差补助费、55020503-车费/机票费、55020504-出租车费以及 550204-办公费下的明细科目 55020401-水费和 55020402-电费，在科目表界面，通过选择"与预算相关"选项，设置与预算相关的会计科目，参与具体预算的编制。

（5）定义预算。

路径：财务（模块）—预算—定义预算。

请按照图 6-37、图 6-38 界面信息，分别进行差旅费预算（主预算）和水电费预算（非主预算）的设置。

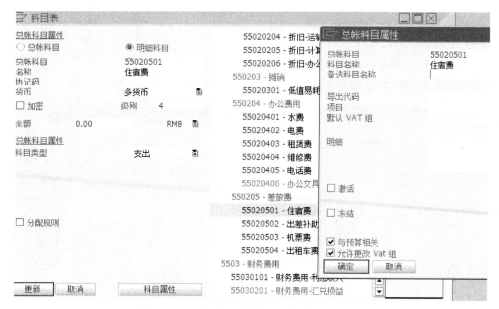

图6-36　定义与预算相关的会计科目示例

图6-37　管理部门差旅费预算示例

图6-38　管理部门水电费预算示例

2. 模板的设置。

（1）（百分比）过账模板设置内容：计提管理人员工资和工资附加费。

路径：财务（模块）—过账模板。

请按照图6-39界面内容设置计提管理人员工资和工资附加费的模板。

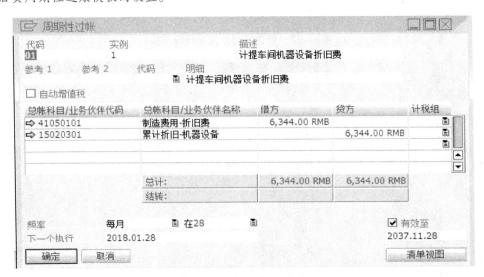

图6-39　（百分比）过账模板设置内容

（2）周期性过账模板设置内容：固定资产—机器设备折旧费计提。

周期性过账模板设置基础信息：车间用固定资产—机器设备原值为1586000.00元，已提取1个月折旧，预计净残值率为4%，机器设备使用年限为20年，公司采用平均年限法本月开始计提折旧。

路径：财务（模块）—周期性过账。

请按照图6-40界面的内容包括会计分录、频率、有效期等进行计提车间机器设备折旧费周期性过账模板的设置。

<table>
<tr><td colspan="5">📂 周期性过帐</td><td>▢ □ ⊠</td></tr>
<tr><td>代码</td><td>实例</td><td></td><td>描述</td><td></td><td></td></tr>
<tr><td>01</td><td>1</td><td></td><td colspan="3">计提车间机器设备折旧费</td></tr>
<tr><td>参考1</td><td>参考2</td><td>代码</td><td>明细</td><td></td><td></td></tr>
<tr><td></td><td></td><td></td><td colspan="3">📄 计提车间机器设备折旧费</td></tr>
<tr><td colspan="6">☐ 自动增值税</td></tr>
<tr><td>总帐科目/业务伙伴代码</td><td colspan="2">总帐科目/业务伙伴名称</td><td>借方</td><td>贷方</td><td>计税组</td></tr>
<tr><td>⇒ 41050101</td><td colspan="2">制造费用-折旧费</td><td>6,344.00 RMB</td><td></td><td>📄</td></tr>
<tr><td>⇒ 15020301</td><td colspan="2">累计折旧-机器设备</td><td></td><td>6,344.00 RMB</td><td>📄</td></tr>
<tr><td></td><td></td><td></td><td></td><td></td><td>📄 ▲</td></tr>
<tr><td></td><td></td><td></td><td></td><td></td><td>▼</td></tr>
<tr><td></td><td colspan="2">总计：</td><td>6,344.00 RMB</td><td>6,344.00 RMB</td><td></td></tr>
<tr><td></td><td colspan="2">结转：</td><td></td><td></td><td></td></tr>
<tr><td>频率</td><td>每月</td><td>📄 在28</td><td>📄</td><td colspan="2">☑ 有效至</td></tr>
<tr><td>下一个执行</td><td colspan="2">2018.01.28</td><td></td><td colspan="2">2037.11.28</td></tr>
<tr><td colspan="2">确定　取消</td><td></td><td></td><td colspan="2">清单视图</td></tr>
</table>

图6-40　周期性过账模板设置内容

3. 成本会计内容。

（1）定义成本核算代码。

路径：财务（模块）—成本会计—定义成本核算代码。

定义成本核算代码内容见表6-5。

表6-5　　　　　　　　　　　　　　　　定义成本核算代码示例

名称	激活	描述
Dimension 1	是	部门
Dimension 2	是	员工
Dimension3	是	车间

（2）定义利润中心。

路径：财务（模块）—成本会计—定义利润中心。

定义利润中心内容见表6-6。

表6-6　　　　　　　　　　　　　　　　定义利润中心示例

利润中心	名称	排序代码	成本核算代码
CWB	财务部	01	部门
XSB	销售部	02	部门
CGB	采购部	03	部门
CM	陈敏	04	员工
LH	李慧	05	员工
CJ1	车间1	06	车间
CJ2	车间2	07	车间
CJ3	车间3	08	车间

（3）定义分配规则。

路径：财务（模块）—成本会计—定义分配规则。

分配规则1：财务部、销售部和采购部按照5:2:3的比例分摊电费，具体见表6-7。

表 6 - 7   定义分配规则示例（一）

代码	有效从	描述	成本核算代码	总计	中心代码	中心名称	值
DFFT	2018.01.01	管理部门分摊电费	部门	100	CWB	财务部	50
					XSB	销售部	20
					CGB	采购部	30

分配规则2：车间1、车间2和车间3按照6：1：3的比例分摊机器修理保养费，具体见表6－8。

表 6 - 8   定义分配规则示例（二）

代码	有效从	描述	成本核算代码	总计	中心代码	中心名称	值
XLFFT	2018.01.01	车间机器修理保养费分摊	车间	10	CJ1	车间 1	6
					CJ2	车间 2	1
					CJ3	车间 3	3

【实验操作指导】

注：以下操作由陈敏（0002）登录完成。

1. 定义预算。

（1）预算初始化。

①按照"管理（模块）—系统初始化—一般设置—预算"路径，进入预算初始化界面。

②选中"初始化预算"前的对话框。"对于从预算中派生的凭证"选择"冻结预算偏差"，对于"年度预算"，选中"采购订单""收货采购订单"和"财务"选项前的复选框，点击"更新"。

③在弹出的系统消息"将所有收入科目标记为预算科目？"对话框，点击"否"，即完成预算初始化的设置。

（2）定义预算方案。

①按照"财务（模块）—预算—预算方案"路径，进入定义预算方案界面。

②在第1行的"预算名称"所在的列输入"2018年管理部门差旅费预算"，点击"基于"对话框后的选择设置按钮 ▤ 选择基于其本身。初始比例和舍入方法同系统默认设置。

③在"预算方案"定义界面，在灰色背景部分鼠标右键点击，在弹出对话框中点

击"添加行"或直接点击菜单栏的数据—添加行，将新行激活。按照如上（1）和（2）步方法，设置新的预算方案－2018年公司管理部门水电费预算。

（3）定义与预算相关的会计科目。

①按照"财务（模块）—科目表"路径，进入科目表界面。

②点击"损益类"抽屉，选择"55020501－住宿费"会计科目并单击"科目属性"按钮，选中"与预算相关"前的复选框，依次点击"更新"和"确定"按钮，完成本预算会计科目的设置。

③参考上述方法，按照实验资料完成其他预算会计科目的设置。

注意：

◇　定义与预算相关的会计科目，要逐一进行定义。否则会出现预算编制找不到所需会计科目的情况。

（4）定义预算。

①按照"财务（模块）—预算—定义预算"路径，进入预算定义界面。

②点击"方案"后的选择设置按钮▤，选择设置"2018年管理部门差旅费预算"，点击"确定"。

③在新界面，选中"显示不带预算科目"前的复选框，所有预算相关会计科目即呈现在定义预算界面。预算分配方法选择设置为"等于"，按照实验资料会计科目"借方"所在的列输入相对应的预算金额。依次点击"更新"和"确定"按钮，完成本预算的编制，并返回到定义预算界面。

④点击"方案"后的选择设置按钮▤，选择"2018年公司管理部门水电费预算"，点击"确定"。在新界面，参照上述第（3）步的方法，完成水电费预算的编制。

2. 模板的设置。

（1）（百分比）过账模板的设置。

①按照"财务（模块）—过账模板"路径，进入过账模板设置界面。

②在"代码"对话框输入"01"，"模板描述"对话框输入"计提管理人员工资及工资附加费"。

③在"总账科目/业务伙伴编号"所在的列点击TAB键，选择设置"55020101－工资"，"借方%"所在的列输入100。将光标置于第2行"总账科目/业务伙伴编号"所在的列点击TAB键，选择设置"21510101－应付职工薪酬—工资"，"贷方%"所在的列输入100。

④参照上述第③步的方法，按照实验资料依次完成计提福利、职工教育经费和工会经费的设置。

⑤依次点击"更新"和"确定"按钮，完成本过账模板的设置。

（2）周期性过账模板的设置。

①按照"财务（模块）—周期性过账"路径，进入周期性过账模板设置界面。

②在"代码"对话框输入01，"描述"和"明细"对话框均输入"计提车间机器

设备折旧费"。

③在"总账科目/业务伙伴代码"所在的列的第1行,点击 TAB 键,选择输入会计科目"41050101 - 制造费用—折旧费",借方金额为人民币 6344.00 元。将光标移入"总账科目/业务伙伴代码"所在列的第2行,点击 TAB 键,用同样的方法输入会计科目"15020301 - 累计折旧—机器设备",输入贷方金额 6344.00 元。

④通过点击"频率"后的选择设置按钮 🔳,设置频率为"每月,在28"下一个执行日期设置为 2018.01.28,有效期设置为 2037.11.28,点击"添加"按钮,完成本周期性过账模板的设置。

注意:

◇ 在周期性过账模板设置界面,点击"清单视图",可以查询到要执行的周期性过账事务,可以根据实际情况,选择要执行的周期事务。

◇ 通过"管理(模块)—系统初始化—一般设置"路径的"服务"页签,在选中"显示执行的周期性过账"复选框的情况下,系统会自动弹出已到期并需要执行的周期性事务,需要用户选择执行。

3. 成本会计。

(1)定义成本核算代码。

①按照"财务(模块)—成本会计—定义成本核算代码"路径,进入成本核算代码定义界面。

②选中"dimension 1""dimension 2"和"dimension 3"后的"激活"复选框,并分别将"成本核算代码1"改为"部门",将"成本核算代码2"改为"员工",将"成本核算代码3"改为"车间"。依次点击"更新"和"确定"按钮,完成成本核算代码的定义。

(2)定义利润中心。

①按照"财务(模块)—成本会计—定义利润中心"路径,进入利润中心定义界面。

②在"利润中心"对话框输入"CWB",名称对话框输入"财务部","排序代码"对话框输入"01",点击"添加"按钮,即完成本利润中心的设置。

③参照上述第②步操作和实验资料完成其他利润中心的定义。(注意:利润中心设置中维度设置的区别)。

(3)定义分配规则。

①按照"财务(模块)—成本会计—定义分配规则"路径,进入定义分配规则界面。

②在"代码"对话框输入"DFFT","有效从"对话框按照系统默认日期 2018.01.01,"描述"对话框输入"管理部门分摊电费",点击"维度"对话框后的选择设置按钮 🔳 选择"部门","总计"对话框输入"100"。

③将光标移入"中心代码"所在的第一行,点击 TAB 键,选择设置为"CWB",

"值"输入为50。

④点击TAB键，将光标移入第1列第2行，点击TAB键，选择设置为"XSB"，"值"输入为20。

⑤点击TAB键，将光标移入第1列第3行，点击TAB键，选择设置为"CGB"，"值"输入为30。

⑥点击"添加"按钮，完成本分配规则的定义。

⑦参照第②～⑥步和实验资料，完成"XLFFT－车间机器修理保养费分摊"分配规则的定义。

第五节　财务模块日常业务处理
——凭证的添加和修改

一、财务模块日常业务处理概述

在SAP Business One系统中，财务凭证有两个来源：业务单据自动生成，在财务模块手工填写的凭证。

在手工填写财务凭证的模式下，又区分为两种情况：一种是用户手工在"日记账凭证"窗口填写的日记账凭证，经审核后生成永久性日记账分录；另一种是用户直接在"日记账分录"窗口填写的日记账分录，添加后直接生成永久性凭证。

日记账凭证与日记账分录的关系与区别：日记账凭证相当于手工情况下，未登记明细账和总账的记账凭证。当日记账凭证经过审核后，即转换为日记账分录，并同时登记到明细账、日记账、总账等账簿中；日记账分录相当于手工情况下，已经登记了明细账和总账的永久性凭证。其来源有两个：其一是根据业务单据自动生成并传递到财务模块中的凭证，如采购和销售模块业务中生成的凭证；其二是经过审核的日记账凭证。

在手工填制财务凭证的过程中，用户可以调用在系统中设置的各种模板来提高凭证的填制效率，也可以使用成本会计功能，在凭证生成过程中对成本费用和收入进行直接或间接分配，对于不同的预算设置，用户在生成凭证过程中还要做相应的处理。总之，在手工填制凭证过程中，要充分利用财务模块提供的各种功能来提高工作效率和增进财务管理功能。

本节财务模块日常业务处理主要阐述根据日常业务以手工方式添加和修改凭证。根据业务系统自动生成的凭证及修改将在后续采购、销售和库存等模块进行阐述。

二、财务模块日常业务处理

（一）"日记账凭证"窗口

1. "日记账凭证"窗口凭证生成及审核过程

通常在"日记账凭证"窗口生成的凭证要经过凭证草稿的填制过程和凭证的审核过程，才能生成永久性日记账分录。凭证的填制和审核要由不同的操作员来完成。对于手工填制的凭证，在凭证录入界面显示的"创建者"为凭证填制人，"批准人"为凭证的审核人。图 6-41 流程图显示的是在日记账凭证窗口凭证的填制和审核过程。

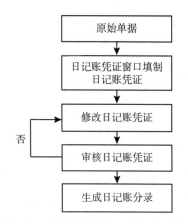

图 6-41　日记账凭证窗口凭证生成流程

本节分别以"分配现金流行项目"为"强制的"和"可选的"两种选项进行初始化设置为前提，以财务部拥有凭证填制权限的王文婧填制凭证，以超级用户 manager 对凭证进行审核生成永久性凭证为例，来介绍日记账凭证窗口凭证的填制和审核过程。

（1）"分配现金流行项目"为"强制的"选项下的凭证生成。如果用户希望在填制凭证时，就将有关现金或现金等价物的流入或流出信息录入现金流量表，用户需要做相关的基础设置：在一般设置的"现金流"页签，将"分配现金流行项目"设置为"强制的"，同时在科目表界面指定与"现金流相关"的会计科目。在这些基础设置背景下，在应用与"现金流相关"的会计科目录入凭证时，系统要求必须要将相关信息录入现金流量表中，否则会出现凭证不能保存的情况。

①凭证的填制

操作员：由操作员王文婧（0001）在"日记账凭证"窗口登录，根据业务手工填制凭证。

路径：财务（模块）—日记账凭证。

图 6 – 42 为日记账凭证窗口显示的内容。

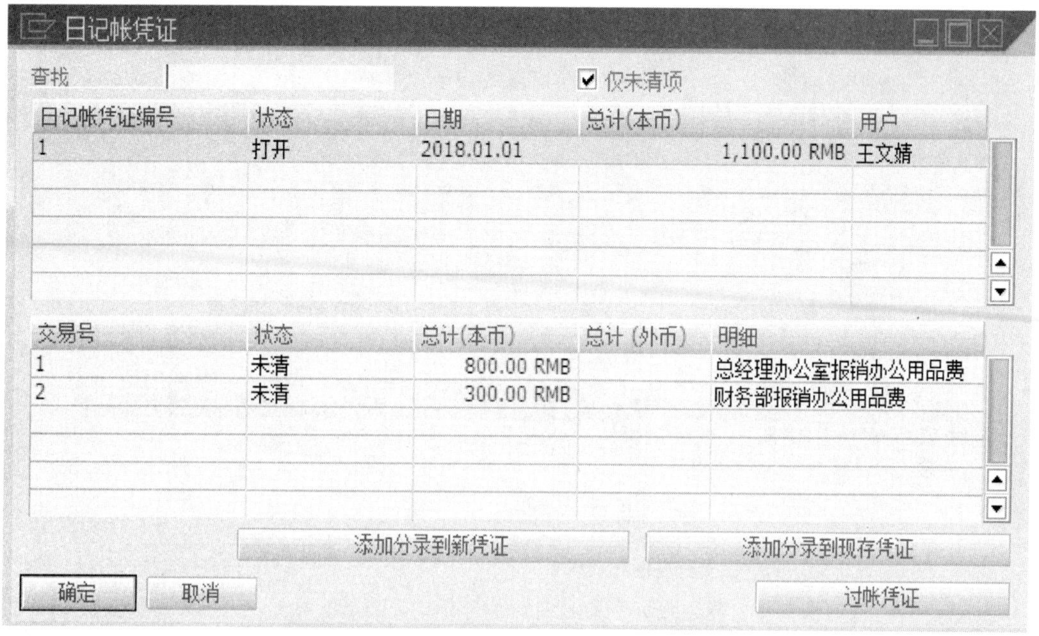

图 6 – 42　日记账凭证窗口内容及功能

在日记账凭证窗口，位于窗口上方的为凭证草稿，位于窗口下方的为凭证草稿包含的业务事项（凭证），一个凭证草稿可以包含多个凭证。在日记账凭证窗口，显示为"已清"的为已经生成日记账分录的凭证，显示为"打开"的为没有生成日记账分录的凭证。用户在此窗口通过点击"添加分录到现存凭证"来增加现存凭证草稿下的业务事项，或者通过点击"添加分录到新凭证"来增加新的凭证草稿。无论是增加新凭证还是增加新凭证草稿，其凭证录入界面需要录入的要素基本相同：包括凭证明细（摘要）的录入，会计科目方向、金额和现金流项目的录入等凭证生成的必备要素，表头的大部分信息会根据填制凭证输入的必要信息自动进行更新，如图 6 – 43 所示。

注意：

◇　在录入现金流主表项目信息时，用户首先要将光标置于"与现金流相关"的会计科目行，否则无法录入现金流量项目。

◇　在此界面录入的凭证为凭证草稿，通过路径"财务报表—会计—日记账分录"查询不到在此窗口生成的任何凭证。

◇　在填制凭证过程中，要善于使用 TAB 键，在科目表模板中进行会计科目的选择。

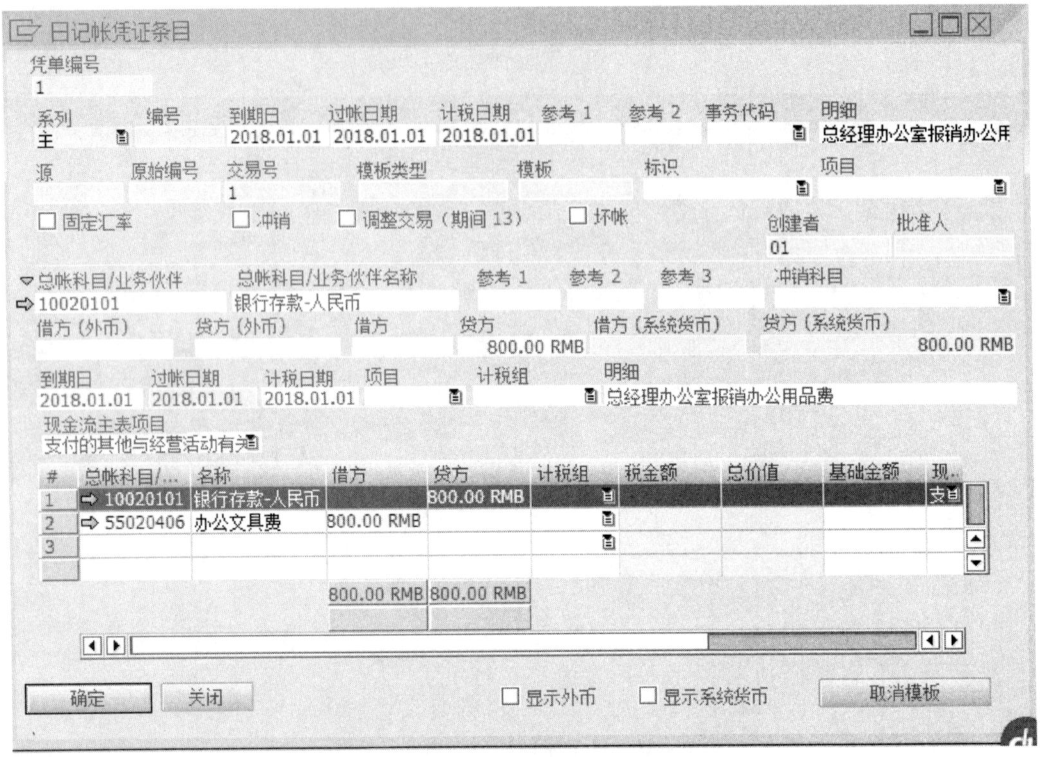

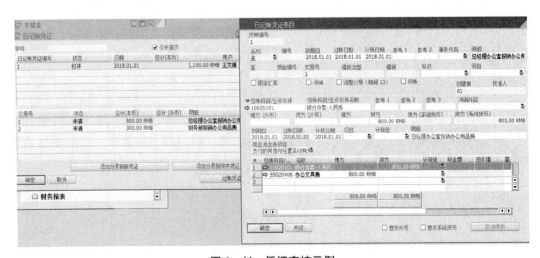

图 6-43　日记账凭证条目录入内容示例

②凭证的审核

由超级用户 manager 在"日记账凭证"窗口登录，进行凭证草稿的审核。

路径：财务（模块）—日记账凭证。

图 6-44 为凭证审核的样例。

图 6-44　凭证审核示例

　　图6-44界面显示的是对凭证草稿1所包含的业务事项凭证进行审核的过程，用户通过双击业务事项凭证的方式，打开凭证填制界面，对凭证进行审核。

　　在日记账凭证窗口，审核人manager要对需要审核的每一个凭证草稿下的所有业务凭证都要进行审核，审核的要素包括凭证的摘要信息，分录方向、金额等是否与原始单据相符、录入现金流量表信息正确与否等（本例），点击"日记账凭证条目"窗口的"确定"按钮，完成凭证的审核。在所有凭证草稿都通过审核的情况下，在"日记账凭证"草稿窗口，点击"过账凭证"，生成永久性的日记账分录，并将相关信息登记在相关账簿中。经过审核的凭证，凭证表头的"批准人"一栏即显示为审核人的代码信息。

　　（2）"分配现金流行项目"为"可选的"选项下的凭证录入。如果用户希望在填制凭证时，对有关现金或现金等价物流入或流出信息是否录入现金流量表具有可选择性，用户在一般设置的"现金流"页签，要将"分配现金流行项目"设置为"可选的"。当使用"与现金流相关"的会计科目录入凭证时，用户可以选择是否将现金或现金等价物的流入或流出信息录入到现金流量表中，录入与否不影响永久性日记账凭证的生成。

　　凭证的生成和凭证的审核与"分配现金流行项目"为"强制的"选项下的凭证生成过程基本相同，所不同的是审核人不把"与现金流相关"会计科目信息是否录入现金流量表作为审核的关键要素之一。

　　2. "日记账凭证"窗口凭证的修改和删除

　　对于在"日记账凭证"窗口生成的凭证，如果在审核过程中发现错误，就要由制单人对错误的凭证进行修改或删除。延续上述"日记账凭证"窗口凭证的生成，来介绍凭证的修改。

　　（1）"日记账凭证"窗口凭证的修改。

　　操作员：由操作员王文婧（0001）登录进行凭证的修改。

　　路径：财务（模块）—日记账凭证。

　　在此窗口，对于状态为"打开"的凭证草稿，说明凭证还没有生成永久性凭证，由凭证填制人通过双击凭证草稿下含有错误信息凭证的形式，打开凭证，对在审核中发现的错误进行逐一修改，并对修改后的凭证进行更新。对于状态为"已清"的凭证草稿，说明错误凭证已经生成了永久性日记账分录。用户不能在此窗口对此类凭证进行修改，只能由有权限的操作员在找到已经生成永久性日记账分录的基础上，通过点击菜单栏上的"数据"选项下的"取消"键，来冲销错误凭证，然后由制单人重新填制凭证。注意重新填制凭证过程中，凭证明细（摘要）要将原凭证号写清晰，以便原始单据与凭证的核查。

　　（2）"日记账凭证"窗口凭证的删除

　　对于在"日记账凭证"窗口生成的凭证，如果错误过多，制单人可以选择删除错误凭证，并重新填制凭证的形式对凭证进行修改。因为凭证草稿中可能包含多个业务事项（凭证），对于状态为"打开"的凭证草稿，用户通过光标选择要删除的凭证行并右键点击鼠标的基础上，如果选择"删除"即为删除凭证草稿下包含的所有业务事项（凭证）。如果用户选择"删除行"即为删除所选的业务事项（凭证）。对于状态为"已清"的凭证草稿，不能在"日记账凭证"窗口进行删除。只能由有权限的操作员，通过凭证"取消"的方式对凭证进行修改。无论是哪种删除方式，对于删除的日记账凭证，都要重新根据业务生成正确的凭证。

3. 日记账凭证的查询

对于在日记账凭证窗口填制凭证的查询，具有操作权限的操作员登录日记账凭证填制窗口，通过双击凭证草稿下的具体业务行凭证的形式，即可进入"日记账凭证条目"窗口对凭证进行查询。

（二）"日记账分录"窗口

1. 日记账分录窗口凭证的填制和修改

用户：根据内部财务制度规定和权限设置，具有日记账分录窗口生成凭证的用户进行凭证的填制或修改。

路径：财务（模块）—日记账分录。

无论对现金或现金等价物流入或流出信息"强制的"还是"可选的"选择，日记账分录录入原理与"日记账凭证"窗口凭证录入一致，这里不再赘述。

在此窗口录入的凭证，没有专门的审核过程，凭证录入完成，添加完毕，即为生成永久性日记账分录，并将信息登记到相关账簿中。凭证窗口的"创建者"和"批准人"信息为同一个操作员。

对于在"日记账分录"窗口生成凭证的修改，只能通过菜单栏中的"数据"选项下"取消"功能或者在凭证界面选择"冲销"的方式，对凭证进行冲销，在冲销凭证生成的基础上，重新填制新的正确凭证。

2. 日记账分录窗口生成凭证的删除

对于在日记账分录窗口填制的凭证不能做永久性删除，对于错误的日记账分录只能使用"冲销"或"取消"的方式进行冲销，并在此基础上重新填制凭证。

3. 日记账分录的查询

在"日记账分录"窗口生成的凭证，意味着该凭证已经是永久性记账凭证。对于这类凭证的查询，根据不同的情况可以选择使用以下两种方法：

方法一：在用户较明确需要查找本会计期间前几张或后几张财务凭证的情况下，用户可以在"日记账分录"窗口，通过上下翻页按钮 来进行查询。

方法二：在财务凭证数量较多的情况下，如果用户不明确所要查找的财务凭证的位置，使用传统上下翻页键查找财务凭证效率不高的情况下，用户可以通过"财务（模块）—财务报表—会计—凭证日记账"路径，进入凭证查询界面，通过点击交易号前的黄色箭头的形式对凭证进行明细查询。

思考题

1. 从凭证的填制、审核、删除和查询的角度来看，日记账凭证和日记账分录窗口填制的凭证有什么不同？

2. 如果现金或现金等价物的流入或流出信息是永久性凭证生成的必要条件，系统基础设置应该怎么设？

3. 在银行存款和库存现金科目"与现金流相关"设置下，自银行提取现金业务是否要将相关信息录入现金流量表，为什么？

实验六　财务模块日常业务处理
——凭证的添加、修改和删除

【实验目的】

1. 熟练掌握手工凭证填制的方法，能够灵活调用模板生成凭证。

2. 掌握不同凭证填制窗口填制凭证的区别。

3. 理解预算设置、成本会计设置对凭证生成的影响。

4. 掌握不同窗口生成凭证的修改、删除和查询方法。

【实验内容】

1. 日记账凭证窗口凭证的填制和审核。

2. 日记账分录窗口凭证的填制。

3. 日记账凭证的修改。

【实验准备】

1. 引入实验五实验账套。

2. 将计算机系统日期调整为 2018 年 1 月 1 日。

3. 将现金流科目设置为强制（路径：管理—系统初始化—一般设置—现金流，分配现金流行项目为"强制的"）。

【实验资料】

➢ 由财务部王文婧（0001）在日记账凭证窗口输入 2018 年 1 月份日常业务凭证。

➢ 由财务部陈敏（0002）在日记账凭证窗口对王文婧填制的凭证草稿进行审核。

➢ 第 1 笔和第 2 笔业务包含在一张凭证草稿中，其余业务均单独一张凭证草稿。

➢ 凭证明细信息参照实验操作指导。

备注：

为方便实验实训内容的练习，本书假定凭证（包括财务模块手工添加的凭证和采购、销售、库存、生产模块自动生成的凭证）的填制都在 2018 年 1 月 1 日完成（除凭证冲销和资产负债表日汇兑损益财务凭证填制外），但在实际业务中凭证的填制会根据业务发生的先后时序完成。

1. 凭证的增加。

①总经理办公室刘文轩报销办公用品费 1526.00 元，交回现金 474.00 元，冲销其原借款 2000.00 元。（要求：调用事务代码输入凭证明细信息。）

②支付中山日报销售广告费 12000.00 元，财务部王文婧以中行翔云路分理处账户转账支付。

③财务部王文婧借差旅费人民币 5500.00 元，财务部以现金支付。

④财务部王文婧自公司多货币户—农行中山路分理处提取 200.00 美元现金备用。（使用已经定义的事务代码输入凭证明细信息。）

⑤使用周期性过账模板，生成本月车间固定资产—机器设备计提折旧费的凭证。

⑥收到银行贷款利息结算通知单，本月短期借款利息 4580.00 元，通过中行翔云路分理处账户划转支付。

⑦使用本书已定义的（百分比）过账模板生成本月计提管理人员工资和工资附加费（职工教育经费、福利费和工会经费）的凭证，应付职工薪酬为 31892.00 元。

⑧自中行翔云路分理处以转账的形式发放本月管理人员工资 31892.00 元。

⑨财务部王文婧出差归来，报销住宿费 2400 元，机票费 1860 元，出租车费 620 元，全部冲销王文婧借款。（注意：凭证生成与否与预算设置的关联。）

⑩总经理办公室刘文轩报销行政管理部门本月电费 698.00 元，财务部以人民币现金支付。电费要求按照成本会计定义的分配比例（财务部、销售部和采购部按照 5：2：3 的比例）在三部门进行分摊。（要求使用成本会计功能进行凭证的填制，考虑凭证生成与否与预算设置的关联。）

⑪财务部王文婧以公司中行翔云路分理处账户转账支付车间机器维修保养费 4890 元，车间 1、车间 2 和车间 3 按照 70：10：20 的比例分摊本次支付的机器修理保养费。（要求使用"定义手动分配规则"进行凭证的填制。）

⑫总经理办公室刘文轩报销管理部门水费 7658.00 元，财务部以现金支付。（注意：凭证生成与否与预算设置的关联，是否超预算，是否能生成凭证，为什么？）

⑬财务部自中行翔云路分理处账户转账支付生产飞达牌台灯生产工人人工费 15623.00 元（注：项目为飞达牌台灯项目。）

⑭按照飞达牌台灯和丹阳牌台灯的生产量分配制造费用，其中飞达牌台灯分配 7863.80 元，丹阳牌台灯分配 3370.20 元（其中机器折旧费为 6344.00 元，车间机器维修保养费 4890.00 元。）（注意：项目的输入方法。）

⑮本月飞达牌台灯产品和丹阳牌台灯全部完工，结转本月完工飞达牌台灯成本 23486.80 元（其中生产成本—直接人工 15623.00 元，制造费用转入 7863.80 元。）至库存商品，结转本月完工的丹阳牌台灯成本 3370.20（制造费用转入）结转库存商品。（注意：生成凭证时项目的选择。）

2. 凭证的审核。

财务部陈敏（0002）对以上生成的凭证草稿进行审核，并生成永久性凭证。

3. 凭证的冲销和修改。

在以上凭证经过陈敏审核生成永久性凭证的基础上，对如下凭证进行冲销并修改：

①2 日，由陈敏冲销 1 日生成的永久性凭证：总经理办公室刘文轩报销办公用品费 1526.00 元，交回现金 474.00 元，冲销其原借款 2000.00 元。

②由王文婧（0001）对凭证进行修改：2 日，总经理办公室刘文轩报销办公用品费 1326.00 元，交回现金 674.00 元，冲销其原借款 2000.00 元。

③由陈敏对修改后的凭证进行审核，生成永久性凭证。

【实验操作指导】

注：凭证的填制由王文婧（0001）登录完成。

1. 填制凭证。

（1）增加凭证—业务 1 和业务 2。

①由王文婧（0001）登录系统，完成凭证填制工作。

②按照"财务（模块）—日记账凭证"路径，进入日记账凭证窗口。

③点击"添加分录到新凭证"按钮，进入"日记账凭证条目"填制窗口。点击"事务代码"对话框后的选择设置按钮 ，选择 003（总经理办公室刘文轩报销办公用品费用）明细信息。

④在"总账科目/业务伙伴代码"所在的列点击 TAB 键，在总账科目查找对话框输入"5"，找到并双击"55020406 - 办公文具费"，返回到日记账凭证填制窗口。在"借方"所在的列输入金额 1526.00。

⑤将光标移入下一行总账科目所在的列，点击 TAB 键，在总账科目查找对话框输入"1"，找到并双击"10010101 - 库存现金—人民币"，返回到日记账凭证填制窗口。在"借方"所在的列输入金额 474.00。点击"现金流主表项目"所在列后的选择设置按钮 ，选择"收到的其他与经营活动有关的现金"主表项目。

⑥将光标移入下一行总账科目所在的列，点击 TAB 键，在总账科目查找对话框输入"1"，找到并双击"11910103 - 其他应收款—刘文轩"，并将光标置于"贷方"所在的列，系统根据"借贷平衡原理"自动带入金额 2000.00。依次点击"更新"和"确定"按钮，完成本凭证的填制并返回到日记账凭证窗口。

⑦点击"添加凭证到现存窗口"按钮，重新进入"日记账凭证条目"窗口。

⑧在"总账科目/业务伙伴代码"所在的列点击 TAB 键，在总账科目查找对话框输入"5"，找到并双击"55010906 - 广告费"，返回到日记账凭证填制窗口。在"借方"所在的列输入金额 12000.00。

⑨将光标移入下一行总账科目所在的列，点击 TAB 键，在总账科目查找对话框输入"1"，找到并双击"10020101 - 银行存款—中行翔云路分理处"，返回到日记账凭证填制窗口。在"贷方"所在的列输入金额 12000.00。点击"现金流主表项目"所在列后的选择设置按钮 ，选择"支付的其他与经营活动有关的现金"主表项目。

⑩依次点击"加入凭证"和"关闭"按钮，返回到"日记账凭证"窗口。在该窗

口点击"更新",完成本草稿下 2 张业务凭证的填制。

（2）增加凭证—业务 3。

①接第 2 笔凭证填制业务或按照"财务（模块）—日记账凭证"路径，进入日记账凭证窗口。

②在"日记账凭证"窗口，点击"添加分录到新凭证"，进入"日记账凭证条目"填制窗口。"明细"对话框输入：王文婧借差旅费。

③在"总账科目/业务伙伴代码"所在的列点击 TAB 键，在总账科目查找对话框输入"1"，找到并双击"11910101 - 其他应收款—王文婧"，返回到日记账凭证填制窗口。在"借方"所在的列输入金额 5500.00。

④将光标移入下一行总账科目所在的列，点击 TAB 键，在总账科目查找对话框输入"1"，找到并双击"10010101 - 库存现金—人民币"，返回到日记账凭证填制窗口。将光标置于"贷方"所在的列，系统根据"借贷平衡原理"自动带入金额 5500.00。点击"现金流主表项目"所在列后的选择设置按钮 ▤，选择"支付的其他与经营活动有关的现金"主表项目。

⑤依次点击"加入凭证"和"关闭"按钮，返回到"日记账凭证"窗口。在该窗口点击"更新"，完成业务 3 凭证的填制。

（3）增加凭证—业务 4。

①接第 3 笔凭证填制业务或按照"财务（模块）—日记账凭证"路径，进入日记账凭证窗口。

②在"日记账凭证"窗口，点击"添加分录到新凭证"，进入"日记账凭证条目"填制窗口。点击"事务代码"对话框的选择设置按钮 ▤，选择设置为 002，"明细"所在的对话框自动显示信息"提取美元现金备用"。

③选中"显示外币"前的对话框。

④在"总账科目/业务伙伴代码"所在的列点击 TAB 键，在总账科目查找对话框输入"1"，找到并双击"1002050101 - 农行中山路分理处"，返回到日记账凭证填制窗口。在"贷方（外币）"所在的列输入金额 USD200.00。

⑤将光标移入下一行总账科目所在的列，点击 TAB 键，在总账科目查找对话框输入"1"，找到并双击"10010201 - 库存现金—美元"，返回到日记账凭证填制窗口。将光标置于"借方"所在的列，系统根据"借贷平衡原理"自动带入金额 200.00USD。

⑥依次点击"加入凭证"和"关闭"按钮，返回到"日记账凭证"窗口。在该窗口点击"更新"按钮，完成业务 4 凭证的填制。

（4）增加凭证—业务 5。

①接第 4 笔凭证填制业务或按照"财务（模块）—日记账凭证"路径，进入日记账凭证窗口。

②在"日记账凭证"窗口，点击"添加分录到新凭证"，进入"日记账凭证条目"填制窗口。

③点击"模板类型"对话框后的选择设置按钮 ，选择"经常性过账"。将光标置于"模板"所在的对话框，点击TAB键，选择"02"（计提车间机器设备折旧费）。

④依次点击"加入凭证"和"关闭"按钮，返回到"日记账凭证"窗口。在该窗口点击"更新"按钮，完成业务5凭证的填制。

（5）增加凭证—业务6。

①接第5笔凭证填制业务或按照"财务（模块）—日记账凭证"路径，进入日记账凭证窗口。

②在"日记账凭证"窗口，点击"添加分录到新凭证"，进入"日记账凭证条目"填制窗口。

③在"总账科目/业务伙伴代码"所在的列点击TAB键，在总账科目查找对话框输入"1"，找到并双击"10020101 – 银行存款—中行翔云路分理处"，返回到日记账凭证填制窗口。在"贷方"所在的列输入金额4580.00。点击"现金流主表项目"所在列后的选择设置按钮 ，选择"支付的其他与筹资活动有关的现金"主表项目。

④将光标移入下一行总账科目所在的列，点击TAB键，在总账科目查找对话框输入"5"，找到并双击"55030301 – 财务费用—利息支出"，返回到日记账凭证填制窗口。将光标置于"借方"所在的列，系统根据"借贷平衡原理"自动带入金额4580.00。

⑤依次点击"加入凭证"和"关闭"按钮，返回到"日记账凭证"窗口。在该窗口点击"更新"按钮，完成业务6凭证的填制。

（6）增加凭证—业务7。

①接第6笔凭证填制业务或按照"财务（模块）—日记账凭证"路径，进入日记账凭证窗口。

②在"日记账凭证"窗口，点击"添加分录到新凭证"，进入"日记账凭证条目"填制窗口。

③点击"模板类型"对话框后的选择设置按钮 ，选择"百分比"。将光标置于"模板"所在的对话框，点击TAB键，选择"01"（计提管理人员工资和工资附加费）。将"55020101 – 工资""借方"的100%，修改为31892.00。点击会计分录的任意行，会计分录即显示按照模板比例计算的金额。

④依次点击"加入凭证"和"关闭"按钮，返回到"日记账凭证"窗口。在该窗口点击"更新"按钮，完成业务7凭证的填制。

（7）增加凭证—业务8。

①接第7笔凭证填制业务或按照"财务（模块）—日记账凭证"路径，进入日记账凭证窗口。

②在"日记账凭证"窗口，点击"添加分录到新凭证"，进入"日记账凭证条目"填制窗口。

③在"总账科目/业务伙伴代码"所在的列点击TAB键，在总账科目查找对话框输

入"2"，找到并双击"21510101 – 应付职工薪酬—工资"，返回到日记账凭证填制窗口。在"借方"所在的列输入金额 31892.00。

④将光标移入下一行总账科目所在的列，点击 TAB 键，在总账科目查找对话框输入"1"，找到并双击"10020101 – 银行存款—中行翔云路分理处"，返回到日记账凭证填制窗口。将光标置于"贷方"所在的列，系统根据"借贷平衡原理"自动带入金额 31892.00。点击"现金流主表项目"所在列后的选择设置按钮 📖，选择"支付给职工以及为职工支付的现金"主表项目。

⑤依次点击"加入凭证"和"关闭"按钮，返回到"日记账凭证"窗口。在该窗口点击"更新"按钮，完成业务 8 凭证的填制。

（8）增加凭证—业务 9。

①接第 8 笔凭证填制业务或按照"财务（模块）—日记账凭证"路径，进入日记账凭证窗口。

②在"日记账凭证"窗口，点击"添加分录到新凭证"，进入"日记账凭证条目"填制窗口。"明细"对话框输入：王文婧报销差旅费。

③在"总账科目/业务伙伴代码"所在的列点击 TAB 键，在总账科目查找对话框输入"5"，找到并双击"55020501 – 住宿费"，返回到日记账凭证填制窗口。在"借方"所在的列输入金额 2400.00。

④将光标移入下一行总账科目所在的列，点击 TAB 键，在总账科目查找对话框输入"5"，找到并双击"55020503 – 车票/机票费"，返回到日记账凭证填制窗口。

⑤参照上述第④步在第 3 行完成 55020504 – 出租车费信息的录入。

⑥将光标移入下一行总账科目所在的列，点击 TAB 键，在总账科目查找对话框输入"1"，找到并双击"11910101 – 其他应收款—王文婧"，返回到日记账凭证填制窗口。将光标置于"贷方"所在的列，系统根据"借贷平衡原理"自动带入金额 4880.00。

⑦依次点击"加入凭证"和"关闭"按钮，返回到"日记账凭证"窗口。在该窗口点击"更新"按钮，完成业务 9 凭证的填制。

（9）增加凭证—业务 10。

①接第 9 笔凭证填制业务或按照"财务（模块）—日记账凭证"路径，进入日记账凭证窗口。

②在"日记账凭证"窗口，点击"添加分录到新凭证"，进入"日记账凭证条目"填制窗口。"明细"对话框输入：刘文轩报销管理部门电费。

③在"总账科目/业务伙伴代码"所在的列点击 TAB 键，在总账科目查找对话框输入"5"，找到并双击"55020402 – 电费"，返回到日记账凭证填制窗口。在"借方"所在的列输入金额 698.00。在"部门"所在的列，点击 TAB 键，选择分配规则"DFFT – 管理部门分摊电费"。

④将光标移入下一行总账科目所在的列，点击 TAB 键，在总账科目查找对话框输

入"1"，找到并双击"10010101-库存现金—人民币"，返回到日记账凭证填制窗口。将光标置于"贷方"所在的列，系统根据"借贷平衡原理"自动带入金额698.00。点击"现金流主表项目"所在列后的选择设置按钮，选择"支付的其他与经营活动有关的现金"主表项目。

⑤依次点击"加入凭证"和"关闭"按钮，返回到"日记账凭证"窗口。在该窗口点击"更新"按钮，完成业务10凭证的填制。

（10）增加凭证—业务11。

①接第10笔凭证填制业务或按照"财务（模块）—日记账凭证"路径，进入日记账凭证窗口。

②在"日记账凭证"窗口，点击"添加分录到新凭证"，进入"日记账凭证条目"填制窗口。"明细"对话框输入：车间机器维修保养费分摊。

③在"总账科目/业务伙伴代码"所在的列点击TAB键，在总账科目查找对话框输入"4"，找到并双击"41050102-制造费用—机器保养修理费"，返回到日记账凭证填制窗口。在"借方"所在的列输入金额4890.00。在"车间"所在的列，点击TAB键，在"从清单中选择"界面点击"定义手动分配规则"，进入"定义手动分配规则"界面，在"中心代码"所在的列点击TAB键，选择输入CJ1-车间1，"百分比"所在的列输入70。点击TAB键，依次在第2行"中心代码"选择设置CJ2-车间2，"百分比"输入10，按照上述方法输入第3行比例。输入完毕，点击"更新"，返回到"日记账凭证条目"窗口。

④将光标移入下一行总账科目所在的列，点击TAB键，在总账科目查找对话框输入"1"，找到并双击"10020101-银行存款—中行翔云路分理处"，返回到日记账凭证填制窗口。将光标置于"贷方"所在的列，系统根据"借贷平衡原理"自动带入金额4890.00。点击"现金流主表项目"所在列后的选择设置按钮，选择"支付的其他与经营活动有关的现金"主表项目。

⑤依次点击"加入凭证"和"关闭"按钮，返回到"日记账凭证"窗口。在该窗口点击"更新"按钮，完成业务11凭证的填制。

（11）增加凭证—业务12。

①接第11笔凭证填制业务或按照"财务（模块）—日记账凭证"路径，进入日记账凭证窗口。"明细"对话框输入：刘文轩报管理部门水费。

②在"总账科目/业务伙伴代码"所在的列点击TAB键，在总账科目查找对话框输入"5"，找到并双击"55020401-水费"，返回到日记账凭证填制窗口。在"借方"所在的列输入金额7658.00。

③将光标移入下一行总账科目所在的列，点击TAB键，在总账科目查找对话框输入"1"，找到并双击"10010101-库存现金—人民币"，返回到日记账凭证填制窗口。将光标置于"贷方"所在的列，系统根据"借贷平衡原理"自动带入金额7650.00。点击"现金流主表项目"所在列后的选择设置按钮，选择"支付的其他与经营活动有

177

关的现金"主表项目。

④依次点击"加入凭证"和"关闭"按钮，返回到"日记账凭证"窗口。在该窗口点击"更新"按钮，完成业务 12 凭证的填制。

（12）增加凭证——业务 13。

①接第 12 笔凭证填制业务或按照"财务（模块）——日记账凭证"路径，进入日记账凭证窗口。"明细"对话框输入：支付生产工人人工费。

②点击"项目"对话框后的选择设置按钮 📄，选择设置 P002 – 飞达牌台灯项目。

③在"总账科目/业务伙伴代码"所在的列点击 TAB 键，在总账科目查找对话框输入"4"，找到并双击"41010201 – 直接人工"，返回到日记账凭证填制窗口。在"借方"所在的列输入金额 15623.00。

④将光标移入下一行总账科目所在的列，点击 TAB 键，在总账科目查找对话框输入"1"，找到并双击"10020101 – 银行存款——中行翔云路分理处"，返回到日记账凭证填制窗口。将光标置于"贷方"所在的列，系统根据"借贷平衡原理"自动带入金额 15623.00。点击"现金流主表项目"所在列后的选择设置按钮 📄，选择"支付给职工以及为职工支付的现金"主表项目。

⑤依次点击"加入凭证"和"关闭"按钮，返回到"日记账凭证"窗口。在该窗口点击"更新"按钮，完成业务 13 凭证的填制。

（13）增加凭证——业务 14。

①接第 13 笔凭证填制业务或按照"财务（模块）——日记账凭证"路径，进入日记账凭证窗口。"明细"对话框输入：项目间分配制造费用。

②点击该界面"扩展编辑模式"前的黄色按钮 ▷，显示凭证输入明细信息。

③在"总账科目/业务伙伴代码"所在的列点击 TAB 键，在总账科目查找对话框输入"4"，找到并双击"41010401 – 制造费用转入"，返回到日记账凭证填制窗口。在"借方"所在的列输入金额 7863.80。在扩展编辑的"项目"选择 P002 – 飞达牌台灯项目。

④将光标移入下一行总账科目所在的列，参照第③步方法，输入"借方"金额 3370.20。在扩展编辑的项目选择 P001 – 丹阳牌台灯项目。

⑤将光标移入下一行总账科目所在的列，点击 TAB 键，在总账科目查找对话框输入"4"，找到并双击"41050101 – 制造费用——折旧费"，返回到日记账凭证填制窗口。将光标置于"贷方"所在的列，输入金额 6344.00.

⑥将光标移入下一行总账科目所在的列，点击 TAB 键，在总账科目查找对话框输入"4"，找到并双击"41050102 – 制造费用——机器保养修理费"，返回到日记账凭证填制窗口。将光标置于"贷方"所在的列，系统根据"借贷平衡原理"自动带入金额 4890.00。

⑦依次点击"加入凭证"和"关闭"按钮，返回到"日记账凭证"窗口。在该窗口点击"更新"按钮，完成业务 14 凭证的填制。

（14）增加凭证—业务15。

①按第14笔凭证填制业务或按照"财务（模块）—日记账凭证"路径，进入日记账凭证窗口。"明细"对话框输入：结转完工产品生产成本。

②点击该界面"扩展编辑模式"前的黄色按钮 ▶，显示凭证输入明细信息。

③在"总账科目/业务伙伴代码"所在的列点击TAB键，在总账科目查找对话框输入"1"，找到并双击"12430101 – 库存商品"，返回到日记账凭证填制窗口。在"借方"所在的列输入金额23486.80。在扩展编辑的"项目"选择P002 – 飞达牌台灯项目。

④将光标移入下一行，在"总账科目/业务伙伴代码"所在的列点击TAB键，在总账科目查找对话框输入"4"，找到并双击"41010201 – 直接人工"，返回到日记账凭证填制窗口。在"贷方"所在的列输入金额15623.00。

⑤将光标移入下一行，参照上述第④步，输入会计科目41010401 – 制造费用转入，输入贷方金额7863.80。

⑥将光标移入下一行，在"总账科目/业务伙伴代码"所在的列点击TAB键，在总账科目查找对话框输入"1"，找到并双击"12430101 – 库存商品"，返回到日记账凭证填制窗口。在"借方"所在的列输入金额3370.20。在扩展编辑的"项目"选择P001 – 丹阳牌台灯项目。

⑦将光标移入下一行，参照上述第（4）步，输入会计科目41010401 – 制造费用转入，输入贷方金额3370.20。

⑧依次点击"加入凭证"和"关闭"按钮，返回到"日记账凭证"窗口。在该窗口点击"更新"按钮，完成业务15凭证的填制。

注意：

◇ 在日记账凭证窗口填制完成的凭证，其凭证草稿状态为"打开"，草稿所包含的业务凭证状态为"未清"。

◇ 一组日记账凭证草稿可以包括一个或多个凭证，每个凭证为一笔交易。

◇ 在总账科目查找窗口输入1代表资产类抽屉科目，2代表负债类抽屉科目，3代表所有者权益类抽屉科目，4代表成本类抽屉科目，5代表损益类抽屉科目。此种查找方法会提高财务凭证的录入效率。

◇ 如果凭证中的货币类型为外币，用户需要在"日记账凭证条目"窗口，将"显示外币"对话框激活。在输入外币金额时，首先要输入外币的货币符号，再输入金额数字。

◇ 在录入现金流主表项目时，需要将光标置于"与现金流相关"会计科目所在的行。既可以在会计分录录入表体部分"现金流主表项目"所在的列选择设置，也可以在凭证录入界面表头部分录入（方法：点开"扩展编辑模式"，在"现金流主表项目"对话框选择设置主表项目）。

◇ 即使在"分配现金流行项目""强制的"设置条件下，并不是所有与"现金流相关"会计科目的流入和流出信息都要录入现金流量表（流入和流出信息相抵情况下），如自银行提取现金的业务。

◇ 对于在"日记账凭证"窗口填制的超预算（主预算）会计凭证，也能自动生成。在会计凭证的审核阶段，针对预算的不同设置，系统才会有相应的控制。

2. 凭证的审核。

（1）由财务部陈敏（0002）登录系统，进行凭证的审核。

（2）按照"财务（模块）—日记账凭证"路径，进入日记账凭证界面。

（3）点击1号日记账凭证编号，分别双击该草稿下包含的两张业务凭证分别进行审核。审核完毕，点击"确定"按钮，返回到"日记账凭证"窗口。

（4）点击"过账凭证"，在弹出的对话框（保存日记账凭证到永久文件吗?）中点击"保存"按钮，对于审核通过的凭证，即生成永久性业务凭证。对于错误的凭证，在该界面底部会显示相应的错误信息，填制凭证的用户要对凭证进行修改后再进行审核。

注意：

◇ 在审核的时候，以一组日记账凭证为单位进行审核，即审核一组日记账凭证（草稿），可能是审核一个或多个凭证，凭证数量的多少与填制凭证时包含的业务多少有关。因为审核凭证时是以日记账凭证（草稿）为单位，而不是以事物（分录）为单位，所以一定要保证当前日记账凭证（草稿）下的事物（分录）都正确之后，才能执行保存功能，生成日记账分录。

◇ 经过审核后的每个凭证（交易），生成一个日记账分录，成为正式的永久性财务数据。

◇ 日记账凭证和日记账分录在数量上没有特定关系，一个日记账凭证（草稿）经过审核后可能会生成一个或多个日记账分录。

◇ 只有经过"过账凭证"操作生成的凭证，才能通过路径"财务报表—会计—日记账分录"查询到在此窗口生成的永久性凭证。

◇ 经过凭证审核添加的日记账分录，意味着信息已经登记到相关账簿中，SAP Business One 系统没有单独的凭证记账过程。

3. 凭证的冲销。

（1）将计算机系统日期调整为 2018.01.02。

（2）由财务部陈敏（0002）登录系统，完成凭证冲销操作。

（3）按照"财务（模块）—财务报表—会计—凭证日记账"路径，进入"凭证日记账过滤"界面，点击"确定"按钮。

（4）查找要冲销的凭证，点击"交易#"或"凭证编号"前的黄色按钮 ➡，进入"日记账分录"界面。

（5）点击"冲销"前的复选框。输入冲销日期为：2018.01.02。

（6）按照"财务（模块）—冲销事务"路径，进入"冲销事务"界面。

（7）在该界面，选中冲销凭证前的"取消"复选框，点击"执行"，即完成凭证的冲销。

注意：

◇ 依据基础设置不同，冲销凭证或者以负号显示（金额），或者以与原凭证借贷方方向相反的方式显示生成。

◇ 冲销凭证设置的日期必须在凭证生成日期之后。

4. 凭证的修改。

（1）由财务部王文婧（0001）登录系统，进行凭证修改（重新填制凭证）。

（2）按照"财务（模块）—日记账凭证"路径，进入日记账凭证窗口。

（3）点击"添加分录到新凭证"按钮，进入"日记账凭证条目"填制窗口。"明细"对话框输入：修改 2018 年 1 月第 30 号凭证刘文轩报办公用品费。

（4）在"总账科目/业务伙伴代码"所在的列点击 TAB 键，在总账科目查找对话框输入"5"，找到并双击"55020406 – 办公文具费"，返回到日记账凭证填制窗口。在"借方"所在的列输入金额 1326.00。

（5）将光标移入下一行总账科目所在的列，点击 TAB 键，在总账科目查找对话框输入"1"，找到并双击"10010101 – 库存现金—人民币"，返回到日记账凭证填制窗口。在"借方"所在的列输入金额 674.00。点击"现金流主表项目"所在列后的选择设置按钮 📄，选择"收到的其他与经营活动有关的现金"主表项目。

（6）将光标移入下一行总账科目所在的列，点击 TAB 键，在总账科目查找对话框输入"1"，找到并双击"11910103 – 其他应收款—刘文轩"，并将光标置于"贷方"所在的列，系统根据"借贷平衡原理"自动带入金额 2000.00。

（7）依次点击"更新"和"确定"按钮，完成本凭证的修改并返回到日记账凭证窗口。

5. 修改凭证重新审核。

参照上述凭证的审核部分，完成修改后凭证的审核，生成永久性凭证。

第六节　期末处理

SAP Business One 软件财务业务期末处理包括：结转汇兑损益，期末结账和锁定已经结账的会计期间。虽然用户可以根据业务逻辑手工填制结转汇率差异和期末结账的财务凭证，但还是建议使用系统提供的结转汇率差异和期末结账功能生成相应的财务凭证。

一、结转汇兑损益

对于外币折算的会计处理主要涉及两个环节：一是在交易日对外币交易进行初始确认，将外币金额折算为记账本位币金额。二是在资产负债表日对相关项目进行折算，因汇率变动发生的差额计入当期损益。按照我国会计准则规定，对于外币损益的调整，每月末进行一次。对于外币货币性项目，产生的汇兑差额计入当期损益，同时增减外币货币性项目的记账本位币金额。初始计量和资产负债表日的汇率存在差异，是产生汇兑损益的前提。

本书以美元为例进行汇兑损益业务处理的阐述，初始汇率为 1 美元 =6.00 人民币，资产负债表日 1 美元 =6.10 人民币。

用户：根据内部财务制度规定和权限设置，具有汇兑损益结转权限的用户完成此操作。

路径：财务（模块）—汇率差异。

在图 6 - 45 汇率差异界面，用户要手工输入汇兑损益结转的执行日期，以及选择输入进行汇兑损益结转的币种。对于外币货币性资产或负债折算中产生的收益和损失，都要计入财务费用中，因此要输入汇兑损益的收益或损失的会计科目代码。如果只针对于某业务伙伴或总账科目进行汇兑损益的结转，用户还可以在此界面输入特定的业务合作伙伴代码或选中需要结转汇兑损益的总账会计科目。

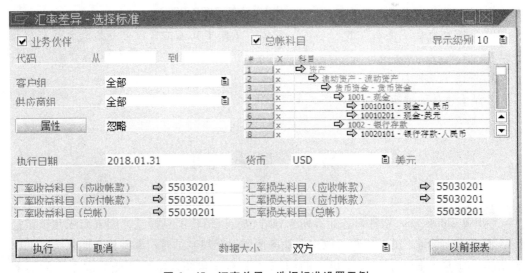

图 6 - 45　汇率差异—选择标准设置示例

点击图 6 - 45 中的"执行"，系统会弹出图 6 - 46 界面。

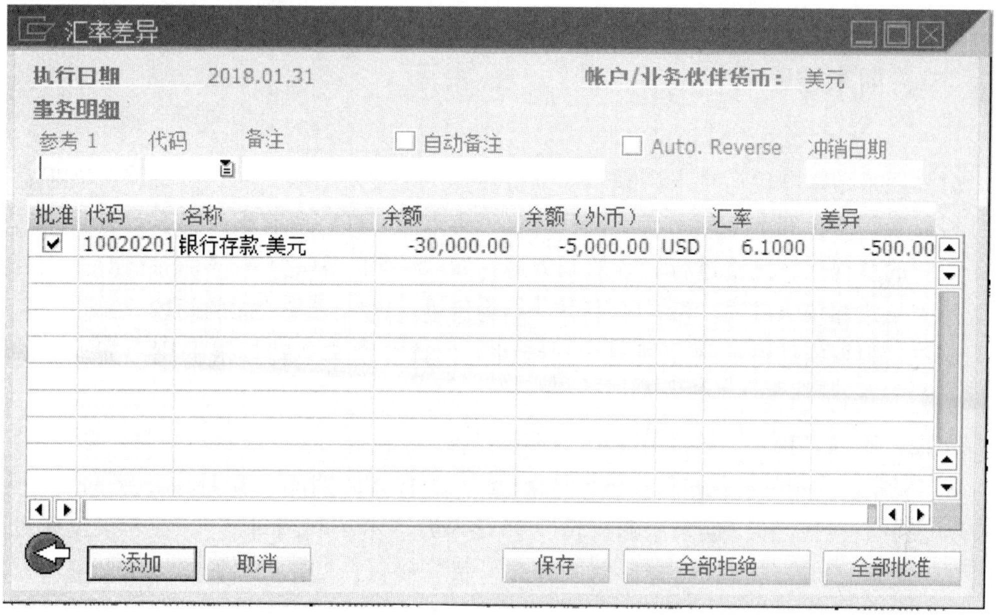

图 6 – 46 汇率差异凭证选择内容

用户做出"批准"的选择，并点击"添加"按钮，系统会自动生成结转汇兑损益的凭证。

在没有生成结转汇兑损益的财务凭证前，通过双击所选定的批准行，用户还可以查询到汇兑损益的明细数据，直至产生汇兑损益所涉及的所有原始凭证，如图 6 – 47 所示。

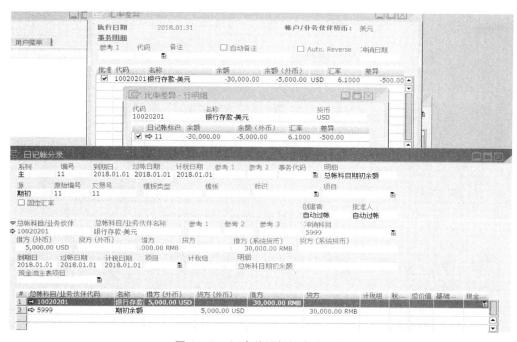

图 6 – 47 汇率差异凭证查询示例

二、期末结账

会计期末结账既包括月末结账和年末结转。对于月末结账，用户需要将所有损益类会计科目余额结转到本年利润会计科目，对于年末结账在将所有损益类会计科目结转到本年利润的基础上，还要进行后续的未分配利润的核算，因此 SAP Business One 软件提供了月末结账和年末结账功能。本书以月结为例进行期末结账功能的阐述。

用户：根据内部财务制度规定和权限设置，具有期末结转权限的用户完成本部分操作。

路径：管理（模块）—实用程序—期末结账。

用户在图 6 - 48 期末结算界面录入需要结账的会计期间，在月末结账的前提下，"未分配利润科目"和"期末结账科目"都设置为"本年利润科目"。在年末结账的前提下，"未分配利润科目"设置为"未分配利润"科目，"期末结账科目"设置为"本年利润"科目，在未分配利润科目有贷方余额的前提下，再进行后续利润分配的账务处理。

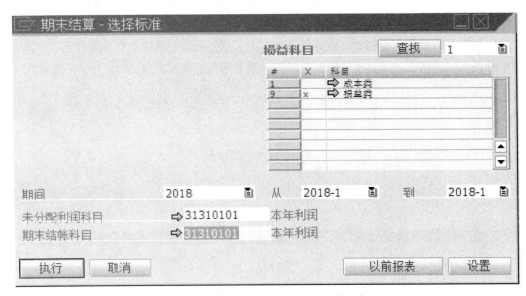

图 6 - 48　期末结算—选择标准设置示例

月末结账："未分配利润科目"和"期末结账科目"均选择"本年利润"。系统会生成两种凭证。

➢ 凭证一：
借：收入类科目
　　本年利润

　　　　贷：本年利润

　　　　　　支出费用类科目

➢ 凭证二：

借：本年利润

　　贷：本年利润

年末结账："未分配利润科目"选择"未分配利润","期末结账科目"选择"本年利润",同样生成两张凭证。

➢ 凭证一：

借：损益类收入类科目　　　　　　　　　　　　借：本年利润

　　　　　　　　　　　　以及

　　贷：本年利润　　　　　　　　　　　　　　　贷：损益类费用类科目

➢ 凭证二：

借：利润分配——未分配利润

　　贷：本年利润（亏损）

或

借：本年利润（盈利）

　　贷：利润分配—未分配利润

点击图6-48"期末结算—选择标准"界面的执行按钮,即进入图6-49期末结账界面。

图6-49 期末结账示例

用户在图 6-49 期末结账界面，按照结账日期输入起息日和计税日期，并进行备注信息（凭证摘要信息）的编辑，对于需要结转的损益类会计科目余额，用户需要在此界面进行选择。点击此界面的"执行"按钮，即会生成损益类余额结转的财务凭证。

注意：

◇ 月末结账和年末结账业务处理会计科目设置的不同。

◇ 每笔期末结转业务，系统都会生成两张财务凭证。

三、锁定会计期间

根据会计核算的要求，用户在完成期末业务处理后，即意味着不再在该会计期间添加凭证，因此要进行该会计期间的"锁定"工作。"锁定"选择"是"，"激活"选择"否"意味着该会计期间的结束，新会计期间的开始。

用户：根据内部财务制度规定和权限设置，具有锁定会计期间的用户完成此操作。

路径：系统初始化一般设置的过账期间页签。

用户按照上述路径即进入已建过账期间的显示界面，如图 6-50 所示。

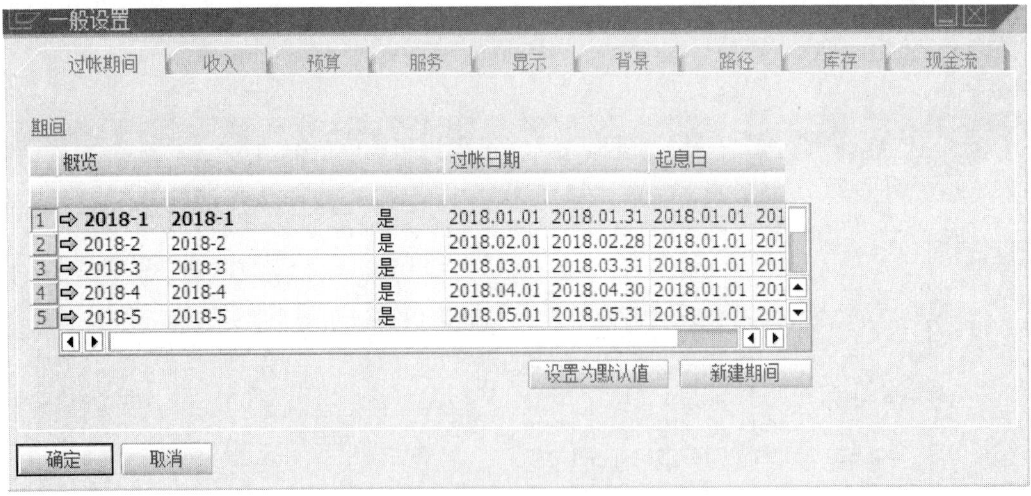

图 6-50　一般设置—过账期间的显示

用户在图 6-50 界面点击"新建期间"按钮，系统会弹出图 6-51 界面。

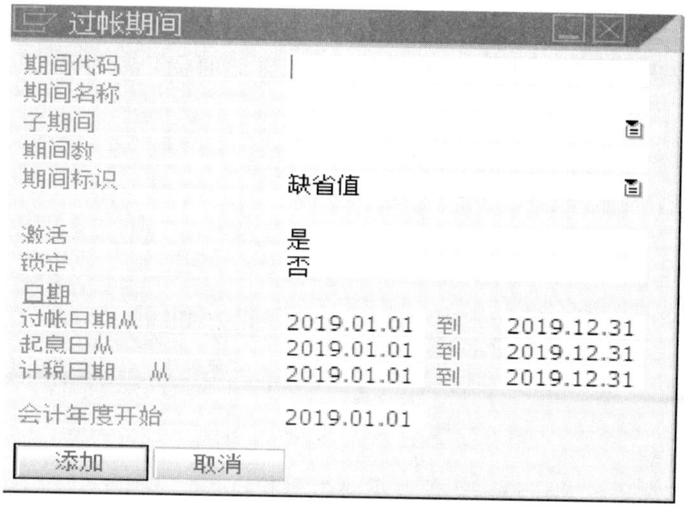

图 6 – 51　一般设置—过账期间设置界面

图 6 – 51 显示的是下个会计年度的会计期间，用户可通过工具栏上的上下翻页按钮  ，查找到要锁定的会计期间，"激活"选择"否"，"锁定"选择 "是"，点击"更新"按钮，即完成了会计期间的锁定，如图 6 – 52 所示。

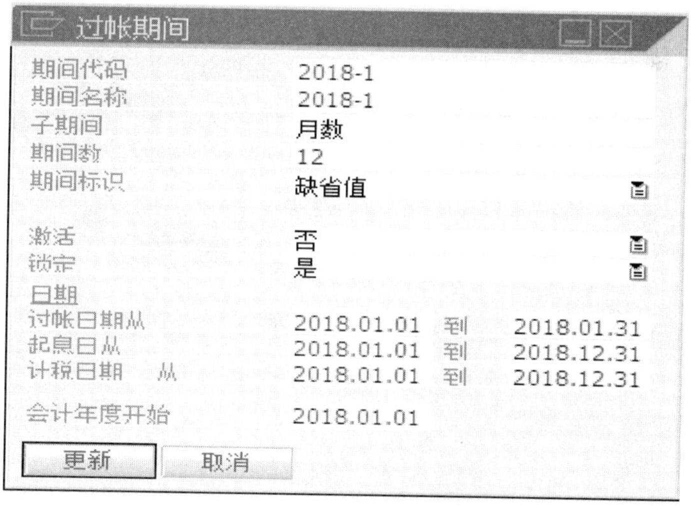

图 6 – 52　过账期间锁定设置示例

在"锁定"会计期间的设置下，意味着用户不能再处理该会计期间的业务事项。如果确实存在需要在该会计期间处理的事项，且没有生成该会计期间报表和进行下一个会计期间业务处理的情况下，用户也可以进行反"锁定"处理，继续进行相关的业务处理。反锁定方法与"锁定"处理设置相反，这里不再赘述。

思考题

1. 如何"锁定"已经结账的会计期间？锁定结账的会计期间意味着什么？还能进行本会计期间的日常业务处理吗？

2. 月末结账和年末结账有什么不同，如何设置？

3. 汇兑损益产生的前提是什么？

实验七　财务模块期末处理业务

【实验目的】

1. 理解并掌握财务模块期末处理业务的内容和操作。

2. 理解并掌握系统期末结账的方法和含义。

【实验内容】

1. 汇兑损益结转。

2. 期间损益结转。

3. 锁定会计期间。

【实验准备】

1. 引入实验六实验内容。

2. 假定 1 月 2 日，完成汇兑损益结转业务，当日欧元对人民币直接汇率为：1 欧元 = 8.0 元人民币（汇率没有发生改变），美元对人民币直接汇率为 1 美元 = 6.17 元人民币（汇率发生了变动）。

3. 将计算机系统日期调整为 2018 年 1 月 2 日。

4. 由财务部陈敏（0002）完成本部分财务模块期末处理工作。

【实验资料】

1. 结转美元货币性项目的汇兑损益。

路径：财务（模块）—汇率差异，设置汇率收益科目为 55030201 - 财务费用—汇兑损益，结转美元的汇兑损益。

2. 期间损益结转。

路径：管理（模块）—实用程序—期末结账。

请根据图 6 - 53 界面设置内容，将本会计期间所有损益类会计科目的余额结转到 31310101 - 本年利润账户，并生成相应的结转凭证。

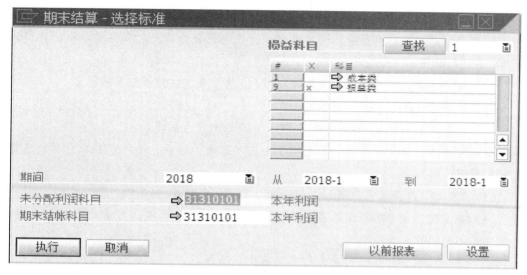

图 6-53 期间损益结转示例

3. 锁定已经结账的会计期间。

路径：系统初始化一般设置的过账期间，查找到需要过账的会计期间，将"激活"状态改为"否"，"锁定"状态改为"是"。

【实验操作指导】

注：以下操作由陈敏（0002）登录完成。

1. 汇兑损益结转。

（1）外币汇率设置。

①由财务部陈敏（0002）登录系统，完成外币汇率设置。

②按照"管理（模块）—定义外币汇率"路径，进入定义外币汇率界面。

③2018 年 1 月 2 日所在的行，EUR 所在的列输入 8，USD 所在的列输入 6.17。

④依次点击"更新"和"确定"按钮，完成汇率设置并退出外币汇率定义界面。

（2）汇兑损益结转。

①由财务部陈敏（0002）登录系统，完成汇兑损益结转业务。

②按照"财务（模块）—汇率差异"路径，进入"汇率差异—选择标准"界面。

③"执行日期"所在的对话框输入 2018.01.02，点击"货币"所在对话框后的选择设置按钮 ，选择设置 USD 美元。

④在"汇兑收益科目（总账）"对话框后点击 TAB 键，选择设置"55030201 - 财务费用—汇兑损益"会计科目。

⑤点击"执行"，进入"结转汇率"差异界面。"备注"所在的对话框输入：美元汇兑损益结转。

⑥选中需要结转汇兑损益所在行前的"批准"，点击"添加"按钮，即完成汇兑损益结转业务，生成相应的财务凭证。

注意：

◇ 在选择结转汇兑损益前，用户可以通过双击需要结转汇兑损益批准行，查询汇兑损益的明细数据。

◇ 汇率差异是汇兑损益结转的前提。因此，首先要完成外币汇率的定义。

2. 期间损益结转。

（1）由财务部陈敏（0002）登录系统，完成期间损益结转。

（2）按照"管理（模块）—实用程序 - 期末结账"路径，进入"期末结算—选择标准"界面。

（3）"期间"选择设置为 2018，从 2018 - 1 ~ 2018 - 1。

（4）分别在"未分配利润科目"和"期末结账科目"所在的对话框点击 TAB 键，选择设置 31310101 - 本年利润。

（5）点击"执行"按钮，进入"期末结账"界面。

（6）"起息日"和"计税日期"均设置为 2018.01.02，备注信息修改为：期末损益类结转。逐一选中损益类会计科目所在行前的"已批准"。

（7）点击"执行"，完成损益类结转业务，生成相应的财务凭证。

注意：

◇ 通过路径"财务报表—会计—日记账分录"，可以查询到生成的损益类结转财务凭证。

3. 锁定已结账的会计期间。

（1）由财务部陈敏（0002）登录系统，完成锁定会计期间工作。

（2）按照"管理（模块）—系统初始化——一般设置"路径，进入"一般设置"界面。

（3）点击"过账期间"页签下的"新建期间"按钮，通过点击上下翻页键 ，查找到要结的会计期间 2018.01.01 ~ 2018.01.31，点击"激活"对话框后的选择设置按钮，选择"否"。使用同样的方法，"锁定"选择"是"。

（4）依次点击"更新"和"确定"按钮，完成会计期间的锁定，并退出过账期间界面。

第七节　财务报表

经过会计循环的前几个流程即凭证的填制，到账簿的登记以及期末结账和锁定会计期间的工作后，用户还要完成报表的编制工作，才能完成整个会计循环的整个流程。本节主要介绍资产负债表、利润表、现金流量表主表的编制和查询方法。按照我国会计准则规定，资产负债表和利润表的编制基础是权责发生制，现金流量表的编制基础是收付实现制。按照内部财务制度的规定，报表的编制按照权限设置，由有权限的操作员进行编制。

一、资产负债表

（一）资产负债表模板初始化设置

路径：财务（模块）—财务报表模板。

在图6-54财务报表模板界面，资产负债表的正式模板下（系统默认设置的模板），窗口左侧所显示的是会计科目名称及位置信息，右侧所显示的是系统内置的按照系统初始设置时所选择的科目表模板所包含的会计科目（进行会计科目编辑前的会计科目），这时的会计科目不包含用户在会计科目编辑界面新增的会计科目。按照编制财务报表的要求，要将所有经过确认、计量的业务事项都进行报告。因此，为了将所有的业务信息都包含在资产负债表内，用户需要在原有正式模板或新建财务报表模板基础上，通过点击如上界面中的"生成科目类型图标"的形式，将所涉及的会计科目信息都包含在资产负债表内。用户可以在此资产负债表模板窗口，调整会计科目的位置，或通过新增行并点击"小计"前的复选框形式，增设有关科目的"小计"公式。

图6-54 资产负债表模板设置示例

（二）资产负债表的编制和输出

路径：财务（模块）—财务报表—财务—资产负债表。

用户可以在"资产负债表—选择标准"界面选择报表所属的会计期间，以及所设置的资产负债表模板，并选择以何种货币输出报表，如可以选择以系统货币，也可以选择以本位币和系统货币输出报表，在默认选项的情况下，系统会以本位币输出报表。点击"资产负债表—选择标准"界面的"确定"按钮，系统即可按照选择标准呈现所需的资产负债表。根据编制报表的目的不同，在 1～10 级会计科目级别里，可以选择不同的会计科目级别输出报表。图 6-55 显示的是基于资产负债表所选标准，并以 2 级会计科目显示的资产负债表为示例。

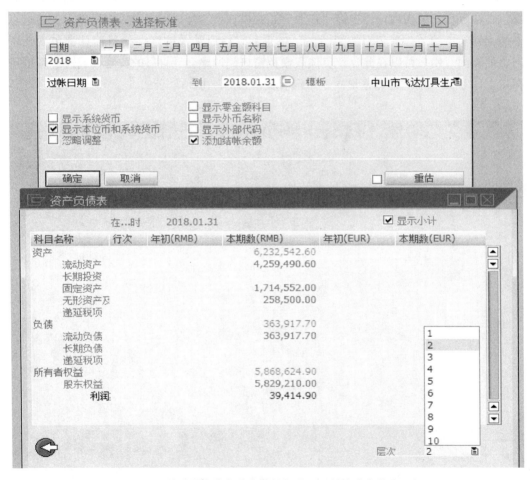

图 6-55　按不同资产负债表选择标准显示的资产负债表示例

用户可以直接打印在该界面编制的资产负债表，也可以导出到 MS-EXCEL 表内，根据需要将系统默认的报告式资产负债表调节为账户式格式的资产负债表用于保存输出。

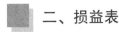 **二、损益表**

损益表的编制原理与资产负债表的编制原理基本相同，初始使用该系统，都要进行报表模板的设置和报表格式的调整，在此基础上进行报表的编制和输出。

（一）损益表的模板初始化设置

路径：财务（模块）—财务报表模板。

如图 6-56 所示，在财务报表模板窗口，系统内置的损益表模板下，窗口左侧所显示的是会计科目名称及位置信息，右侧所显示的是系统内置的按照系统最初设置的科目表模板包含的会计科目（进行会计科目编辑前的会计科目），这时的会计科目不包含用户在会计科目编辑界面新增的会计科目。为了将所有损益信息都包含在损益表内，用户需要在原有正式模板或新建财务报表模板基础上，在该界面通过点击"生成标准科目表"的形式，将所涉及的会计科目信息都包含在损益表内。用户根据实际需要，还可以增加或删除模板中的会计科目，也可以通过设置"小计"公式，来体现账户之间的关系。

图 6-56 损益表模板设置示例

（二）损益表的编制和输出

路径：财务（模块）—财务报表—财务—损益表。

用户可以在"损益表—选择标准"界面选择报表所属的会计期间，以及所设置的损益表模板。点击"损益表—选择标准"界面的"确定"按钮，系统即可显示按照选择标准设置的损益表。与资产负债表输出不同，月度和季度的损益表只能以本位币输出，年度损益表可以以系统货币或系统货币和本位币等货币形式输出。根据编制报表的不同目的，在 1~10 级会计科目级别里，可以选择不同的会计科目级别输出报表。图 6 – 57 界面显示的是基于损益表所选标准，并以 2 级会计科目显示的损益表示例。

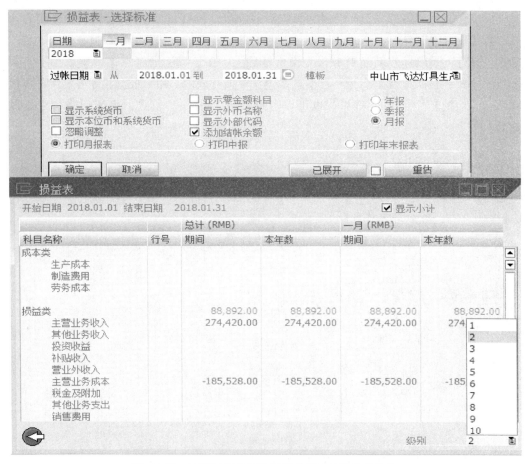

图 6 – 57　按不同损益表选择标准显示的损益表信息

用户可以直接打印在该界面编制的损益表，也可以导出到 MS – EXCEL 表内，进行相应的调整后进行输出。

三、现金流量表

SAP Business One 支持用户编制现金流量表主表和附表。本节主要对现金流量表的主表编制进行介绍。用户在编制现金流量表之前，需要做一些基础设置，并且建立现金流量表模板。

（一）现金流量表基础设置

1. 定义现金流行项目

路径：管理（模块）—定义—财务—定义现金流行项目。

在图 6-58 现金流行项目定义界面，用户可以根据需要，通过选定特定的现金流项目，并右键点击，在弹出的下拉菜单中可以选择"添加同级项目"或"添加下级项目"来增设现金流量表的主表或附表项目。对于"标题"类的主表项目，可以增加下级和同级项目，对于"明细"属性的主表项目，只能增加同级主表项目。

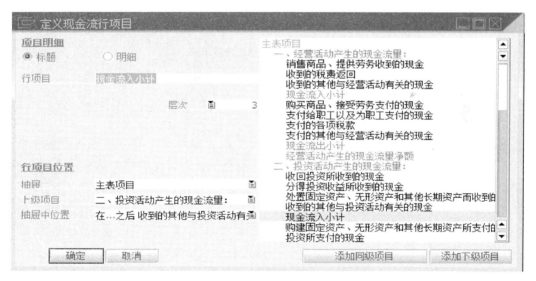

图 6-58 现金流行项目定义示例

2. 现金流量表模板设置

路径：财务（模块）—财务报表模板。

与其他报表初始化设置相同，用户在编制现金流量表前，也要对现金流量表模板进行设置。如图 6-59 所示，通过新设报表模板的形式，点击图 6-59 界面的"从现金流行项目生成"，会将设置好的所有现金流行项目引入新设的现金流报表中。

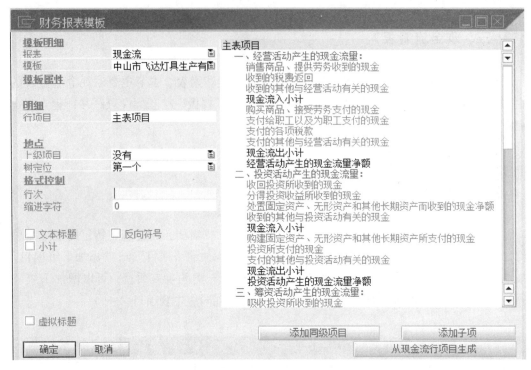

图 6-59   现金流量表设置示例

3. 定义与现金流量表相关的会计科目

路径：财务（模块）—科目表。

在该界面设置的与现金流相关的会计科目，在"分配现金流行项目""强制的"设置下，在使用与现金流相关的会计科目录入财务凭证时，要将相关信息录入现金流量表中，否则财务凭证不能保存。相关论述见本书会计科目属性设置部分，本节不再赘述。

4. 分配现金流行项目设置

路径：管理（模块）—系统初始化——一般设置的现金流页签。

该部分内容论述，详见本书一般设置部分有关现金流页签部分的内容，这里不再赘述。

（二）现金流量表的编制

对于现金流量表主表的编制，涉及手工填制凭证和系统自动生成凭证时，相关现金流量信息录入现金流量表的不同操作。

1. 手工填制凭证现金流信息的录入

如本书前部分手工录入凭证部分的阐述，"分配现金流主表项目""强制的"选项设置下，当用户使用与"现金流相关"的会计科目录入财务凭证时，系统强制将相关信息录入现金流量表主表中。当"分配现金流主表项目""可选的"选项设置下，当使用与"现金流相关"的会计科目录入财务凭证时，用户可以将相关信息录入现金流量表主表，也可以选择不录入。录入与否不影响永久性凭证的生成。对于手工录入凭证现金流量信息录入现金流量表的操作，详见本书手工录入凭证部分的阐述。

2. 系统自动生成凭证现金流信息的录入

对于系统自动生成的财务凭证，现金流量表主表信息录入的阐述，涉及采购的付款和销售的收款等业务，本书以采购应付账付款为例对该过程进行阐述。

路径：收付款（模块）—付款。

用户按照上述路径，进入付款界面，输入供应商代码信息，选择表体部分需要付款的业务行（本例中为付款金额 RMB585.00 元所在的行），进行款项的支付。其示例如图6－60所示。

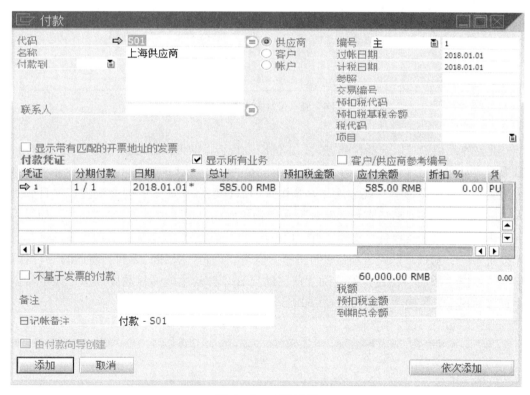

图6－60　付款示例

用户在选中图6－60所示的付款业务行后，点击工具栏的付款方式按钮，系统弹出图6－61所示的付款方式选择界面。

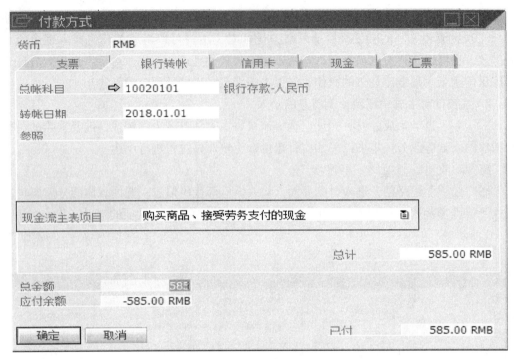

图 6-61 付款方式选择界面

在该界面用户可以选择付款方式，本例以银行转账的形式进行款项的支付。总账科目为在"总账科目确认""采购"页签下所设置的会计科目。对于付款和收款业务，系统默认（为一般设置中"现金流"页签设置的默认信息）显示的现金流主表项目分别为"购买商品、接受劳务支付的现金"和"销售商品、提供劳务收到的现金"。如果系统默认的现金流主表项目与实际不符，用户还可以通过点击现金流主表项目后的选择设置按钮 ▦ ，对适合的主表项目进行选择。点击"确定"按钮，返回到前述的"付款"界面，点击"添加"按钮，即自动生成付款凭证。自动生成的付款凭证中，显示付款中设置的现金流主表项目，如图 6-62 所示。

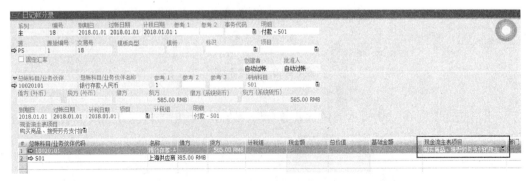

图 6-62 自动生成日记账凭证现金流主表项目显示示例

　　一般情况下只要用户日常维护的信息比较准确，系统自动计算出的主表相关项目的值就不需要进行调整。因此，建议用户使用系统提供的功能，在录入财务凭证时，强制将相关现金或现金等价物的流入或流出信息录入现金流量表。

（三）现金流量表的调整

　　现金流量表编制中可能需要用户对系统自动的取数进行检查和调整，系统提供了现金流量表参考报表和现金流量表的调整功能帮助用户得到正确的数据。下面阐述的是现金流量表主表项目调整的内容。

　　手工指定现金流量表主表项目时，由于操作原因，特别是一般设置中"分配现金流行项目""可选的"设置下，用户在生成凭证过程中可能会漏掉一些现金流主表项目的指定。为了帮助用户检查，系统提供了现金流参考报表。使用该报表可以检查出与现金流相关但未分配行项目的交易。在如下"现金流参考报表—选择标准"界面，设置查询财务凭证所属的期间和"与现金流相关但未分配行项目的交易"选项的选择，点击"确定"按钮，用户即可查询到与现金流相关但没有录入到现金流量表的财务凭证报表，如图 6 – 63 所示。用户根据需要可以双击日期前的黄色箭头调出该凭证，对现金流行项目进行补充输入，其补充输入会影响与之关联的源凭证和目标凭证。该功能在出具现金流量表前很有实务意义。

　　路径：财务（模块）—财务报表—会计—现金流参考报表。

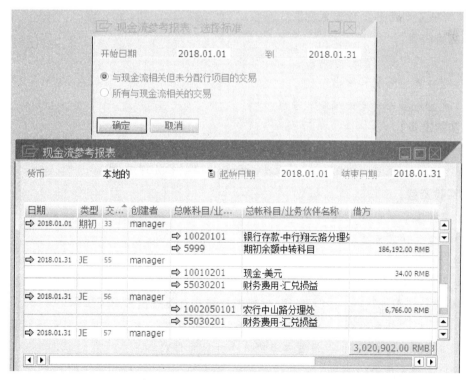

图 6 – 63　基于现金流参考报表选择标准显示的现金流参考报表示例

（四）现金流量表的输出

路径：财务（模块）—财务报表—财务—现金流量表。

用户可以通过如上路径，在现金流量表界面，选择输出报表的会计期间和输出的会计科目层级，对于现金流量表附表内容用户可以在该界面通过点击"调整"按钮，对内容进行调整，在"保存"基础上，进行现金流量表的输出。

思考题

1. 以资产负债表编制为例，简述财务报表编制和输出流程。

2. 在系统初始化的一般设置中，如果"分配现金流行项目"选为"可选的"前提下，如何查询财务凭证中现金流行项目的录入情况？对于没有录入的现金流行项目，如何补录？

实验八　财务报表的编制和输出

【实验目的】

1. 理解并掌握会计报表的编制原理和编制流程。

2. 掌握会计报表的输出及调整。

【实验内容】

1. 资产负债表的编制和输出。

2. 损益表的编制和输出。

3. 现金流量表主表的编制和输出。

【实验准备】

1. 引入实验七实验内容。

2. 由财务部陈敏（0002）完成本部分报表的编制和处理工作。

【实验资料】

1. 资产负债表的编制流程和内容。

（1）资产负债表模板的设置和调整。

路径：财务（模块）—财务报表模板。

定义新的资产负债表模板：中山市飞达灯具生产有限公司资产负债表模板，并点击"生成科目类型图标"，点击"更新"完成新建资产负债表模板设置工作。

调整：将"坏账准备"会计科目调整到"应收账款"之后，并在其后增设同级会计科目"应收账款净值"，并设置其净值的小计计算公式。

（2）资产负债表的编制。

路径：财务（模块）—财务报表—财务—资产负债表，编制以本位币和系统货币显示的中山市飞达灯具生产有限公司的 2018 年 1 月份资产负债表。

（3）资产负债表的输出和调整。

显示以 3 级会计科目显示的资产负债表，并将其导出到 MS - EXCEL 表中，保存在桌面新命名文档中：中山市飞达灯具生产有限公司资产负债表（1 月）。

2. 损益表的编制流程和内容。

（1）损益表模板的设置和调整。

路径：财务（模块）—财务报表模板。

设置：新建中山市飞达灯具生产有限公司损益表模板，并点击"生成标准科目表"，删除标准科目表中的所有成本类会计科目，点击"更新"，完成新建损益表模板设置工作。

调整：删除模板中"补贴收入"会计科目，并按照表 6 - 9 的顺序对损益表进行调整。

表 6 - 9	损益表项目和顺序
损益表项目和顺序	
主营业务收入	
其他业务收入	
营业收入小计（新增，设置营业收入的小计公式）	
主营业务成本	
其他业务成本	
营业成本小计（新增，设置营业成本的小计公式）	
税金及附加	
销售费用	
管理费用	
财务费用	
投资收益	
营业利润小计（新增，设置营业利润的小计公式）	
营业外收入	
营业外支出	
利润总额小计（新增，设置利润总额的小计公式）	
所得税	
净利润（新增，设置净利润的小计公式）	

（2）损益表的编制。

路径：财务（模块）—财务报表—财务—损益表，编制以本位币显示的中山市飞达灯具生产有限公司的 2018 年 1 月份损益表。

（3）损益表的输出。

显示输出以 2 级会计科目显示的损益表，并将其导出到 MS – EXCEL 表中并保存输出。

3. 现金流量表的编制流程和内容。

本书假定在查询是否所有现金或现金等价物流入或流出信息都录入现金流量表的基础上（如果没有录入，需要手动补录），并假定系统默认的现金流量表项目符合编制要求的前提下，编制现金流量表，其编制流程如下。

（1）现金流量表模板的设置。

路径：财务（模块）—财务报表模板。

新建：中山市飞达灯具生产有限公司现金流量表模板，并点击现金流量表模板界面的"从现金流行项目生成"，完成模板的设置。

（2）根据本会计期间（2018.01.01 ~ 01.31）"现金流参考报表"查询结果，将所有现金或现金等价物流入或流出信息没有录入现金流量表的信息进行补录。

（3）现金流量表的编制和输出。

路径：财务（模块）—财务报表—财务—现金流量表。

在现金流量表输出界面，用户可以选择报表的输出会计期间为 2018 年 1 月，以 3 级会计科目输出现金流量表，并导出到 Excel 表中。

【实验操作指导】

1. 资产负债表的编制。

（1）资产负债表模板的设置和调整。

①由财务部陈敏（0002）登录系统，进行资产负债表模板的设置和调整。

②按照"财务（模块）—财务报表模板"路径，进入到财务报表模板设置界面。

③点击"报表"对话框后的选择设置按钮 ▣ ，选择设置"资产负债表"。

④点击"模板"对话框后的选择设置按钮 ▣ ，在弹出的下拉菜单中，点击"定义新的"，在随即弹出的"定义资产负债表模板"界面，在"名称"所在的列，输入"中山市飞达灯具生产有限公司资产负债表模板"，点击"更新"按钮，完成资产负债表模板的设置（如果已经在期初余额录入验证时，设置过相同资产负债表模板，在此可以不用重复设置）。

⑤点击"确定"按钮，返回到"财务报表模板"界面。点击该界面的"生成科目类型图标"。选中"坏账准备"会计科目，并点击"树定位"后的选择设置按钮 ▣ ，选择"在……之后应收账款"。

⑥选中"坏账准备"会计科目并右键点击，在弹出的下拉菜单中，选择"高级—添加同级会计科目"，在"科目名称"对话框输入：应收账款净值。

⑦选中"应收账款净值"科目，选中"小计"前的对话框，并点击"公式"按钮，进入到"定义公式"界面。

⑧点击第一行对话框后的选择设置按钮 ▤，选择"应收账款"会计科目，在随后所在的行，点击选择设置按钮 ▤，选择设置"－"号。同样的方法，选择设置第三行的会计科目为"坏账准备"。

⑨点击"更新"按钮，返回到"财务报表模板"界面，点击"更新"按钮，完成资产负债表模板的设置和调整。

（2）资产负债表的编制。

①由财务部陈敏（0002）登录系统，进行资产负债表的编制。

②按照"财务（模块）—财务报表—财务—资产负债表"路径，进入到"资产负债表—选择标准"界面。

③选择会计年度为 2018 年，将 1 月份选中置为黄色背景，点击模板对话框后的选择设置按钮 ▤，选择"中山市飞达灯具生产有限公司资产负债表模板"。选中"显示本位币和系统货币"前的复选框。

④点击"确定"按钮，即进入"资产负债表"界面，呈现按照模板编制的资产负债表结果。点击"层次"对话框后的选择设置按钮 ▤，选择"3"层会计科目。

⑤点击工具栏的 Excel 文档图标 ▨，进入"另存为"界面，选择保存位置"桌面"，文件名命名为：中山市飞达灯具生产有限公司资产负债表（1月），点击"保存"按钮，弹出"系统信息"对话框信息："您想导出货币符号吗？"点击"是"。即完成以 Excel 格式保存资产负债表的工作。

注意：

◇　对于导出到 Excel 文档中的报表，用户可以根据实际需要，在 Excel 文档中对报表格式进行调整设置。

2. 损益表的编制。

（1）损益表模板的设置和调整。

①由财务部陈敏（0002）登录系统，进行损益表模板的设置和调整。

②按照"财务（模块）—财务报表模板"路径，进入到财务报表模板设置界面。

③点击"报表"对话框后的选择设置按钮 ▤，选择设置"损益表"。

④点击"模板"对话框后的选择设置按钮 ▤，在弹出的下拉菜单中，点击"定义新的"，在随即弹出的"定义损益表模板"界面，在"名称"所在的列，输入"中山市飞达灯具生产有限公司损益表模板"，点击"更新"按钮，完成损益表模板的设置。

⑤点击"确定"按钮，返回到"财务报表模板"界面。点击该界面的"生成科目类型图标"。

⑥选中"补贴收入"会计科目，并右键点击，在系统弹出的下拉菜单中选择"高级—删除科目"，即删除本会计科目。成本类会计科目的删除方法同本补贴收入会计科目的删除方法。

⑦选中"其他业务收入"会计科目并右键点击，在系统弹出的下拉菜单中选择"高级—添加同级科目"，在"账户名称"对话框输入：营业收入小计。选中"小计"前的对话框，并点击"公式"按钮，进入到"定义公式"界面。

⑧点击第一行对话框后的选择设置按钮 ▣，选择"主营业务收入"会计科目，在随后所在的行，点击选择设置按钮 ▣，选择设置"＋"号。同样的方法，选择设置第三行的会计科目为"其他业务收入"。点击"更新"按钮，返回到财务报表模板界面。

⑨同样方法，按照实验资料内容，完成损益表模板内容的其他设置（注意在设置公式时"＋"号和"－"号根据业务逻辑正确使用）。

⑩点击"更新"按钮，完成损益表模板的设置。

（2）损益表的编制。

方法同资产负债表的编制，这里不再赘述。

（3）损益表的输出。

方法同资产负债表的编制，这里不再赘述。

3. 现金流量表的编制。

（1）现金流量表模板的设置。

①由财务部陈敏（0002）登录系统，进行现金流量表模板的设置。

②按照"财务（模块）—财务报表模板"路径，进入到财务报表模板设置界面。

③点击"报表"对话框后的选择设置按钮 ▣，选择设置"现金流"。

④点击"模板"对话框后的选择设置按钮 ▣，在弹出的下拉菜单中，点击"定义新的"，在随即弹出的"定义现金流模板"界面，在"名称"所在的列，输入"中山市飞达灯具生产有限公司现金流量表模板"，点击"更新"按钮，完成现金流量表模板的设置。

⑤点击"确定"按钮，返回到"财务报表模板"界面。点击该界面的"从现金流行项目生成"。

⑥点击"更新"按钮，完成现金流量表模板的设置。

（2）现金流项目录入情况查询及补录。

①由财务部陈敏（0002）登录系统，进行现金流量录入情况查询。

②按照"财务（模块）—财务报表—会计—现金流参考报表"路径，进入"现金流参考报表—选择标准"界面。

③设置期间为：2018.01.01～2018.01.31。选中"与现金流相关但未分配行项目的交易"前的复选框。点击"确定"按钮，进入"现金流参考报表"界面。在该界面会显示所有未录入现金流量表的凭证信息。通过点击具体的凭证，即日期前的黄色箭头，进入"日记账分录"界面，对与现金流相关的会计科目进行现金流项目的补录工作（具体补录操作请参见财务模块凭证的填制部分）。

（3）现金流量表的编制和输出。

方法同资产负债表的编制，这里不再赘述。

第八节 财务报表查询

SAP Business One 系统在财务模块提供了强大的账表查询功能，内容如图 6 - 64 所示。

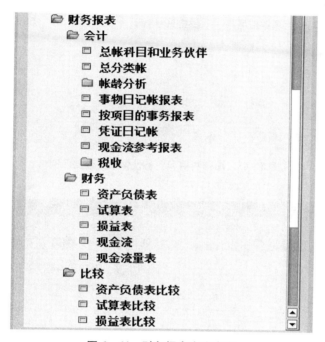

图 6 - 64 财务报表查询内容

一、"会计"页签下报表查询内容

（一）总账科目和业务伙伴

"全选"会计科目情况下，用户可以查看所有会计科目的余额，如图 6 - 65 所示。

（二）总分类账查询

选择"全选"会计科目，勾选"藏零余额账户"，显示有余额的总分类账信息，在此界面，用户可以查询到各总分类账的期间累计（日、月度或年度发生额）及余额，通过点击下图中的黄色按钮，可以连查到相应的凭证，如图 6 - 66 所示。

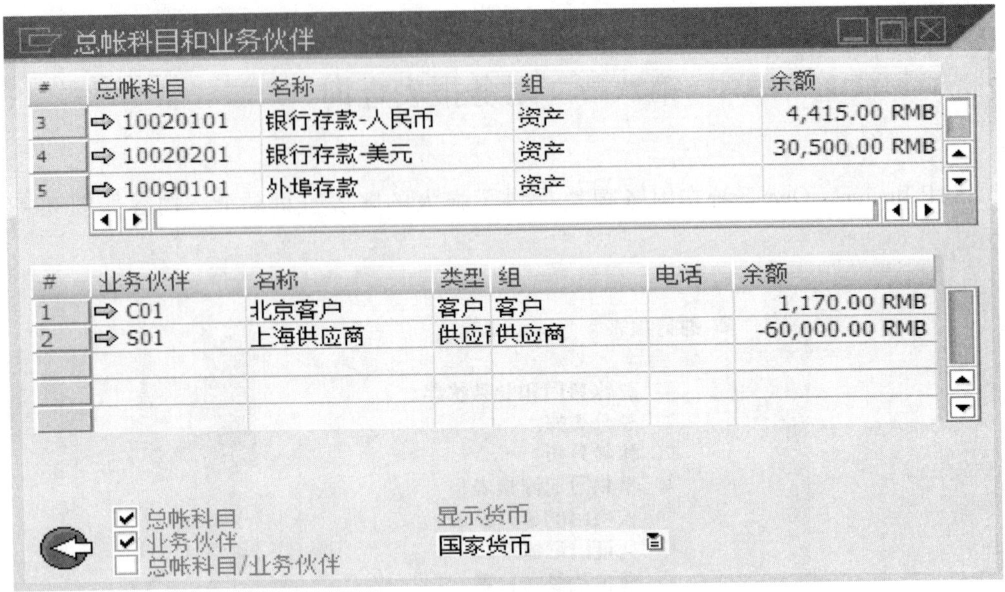

图 6 – 65　总账科目和业务伙伴余额查询示例

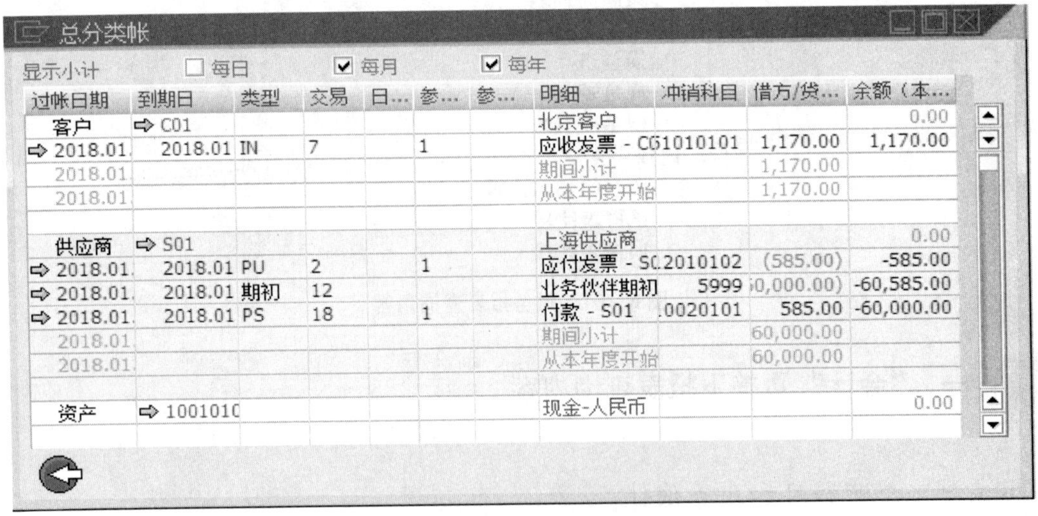

图 6 – 66　总分类账余额查询示例

（三）账龄分析

按照设置的间隔天数可以查询过期的应收账款和到期的应付账款。

（四）事务日记账报表

可以查询到手工录入（类型为 JE）的已经记账的凭证，如图 6 – 67 所示。

图 6 - 67   事务日记账报表查询示例

（五）按项目的日记账报表

图 6 - 68 为按照项目 P001 查询的属于该项目的日记账报表。

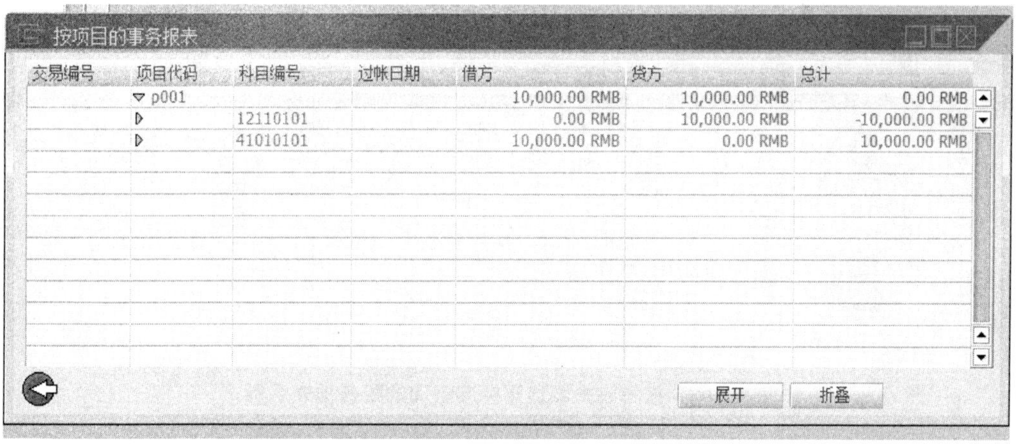

图 6 - 68   按项目的事务报表查询示例

（六）凭证日记账

可以查询到已经"记账"的所有凭证，用户通常通过此界面进行凭证的查询。

（七）现金流参考报表

如本书前面所述，用户可以查询与现金流相关但未分配行项目的交易以及所有与现金流相关的交易。

（八）税收—税务报表

可以查询到按照税收报表选择标准的显示报表信息，税务报表信息包括税率在内的增值税销项及进项的信息，如图 6-69 所示。

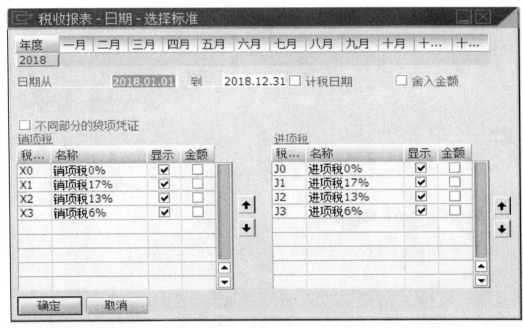

图 6-69　按税收报表选择标准查询的税务报表示例

二、"财务"页签下报表查询内容

关于资产负债表、损益表、现金流量表、试算表和现金流等三大会计主表的查询在本书前面已经介绍过，在此不再赘述。以下主要对试算表和现金流进行介绍。

（一）试算表

在图 6-70 界面，用户可以根据需要，选择以不同币种输出按月、按季或按年输出试算表。

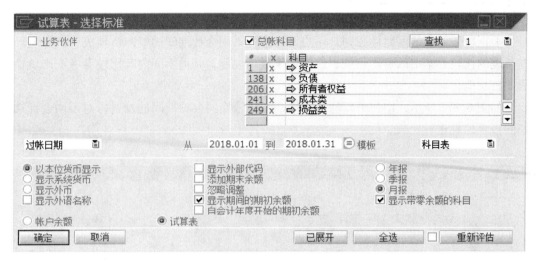

图 6 – 70　试算表选择标准设置

（二）现金流

用户根据所选择的时间间隔，以及与现金流相关的会计科目的选择，点击图 6 – 71 界面的"确定"按钮，即可查询所选间隔周期的现金流入和流出的发生额和余额信息，便于用户及时了解现金流的相关情况。

图 6 – 71　现金流选择标准设置

三、"比较"页签下财务报表查询内容

根据财务信息的可比性原则，用户可以进行不同会计期间的资产负债表、试算表和损益表的比较，本书以资产负债表比较为例进行说明，其他不同内容比较参考资产负债表比较功能。

如图 6－72 所示，用户可以通过对本期和比较期间会计期间的设置，对不同会计期间的报表信息进行比较。

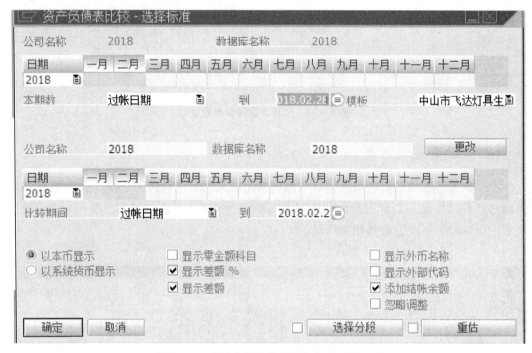

图 6－72　资产负债表比较选择标准设置示例

实验九　财务报表查询实验

【实验目的】

能够根据实际需要对不同报表内容进行查询。

【实验内容】

1. 业务伙伴应收和应付余额查询。

2. 会计科目发生额和余额查询。

3. 预算执行情况查询。

4. 凭证日记账查询。

【实验准备】

1. 引入实验八实验内容。

2. 将计算机系统日期调整为 2018 年 1 月 1 日。

3. 由财务部陈敏（0002）完成本部分财务报表查询工作。

【实验资料】

1. 查询所有业务伙伴的应收和应付余额情况（以国家货币显示）。

2. 查询所有"负债类"会计科目的发生额和余额情况（要求将余额为零的账户隐藏）。

3. 查询非主预算"2018 年公司管理部门水电费预算"本会计期间（2018.01.01 - 2018.01.31）的支出情况（选择以本位币及 4 级会计科目显示）。

4. 查询所有"凭证日记账"，并打开第三笔业务凭证。

【实验操作指导】

1. 业务伙伴应收和应付余额查询。

（1）由财务部陈敏（0002）登录系统，进行应收和应付余额查询。

（2）按照"财务（模块）—财务报表—会计—总账科目和业务伙伴"路径，进入到"总账科目和业务伙伴—选择标准"界面。取消"总账科目"前的复选框设置，点击"确定"按钮，呈现以某一货币显示的查询结果。点击表体下方空白对话框后的选择设置按钮 ▦ ，选择"国家货币"，即以国家货币显示查询结果。

2. 负债类会计科目发生额和余额查询。

（1）由财务部陈敏（0002）登录系统，进行会计科目发生额和余额的查询。

（2）按照"财务（模块）—财务报表—会计—总分类账"路径，进入到"总分类账—选择标准"界面。取消"业务伙伴"前的复选框设置，并点击"负债"类会计科目前的空白框（即选择负债类会计科目）。选中"藏零余额账户"前的复选框。

（3）点击"确定"按钮，即呈现按照选择标准负债类会计科目的明细发生额和余额信息。

3. 非主预算执行情况查询。

（1）由财务部陈敏（0002）登录系统，对非主预算执行情况进行查询。

（2）按照"财务（模块）—财务报表—预算—预算报表"路径，进入到"预算报表—选择标准"界面。

（3）点击方案对话框后的选择设置按钮 ▦ ，选择"2018 年公司管理部门水电费预算"。选中"月报"及"以本位货币显示"前的复选框，并选择会计期间为 2018 年 1 月（即将 1 月所在的会计期间设置为黄色背景）。

（4）点击"执行"，进入到"预算报表"界面。选择"4"级会计科目，即呈现按照选择标准执行的预算报表。

4. 凭证日记账的查询。

（1）由财务部陈敏（0002）登录系统，查询凭证日记账。

（2）按照"财务（模块）—财务报表—会计—凭证日记账"路径，进入"凭证日记账过滤"窗口，按照系统默认选项，点击"确定"按钮，即进入"凭证日记账"查询结果窗口。

（3）点击第 3 交易号前的黄色按钮⟹ 3，即可呈现第 3 号财务凭证。

第七章 采购模块

第一节 采购模块概述

采购模块指 SAP Business One 系统中的采购—应付账款模块，如图 7－1 所示，涉及采购模块主数据的设置、不同种类物料的采购、采购收货及退货业务、应付账发票校验、付款核销等以及采购报表查询等环节。本书将以采购主要业务流程主线：采购订单、采购订单收货、应付账发票、退货和付款等来介绍 SAP Business One 中有关采购的内容。

采购模块的主要功能如图 7－1 所示。

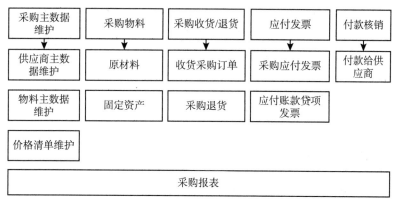

图 7－1　采购模块功能

第二节 采购模块主数据的设置

采购业务涉及采购的对象（物料、服务或固定资产）、供应商和价格等基础信息、总账会计科目的设置、供应商期初余额的录入等众多基础设置信息，因此供应商主数据、物料主数据和价格数据维护、期初余额的录入是采购模块运行的基础。采购相关基础设置的内容需要相关业务部门密切配合、共同完成，该部分内容已经在本书基础设置部分进行过阐述，本节不再赘述。

思考题

采购模块主数据设置都包括哪些内容？

第三节 定义审批流程

在 SAP Business One 系统中，用户可以通过定义审批流程来控制销售或采购单据的创建过程。定义审批流程后，只有被批准的业务单据才能进行后续业务处理，生成正式的单据，进而引起相应的仓储数量的变化和财务凭证的生成。

用户可以通过以下步骤定义审批流程：①定义交易相关的审批流程。②定义审批阶段。③定义批准模板。

审批流程执行与消息警报集成，特定事件发生会触发审批消息的发送，审批人员会根据信息及时对业务进行处理。申请授权的用户可通过"管理（模块）—审批流程—批准状态报表"查询审批执行情况，根据不同审批状态，进行不同的处理。

如下内容，将以采购订单收货审批为例，对审批流程进行阐述。

业务描述：采购部员工蔡文创建收货采购订单，自南京诚美灯具配件公司购入商品丹阳牌台灯 200 盏，单价为 100 元，增值税率为 13%（金额大于 10000 元的收货采购订单），需要经过采购部经理苟小莉和总经理办公室工作人员刘文轩审批才能生成收货采购订单财务凭证并引起仓储数量的增加。

■ 一、审批流程定义

（一）前提：定义的审批流程生效，需要进行初始化设置

路径：管理（模块）—系统初始化——一般设置的"收入"页签，选中"凭证生成权限管理"复选框，此部分的基础设置是后续审批发挥作用的前提。

（二）定义批准阶段

路径：管理（模块）—审批流程—定义批准阶段。

图 7-2 为定义批准阶段界面。

由超级用户 manager 对批准阶段进行定义，如图 7-2 所示，对于收货采购订单需要采购部经理苟小莉和总经理办公室工作人员刘文轩 2 人共同对收货采购订单进行审批，审批后，相应人员才能进行后续业务处理，生成相应业务凭证。

图 7 - 2　定义批准阶段示例

（三）定义批准模板

路径：管理（模块）—审批流程—定义批准模板。

图 7 - 3 为定义批准模板界面。

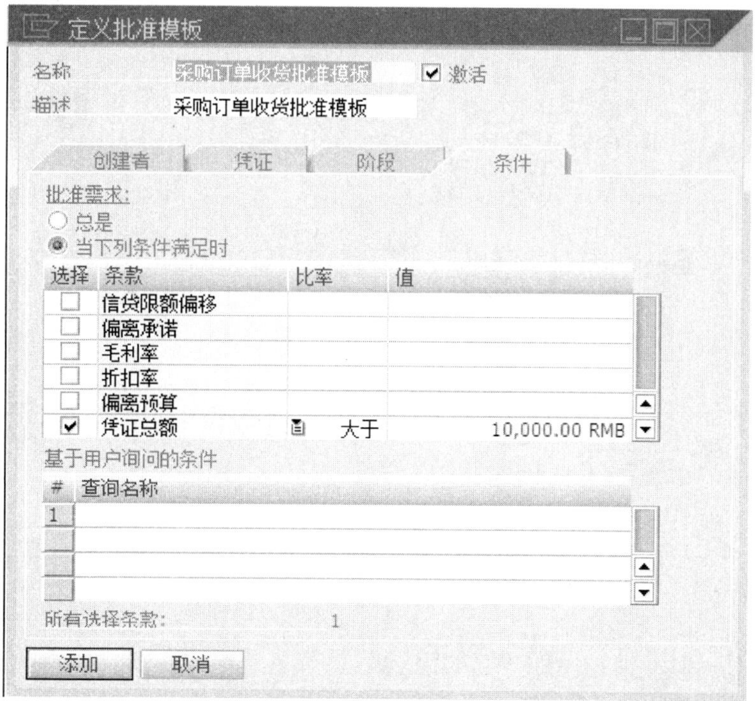

图 7 - 3　定义批准模板示例

由超级用户 manager 对批准模板进行定义，如图 7 – 3 所示，在选择"当下列条件满足时"，用户需要设置的信息包括创建者，即单据创建并请求审批的人员，本例中创建者为采购部蔡文。凭证，即所选择的流程，本例中为采购订单收货流程。阶段，即用户可以在这里选择在审批阶段设置的阶段，本例为收货采购订单阶段。条件，即定义什么条件将触发审批流程，本例为凭证总金额超过 10000.00 元时，将触发审批信息的发出。

二、审批流程应用

（一）待审批业务创建

用户蔡文创建收货采购订单。

如图 7 – 4 所示，由于采购部蔡文所创建的收货采购订单凭证总金额超出了定义批准阶段的条件限制（金额超过 10000.00 元），在用户"添加"收货采购订单时，系统会自动弹出需要审批的信息。输入备注信息，点击"确定"，批准人即可收到该待申请审批的信息。

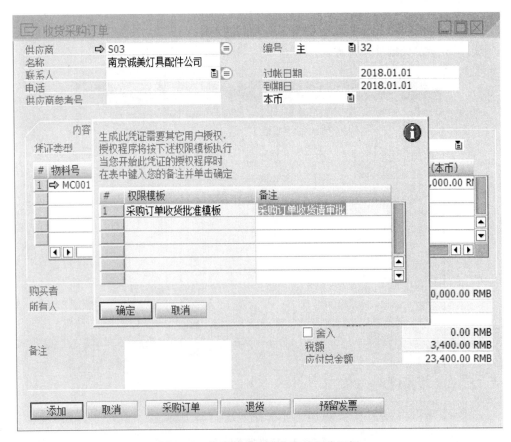

图 7 – 4　待审批收货采购订单创建示例

（二）待审批业务审批

采购部经理苟小莉和总经理办公室工作人员刘文轩分别登录系统对收货采购订单进行审批。

如图7-5所示，审批人苟小莉登录系统，系统会自动弹出有待审批事项的消息，点开凭证批准请求后的信件标签 ✉，系统会自动在同界面下方弹出需要待审批事项，点击待审批事项前的黄色箭头，在弹出的界面，批准人通过选择（未决定的、已批准、不批准），做出是否批准的决定。

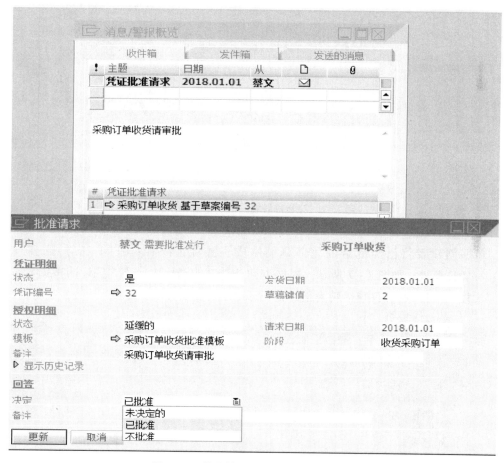

图7-5 待审批收货采购订单审批示例

（三）待审批业务生成正式凭证

经过批准的阶段，可由审批申请人生成正式凭证。

如图7-6所示，采购部蔡文登录系统，即可查看到已经批准的收货采购订单草稿，订单草稿转为正式凭证后，即可用于后续业务。

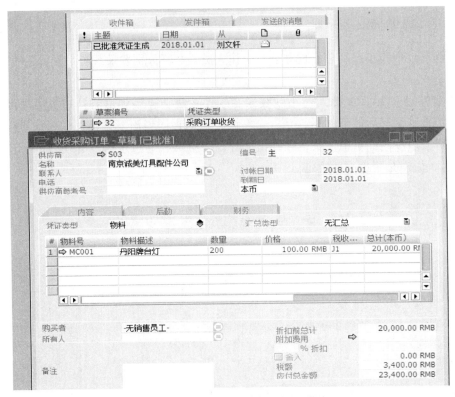

图 7-6 已批准收货采购订单查询示例

单据创建者将已经批准的凭证草稿生成正式凭证路径：采购—应付账款（模块）—凭证草稿，如图 7-7 所示，根据查询条件，找到要生成正式凭证的单据号，点击"添加"，即可将凭证草稿转为正式凭证，用于后续业务。

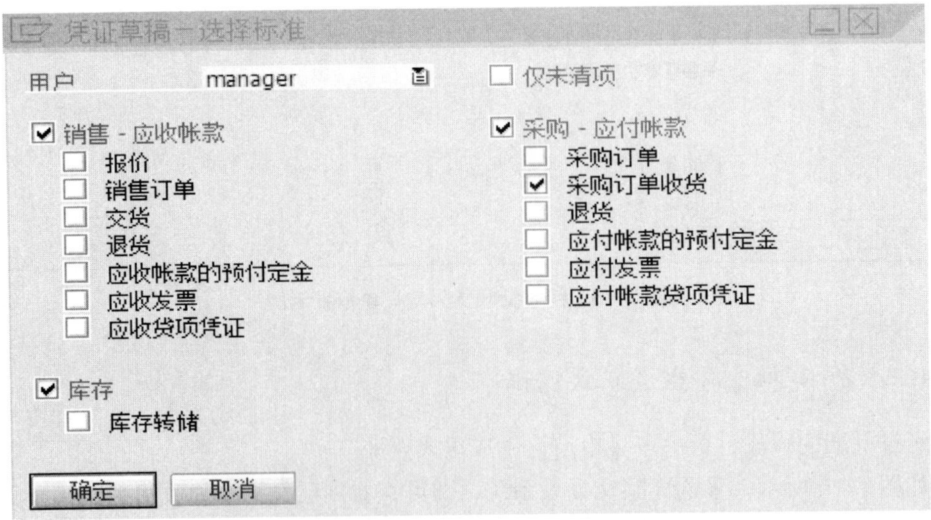

图 7-7 已审批收货采购订单生成正式凭证选择标准的设置

注意:

◇ 在审批流程过程中,经过审批的凭证草稿,不能用于后续业务。只有单据创建者将经过审批的单据转换为正式凭证,才能用于后续业务。

◇ 用户不能通过上下翻页的形式在相应界面查看到已经经过审批的凭证草稿,只能通过"管理(模块)—审批流程—批准状态报表"或"批准决定报表",才能查询到已经批准的凭证草稿。

思考题

1. 采购审批定义的流程是什么?其审批流程发挥作用需要完成什么基础设置?
2. 如何将已经通过审批的采购凭证草稿转换为正式凭证?

第四节 采购—应付账款模块业务流程

 一、采购标准业务流程

如图7-8所示,SAP Business One 系统中采购模块包含采购订单、收货采购订单、应付账发票、退货单和贷项凭证等业务流程。标准的业务流程包含采购订单、收货采购订单、应付账发票和付款等环节。

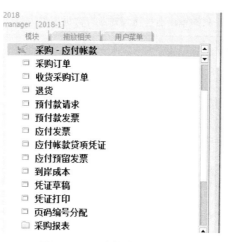

图7-8 采购模块业务流程

除了采购订单外,其他业务单据都会生成财务凭证。集成性是 SAP Business One 系统的特征之一,后一个业务流程的"目标凭证"可以基于前一个业务流程生成的"基础凭证"生成,如在标准采购流程中收货采购订单可以基于采购订单生成,应付发票可以基于采购订单或收货采购订单生成等。这样既建立了单据之间的关联，也可以减少人工输入数据的错误。用户还可以使用"工具条"中的"基础凭证" 🔲 和"目标凭证" 🔁 按钮来快速查询当前单据的来龙去脉。有的单据的生成是可选的，如采购订单的生成，有的单据是系统必须生成的单据，如应付账发票单据。单据是否需要生成，以及是否会引起相应数据的变化，表 7 - 1 就采购订单、收货采购订单和应付账发票业务流程单据的创建情况做了简单总结。

表 7 - 1　　　　　　　　　　　采购模块单据创建总结

业务内容	采购订单	收货采购订单	应付账发票
是否为必须创建的单据	否	否	是
是否可对单据进行修改/取消	是	否	否
如何冲销单据	关闭订单	退货	应付账款贷项凭证
财务金额是否改变	否	是	是
可被关联创建的单据	无	采购订单，退货单	收货采购订单，采购订单

采购过程不同流程对库存数据的影响不同，库存数据包含库存中、已承诺、已订购和可用的四组数据（其含义已在前面章节中有论述，这里不再赘述）。表 7 - 2 对采购订单、采购订单收货和应付账发票流程对库存数据的影响进行了总结。

表 7 - 2　　　　　　　　采购模块业务流程对库存数据影响总结

库存数据/采购流程	库存中	已承诺	已订购	可用的
采购订单	不变	不变	增加	增加
收货采购订单（基于采购订单或不基于采购订单）	增加	不变	不变	增加
应付账发票	不变	不变	不变	不变

用户可以通过"库存（模块）—库存报表—库存状态"路径，查询各种存货的库存状况。

（一）采购订单

采购订单并非是用户必须创建的单据，但其创建可以作为"基础凭证"，用于后续的采购订单收货或应付发票业务中。

路径：采购—应付账款（模块）—采购订单。

如图 7 - 9 所示，采购订单包括顶端的抬头部分信息、中部的表内信息以及界面下方的购买人及备注信息，以及根据表体输入内容显示的金额信息。

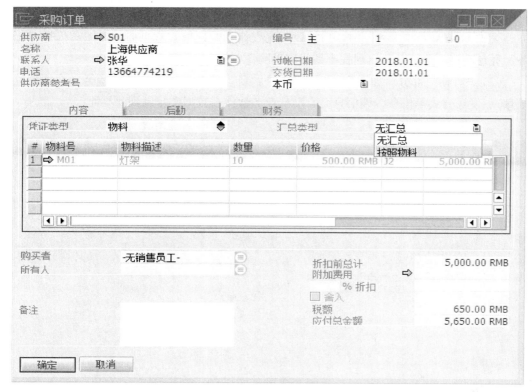

图7-9 采购订单内容

1. 抬头部分信息

在供应商对话框，点击"TAB"键选择输入供应商代码，与此供应商主数据一致的名称、联系人及货币信息会自动显示在抬头部分。过账日期和交货信息系统默认为系统日期，用户可以根据实际需要进行更改。为了方便本实训内容的练习，本书采购订单的过账日期和交货日期均为登录系统的日期——2018年1月1日，但在实务中用户要根据实际情况输入日期。

2. 表体部分信息

表体部分包含内容、后勤和财务三个页签，每部分包含不同的信息。

（1）"内容"部分。"凭证类型"包含物料和服务两个选项，选择"物料"，则用户可以在物料号所在的对话框中通过点击"TAB"键的形式选择输入物料代码，与物料代码相同的物料主数据相关信息会自动显示在该对话框中，用户可以输入采购数量以及手动对采购价格进行修改，在表体输入相关信息后，在界面下方会自动产生金额信息。如果在内容部分选择凭证类型为"服务"，则用户需要在表体部分手动输入"服务"的描述信息，总账科目以及价格信息等。

"汇总类型"包含"无汇总"和"按照物料"汇总两个选项，在"无汇总"选项下，表体物料信息都独立显示，不进行汇总。在"按照物料"汇总选项下，表体内如果有相同的物料信息输入，系统会自动对数量和金额进行汇总计算并显示。

注意：

◇ 凭证类型为"服务"时，后续业务流程如采购订单收货页面，要注意选择"服务"凭证类型。否则，会出现找不到相应采购订单信息的情况。

（2）"后勤"部分。如图 7 - 10 所示，"后勤"部分，主要包含发运至（仓库地址信息）、发运方式等信息，该信息会自动从业务伙伴主数据中复制到此界面。

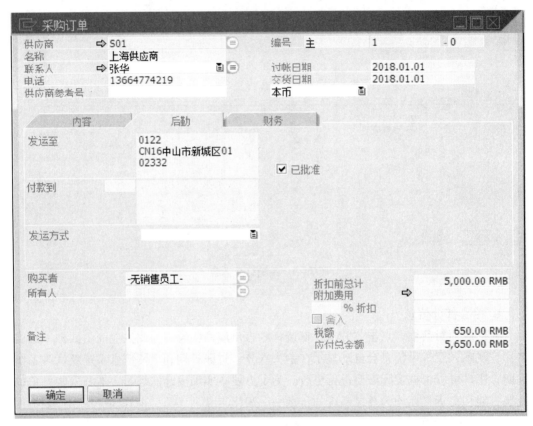

图 7 - 10　采购订单后勤页签内容示例

（3）"财务"部分。如图 7 - 11 所示，"财务"部分除了常规内容以外，"付款条款"也是用户关注的主要内容之一，用户可以在此选择系统已经设置好的付款条款，也可以定义新的付款条款。

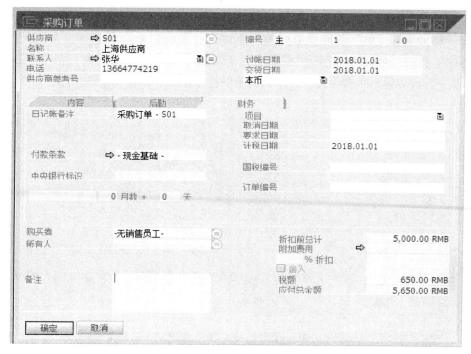

图 7 - 11 采购订单财务页签内容示例

（二）拆分采购订单

当采购订单上的物料收货仓库地址不同时，对订单按照仓库进行拆分就显得非常有必要，此时，用户可以使用系统提供的拆分采购订单功能对订单进行拆分。

1. 拆分采购订单前提

管理（模块）—系统初始化—凭证设置路径，对采购订单凭证进行拆分初始化设置，如图 7 - 12 所示。

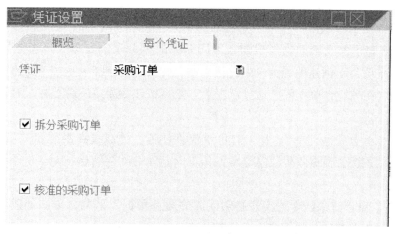

图 7 - 12 凭证设置—拆分采购订单初始化设置

2. 拆分采购订单的创建

在"拆分采购订单"基础设置的前提下，在"采购订单"界面的"后勤"页签，用户选中"拆分采购订单"，即可根据实际需要来定义可拆分的采购订单。点击"添加"，系统会自动弹出是否创建次级采购订单的提示信息，如图7-13所示：

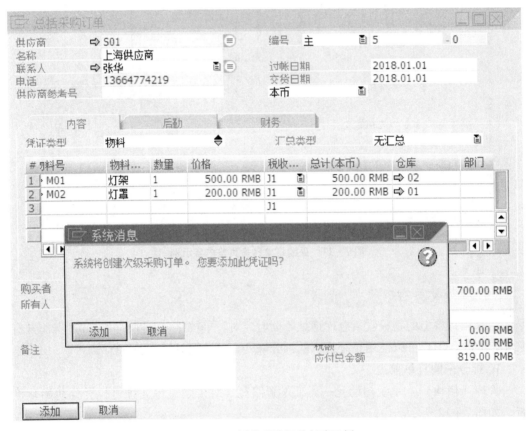

图7-13 拆分采购订单创建示例

图7-13显示的是不同物料采购入不同仓库的拆分采购订单，点击该界面的"添加"按钮，系统自动创建编号为5的总括采购订单和编号为5-1，5-2的拆分采购订单。用户可以在采购订单界面，通过点击上下翻页按钮 ![buttons]，对订单信息进行查看。

对于可"拆分采购订单"，在采购订单收货环节，可通过点击"Ctrl"键复选的形式进行收货，系统会根据收货信息自动更新不同仓库的库存信息。

注意：

◇ 采购订单不是采购业务流程必须生成的业务单据，采购订单的创建不生成相应的财务凭证，不引起物料数据和财务金额的变化。

◇ 被作为基础凭证生成后续业务凭证的采购订单，字面会以"灰色"字体显示。

◇ 在没有基于采购订单生成后续凭证的情况下，用户可以对采购订单信息进行修改。

◇ 对于不需用的"采购订单"，用户可以通过菜单栏的"数据—关闭"的形式，将采购订单关闭。被关闭的采购订单将不能作为基础凭证用于后续业务。

◇ 如果用户处理非拆分的采购订单，需要将"拆分采购订单"的设置取消。

（三）收货采购订单的创建

收货采购订单是仓储部门在收到了供应商实际发送的物料之后所创建的业务单据。收货采购订单不是采购流程必须生成的单据。当用户在系统中输入了收货采购订单，会引起相应物料仓储数量的增加和财务数据的变动。

路径：采购—应付账款（模块）—收货采购订单。

1. 基于"采购订单"创建收货采购订单

基于基础单据创建目标单据体现了 SAP Business One 系统的集成性，用户可以应用系统提供的功能，以采购订单为基础创建全部收货或部分收货的收货采购订单。用户在"收货采购订单"界面，输入供应商代码信息并点击界面下方"采购订单"选项，系统自动会弹出与该供应商相关的所有采购订单信息，用户可以根据需要选择作为基础的"采购订单"生成收货采购订单单据。如图 7-14 所示，备注处会显示信息"基于采购

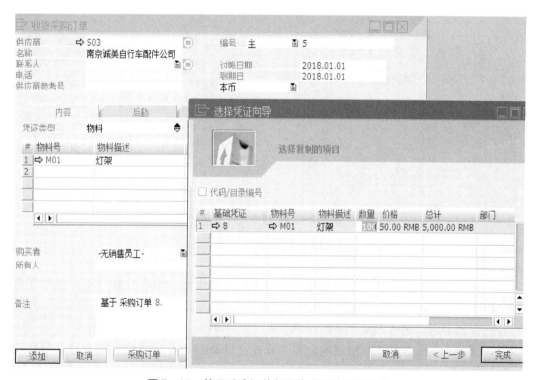

图 7-14 基于采购订单创建收货采购订单示例

订单 8"，即意味着基于 8 号采购订单生成收货采购订单。用户根据采购订单创建收货采购订单时，可以根据实际情况对收货的数量和价格等信息进行修改。基于采购订单生成的收货采购订单生成后，其表体的备注信息会显示基础单据信息。

2. 不基于"采购订单"创建收货采购订单

路径同上。

采购订单不是系统必须生成的单据，因此，在没有采购订单生成的情况下，用户在收货采购订单界面，要按照实际收货信息输入，生成收货采购订单。与基于采购订单生成的收货采购订单不同的是，如图 7 – 15 所示，在备注栏没有任何参照的单据信息。

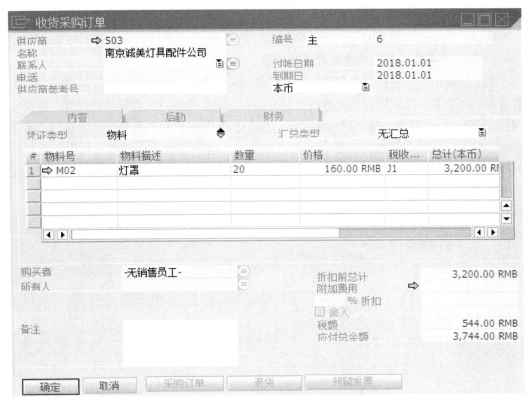

图 7 – 15　不基于采购订单收货采购订单创建示例

注意：

◇ 收货采购订单的创建与采购订单生成不同，其创建会引起仓储数量的变化和财务数据的变化。收货采购订单不是采购流程必须要创建的单据。

◇ 收货采购订单可以基于采购订单生成，也可以不依托采购订单生成。

◇ 采购后续业务基于收货采购订单生成相应凭证后，收货采购订单表体部分会以灰色字体显示。

（四）应付账发票

应付账发票生成是采购模块的重要一环，该票据的生成直接生成关联供应商应付账款的财务凭证。

应付账发票可以不基于任何单据在系统中生成，在此种情况下生成的应付账发票会引起仓储物料库存的变更。但在添加应付账发票时，系统会自动弹出"未过账收货/交货，继续吗"的提示信息。

应付账发票也可以基于采购订单或收货采购订单生成。如下内容将接上一环节的"采购订单收货"为基础凭证，来创建应付账发票信息。

路径：采购—应付账款（模块）—应付账发票。

如图7-16所示，基于"采购订单收货"生成的应付账发票，如同上文中基于"采购订单"生成"采购订单收货"，用户可以采取"定制"的形式，根据对方开出的发票信息，创建全部或部分的应付账发票。

图7-16 基于采购订单收货应付账发票创建示例

通过财务模块的"日记账分录"窗口，通过上下翻页键 ▣◀ ◀ ▶ ▶▣，用户可以查询到根据上述应付账发票生成的财务凭证。

注意：

◇ 根据应付账发票生成的财务凭证直接关联到相对应的供应商，如上例中南京诚美灯具配件公司。

◇ 根据标准采购流程生成的单据，用户可以在相应界面表体的"备注"查看"基础凭证"信息。

（五）应付账发票的付款核销

在应付账发票到期日，用户需要从多种付款方式中选择一种付款方式支付货款给供应商，用户可以选择的付款方式包括支票支付、银行转账支付、信用卡支付、现金支付及汇票支付等。

路径：收付款（模块）—付款—付款。

1. 银行转账支付方式

在图 7-17 付款界面，输入供应商代码，页面表体部分即会显示到期的付款事项，用户根据实际情况进行付款选择。在付款选择的基础上，用户需要点击工具栏上的付款方式按钮 ☎，系统即可呈现如上界面显示的付款方式界面，用户根据实际选择不同的付款方式输入付款日期及付款金额点击"确定"，返回到付款界面，点击"添加"，即生成一张付款凭证，用户可以在财务（模块）—日记账分录页面，通过点击上下翻页键 ▣◀ ◀ ▶ ▶▣ 查询已经生成的财务凭证，或者在财务（模块）—财务报表—会计—凭证日记账窗口进行查询。

本例中展现的是通过银行转账方式支付的应付款，在此界面银行转账的总账科目为在总账科目确认页面"采购"页签中设置的默认控制科目，用户也可以对总账科目进行更改。

2. 支票付款方式

如图 7-18 所示（不基于发票的支票付款方式），用户可以在此选择输入在基础设置时设置的银行（管理—定义—收付款—定义银行），并输入支付金额，进行款项的支付。对于同一笔付款，用户可以选择自不同的银行进行支付。方法：通过点击"Tab"键，在新增行上选择不同的银行，输入金额，点击"确定"按钮，返回"付款"界面，点击"添加"，即可生成一张付款凭证。用户需注意在新增行，日期自动会显示下一个月的相同日，用户对此信息可以进行更改。

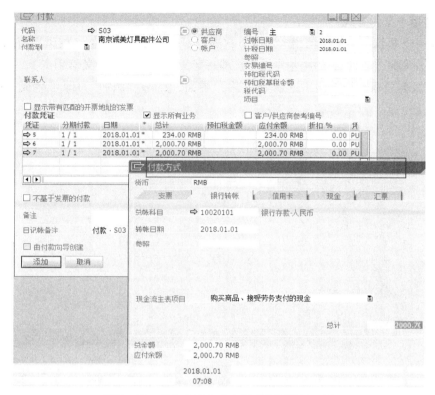

图7-17 银行转账方式应付账发票核销示例

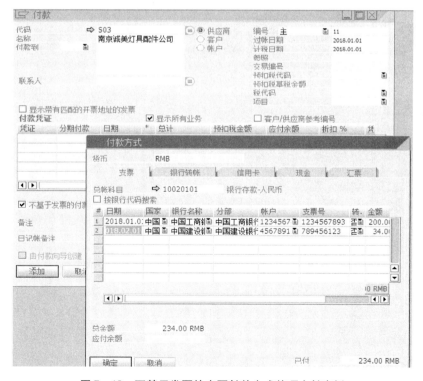

图7-18 不基于发票的支票付款方式款项支付案例

3. 信用卡支付方式

图 7-19 显示的是使用信用卡付款方式支付不基于发票的付款，在该界面用户可以选择使用在基础设置时设置的信用卡（管理—定义—收付款—定义信用卡），并输入支付金额，点击"确定"按钮，返回"付款"界面，点击"添加"，即可生成一张付款凭证。

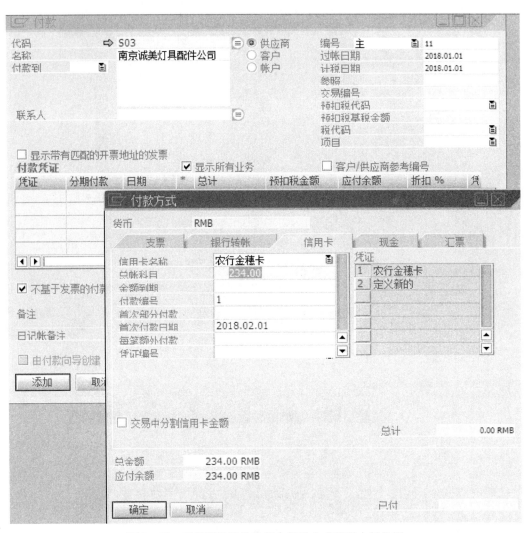

图 7-19　不基于发票的信用卡付款方式款项支付示例

4. 汇票支付方式

如图7-20所示，用户需要在此输入在基础设置时设置的收付款方式（管理—定义—收付款—定义付款方式）中定义的汇票支付方式的代码，进行应付账款与应付票据的转换。否则，用户不能使用汇票功能进行款项的支付。点击"确定"按钮，返回"付款"界面，点击"添加"，即可生成一张付款凭证。

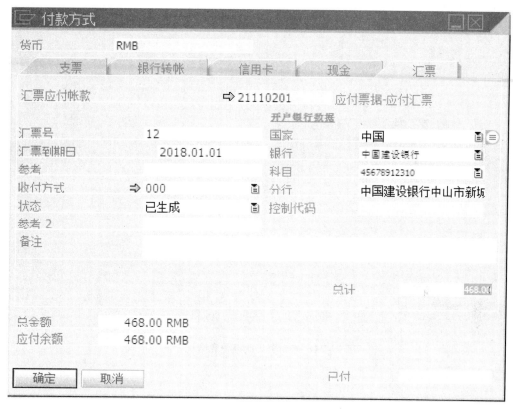

图7-20 汇票支付方式款项支付示例

注意：通过汇票支付方式进行的款项支付，生成的凭证，由应付账款转为应付票据。但本版本系统生成的凭证，借贷方均联结为同一个供应商，通过凭证查询很难体现应付账款转应付票据的财务凭证。用户可以通过查询账户余额的形式查看应付票据的情况，路径：财务（模块）—科目表，选中应付票据—应付汇票会计科目，点击页面左侧"余额"后的黄色箭头，即可查询联结到具体供应商的应付票据的明细金额，如图7-21所示。

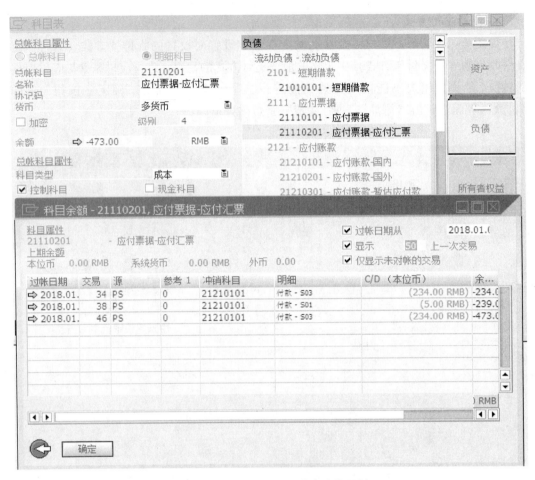

图 7-21　应付票据明细信息查询示例

注意：

◇ 在"付款"界面，用户既可以支付基于发票的付款，通过选择"不基于发票的付款"复选框，也可以支付不基于发票的付款，如期初应付账发票的付款。

◇ 在系统初始化设置（管理——一般设置—现金流）"强制的"选项设置下，付款过程中涉及的与"现金流相关"的会计科目金额，在凭证生成的基础上会录入到现金流量表中。这里的现金流项目为在一般设置—现金流界面设置的默认现金流主表项目。用户也可以在填制收付款凭证时，对默认的现金流主表项目进行更改。

◇ 用户在财务（模块）—日记账分录窗口通过上下翻页按钮 🔘🔘🔘🔘 进行财务凭证的查询，或者在财务（模块）—财务报表—会计—凭证日记账窗口进行查询。

二、采购模块其他业务流程

实务中，除了上述标准业务流程外，在采购中还存在不经过采购订单收货的单货同到以及货到单未到的情况，这里的"单"指的是采购过程中的各种单据，如增值税发票等。

（一）单货同到采购流程

实务中存在的不经过采购订单和采购订单收货环节的单货同到的情况，对于这种业务处理，用户直接通过路径：采购—应付账款（模块）—应付账发票环节，直接生成收货和应付账的财务凭证，并改变库存数据。

（二）单到货未到采购流程

实务中，采购业务存在先收到供应商的销售发票，甚至付款后，收到采购物料的情况。对于这种情况，采购方一般采取两种方式进行处理：在此类业务频率较低的情况下，采购方先"押票"处理，待在本会计期间收到货物后，再进行入账处理。如果此类业务频率较高，可采用以下流程进行处理：用户可以定义一个虚拟仓库如虚拟成品库或虚拟原料库，将属于"单到货未到"业务的采购订单和应付账发票中的仓库指定为虚拟的仓库。待实际收到货物后，再通过库存模块的库存转储业务将货物转储到实际的仓库中。

采购业务虚拟处理的前提：①管理（模块）—定义—库存—定义仓库，定义虚拟仓库。②在定义相应物料主数据时，在"库存数据"页签，要将该物料放入包括虚拟仓库在内的仓库中。③在使用具体"仓库"进行业务处理时，要在管理（模块）—系统初始化——般设置的"库存"页签中的默认的仓库设置为与所使用的仓库一致的状态。

采购业务虚拟处理的路径与流程：

➢ 采购（模块）—应付账款—采购订单
➢ 采购（模块）—应付账款—应付账发票
➢ 收付款（模块）—付款—付款
➢ 库存（模块）—库存交易—库存转储

关于采购订单的创建，本书已经在采购标准流程中有过详细介绍，本流程中所不同的是，在采购订单创建时，要将物料放入虚拟仓库中，其前提是在采购订单界面，点击工具栏上的表格设置按钮 ，在弹出的"表格设置—采购订单"界面的表格式选项下，将"仓库"选项选为"可视"和"激活"，如图7-22所示。

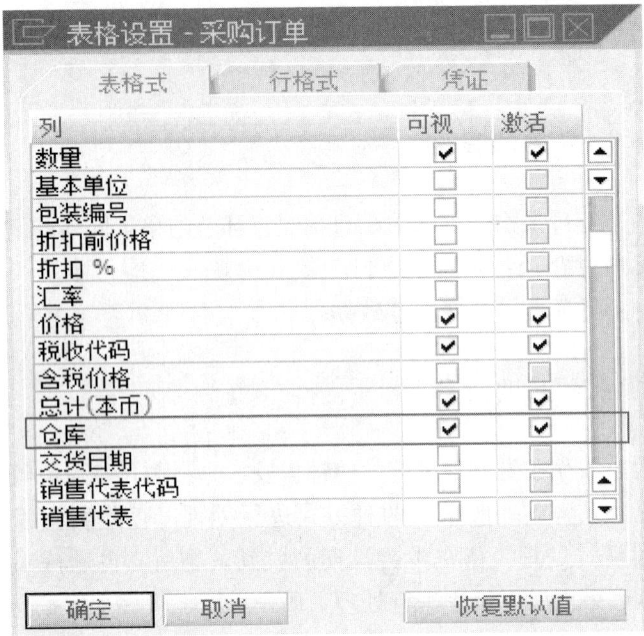

图 7-22 采购订单虚拟仓库创建初始化设置示例

关于应付账发票的创建，如果是参照采购订单生成，则不需要更改应付账发票的仓库设置。如果是新创建的应付账发票（即不基于采购订单创建），同样要激活仓库设置，方法与采购订单激活仓库设置相同，这里不再赘述。

关于应付账发票付款核销，参照标准业务流程的付款流程。

关于库存转储业务，是将存放在虚拟仓库里的物料转到实际存放物料的仓库。

（三）货到单未到采购流程—暂估入库

对于采购物料已经入库，但采购发票未到的情况，在此种情况下不能准确确定采购物料的成本，为了核算物料的库存成本和会计信息的全面性，一般会在会计期末仍未收到采购发票的情况下，将这些物料进行暂估入账。对于暂估入账业务的后续处理，SAP Business One 系统，在收到供应商的货物发票后，参照收货采购订单在发票上录入实际的物料采购价格，系统自动结算暂估差异并过账。

思考题

1. 采购标准流程中都包括哪些环节？根据该流程，你如何认识"基础凭证"和"目标凭证"，请举例说明。

2. 本教程中的非标准采购流程指的是？

3. 如何查询采购流程中系统自动生成的财务凭证？

4. 对于供应商的期初应付账款余额在支付环节如何支付？请举例说明。

第五节 采购退货流程

在采购实务中，由于各种原因，会有退货业务的发生，有时退货业务发生在收货环节后，有时会发生在应付账发票单据创建后。退货环节不同，SAP Business One 系统处理方式不同，包括基于收货环节的退货处理和基于应付发票环节后的退货处理两种主要方式。

 一、基于收货环节的退货流程

收货采购订单是收货环节后生成的单据，此过程不但会引起仓储数据的更新，还会生成相应的财务凭证。实务中，不允许对该凭证做任何更改或删除。但是，用户可能由于某种原因需要将部分或全部货物退还给供应商，用户需要使用系统提供的退货功能，对相应业务做出处理。

路径：采购—应付账款（模块）—退货。

本章第三节中，自南京诚美灯具配件公司购入 20 盏灯罩，单价 160 元购货业务，已经生成收货采购订单为例，对基于收货环节的退货流程进行介绍。

在"退货"界面，输入供应商代码，点击界面下方的"采购订单收货"（意味着基于采购订单收货的退货），弹出图 7 – 23 "从清单选择"界面，在此界面用户可以选择退货要基于的收货采购订单。

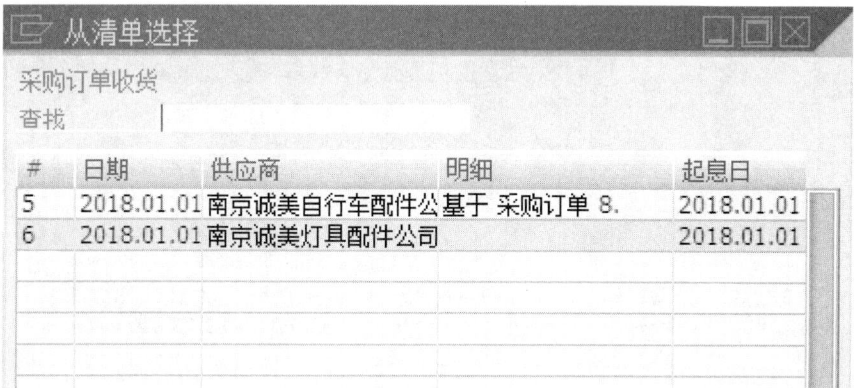

#	日期	供应商	明细	起息日
5	2018.01.01	南京诚美自行车配件公	基于 采购订单 8.	2018.01.01
6	2018.01.01	南京诚美灯具配件公司		2018.01.01

从清单选择
采购订单收货
查找

选择　　取消

图 7 – 23　基于收货采购订单退货的选择清单示例

在图 7 – 23 界面，点击要退货的收货采购订单行，进入图 7 – 24 "选择凭证向导"界面。

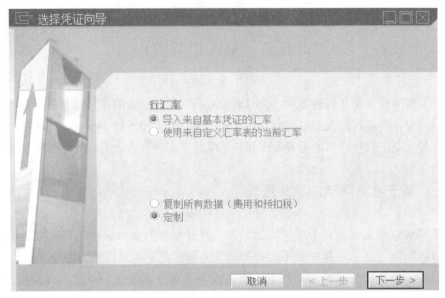

图 7 - 24　凭证向导的选择

在图 7 - 24 界面，用户需要选择退货环节使用的汇率，以及退货的数量，"复制所有数据"选项，意味着用户要全部退货，"定制"选项，意味着用户可以更改退货数量，选择全部或部分退货。如图 7 - 25，显示的是"定制"选项下，用户可以通过填写退货数量，根据实际情况进行退货。在该界面点击"完成"，返回到"退货"界面，点击"添加"，即可生成基于退货业务的财务凭证，同时引起库存数量的变化。

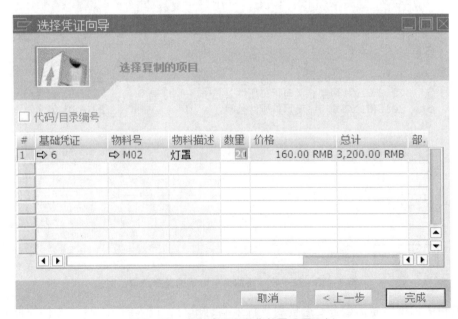

图 7 - 25　定制选项下退货数量设置示例

二、基于应付发票生成后的退货流程

基于收货采购订单的退货比较简洁，基于已经生成应付账发票的退货流程相对复杂些，因为一旦用户在系统中根据发票信息生成了应付账凭证，法律即约束了用户对此凭证的更改和删除操作。用户需要通过系统提供的"应付账款贷项凭证"功能，来实现退货业务处理。

本退货流程，基于系统已经生成自南京诚美灯具配件公司订购 2 盏灯罩，单价为 200 元，增值税率为 13% 的应付账发票业务，来介绍基于发票退货流程的业务处理。

路径：采购—应付账款（模块）—应付账款贷项凭证。

在"应付账款贷项凭证"界面，输入南京诚美灯具配件公司的代码，点击页面下方的"应付发票"选项，在系统弹出的"从清单选择"界面，用户选中要退货的应付发票，点击"选择"，进入"选择凭证向导"页面，用户可以选择"复制所有数据"或"定制"来全部或部分退货，并生成退货业务凭证，该业务凭证会以负号金额显示。具体流程参照如上基于采购订单收货的部分或全部退货流程。

思考题

1. 针对不同的采购退货环节，SAP Business One 系统提供了哪些退货功能？
2. 在 SAP Business One 系统中，基于"应付发票"部分退货，如何实现？

第六节　采购运费和预付账款的处理

 一、采购运费的处理

关于采购业务中采购费用的处理，如采购运输费用处理分两种情况，对于需要分摊的采购费用，可以通过采购模块的成本环节进行业务处理。对于不需要分摊的采购费用，用户要在管理模块的凭证设置环节对凭证中的费用进行定义，在发票环节进行业务处理。以下以采购运输费用为例，来介绍相应业务处理原理。

（一）不需要分摊的采购运输费用业务处理流程

1. 基础设置

（1）定义凭证中的附加费用。

路径：管理（模块）—系统初始化—凭证设置，用户在图 7 - 26 凭证设置页面，点击"管理凭证中的费用"后的"定义费用"按钮，对采购灯架的运输费用进行定义，费用科目为灯架对应的会计科目。

凭证设置
概览
每个凭证
计算毛利
基础价格来源
毛利率%计算方式
利润/销售价
利润/成本价
凭证上的备注将包括
基本凭证编号
客户/供应商
当在营销凭证中显示
仅上级物料的
包含下级物料
当试图将库存减至
不给出警告
仅给出警告
冻结发布
锁定在负量下面
舍入方法
按货币
按凭证
汇率基础日期
按行对税收金额
显示舍入注释
使用仓库地址
管理凭证中的费用
冻结较早日期的凭证
定义费用
确定
取消
定义费用
名称 收.. 费用科目 销项税组 进项税组 固... 固定金额 - 费用 应付预...
1 dengzhaoyunt 12110104 J4
2 材料运费 122202
3 材料运费2 122203 J0
4 灯座运费 122203 J0
5 灯架运费 122202 J0 200
6 线缆运费 12110104 J0
7 运费 122202 J0
8 运费2 122203 J0
9 运费3
10
确定
取消

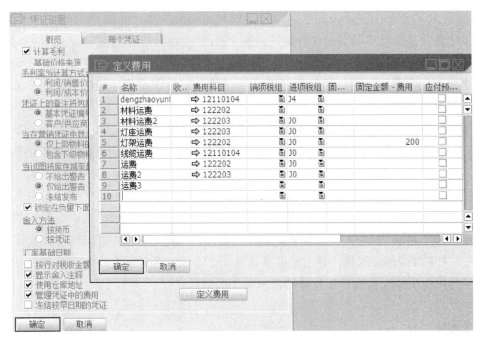

图 7－26　凭证设置页面附加费用设置示例

（2）税收组定义。

路径：管理（模块）—定义—财务—税收—定义税收组。

定义税收组目的：定义运费的税率，以及非扣减 100% 的设置，意味其运费进项税额不得抵扣。定义税收组界面如图 7－27 所示。

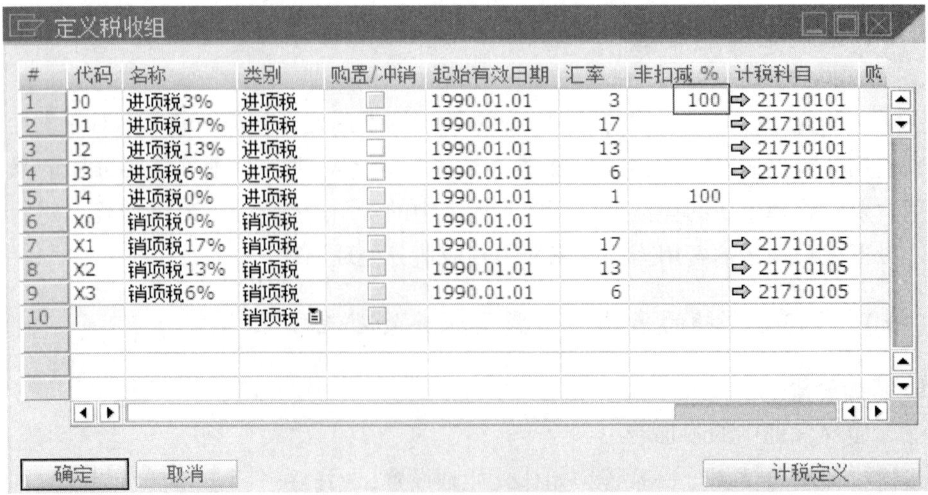

定义税收组
代码 名称 类别 购置/冲销 起始有效日期 汇率 非扣减 % 计税科目 账
1 J0 进项税3% 进项税 1990.01.01 3 100 21710101
2 J1 进项税17% 进项税 1990.01.01 17 21710101
3 J2 进项税13% 进项税 1990.01.01 13 21710101
4 J3 进项税6% 进项税 1990.01.01 6 21710101
5 J4 进项税0% 进项税 1990.01.01 1 100
6 X0 销项税0% 销项税 1990.01.01
7 X1 销项税17% 销项税 1990.01.01 17 21710105
8 X2 销项税13% 销项税 1990.01.01 13 21710105
9 X3 销项税6% 销项税 1990.01.01 6 21710105
10 销项税
确定
取消
计税定义

图 7－27　不可抵扣运费税收组定义示例

2. 业务处理

以公司自南京诚美灯具配件公司购进灯架 100 盏，不含税单价为 50 元，进项税率为 13%，同时以发生不含税的 200 元运输费用为例（增值税普通发票进项税不能抵扣情况），对不需要分摊的采购费用相关业务处理进行介绍。

（1）收货采购订单添加完毕，生成图 7-28 财务凭证。

采购订单收货添加后，系统生成的是扣除运费后的成本价表示的财务凭证功能。

（2）应付发票录入完毕，生成如图 7-29 业务凭证。

图 7-28 收货采购订单财务凭证示例

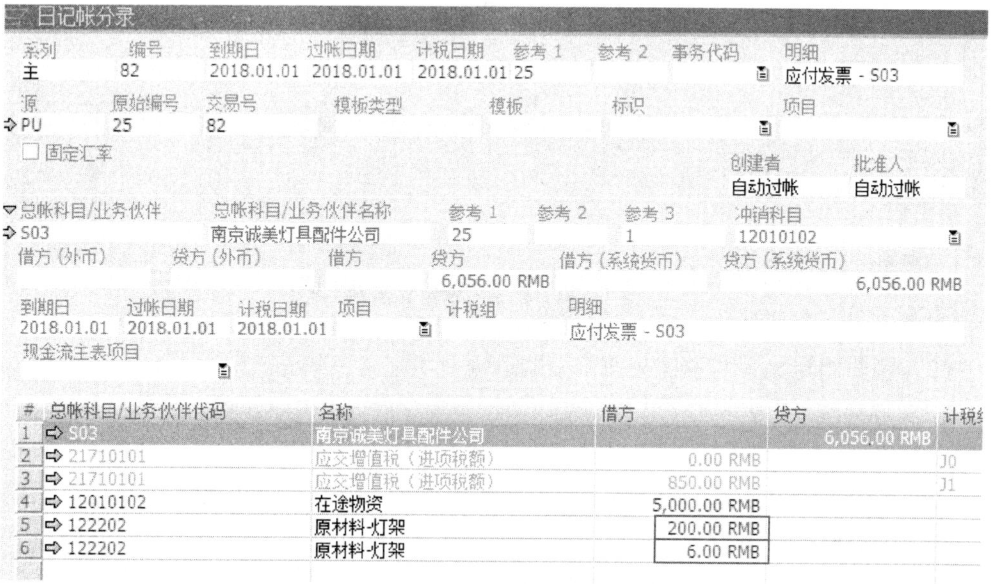

图 7-29 附加费用的应付发票财务凭证示例

注意：

◇ 在定义凭证中的附加费用时，用户需要输入不含税的运费，否则系统会出现应付账发票凭证由于缺少税收代码不能生成的情况。

◇ 用户在定义的附加费用界面输入的费用金额，在使用完毕后，建议将金额删除。否则，系统在后续采购业务中仍然会自动引用在此设置的费用金额，这样会给后续工作增加负担。

（二）需要分摊的采购运输费用业务处理流程

1. 基础设置

（1）定义到岸成本。

路径：管理（模块）—定义—采购—定义到岸成本。

如图 7-30 所示，用户需要在定义到岸成本界面，定义到岸成本的代码和名称，以及选择分摊标准等。可供选择的分摊标准有数量、重量和体积等。本例以数量为标准对采购运费进行分摊。

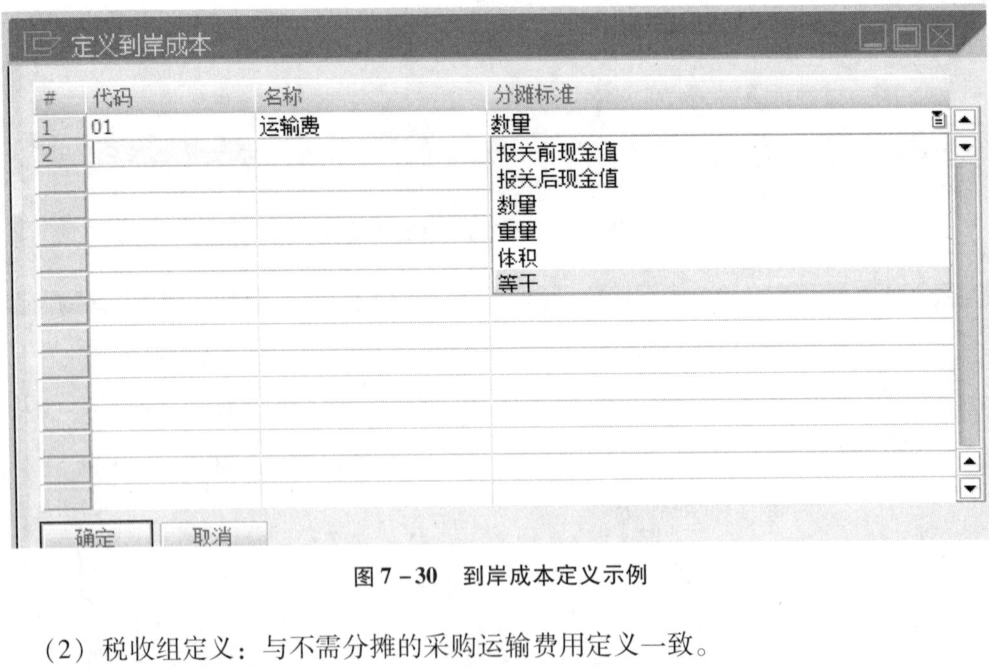

图 7-30　到岸成本定义示例

（2）税收组定义：与不需分摊的采购运输费用定义一致。

2. 业务处理

以公司自南京诚美灯具配件公司，采购 150 盏灯架，不含税单价为 45.00 元，采购灯座 100 个，不含税单价为 25.00 元，增值税税率为 13%，全部货物验收入库，款项未付，以发生需要按照采购数量进行分摊的采购运费 400.00 元为例，对需要分摊的采购费用业务进行介绍，运费通过银行转账的形式进行支付。

（1）采购订单收货：货物验收入库，生成图 7-31 财务凭证。

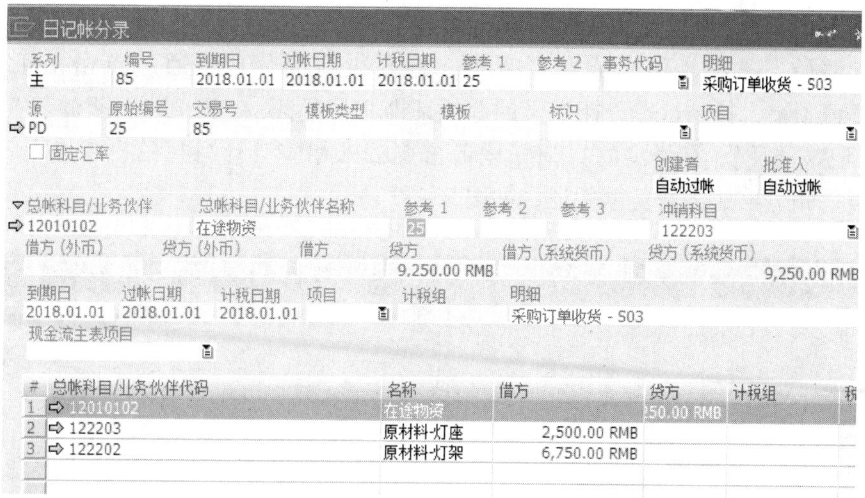

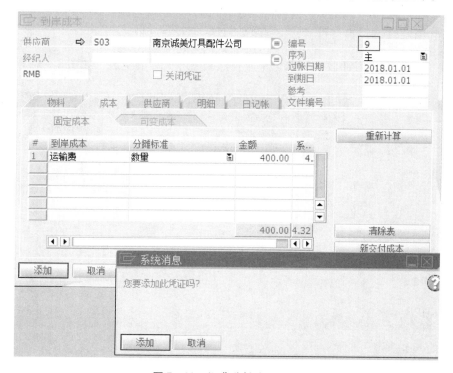

图7-31 收货采购订单日记账分录示例

（2）运费的分摊和支付。

流程1：分摊运费定义。

路径：采购—应付账款（模块）—到岸成本。

用户在图7-32界面输入供应商代码，以采购订单收货为源凭证，在"成本"页签对采购的不同物料进行以数量为标准分摊的定义。点击"添加"按钮，系统会自动弹出是否添加此凭证的提示信息，点击"添加"，即意味着将运费分摊信息填入到日记账凭证中。

图7-32 运费分摊定义示例

流程 2：运费分摊付款凭证的生成。

如上路径，进入"到岸成本"界面，输入供应商代码，通过点击上下翻页键 ⏮ ◀ ▶ ⏭，找到运费分摊定义的源凭证即 9 号凭证，"日记账"页签界面，点击 "创建日记账分录"，在弹出的日记账凭证窗口输入相应会计科目信息，点击"添加" 即可生成一张分摊的运费付款凭证，如图 7 - 33 所示。

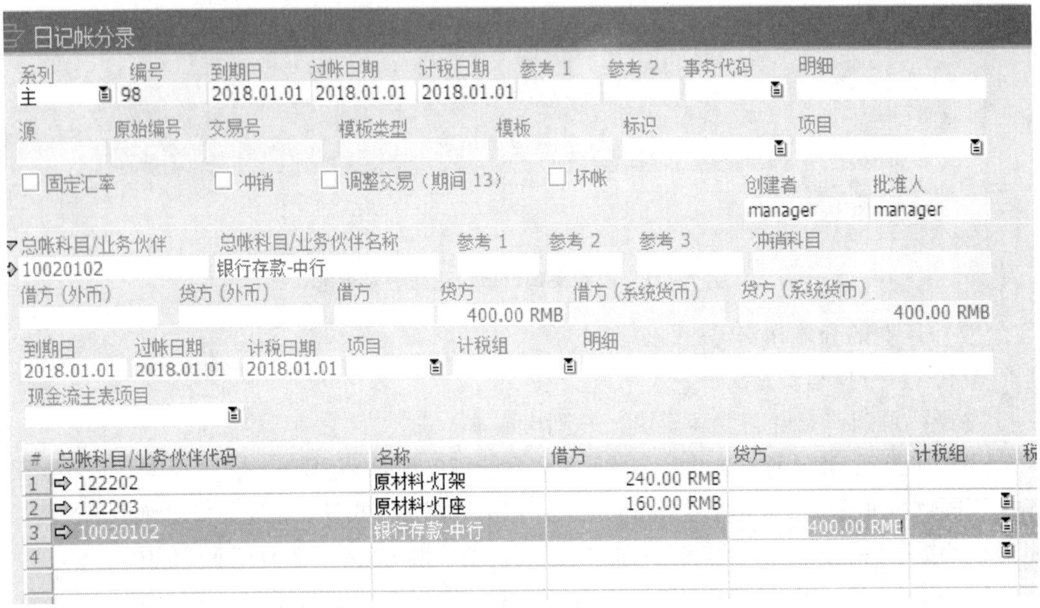

图 7 - 33　运费分摊付款财务凭证示例

（3）应付发票：参照收货采购订单应付账款财务凭证的生成，如图 7 - 34 所示。

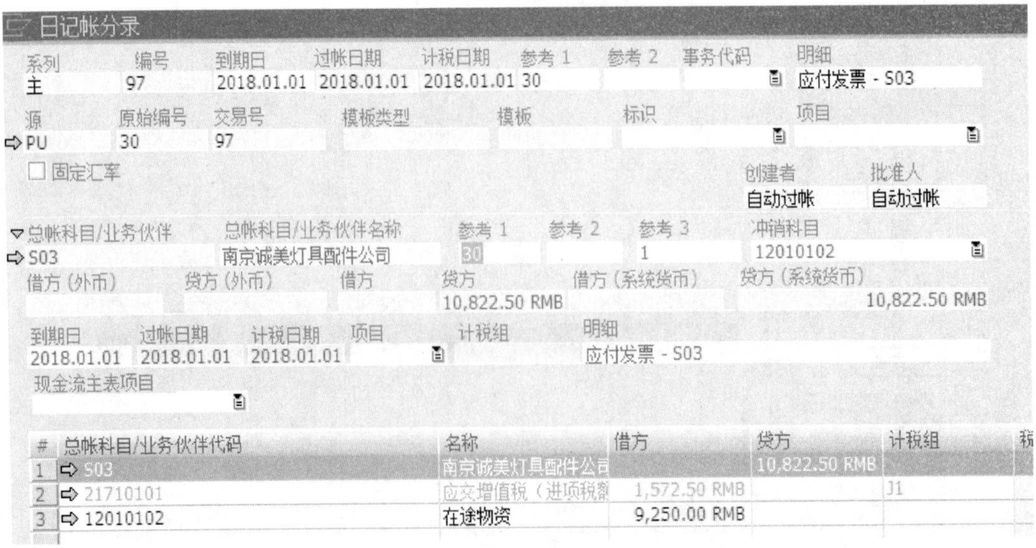

图 7 - 34　应付发票财务凭证示例

注意：

➢ 对采购物料进行明细核算，用户在定义物料主数据时，需要将总账会计科目设置的依据定义为"物料级别"，对每一种不同物料都要进行相应库存科目的设置。

二、采购预付账款的业务处理

（一）采购预付账款开具收据业务处理

在实际采购业务中，有时采购方会预付一部分采购定金，销售方对预付定金开具收款收据，之后再进行后续的采购业务。此类业务基本流程为：采购订单、预付款请求、付款、收货采购订单、应付发票、付款（支付剩余货款），各部分根据实际可以按照一定规则进行组合，形成个性化的采购预付定金的采购流程。本书将以预付款请求—付款—收货采购订单—应付发票—付款为例对本部分内容进行阐述。

1. 预付定金会计科目的设置

路径：业务合作伙伴（模块）—业务伙伴主数据。

如图 7 - 35 所示，进入"业务伙伴主数据"界面，点击"财务"页签下的"控制科目"对"应付的预付定金"科目进行定义，会计科目的定义是后续预付款业务处理的前提。

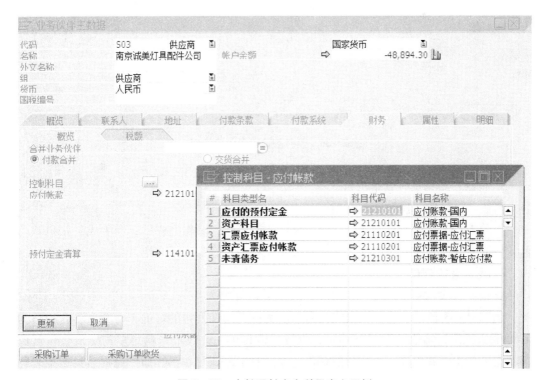

图 7 - 35 应付预付定金科目定义示例

2. 预付款请求

预付款请求单是采购人员根据供应商开具的预收款收据在系统中创建的预付款单，是公司财务人员做账的依据，但此凭证的产生不会引起库存状态和财务数据的变化。

路径：采购—应付账款（模块）—预付款请求。

如图 7 – 36 所示，为预付南京诚美灯具配件公司 120 个灯泡（订购合同为 190 个灯泡），不含税价为 6.5 元人民币，增值税税率为 13% 的预付款请求单。

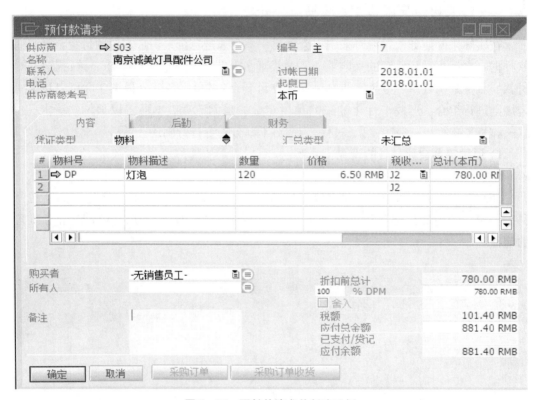

图 7 – 36　预付款请求单创建示例

3. 付款：根据预付款请求付款

路径：收付款（模块）—付款。

如图 7 – 37 所示为基于预付款请求单付款的操作，操作完成后，会生成一张付款的财务凭证，付款具体操作流程参见标准采购流程中付款部分的介绍。

4. 收货采购订单

路径：采购—应付账款（模块）—收货采购订单。

如图 7 – 38 所示，仓储部门收到南京诚美灯具配件公司的灯泡 190 个，不含税价为 6.50 元人民币，增值税税率为 13% 的收货采购订单，此收货采购订单的生成会引起库存状态的变化，并生成一张收货的财务凭证。收货采购订单具体操作流程参见标准采购流程中收货部分的介绍。

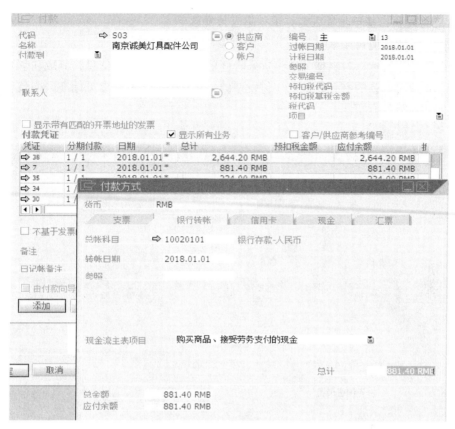

图 7-37 基于预付款请求单付款示例

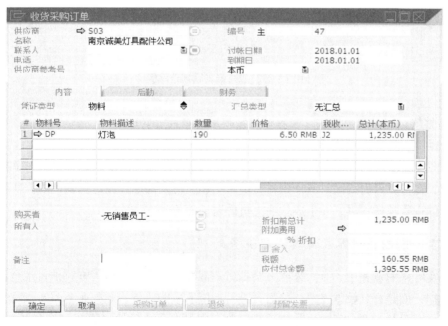

图 7-38 收货采购订单创建示例

5. 应付发票：基于收货采购订单创建应付发票

路径：采购—应付账款（模块）—应付发票。

如图 7 - 39 所示，为根据上述收货采购订单创建的应付发票信息，其成功创建，将会生成一张应付账款的财务凭证。应付发票的创建具体操作流程参见标准采购流程中应付发票创建部分的介绍。

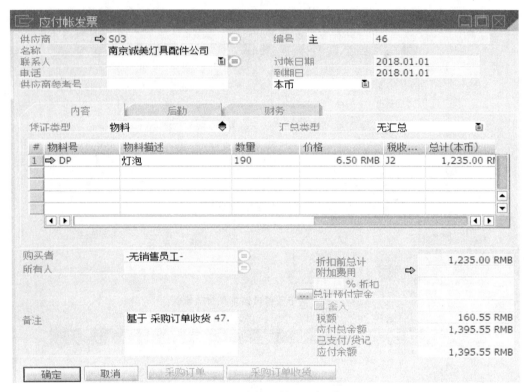

图 7 - 39　应付账发票创建示例

6. 付款：支付剩余货款（扣除预付账款后的剩余货款）

路径：收付款（模块）—付款。

如图 7 - 40 所示，在预付款基础上，支付剩余货款与标准采购流程中的付款操作略有不同，在付款界面要同时选择预付款请求单和应付发票单，在此基础上根据实际支付方式，进行款项的支付，并生成款项支付的财务凭证。

（二）采购预付账款开具发票业务处理

在实际采购业务中，有时采购方会预付一部分采购定金，销售方对预付定金不开具收款收据，而是开具收款发票，之后再进行相应的采购业务，此类业务基本流程为：采购订单、预付款发票、付款、收货采购订单、应付发票、付款（支付剩余货款），各部分根据实际可以按照一定规则进行组合，形成个性化的采购预付定金并开具发票的采购流程。本书将以预付款发票—付款—应付发票—付款为例对本部分内容进行阐述。

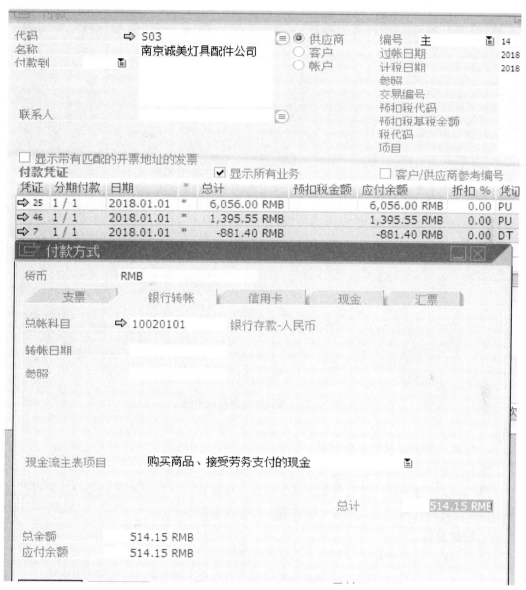

图7-40 基于预付账款剩余款项支付示例

1. 预付款发票

路径：采购—应付账款（模块）—预付款发票。

如图7-41所示，用户根据预付款情况和预付款发票在系统中创建的预付款发票单，发票单信息为：供应商为南京诚美灯具配件公司，10台灯架，不含税价为人民币500.00元，增值税税率为13%的预付款发票单，预付人民币5650.00元（实际采购灯架17盏）。预付款发票的创建与预付款请求单的创建不同，创建完成后会生成一张预付款的财务凭证。

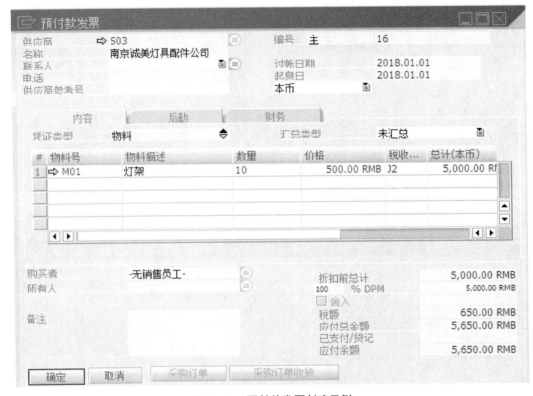

图 7 - 41 预付款发票创建示例

2. 付款：根据预付款发票付款

路径：收付款（模块）—付款。

图 7 - 42 为基于预付款发票单付款的操作，操作完成后，会生成一张付款的财务凭证，付款具体操作流程参见基本采购流程中付款部分的介绍。

3. 应付发票

路径：采购—应付账款（模块）—应付发票。

图 7 - 43 为根据收货信息和南京诚美灯具配件公司开具的发票在系统中创建的应付发票信息，采购灯架 17 盏，单价为人民币 500.00 元，增值税税率为 13%。因为本例中应付发票是不基于采购订单收货创建，因此此单据的创建，不但会引起财务数据的变化，也会引起库存状态的变化。注意用户要在应付账发票界面，点击表底处"总计预付定金"前的按钮，在弹出的"拟定的预付定金"界面，选择本笔应付账发票对应的预付定金业务，通过双击的形式将预付定金金额引入应付账发票界面。此时应付账发票为扣除已开具预付发票的金额。

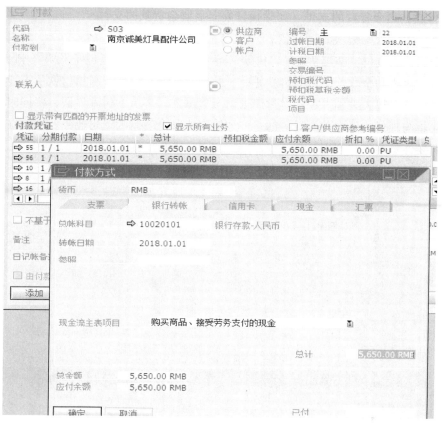

图 7 – 42 基于预付款发票单付款示例

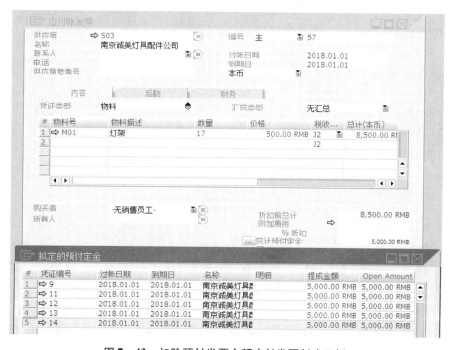

图 7 – 43 扣除预付发票金额应付发票创建示例

4. 付款：剩余货款的支付（扣除预付发票后剩余货款的支付）

路径：收付款（模块）—付款。

剩余货款的支付，在图 7-44"付款"界面，用户要选择应付账发票（剩余金额）进行支付，生成剩余款项支付的付款凭证。此项业务的支付环节与预付款请求业务剩余货款支付环节有很大区别。在预付款请求剩余货款支付环节的付款界面，要同时选中应付账发票单与预付款请求单所对应的行，才能完成剩余货款的支付业务。用户在处理不同业务时要注意两者的区别。

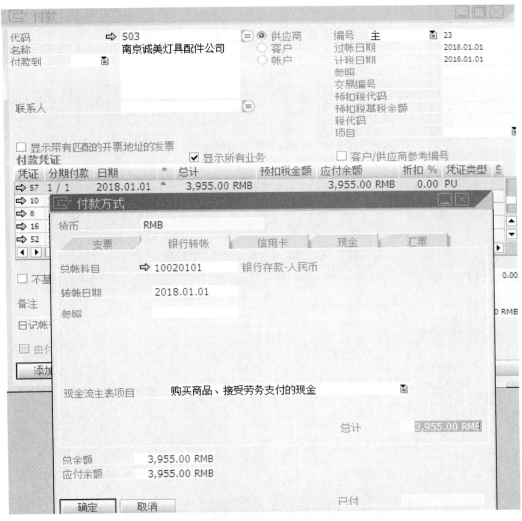

图 7-44 扣除预付发票金额剩余款项支付示例

思考题

1. 以采购运费为例，简述需要分摊的采购费用和不需要分摊的运费业务在 SAP Business One 系统中如何进行处理？

2. SAP Business One 系统中，对于采购预付款业务有两种处理方式（供应商开具预收发票和供应商开具预收收据），简述这两种业务处理方式？二者有什么异同？

第七节 其他采购业务
——固定资产采购

采购—应付账模块支持用户采购固定资产业务，被采购的固定资产可以是机器设备等通常意义上的固定资产，也可以是一些企业需要外购的低值易耗品等。

（一）物料主数据中"固定资产"属性的设置

如果需要使用 SAP Business One 管理该类物品，需要建立固定资产类型的物料主数据。

路径：库存（模块）—物料主数据。

如图 7-45 所示，用户需要设置物料属性为"固定资产"，用户选择该属性后，系统自动选中"采购属性"，并取消"仓库物料"属性。

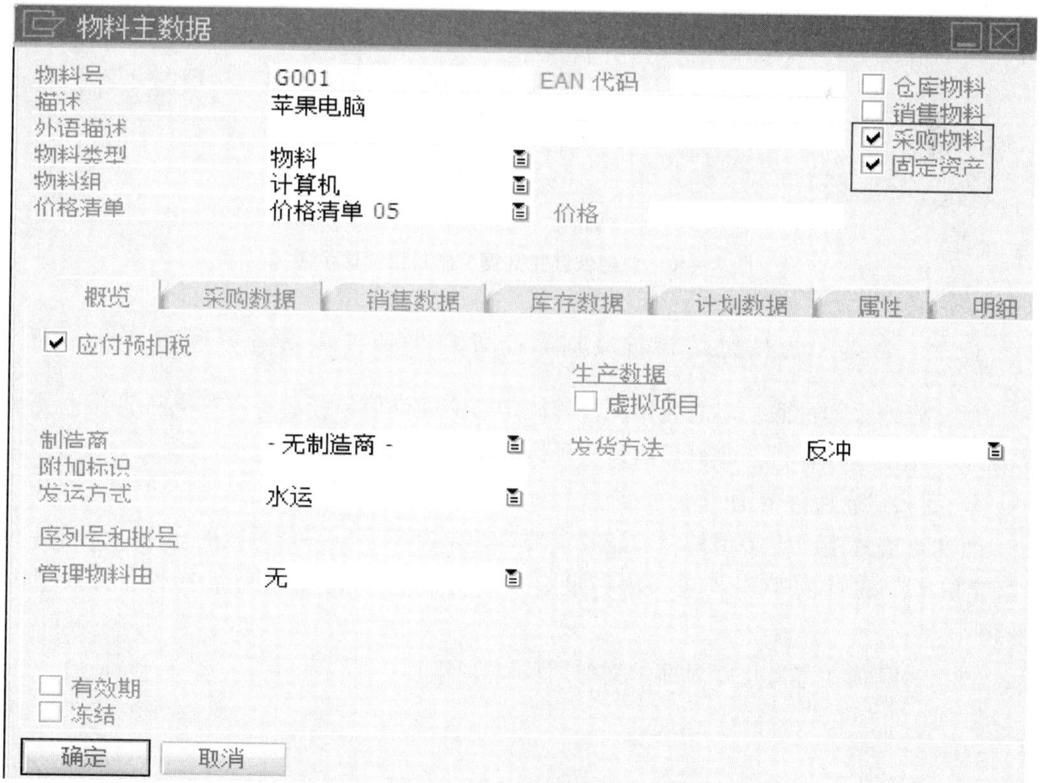

物料主数据
物料号 G001　　　　　　　EAN 代码　　　　　　　□ 仓库物料
描述 苹果电脑　　　　　　　　　　　　　　　　□ 销售物料
外语描述　　　　　　　　　　　　　　　　　　☑ 采购物料
物料类型 物料　　　　　　　　　　　　　　☑ 固定资产
物料组 计算机
价格清单 价格清单 05　　　　价格

概览　采购数据　销售数据　库存数据　计划数据　属性　明细

☑ 应付预扣税

生产数据
　□ 虚拟项目

制造商　　-无制造商-　　　　　发货方法　　反冲
附加标识
发运方式　　水运

序列号和批号
管理物料由　　无

□ 有效期
□ 冻结

[确定]　[取消]

图 7-45 固定资产物料主数据的创建示例

（二）供应商主数据"控制科目"的设置

路径：业务合作伙伴（模块）—业务伙伴主数据。

在图7-46界面，用户需要在"财务"页签下，设置在采购设备和办公用品等资产科目的"控制科目"。

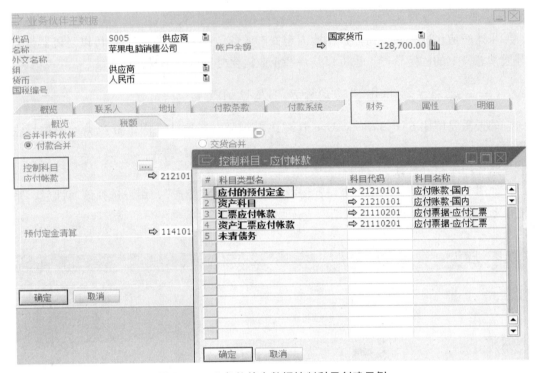

图7-46 业务伙伴主数据控制科目创建示例

（三）仓库、物料组或物料级别界面费用科目（固定资产科目）的设置

固定资产采购过账，还需要用户设置固定资产或低值易耗品等资产类科目，也就是系统中所指的费用科目。此科目的设置可以在三种层次上设定。

1. 定义"仓库"界面

如果在仓库上设定费用科目，用户需要为固定资产建立一个虚拟的仓库，任何具有"固定资产"属性的采购业务，物料没有"仓库物料"属性，库存中不会有数量的变化。

图7-47为在定义仓库界面定义费用科目样例。

图 7-47 定义仓库界面固定资产费用科目设置示例

2. 定义"物料主数据"界面

如果在"物料主数据"界面，定义固定资产的费用科目，用户注意在"库存数据"页签下的"设置总账科目依据"设置为"物料级别"，在此前提下，用户才能对不同固定资产设置不同的费用科目，如图 7-48 所示。采用此种办法设置固定资产的费用科目，要对每一种固定资产的费用科目都要设置，工作量较大。

3. 定义"物料组"界面

如果在物料组上设置费用科目，用户通过设置不同的物料组来设置不同的费用科目，如固定资产—计算机组对应固定资产—计算机费用科目，固定资产—机器设备组对应固定资产—机器设备会计科目等。这种方法定义费用科目，工作量比较小且较实用，建议用户使用该种方法定义固定资产的费用科目。

图 7-49 为在定义物料组界面定义费用科目样例。

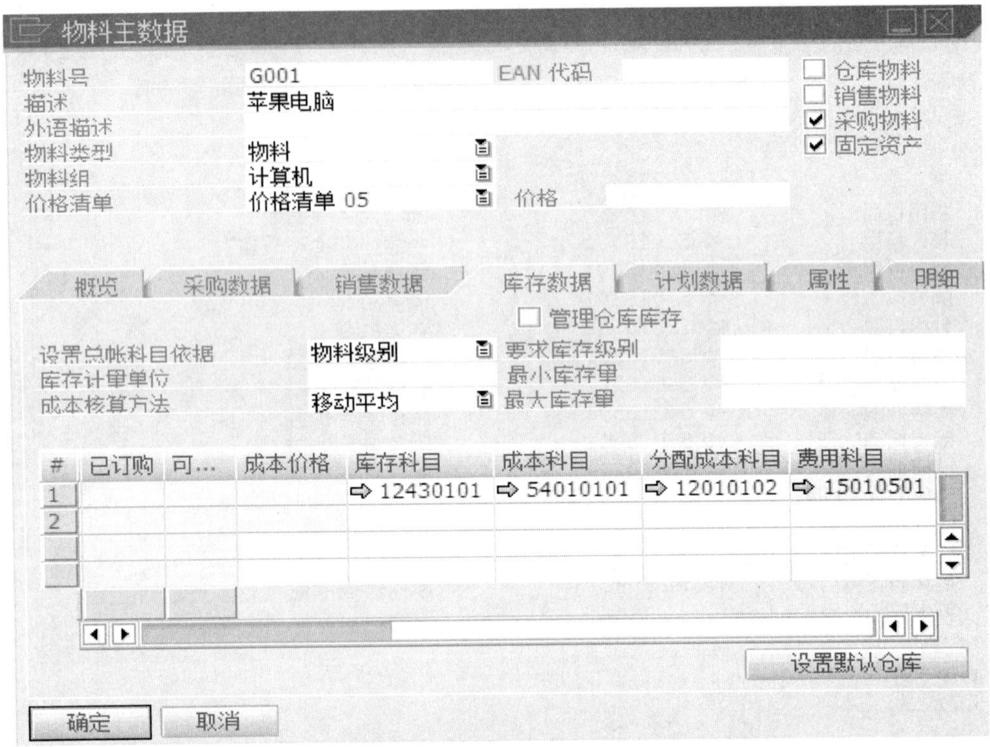

图 7－48　物料主数据界面固定资产费用科目设置示例

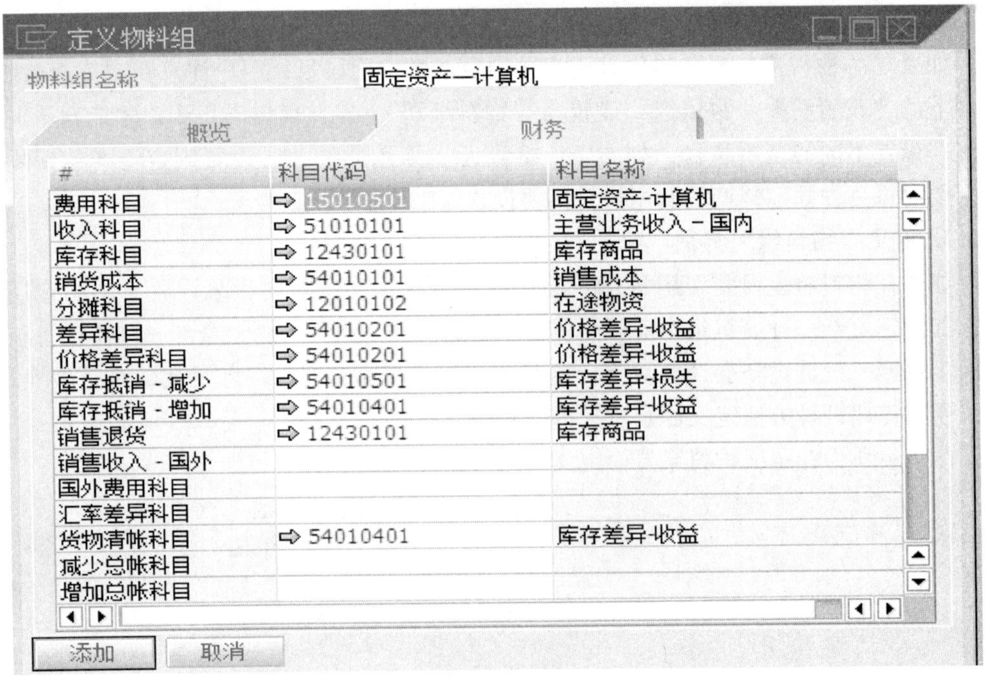

图 7－49　物料组界面固定资产费用科目设置示例

（四）固定资产采购业务基本流程

在固定资产采购业务相关基础设置的基础上，与其他采购业务一样，用户可通过采购订单、收货采购订单、应付账发票和付款核销等流程来完成相关业务。也可以不基于源基础单据生成固定资产的采购凭证。本书将以公司自苹果电脑公司采购 5 台苹果电脑，不含税单价 5200 元，增值税税率为 13% 的单货同到为例，对固定资产采购相关业务进行处理。（前提：苹果电脑具有"固定资产"物料属性，苹果电脑的总账科目依据选择"物料组"，苹果电脑属于固定资产—计算机物料组，费用科目为固定资产—计算机，苹果电脑入虚拟固定资产库。）

1. 收货采购订单

路径：采购—应付账款（模块）—收货采购订单。

符合上述固定资产属性的物料—苹果电脑，其收货采购订单与其他不属于固定资产属性的物料不同，如图 7 – 50 所示，创建完苹果电脑的收货采购订单，虽点击"系统消息"界面的"添加"按钮，但也不会生成采购订单收货的财务凭证，也不会引起库存状态的变化。

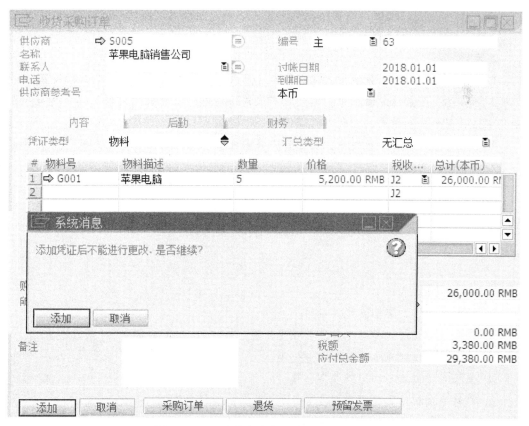

图 7 – 50　固定资产收货采购订单创建示例

2. 应付发票

路径：采购—应付账款（模块）—应付发票。

根据以上业务描述和路径，生成如图 7 - 51 所示的财务凭证。

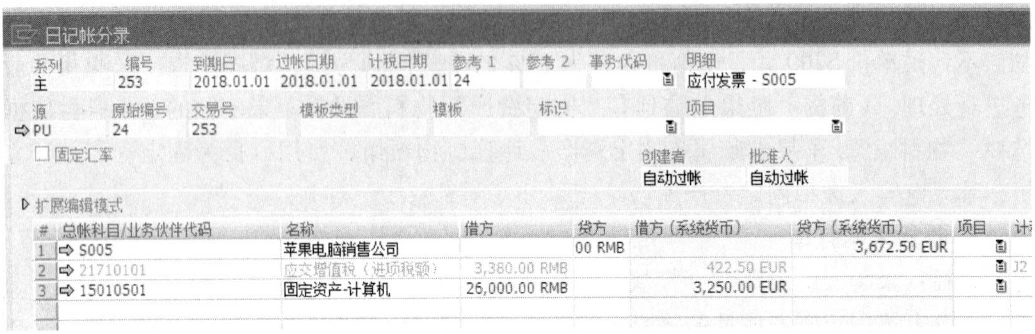

图 7 - 51　固定资产应付发票财务凭证示例

图 7 - 51 为基于上述"收货采购订单"创建的应付发票的财务凭证。

注意：

◇ 建议用户专设固定资产物料组对固定资产采购业务进行核算。

思考题

1. SAP Business One 系统中，完成固定资产采购业务都需要完成哪些基础设置？

2. SAP Business One 系统中，固定资产采购业务中"收货采购订单"环节是否生成财务凭证并引起库存状态的变化？

3. SAP Business One 系统中，固定资产采购业务和标准采购业务在采购订单收货环节有什么不同？

实验十　采购模块业务处理

【实验目的】

1. 掌握采购模块审批流程的应用。

2. 掌握采购模块的标准采购流程业务处理。

3. 掌握采购模块非标准采购业务处理。

4. 掌握采购模块不同退货业务处理。

5. 掌握采购模块预付账款的业务处理。

6. 掌握采购模块采购费用（运费）业务处理。

7. 掌握采购模块固定资产采购业务处理。

【实验内容】

1. 采购审批流程的定义。

2. 需要审批的采购标准业务流程的处理。

3. 采购非标准业务流程处理。

4. 采购费用（运费）的业务处理。

5. 采购预付定金的业务处理。

6. 固定资产采购业务处理。

7. 采购退货业务处理。

【实验准备】

1. 引入实验九实验内容。

2. 将计算机系统日期调整为 2018 年 1 月 1 日。

3. 根据业务需要，由不同用户登录，完成本实验内容。

【实验资料】

1. 采购审批流程业务。

由总经理办公室刘文轩（0003）对审批阶段和审批模板进行定义。

➤ 定义批准阶段：

阶段名称（描述）：采购订单审批；内容：由采购部苟小莉（0007）1 人对采购订单进行审批才能生效。

➤ 定义批准模板内容见表 7 - 3。

表 7 - 3　　　　　　　　　　　　定义批准模板内容

批准模板名称/描述	创建者	凭证	阶段	条件
采购订单审批模板	蔡文（0008），采购部	采购订单审批	采购订单，注意：通过点击"TAB"键输入	当"凭证总额"=20000.00 元人民币时

2. 采购模块标准流程业务（需要审批）：采购订单—收货采购订单—应付发票—付款。

➤ 采购订单草稿的创建（需要审批）：1 日，蔡文（0008）创建采购订单：自南京诚美灯具配件公司订购 51 台灯架，不含税价为每台 500 元（普通客户售价），增值税税率为 13%。（授权程序界面的备注栏信息：请苟小莉经理审批采购订单。）

➤ 1 日，由苟小莉（0007）对蔡文创建的采购订单进行审批（批准）。

➤ 1 日，由采购部蔡文（0008）将经过审批的采购订单草稿生成正式的采购订单。

➤ 采购订单收货：1 日，仓储部王丽（0010）根据上述正式采购订单全部收货，并生成采购订单收货凭证。

➤ 应付账发票：1 日，财务部陈敏（0002）根据南京诚美灯具配件公司根据上述业务开出的应付账发票，进行应付账发票入账处理。

➢ 付款：1 日，财务部王文婧（0001）开出一张中行翔云路分理处支票，支票号为 0038，支付上述应付账款给南京诚美灯具配件公司。

3. 采购模块非标准采购流程。

（1）单到货未到业务处理。

➢ 采购订单（由王丹 < 0009 > 创建）：1 日，向南京诚美灯具配件公司，采购 100 个灯罩，不含税单价为 200.00 元（普通客户售价），增值税税率为 13%。

➢ 应付账发票（由陈敏 < 0002 > 创建）：1 日，公司财务部收到南京诚美灯具配件公司根据上述订单开出的应付账发票一张，财务进行应付账发票业务处理，但货物尚未到达企业。（注：在将"仓库"项激活的前提下，将未到的物料入虚拟原材料库处理。）

➢ 付款：1 日，按照上述应付账发票信息，财务部王文婧（0001）通过中行翔云分理处账户转账的形式，支付上述货款。

➢ 1 日，公司仓储部王丽（0010）收到上述货物，财务部陈敏（0002）根据收货通知进行库存转储处理（虚拟原材料库转原材料库）。

（2）货到单未到暂估业务处理。

➢ 1 日，仓储部王丽（0010）收到南京诚美灯具配件公司灯座 804 台，入原材料库。由于没有收到对方开出的应付账发票，故采购部王丹根据经验，暂估不含税价为每盏 55 元，增值税税率为 13%，财务部陈敏（0002）据此做暂估入账处理，填制收货采购订单。

➢ 1 日，财务部陈敏（0002）收到南京诚美灯具配件公司上述采购入库业务的发票：实际不含税单价为 50 元，增值税税率为 13%。财务部陈敏据此并基于暂估收货采购订单进行应付发票录入，并生成财务凭证。

➢ 付款：1 日，按照上述应付账发票信息，财务部王文婧（0001）通过中行翔云分理处账户转账的形式，支付上述货款。

（3）单货同到业务处理。

➢ 1 日，公司采购部王丹自中山市祥瑞灯具器材供应公司购进灯架 10 台，不含税单价为 400 元，增值税进项税税率为 13%，单货同到公司，产品已入库，公司财务部陈敏根据对方开出的发票入账，完成应付账发票填制工作。库存数据根据应付账发票信息自动进行更新。

➢ 1 日，按照上述应付账发票信息，财务部王文婧（0001）通过中行翔云分理处账户转账的形式，支付上述货款。

（4）拆分采购订单业务流程。

➢ 可拆分采购订单业务基础设置：1 日由财务部陈敏（0002）完成。

➢ 可拆分的采购订单的创建：1 日，采购部王丹（0009）根据生产需要计划自中山市祥瑞灯具器材供应公司购进灯架 20 台，不含税单价为 500 元（普通客户售价），准备入原材料库；购入灯泡 500 盏，不含税单价为 7 元（普通客户售价），准备入成品库，两类货物增值税税率都为13%，由采购部王丹创建可拆分的采购订单。

➢ 根据可拆分的采购订单创建收货采购订单：1日，仓储部王丽（0010）基于上述订单收货，财务部陈敏（0002）根据入库单信息创建收货采购订单。

➢ 财务部陈敏（0002）根据供应商开出的发票，在系统里创建应付账发票单据。

➢ 财务部王文婧（0001）对上述应付账发票完成付款业务，通过中行翔云路分理处转账支付。

➢ 由财务部陈敏（0002）取消可拆分的采购订单的基础设置。

4. 采购运费的业务处理。

（1）不需要分摊的采购运费处理。

➢ 1日，由财务部陈敏（0002）完成运费的基础定义见表7-4。

表7-4   运费基础定义

名称	费用科目	进项税组	固定金额-费用
灯罩采购运费	12110102	J0	130

➢ 1日，采购部王丹（0009）自中山市祥瑞灯具器材供应公司购入灯罩50个，每个不含税价为200元（普通客户售价），增值税税率为13%，单货同到，运输费普通发票上载明的不含税运费金额为130元，税率为3%。无采购订单环节。财务部陈敏（0002）根据仓储部王丽提供的收货单信息和供应商开具的发票信息（包含运费普通发票）按照单货同到业务完成应付发票的创建。

➢ 1日，财务部王文婧（0001）支付上述货款及运费11433.90元，通过中行翔云分理处账户转账支付。

➢ 1日，财务部陈敏（0002），取消该运费的基础定义。

（2）需要分摊的采购运费处理。

➢ 运费分摊业务：1日，采购部王丹（0010）自南京诚美灯具配件公司采购灯泡80个，不含税单价为人民币7元（普通客户售价），采购灯罩125个，不含税单位成本为人民币200元（普通客户售价），增值税税率为13%，材料已经入库，两种材料共发生运费460元，运费按照数量在两种物料间进行分配。

➢ 收货采购订单的创建：财务部陈敏（0002）根据仓储部王丽提供的收货单信息在系统中创建收货采购订单。

➢ 需要分摊的采购运费的基础设置：财务部陈敏（0002），基于收货采购订单，运费按照数量在灯罩和灯泡两种材料间进行分摊。

➢ 运费分摊付款凭证生成：财务部陈敏（0002）在采购模块的到岸成本界面，生成运费支付凭证，款项由中行翔云分理处账户支付。

➢ 应付账发票的创建：财务部陈敏（0002）根据供应商开出的发票，基于收货采购订单完成应付发票的创建（货款未付）。

5. 采购预付定金业务。

（1）预付定金供应商开具收款收据的采购业务。

➤ 创建预付款请求并付款：1 日，财务部王文婧根据采购部王丹与供应商的洽谈，通过中行翔云分理处账户转账的形式支付人民币 8475 元，预付南京诚美灯具配件公司购买 500 米线缆，不含税单价为 15 元（普通客户售价），增值税税率为 13% 的预付款项（合同订购线缆数量为 2000 米），由采购部王丹（0009）在系统中创建预付款请求单，王文婧（0002）自中行翔云分理处账户通过转账的形式完成预付款付款业务。

➤ 创建收货采购订单：1 日，财务部陈敏（0002）根据仓储部王丽提交的采购入库单信息在系统中创建收货采购订单并生成财务凭证。入库单信息为：线缆 2000 米，每米不含税单价为 15 元，增值税税率为 13%，供应商为南京诚美灯具配件公司。

➤ 创建应付发票：1 日，由财务部陈敏（0002）根据上一流程中的收货采购订单创建应付发票，并生成财务凭证。

➤ 付款（剩余货款）：1 日，由财务部王文婧（0001）向南京诚美灯具配件公司自中行翔云分理处账户开出一张转账支票，支票号为 39，金额为 25425.00 元，用于支付购买线缆的剩余货款，并在系统中完成付款流程。

（2）预付定金供应商开具收款发票的采购业务。

➤ 创建预付款发票并付款：1 日，采购部王丹预付中山市祥瑞灯具器材供应公司货款：灯架 10 台（计划订购 18 台），不含税单价为 500 元（普通客户售价），增值税税率为 13%，预付定金现金人民币 5650 元。对方开出 5650 元的收款发票（包括预付款和税金），财务部陈敏（0002）在系统中创建预付款发票，生成预付款财务凭证。王文婧（0002）自中行翔云分理处账户通过转账的形式完成预付款付款业务。

➤ 创建收货采购订单：1 日，仓储部王丽收到中山市祥瑞灯具器材供应公司计划订购的灯架 18 台（单价与税率同上述预付款业务），已经办理了入库手续。财务部陈敏（0002）按照收货单信息在系统中创建收货采购订单。

➤ 创建应付发票：1 日，供应商开出剩余产品的发票，货款为 4000 元，增值税为 520 元（税率为 13%）。财务部陈敏（0002）基于上述收货采购订单和预付款发票创建应付发票。（注意预付账款抵扣应付发票业务。）

➤ 付款（扣除预付款后的应付发票款）：1 日，财务部王文婧（0001）通过中行翔云路分理处账户银行转账的形式支付上述剩余货款 4520 元。

6. 固定资产采购业务。

采购部王丹自广东河源苹果电脑销售有限公司采购苹果电脑 15 台，每台 5120 元，增值税税率为 13%，电脑入虚拟固定资产库。款项未付。由财务部陈敏（0002）在系统中创建收货采购订单和应付发票信息。（注：本采购业务是不基于采购订单的采购业务。）

7. 采购退货流程。

（1）基于采购订单的退货业务。

➤ 采购订单创建：1 日，采购部王丹（0009）在系统中创建采购订单：自南京诚美灯具配件公司购入 100 个灯罩，不含税单价为 200 元（普通客户售价），增值税税率为 13%。

➤ 基于采购订单退货：同日，采购的货物到达企业，但在入库质量核查时，发现有 20 个灯罩没有达到质量要求，公司随即做了 80 个产品的入库和 20 个产品的退货处理：财务部陈敏（0002）基于采购订单在系统中创建 80 个产品的收货采购订单并生成财务凭证。

（2）基于已经创建的收货采购订单的退货业务。

接上例，1 日公司生产部在使用同日入库的 80 个灯罩进行生产过程中，发现有另外的 10 个灯罩不符合产品质量要求，由财务部陈敏（0002）做退货处理。

（3）基于已经创建的应付发票的采购退货业务。

接上例，1 日，财务部陈敏（0002）基于上述 70 个灯罩的收货采购订单生成应付账发票凭证。基于此，公司要将生产不需用的 5 个灯罩做退货处理，由财务部陈敏（0002）在系统中完成退货业务。

【实验操作指导】

1. 采购审批流程业务。

（1）定义批准阶段。

①由刘文轩（0003）登录系统，定义批准阶段。

②按照"管理（模块）—审批流程—定义批准阶段"路径，进入定义批准阶段界面。

③分别在"阶段名称"和"阶段描述"对话框输入：采购订单审批。需要审批的人数为 1。将光标置于用户所在的列，点击 TAB 键，选择输入审批人"苟小莉"。点击"添加"完成审批流程的定义。

（2）定义批准模板。

①由刘文轩（0003）登录，按照"管理（模块）—审批流程—定义批准模板"路径，进入定义批准模板界面。

②分别在"名称"和"描述"对话框输入：采购订单审批模板。

③点击"创建者"页签，将光标置于"用户"所在的列，点击 TAB 键，选择输入蔡文（0008）。

④点击"凭证"页签，选中"采购订单"前的对话框。

⑤点击"阶段"页签，将光标置于"阶段"所在的列，点击 TAB 键，选择输入"采购订单审批"阶段。

⑥点击"条件"页签，在选择"当下列条件满足时"，选中"凭证总额"前的对话框，点击"比率"对话框前的选择设置按钮 ▥，选择设置比率为"大于或等于""值"所在的列，输入 20000.00。

⑦点击"更新"按钮，完成批准模板的定义。

2. 采购模块标准流程业务（需要审批）。

（1）需审批的采购订单的创建和审批。

①采购订单的创建。

a. 由蔡文（0008）登录系统，创建采购订单。

b. 按照"采购—应付账款（模块）—采购订单"路径，进入采购订单创建界面。

c. 在"供应商"对话框，点击 TAB 键或点击供应商对话框后的选择设置按钮 ，选择输入供应商 S01（南京诚美灯具配件公司）。

d. 在"物料号"所在列，点击 TAB 键，选择输入 M01（灯架），数量为 51，不含税价为 500 元，增值税税率为 13%。

e. 点击"添加"按钮，在系统弹出的授权程序界面的备注栏输入：请苟小莉经理审批采购订单，并点击"确定"按钮，完成需审批的采购订单的创建。

②采购订单的审批和生成。

a. 由苟小莉（0007）登录系统，对采购订单进行审批。

b. 在系统弹出的"消息/警报概览"界面，点击从蔡文处发来的"凭证批准请求"。点击"采购订单"前的黄色箭头 ，进入"批准请求"界面，点击"决定"对话框后的选择设置按钮 ，选择设置"已批准"，并点击"更新"，完成采购订单的审批。

c. 由蔡文（0008）登录系统，在系统弹出的"消息/警报概览"界面，点击查看采购订单的审批情况。

d. 在已经审批的基础上，按照"采购—应付账款（模块）—凭证草稿"路径，进入"凭证草稿—选择标准"界面，选中"采购—应付账款"以及"采购订单"前的复选框，点击"确定"按钮，进入待生成的"凭证草稿"界面。在该界面点击需要生成的采购订单草稿，进入"采购订单—草稿［已批准］"界面，点击"添加"按钮，完成采购订单的生成。

注意：

◇ 对于需要经过审批的凭证，只有从凭证草稿转换生成正式凭证后，才能作为基础凭证用于后续业务。

（2）收货采购订单。

①由仓储部王丽（0010）登录系统，创建采购订单收货。

②按照"采购—应付账款（模块）—收货采购订单"路径，进入采购订单收货界面。

③在"供应商"对话框，点击 TAB 键，或对话框后的选择设置按钮 ，选择输入 S01（南京诚美灯具配件公司），并点击"采购订单"按钮。从"清单选择"界面，双击参照的"采购订单"，进入"选择凭证向导"，根据系统默认选项（默认选中"复制所有数据＜费用和预扣税＞"），点击"完成"，返回到"收货采购订单"界面。依次点击"添加"，生成相应的收货采购订单的财务凭证。

（3）应付发票创建。

①由财务部陈敏（0002）登录系统，创建应付发票。

②按照"采购—应付账款（模块）—应付发票"路径，进入应付发票创建界面。

③在"供应商"对话框，点击 TAB 键，或对话框后的选择按钮 ▣ ，选择输入 S01（南京诚美灯具配件公司），并点击"采购订单收货"按钮。从"清单选择"界面，双击参照的"采购订单收货"单据，进入"选择凭证向导"，根据系统默认选项（复制所有数据＜费用和预扣税＞），点击"完成"，依次点击"添加"，生成基于收货采购订单的应付发票财务凭证。

（4）付款核销。

①由财务部王文婧（0001）登录系统，进行付款操作。

②按照"收付款（模块）—付款—付款"路径，进入付款界面。

③在"供应商"对话框，点击 TAB 键，或对话框后的选择设置按钮 ▣ ，选择输入 S01（南京诚美灯具配件公司）。点击选择付款的应付发票，并点击工具栏的付款方式按钮 ☏ ，在"付款方式"界面，点击"支票"页签，选择设置付款银行（中行翔云路分理处），输入支票号 0038，在"金额"所在的列，点击"CTRL＋B"键，与应付发票对应的金额自动带入该对话框，现金流项目选择系统默认。

④依次点击"确定"和"添加"按钮，完成应付发票付款业务。

3. 采购模块非标准采购流程。

（1）单到货未到业务处理。

①采购订单创建。

a. 由采购部王丹（0009）登录系统，创建采购订单。

b. 按照"采购—应付账款（模块）—采购订单"路径，进入采购订单创建界面。

c. 在"供应商"对话框，点击 TAB 键或点击供应商对话框后的选择设置按钮 ▣ ，选择输入供应商 S01（南京诚美灯具配件公司）。

d. 在"物料号"所在列，点击 TAB 键，选择输入 M02（灯罩），数量为 100，不含税价为 200 元，增值税税率为 13%。

e. 点击"添加"按钮，完成采购订单的创建。

②应付发票创建。

a. 由财务部陈敏（0002）登录系统，创建应付发票。

b. 按照"采购—应付账款（模块）—应付发票"路径，进入应付发票创建界面。

c. 在"供应商"对话框，点击 TAB 键，或对话框后的选择设置按钮 ▣ ，选择输入 S01（南京诚美灯具配件公司）。点击"采购订单"按钮，从"清单选择"界面，双击参照的"采购订单"单据，进入"选择凭证向导"，根据系统默认选项，点击"完成"。点击工具栏的表格设置按钮 🗇 ，在弹出的对话框的"凭证"页签，将仓库信息选择设置为：04－虚拟原材料库。依次点击"添加"，生成基于采购订单的应付发票财务凭证。

③付款。

a. 由财务部王文婧（0001）登录系统，进行款项的支付。

b. 按照"收付款（模块）—付款—付款"路径，进入付款界面。

c. 在"供应商"对话框，点击 TAB 键，或对话框后的选择按钮 ，选择输入 S01（南京诚美灯具配件公司）。点击选择付款的应付发票，并点击工具栏的付款方式按钮 ，在"付款方式"界面，点击"银行转账"页签（总账科目为 10020101 – 银行存款—中行翔云路分理处），输入转账日期 2018.01.01，在"总计"对话框，点击"CTRL + B"键，与应付发票对应的金额自动带入该对话框，现金流项目选择系统默认。

d. 依次点击"确定"和"添加"按钮，完成应付发票付款业务。

注意：

◇ 银行转账形式支付中，总账科目为在总账科目设置阶段设置的会计科目。这里可以直接根据基础设置进行调用。用户也可以对其进行修改。

◇ 凭证中虚拟仓库的设置，可以在采购订单环节进行，也可以在应付发票创建环节进行。

④库存转储。

a. 由财务部陈敏（0002）登录系统，进行库存转储操作。

b. 按照"库存（模块）—库存交易—库存转储"路径，进入库存转储界面。

c. "从仓库"对话框，点击 TAB 键，选择输入 04（虚拟原材料库）。在"物料号"对话框，点击 TAB 键，选择输入 M02（灯罩），"到仓库"对话框选择输入 02（原材料库），数量输入 100，不含税价为 140.00 元。日记账备注信息为：库存转储—由虚拟原材料库转原材料库。

d. 点击"添加"按钮，完成库存转储业务。

（2）货到单未到暂估业务。

①采购订单收货（暂估）。

a. 由财务部陈敏（0002）登录系统，进行暂估收货采购订单操作。

b. 按照"采购—应付账款（模块）—收货采购订单"路径，进入采购订单收货界面。

c. 在"供应商"对话框，点击 TAB 键，或对话框后的选择设置按钮 ，选择输入 S01（南京诚美灯具配件公司）。在"物料号"所在列，点击 TAB 键，选择输入 M03（灯座），数量为 804，不含税价为 55 元，增值税税率为 13%。

d. 点击"添加"按钮，完成采购订单收货的创建，并生成财务凭证。

②应付发票创建。

a. 由财务部陈敏（0002）登录系统，进行应付发票创建操作。

b. 按照"采购—应付账款（模块）—应付发票"路径，进入应付发票创建界面。

c. 在"供应商"对话框，点击 TAB 键，或对话框后的选择设置按钮 ，选择输入 S01（南京诚美灯具配件公司）。点击"采购订单收货"按钮，从"清单选择"界面，双击参照的"采购订单收货"单据，进入"选择凭证向导"，在该界面选择"定制"，点击"下一步"，在新界面将"价格"修改为 50，点击"完成"，返回到应付账发票界面，点击"添加"按钮，完成应付账发票创建和财务凭证的生成。

③付款。

具体付款操作请参照标准采购流程中的付款业务，此处省略。

（3）单货同到业务。

①应付发票的创建。

a. 由财务部陈敏（0002）登录系统，进行应付发票创建操作。

b. 按照"采购—应付账款（模块）—应付发票"路径，进入应付发票创建界面。

c. 在"供应商"对话框，点击 TAB 键，或对话框后的选择按钮 ，选择输入 S02（中山市祥瑞灯具器材供应公司）。在"物料号"对话框，点击 TAB 键，选择输入 M01（灯架），数量输入 10，不含税价为 400.00 元，增值税税率为 13%。

d. 点击"添加"，在系统弹出的"系统信息"界面，点击"添加"。"系统信息"对话框信息弹出："未过账收货/交货。继续吗？"，点击"是"，完成应付发票的创建及财务凭证的生成，同时更新库存数据。

②付款。

具体付款操作请参照标准采购流程中的付款业务，此处省略。

（4）拆分采购订单业务流程。

①拆分采购订单业务基础设置。

a. 由财务部陈敏（0002）登录系统，完成拆分采购订单业务基础设置。

b. 按照"管理（模块）—系统初始化—凭证设置"路径，进入凭证设置界面。

c. 点击"每个凭证"页签，并点击"凭证"对话框后的选择设置按钮 ，选择"采购订单"，并选择"拆分采购订单"前的复选框，点击"更新"，完成拆分采购订单业务的基础设置。

②拆分采购订单的创建。

a. 由采购部王丹（0009）登录系统，进行拆分采购订单的创建。

b. 按照"采购—应付账款（模块）—采购订单"路径，进入总括采购订单创建界面。

c. 在"供应商"对话框，点击 TAB 键，或对话框后的选择设置按钮 ，选择输入 S02（中山市祥瑞灯具器材供应公司）。在第一行"物料号"对话框，点击 TAB 键，选择输入 M01（灯架），数量输入 20，不含税价为 500.00 元，增值税税率为 13%，在仓库所在的列，点击 TAB 键，选择输入 02（原材料库）。同理，在第二行"物料号"对话框，点击 TAB 键，选择输入 M05（灯泡），数量输入 500，不含税价为 7.00 元，增值税税率为 13%，在仓库所在的列，点击 TAB 键，选择输入 01（成品库）。

d. 点击"添加"按钮，系统弹出"系统信息"对话框："系统将创建次级采购订单。您要添加此凭证吗？"，点击"添加"，完成总括采购订单的创建。

③基于拆分采购订单创建收货采购订单。

a. 由财务部陈敏（0002）登录系统，创建收货采购订单。

b. 按照"采购—应付账款（模块）—收货采购订单"路径，进入采购订单收货界面。

c. 在"供应商"对话框，点击 TAB 键，或对话框后的选择设置按钮 ⬛，选择输入 S02（中山市祥瑞灯具器材供应公司）。点击"采购订单"按钮，进入"从清单选择"界面，按住 CTRL 键，选中两个拆分的采购订单，并点击"选择"按钮，进入"选择凭证向导"界面，选中"复制所有数据"，点击"完成"按钮，返回到"收货采购订单界面"，点击"添加"，完成收货采购订单的创建及财务凭证的生成。

④应付账发票的创建。

应付账发票创建的操作请参照标准采购流程中的相关业务，此处省略。

⑤付款。

付款操作请参照标准采购流程中的付款业务，此处省略。

⑥可拆分采购订单基础设置的取消。

a. 由财务部陈敏（0002）登录系统，取消可拆分采购订单的基础设置。

b. 按照"管理（模块）—系统初始化—凭证设置"路径，进入凭证设置界面。

c. 点击"每个凭证"页签，并点击"凭证"对话框后的选择设置按钮 ⬛，选择"采购订单"，取消"拆分采购订单"前的复选框，点击"更新"，即完成取消拆分采购订单业务的基础设置。

4. 采购运费的业务处理。

（1）固定采购运费处理。

①固定运费基础设置。

a. 由财务部陈敏（0002）登录系统，完成固定运费基础设置。

b. 按照"管理（模块）—系统初始化—凭证设置"路径，进入凭证设置界面。

c. 点击该界面的"概览"页签，并点击"定义费用"按钮，在弹出的"定义费用"界面，按照实验材料输入相关内容。

d. 点击"更新"，完成固定运费的基础设置。

②应付发票创建（单货同到）。

a. 由财务部陈敏（0002）登录系统，完成应付发票创建工作。

b. 按照"采购—应付账款（模块）—应付发票"路径，进入应付发票创建界面。

c. 在"供应商"对话框，点击 TAB 键，或对话框后的选择设置按钮 ⬛，选择输入 S02（中山市祥瑞灯具器材供应公司）。在"物料号"对话框，点击 TAB 键，选择输入 M02（灯罩），数量输入 50，不含税价为 200.00 元，增值税税率为 13%。

d. 点击"添加"，在系统弹出的"系统信息"界面，点击"添加"。"系统信息"对话框信息弹出："未过账收货/交货。继续吗?"，点击"是"，完成应付发票的创建及财务凭证的生成，同时更新库存数据。

注意：

◇ 应付账凭证生成与 J0 税收组（3%）设置的对应性。

③付款。

付款操作请参照标准采购流程中的付款业务，此处省略。

④取消固定运费的基础设置。

a. 由财务部陈敏（0002）登录系统，取消固定运费基础设置。

b. 按照"管理（模块）—系统初始化—凭证设置"路径，进入凭证设置界面。

c. 点击"定义费用"按钮，将灯罩采购运费的固定金额—费用金额改为0。

d. 点击"更新"，完成取消固定运费设置。

注意：

✧ 该不需要分摊的采购运费业务处理完毕，请将设置的该固定运费删除，否则该附加费用会出现在采购业务流程的其他单据中。对于没有采购运费的业务处理，造成干扰。

（2）需要分摊的采购运费业务。

①收货采购订单创建。

a. 由财务部陈敏（0002）登录系统，创建采购订单收货。

b. 按照"采购—应付账款（模块）—收货采购订单"路径，进入采购订单收货界面。

c. 在"供应商"对话框，点击TAB键，或对话框后的选择按钮 ▣ ，选择输入S01（南京诚美灯具配件公司）。在第一行"物料号"所在列，点击TAB键，选择输入M05（灯泡），数量为80，不含税价为7元，增值税税率为13%，同理，在第二行按照实验资料输入灯罩的收货信息。

d. 依次点击"添加"，完成收货采购订单的创建和财务凭证的生成。

②采购运费分摊基础设置。

a. 由财务部陈敏（0002）登录系统，进行采购运费分摊基础设置。

b. 按照"采购—应付账款（模块）—到岸成本"路径，进入"到岸成本"界面，进行采购运费分摊的定义。

c. 在"供应商"对话框，点击TAB键，或对话框后的选择设置按钮 ▣ ，选择输入S01（南京诚美灯具配件公司）。点击"采购订单收货"按钮，进入"从清单选择"界面双击选择参照的收货采购订单，将采购物料信息带入"到岸成本"的"物料"页签下。

d. 点击"成本"页签，在按照数量进行采购运费分摊的行，输入金额460.00。

e. 点击"添加"，弹出"系统信息"对话框："您要添加此凭证吗?"，点击"添加"，完成采购运费分摊的设置。

③运费分摊付款凭证生成。

a. 由财务部陈敏（0002）登录系统，生成分摊运费支付凭证。

b. 按照"采购—应付账款（模块）—到岸成本"路径，进入"到岸成本"界面，通过点击工具栏的上下翻页键 ⏮ ◀ ▶ ⏭ ，找到已经完成的运费分摊设置，点击

"日记账"页签，并点击"创建日记账分录"，弹出日记账分录页面，在"总账科目/业务伙伴代码"所在的列，点击 TAB 键，选择贷方会计科目 10020101 - 银行存款—中行翔云路分理处，将光标置于贷方金额处，按照借贷平衡原理，金额数值自动带出。现金流行项目选择：购买商品、接受劳务支付的现金。点击"添加"按钮，完成运费分摊的支付凭证。

④应付发票的创建。

应付账发票创建的操作请参照标准采购流程中的相关业务，此处省略。

5. 采购预付定金业务。

（1）预付定金供应商开具收款收据的采购业务。

①预付款请求的创建。

a. 由采购部王丹（0009）登录系统，创建预付款请求。

b. 按照"采购—应付账款（模块）—预付款请求"路径，进入预付款请求界面。

c. 在"供应商"对话框，点击 TAB 键，或对话框后的选择设置按钮 ▣，选择输入 S01（南京诚美灯具配件公司）。在"物料号"对话框，点击 TAB 键，选择输入 M04（线缆），数量输入 500，不含税价为 15.00 元，增值税税率为 13%。

d. 点击"添加"按钮，完成预付款请求的创建。

②付款（预付款）。

a. 由财务部王文婧（0001）登录系统，进行预付款支付。

b. 按照"收付款（模块）—付款—付款"路径，进入"付款"界面。

c. 在供应商"代码"对话框，点击 TAB 键，或对话框后的选择设置按钮 ▣，选择输入 S01（南京诚美灯具配件公司）。

d. 从付款凭证中选择要支付的预付款请求单，并点击工具栏的付款方式按钮 ▦，进入付款方式对话框。

e. 点击"银行转账"付款方式（总账科目根据总账科目设置为 10020101 - 银行存款—中行翔云分理处），输入转账日期：2018.01.01，在"总计"对话框点击"CTRL + B"，预付款金额自动显现。现金流主表项目系统默认。

f. 点击"确定"按钮。"系统信息"对话框信息："需要现金科目。选择不同科目会导致在现金流报表中的错误"，点击"继续"按钮。依次点击"添加"完成预付款支付业务。

③创建收货采购订单。

a. 由财务部陈敏（0002）登录系统，创建收货采购订单。

b. 按照"采购—应付账款（模块）—收货采购订单"路径，进入收货采购订单界面。

c. 在"供应商"对话框，点击 TAB 键，或对话框后的选择设置按钮 ▣，选择输入 S01（南京诚美灯具配件公司）。在"物料号"对话框，点击 TAB 键，选择输入 M04（线缆），数量输入 2000，不含税价为 15.00 元，增值税税率为 13%。

d. 依次点击"添加"完成收货采购订单的创建和财务凭证的生成。

④创建应付发票。

应付账发票创建的操作请参照标准采购流程中的相关业务，此处省略。

⑤付款（剩余款项的支付）。

a. 由财务部王文婧（0001）登录系统，进行预付款支付。

b. 按照"收付款（模块）—付款—付款"路径，进入"付款"界面。

c. 在供应商"代码"对话框，点击 TAB 键，或对话框后的选择按钮，选择输入 S01（南京诚美灯具配件公司）。

d. 从付款凭证中，点击 CTRL 键同时选择已支付的预付款请求单和应付发票凭证，并点击工具栏的付款方式按钮，进入付款方式对话框。选择"支票"付款方式，输入支票号为 39，在"金额"所在的列点击 CTRL + B 键，输入支付金额。

e. 点击"确定"按钮。"系统信息"对话框信息："需要现金科目。选择不同科目会导致在现金流报表中的错误"，点击"继续"按钮。依次点击"添加"完成剩余款项的支付。

（2）预付定金供应商开具收款发票的采购业务。

①创建预付款发票。

a. 由财务部陈敏（0002）登录系统，创建预付款发票。

b. 按照"采购—应付账款（模块）—预付款发票"路径，进入预付款发票创建界面。

c. 在"供应商"对话框，点击 TAB 键，或对话框后的选择设置按钮，选择输入 S02（中山市祥瑞灯具器材供应公司）。在"物料号"对话框，点击 TAB 键，选择输入 M01（灯架），数量输入 10，不含税价为 500.00 元，增值税税率为 13%。

d. 依次点击"添加"按钮，完成预付款发票信息的创建，并生成相应的财务凭证。

②付款：预付款的支付。

a. 由财务部王文婧（0001）登录系统，进行预付款支付。

b. 按照"收付款（模块）—付款—付款"路径，进入"付款"界面。

c. 在供应商"代码"对话框，点击 TAB 键，或对话框后的选择设置按钮，选择输入 S02（中山市祥瑞灯具器材供应公司）。

d. 从付款凭证中选择上一流程中要支付的预付款发票单，并点击工具栏的付款方式按钮，进入付款方式对话框。

e. 点击"银行转账"付款方式（总账科目根据总账科目设置为 10020101 – 银行存款—中行翔云分理处），输入转账日期：2018.01.01，在"总计"对话框点击"CTRL + B"，预付款金额自动显现。现金流主表项目系统默认。

f. 点击"确定"按钮。"系统信息"对话框信息："需要现金科目。选择不同科目会导致在现金流报表中的错误"，点击"继续"按钮。依次点击"添加"完成预付款支付业务。

③收货采购订单创建。

a. 由财务部陈敏（0002）登录系统，进行收货采购订单的创建。

b. 按照"采购—应付账款（模块）—收货采购订单"路径，进入收货采购订单创建界面。

c. 在"供应商"对话框，点击 TAB 键，或对话框后的选择设置按钮 ，选择输入 S02（中山市祥瑞灯具器材供应公司）。在"物料号"对话框，点击 TAB 键，选择输入 M01（灯架），数量输入 18，不含税价为 500.00 元，增值税税率为 13%。

d. 依次点击"添加"完成收货采购订单的创建和财务凭证的生成。

④创建应付发票。

a. 由财务部陈敏（0002）登录系统，进行应付发票的创建。

b. 按照"采购—应付账款（模块）—应付发票"路径，进入应付发票创建界面。

c. 在"供应商"对话框，点击 TAB 键，或对话框后的选择设置按钮 ，选择输入 S02（中山市祥瑞灯具器材供应公司），并点击"采购订单收货"按钮。从"清单选择"界面，双击选择参照的"采购订单收货"单据，进入"选择凭证向导"，根据系统默认选项（复制所有数据＜费用和预扣税＞），点击"完成"，返回到"应付发票"界面。

d. 在应付账发票界面点击"总计预付定金"前的选择按钮 ，在系统弹出的"拟定的预付定金"界面，选择预付款发票单据，点击"确定"，返回到"应付发票"界面。

e. 依次点击"添加"，生成扣除预付发票的应付发票及财务凭证的生成。

⑤付款（剩余款项的支付）。

a. 由财务部王文婧（0001）登录系统，进行款项的支付。

b. 按照"收付款（模块）—付款—付款"路径，进入付款界面。

c. 在"供应商"对话框，点击 TAB 键，或对话框后的选择设置按钮 ，选择输入 S02（中山市祥瑞灯具器材供应公司）。点击选择付款的应付发票，并点击工具栏的付款方式按钮 ，在"付款方式"界面，点击"银行转账"页签（总账科目为 10020101 - 银行存款—中行翔云路分理处），输入转账日期 2018.01.01，在"总计"对话框，点击"CTRL + B"键，与应付发票对应的金额自动带入该对话框，现金流项目选择系统默认。

d. 依次点击"确定"和"添加"按钮，完成应付发票付款业务。

6. 固定资产采购业务。

①收货采购订单创建。

a. 由财务部陈敏（0002）登录系统，创建采购订单收货。

b. 按照"采购—应付账款（模块）—收货采购订单"路径，进入采购订单收货界面。

c. 在"供应商"对话框，点击 TAB 键，或对话框后的选择设置按钮 ，选择

输入 S03（广东河源苹果电脑销售有限公司）。在"物料号"所在列，点击 TAB
键，选择输入 P04（苹果牌电脑），数量为 15，不含税价为 5120.00 元，增值税税
率为 13%。

d. 依次点击"添加"，完成收货采购订单的创建和财务凭证的生成。

注意：

◇ 固定资产采购业务与其他采购业务不同，在收货采购订单环节不生成相应的财
务凭证，只有在应付发票环节，才生成相应的财务凭证。

②应付发票创建。

应付账发票创建的操作请参照标准采购流程中的相关业务，此处省略。

7. 采购退货业务。

（1）基于采购订单的退货业务。

①采购订单创建。

a. 由采购部王丹（0009）登录系统，创建采购订单。

b. 按照"采购—应付账款（模块）—采购订单"路径，进入采购订单创建界面。

c. 在"供应商"对话框，点击 TAB 键，或对话框后的选择设置按钮 ⊞，选择输
入 S01（南京诚美灯具配件公司）。在"物料号"所在列，点击 TAB 键，选择输入 M02
（灯罩），数量为 100，不含税价为 200.00 元，增值税税率为 13%。

d. 点击"添加"，完成采购订单的创建。

②收货采购订单创建（基于采购订单退货）。

a. 由财务部陈敏（0002）登录系统，进行收货采购订单的创建。

b. 按照"采购—应付账款（模块）—收货采购订单"路径，进入收货采购订单创
建界面。

c. 在"供应商"对话框，点击 TAB 键，或对话框后的选择设置按钮 ⊞，选择输
入 S01（南京诚美灯具配件公司）。

d. 点击"采购订单"按钮，进入"从清单选择"界面，双击选择上述流程中的采
购订单，进入"选择凭证向导"界面，选择"定制"选项，并点击"下一步"按钮，
将数量修改为 80。点击"完成"，返回到收货采购订单界面。

e. 依次点击"添加"，完成收货采购订单的创建和财务凭证的生成。

（2）基于收货采购订单的退货业务。

①由财务部陈敏（0002）登录系统，进行基于收货采购订单的退货业务处理。

②按照"采购—应付账款（模块）—退货"路径，进入退货界面。

③在"供应商"对话框，点击 TAB 键，或对话框后的选择按钮 ⊞，选择输入 S01
（南京诚美灯具配件公司）。

④点击"采购订单收货"按钮，进入"从清单选择"界面，双击选择上述流程中
的收货采购订单，进入"选择凭证向导"界面，选择"定制"选项，并点击"下一步"
按钮，将数量修改为 10。点击"完成"，返回到退货界面。

⑤依次点击"添加",完成退货单的创建和财务凭证的生成。

（3）应付发票创建（基于上述退货后的收货采购订单）。

①由财务部陈敏（0002）登录系统,创建应付发票。

②按照"采购—应付账款（模块）—应付发票"路径,进入应付发票创建界面。

③在"供应商"对话框,点击 TAB 键,或对话框后的选择设置按钮 ,选择输入 S01（南京诚美灯具配件公司）,并点击"采购订单收货"按钮。从"清单选择"界面,双击参照的"采购订单收货"单据,进入"选择凭证向导",根据系统默认选项（复制所有数据＜费用和预扣税＞）,点击"完成",依次点击"添加",生成基于收货采购订单的应付发票财务凭证。

（4）退货（基于应付发票）。

①由财务部陈敏（0002）登录系统,创建应付发票。

②按照"采购—应付账款（模块）—应付账款贷项凭证"路径,进入应付账款贷项凭证创建界面。

③在"供应商"对话框,点击 TAB 键,或对话框后的选择设置按钮 ,选择输入 S01（南京诚美灯具配件公司）,并点击"应付发票"按钮。从"清单选择"界面,双击参照的"应付发票"单据,进入"选择凭证向导",选中"定制"选项,点击"下一步",将数量修改为5,点击"完成"按钮,返回到应付账款贷项凭证界面。

④依次点击"添加",生成基于应付发票退货的财务凭证。

第八节 采购报表的查询

SAP Business One 系统提供了丰富的采购报表查询功能,用户可以通过两个窗口对采购业务进行查询,分别是拖放相关窗口的采购—应付账款部分以及业务合作伙伴部分和采购—应付账款模块采购报表部分。

一、拖放相关窗口的采购—应付账款采购报表查询功能

路径：拖放相关（窗口）—采购—应付账款。

如图 7-52 所示,用户在拖放相关窗口的采购—应付账款部分可以查询到采购业务中各流程中的明细数据,如收货明细、采购订单明细、应收发票明细、应付账款贷项凭证等各流程中的详细数据。

图 7 - 52 拖放相关窗口采购应付账款明细数据查询内容

二、拖放相关窗口的业务合作伙伴部分

路径：拖放相关（窗口）—业务合作伙伴—业务伙伴。

通过以上路径，进入如下业务伙伴界面，通过点击供应商前的黄色箭头，可以进入到供应商界面，用户可以在打开的业务伙伴主数据界面点击"账户余额"后的黄色箭头，查询与该业务伙伴相关的余额明细数据，图 7 - 53 所示为 S03 南京诚美灯具配件公司应付账款的余额及明细数据信息。

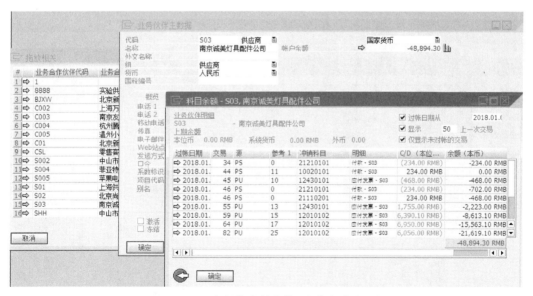

图 7 - 53 业务伙伴应付账款明细数据查询示例

除了在"拖放相关"窗口查询业务伙伴的明细数据外，在"模块"窗口，通过业

务合作伙伴（模块）—业务伙伴主数据路径，用户进入业务伙伴主数据定义界面，通过点击上下翻页键 ，找到要查询的业务伙伴，进行相应应付信息的查询。查询方法与上述第一种方法相同，这里不再赘述。

■ 三、采购—应付账款模块采购分析报表的查询

路径：采购—应付账款（模块）—采购报表—采购分析。

如图 7-54 所示，在采购分析界面，通过"供应商"页签，用户可以按年、月或季度查询特定会计期间的有关全部或部分供应商的应付发票信息、采购订单信息以及采购订单收货等信息，对于年度采购分析报表还可以以图表显示相应信息，图表形式包括线形图、条形图、饼形图、Spline 图等，用户可以进行自行选择设置。

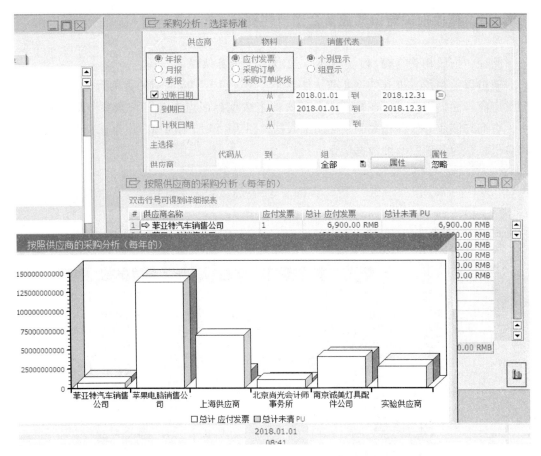

图 7-54　基于采购分析选择标准的采购分析报表查询示例

同理，通过"物料"页签，用户可以按年、月或季度查询特定会计期间的有关全部或部分物料的应付发票信息、采购订单信息以及采购订单收货等信息，对于年度物料

采购分析报表还可以以图表显示相应信息，图表形式包括线形图、条形图、饼形图、Spline 图等，用户可以进行自行选择设置。

通过"销售代表"页签，用户可以按年、月或季度查询特定会计期间的有关全部或部分销售代表的应付发票信息、采购订单信息以及采购订单收货等信息，对于年度与销售代表相关的采购信息，还可以以图表形式显示，图表形式包括线形图、条形图、饼形图、Spline 图等，用户可以进行自行选择设置。

 ## 四、采购—应付账款模块未清物料清单信息查询

路径：采购—应付账款（模块）—采购报表—未清物料清单。

未清单据为未为其创建后续单据的单据，其状态均为"未清"，基于"基础单据"创建"目标单据"后，该"基础单据"即从"未清"状态转为"已清"状态。如图 7-55 所示，用户可以以本币或系统货币查询到各种未清的物料清单信息，包括未清订单、未清交货和未完成的应付发票等信息，根据所查询的信息，用户根据实际进行相应的业务操作。

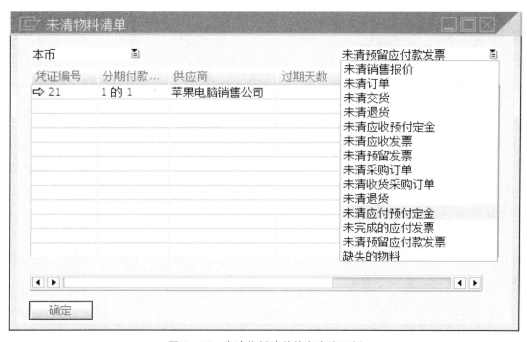

图 7-55 未清物料清单信息查询示例

思考题

1. 在 SAP Business One 系统中，采购相关报表的查询路径都有哪些？

2. 在 SAP Business One 系统中，采购模块的报表分析部分，都提供了哪些分析功

能？请举例说明。

实验十一　采购相关报表查询

【实验目的】

1. 掌握采购相关报表查询路径。

2. 能够熟练根据查询目的进行采购相关报表的查询。

【实验内容】

1. 应付发票的查询业务。

2. 未清收货采购订单的查询。

【实验准备】

1. 引入实验十实验内容。

2. 将计算机系统日期调整为 2018 年 1 月 1 日。

3. 财务部陈敏（0002）完成本部分实验内容。

【实验资料】

1. 查询本月所有供应商应付发票情况，并查询本月南京诚美灯具配件公司应付发票的详细报表。

2. 查询本月所有供应商的未清收货采购订单情况。

【实验操作指导】

1. 应付发票的查询。

①由财务部陈敏（0002）登录系统，进行应付发票的查询。

②按照"拖放相关—采购—应付账款—应付发票"路径，进入"拖放相关"界面。

③点击该界面的漏斗图标 ☷，过账日期设置为：在范围内，"值从"设置为 2018.01.01，"值至"设置为 2018.01.31。点击"确定"按钮，呈现本月所有供应商应付发票情况。

④点击该界面的漏斗图标 ☷，"过账日期"设置为：在范围内，"值从"设置为 2018.01.01，"值至"设置为 2018.01.31。"客户/供应商名称"设置为"等于"南京诚美灯具配件公司，点击"确定"按钮，呈现本月南京诚美灯具配件公司应付发票情况。

2. 未清收货采购订单。

①由财务部陈敏（0002）登录系统，进行未清收货采购订单的查询。

②按照"采购—应付账款（模块）—采购报表—未清物料清单"路径，进入"未清物料清单"界面。

③点击表头空白对话框后的选择设置按钮 ▣，选择设置"未清收货采购订单"选项，即可返回查询结果。

第八章　销售模块

第一节　销售模块概述

销售主数据维护和销售业务处理构成 SAP Business One 销售模块的主要内容，销售模块主数据包括业务伙伴主数据、物料主数据、价格清单等主数据，主数据相关内容的论述参见本书第一部分初始化设置相对应的内容，这里不再赘述。销售业务处理既包括订货、发货、应收发票和收款等基本业务处理，也包含预收账款、零星业务和退货业务处理。除此之外，系统还提供了丰富的销售报表查询功能。销售模块的主要功能如图 8 − 1 所示。

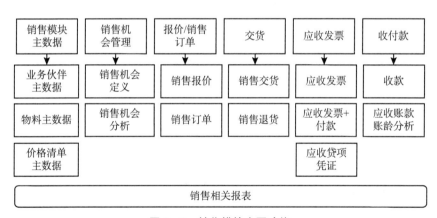

图 8 − 1　销售模块主要功能

第二节　销售机会

 一、销售机会概述

销售机会管理是每一个生产销售类企业经营管理的重要内容，也是每个以生产销售为导向的企业最为关心的问题。SAP Business One 系统提供了丰富的机会管理功能，通过销售机会管理，帮助销售人员管理自己的销售活动，并帮助销售经理分析每个项目的完成率、销售人员的业绩等。

如图 8 - 2 所示，SAP Business One 系统提供了销售机会定义和销售机会报表分析功能，用户可以基于此管理不同的机会，以便把握商机，取得有力的竞争优势。

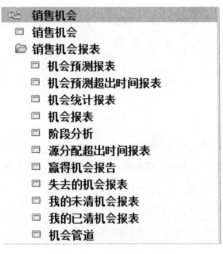

图 8 - 2　销售机会功能

销售机会管理是 SAP Business One 软件提供的主要功能，有助于进行销售管理，本书对该部分内容仅做理论论述，销售业务不同业务的处理，在理论论述的基础上，其实训内容是本章的重点之一。

　二、销售机会定义及维护

（一）销售机会管理流程

销售机会管理流程包括销售机会定义需要的销售机会主数据、销售机会维护、销售机会分析以及销售机会管道管理等内容。销售机会管理流程如图 8 - 3 所示。

（二）销售机会主数据设置

路径：管理（模块）—定义销售机会。

如图 8 - 4 所示，销售机会包含的基础数据设置包括销售阶段的定义，合作伙伴和竞争者定义以及相互之间关系定义。此部分的基础设置是后续销售机会定义的必备信息。本书仅以销售阶段定义为例对本部分内容进行论述，其余基础设置部分用户可以根据实际业务进行定义。

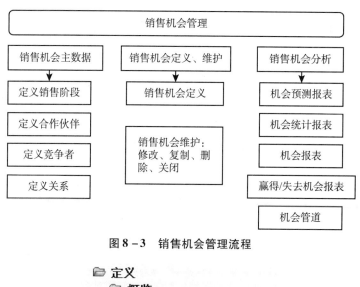

图 8 – 3　销售机会管理流程

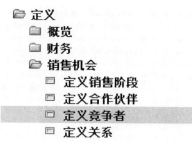

图 8 – 4　销售机会定义期初设置内容

　　如图 8 – 5 所示，用户可以对销售阶段包括名称和编号在内的内容进行定义，还可以根据不同的销售阶段对结算百分比进行定义。

#	名称	阶段编号	结算百分比	已
1	前期沟通阶段	1		
2	销售订单沟通阶段	2		
3	销售订单完成阶段	3		
4	销售预付款阶段	4		
5	销售收款阶段	5	100	
6				

确定　　取消

图 8 – 5　销售阶段定义示例

（三）销售机会定义

路径：销售机会（模块）—销售机会。

如图 8-6 所示，销售机会定义界面包含表头和表体信息，表头信息主要为潜在客户或客户信息，在业务合作伙伴代码处输入代码，与该业务伙伴相关的名称及交易的未清应收发票信息会显示在表头（对于潜在客户该字段不激活并为空）。表体信息包含潜力、概览、阶段、业务伙伴、竞争对手、摘要和附件等页签。

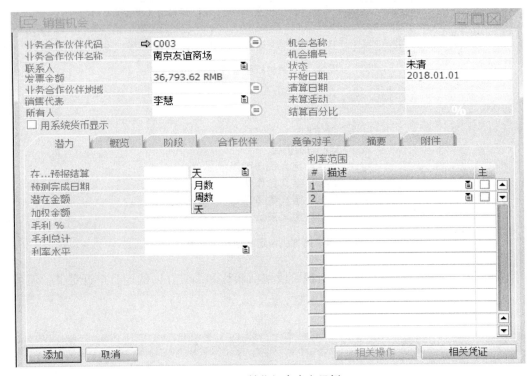

图 8-6　销售机会定义示例

1. "潜力"页签

如图 8-6 所示，用户需要在该页签定义预结算的时间，如"在……预报结算"处输入 1，在其后选择"周数"，系统会以系统日期 2018 年 1 月 1 日为基准，在"预测完成日期"后自动显示 1 周后的 2018 年 1 月 8 日为结算日期，用户要在"潜在金额"后显示预结算的金额等信息。潜在金额信息是必须要输入的信息。用户在该页签下也可以输入加权金额以及毛利等信息。

2. "概览"页签

如图8-7所示,在"概览"页签下,用户可以就本销售机会的来源进行定义及选择,以及选择与销售机会关联的项目等信息。

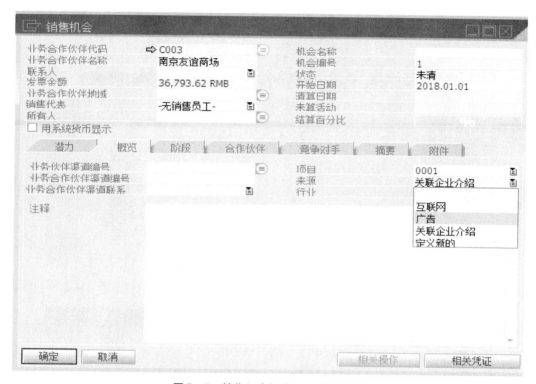

图8-7　销售机会概览页签定义示例

3. "阶段"页签

如图8-8所示,用户可以定义当前销售机会的阶段。在"潜力"页签定义的潜在金额系统会自动显示。用户可以根据销售阶段在该界面的"凭证类型"下选择相应的阶段,点击该界面"作业"列下的黄色箭头,进入"活动"界面,用户可以就该销售阶段联结的具体活动内容以及相关文件进行定义。

4. "合作伙伴"和"竞争对手"页签

对于"合作伙伴"和"竞争对手"页签信息,用户可以在此选择通过管理模块销售机会基础定义部分已经定义的合作伙伴和竞争对手信息,作为本销售机会的相关信息。

5. "摘要"页签

如图8-9所示,在该页签下,用户根据销售机会的实际运行情况,对销售机会的状态进行选择:未结束、输了、赢了等。对于"输了"或"赢了"的销售机会,用户一般会描述原因,作为销售机会管理的一部分内容。

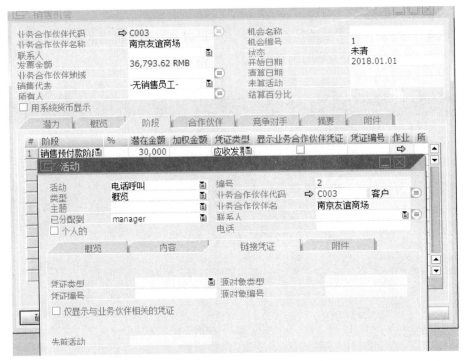

图 8 - 8　销售机会阶段页签定义示例

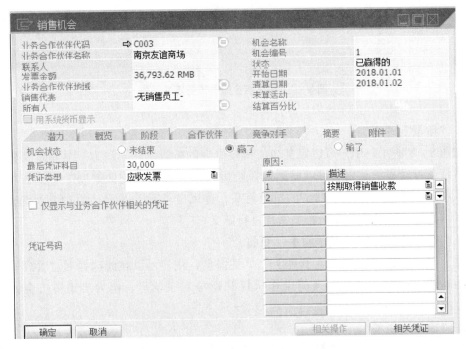

图 8 - 9　销售机会摘要页签定义示例

6.　"附件"页签

在"附件"页签，用户可以补充设置与此销售机会相关的文件信息。

（四）销售机会维护

销售机会的维护包括销售机会的修改、删除和复制。无论是销售机会的修改、删除还是复制，用户首先进入销售机会定义界面，通过上下翻页键 ⧏⧏ ⧏ ⧐ ⧐⧐ 查找到需要维护的销售机会。对于销售机会的修改，用户可以根据销售机会的新进展对其进行修改。对于销售机会的删除，用户通过选择菜单栏的"数据"按钮，点击"删除"即可。对于销售机会的复制，用户通过选择菜单栏的"数据"按钮，点击"复制"，在新复制的销售机会界面，用户输入新的客户信息即可。

（五）销售机会的关闭

如前面所述，销售机会定义中"摘要"页签信息，用户可以通过选择销售机会状态的形式："赢了"或"输了"对销售机会的状态进行定义，以此来关闭销售机会。

三、销售机会分析

销售机会执行情况如何，要通过 SAP Business One 系统提供的销售机会分析功能进行整体分析，来了解整体的销售情况，以便管理销售商机，更好地制定并执行销售策略。

（一）机会预测报表

如图 8 – 10 所示，通过不同的单独或组合选择，用户可以查询到未关闭的销售机会的状态信息。依据状态信息，进行后续的销售机会跟进工作。

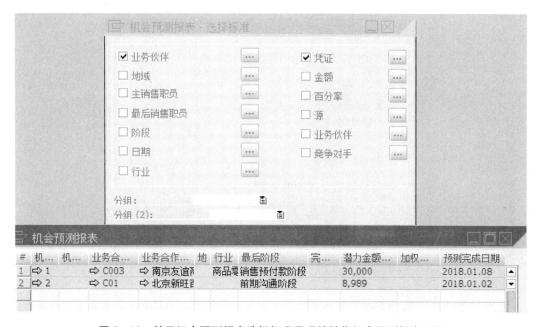

图 8 – 10　基于机会预测报表选择标准呈现的销售机会预测报表示例

（二）机会报表

如图 8 – 11 所示，用户可以通过单独或组合选择，对整体关闭及未关闭的销售机会进行查询，以便对不同销售机会采取不同的销售策略。

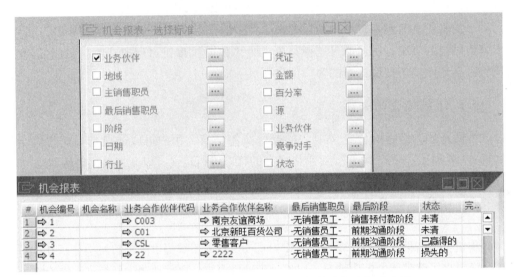

图 8 – 11　基于机会报表选择标准呈现的销售机会报表示例

（三）机会统计报表

如图 8 – 12 所示，用户在"机会统计报表—选择标准"界面选择不同的查询标准，

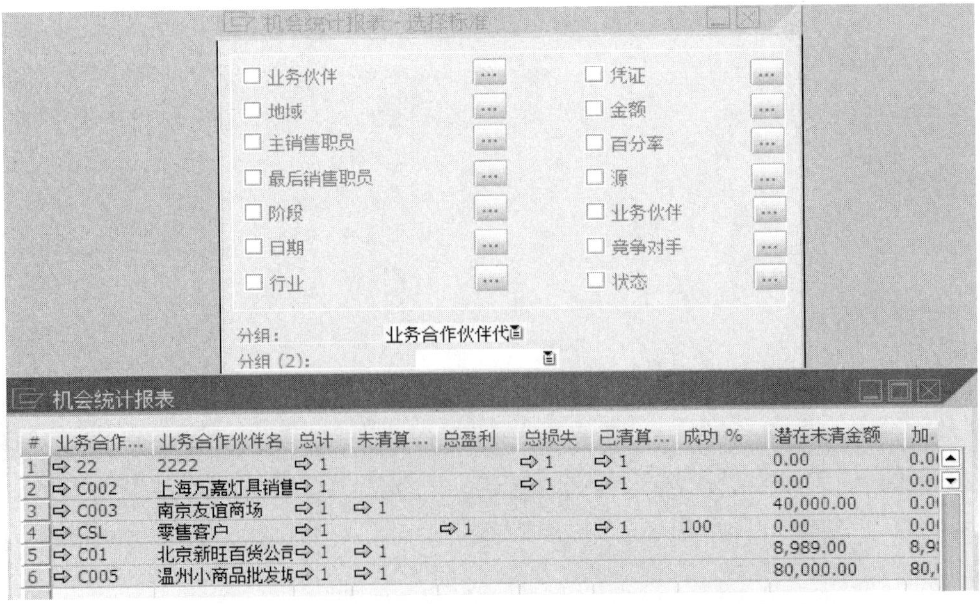

图 8 – 12　基于机会统计报表选择标准呈现的销售机会统计报表示例

点击"确定"按钮，即可查询到整体的销售机会报表，包括未清的、已清的各类销售机会。通过对该报表的查询，用户可以对整体的销售机会进行了解，以便为后续业务做准备。

（四）赢得机会报告

如图 8 – 13 所示，进入"赢得机会报表"页面，用户通过选择查询标准点击"确定"键，进入以图表和文字显示的"赢得机会报告"界面，通过点击"赢得机会报告"界面的相应行，即可在"机会清单"界面查询到具体的销售机会情况。

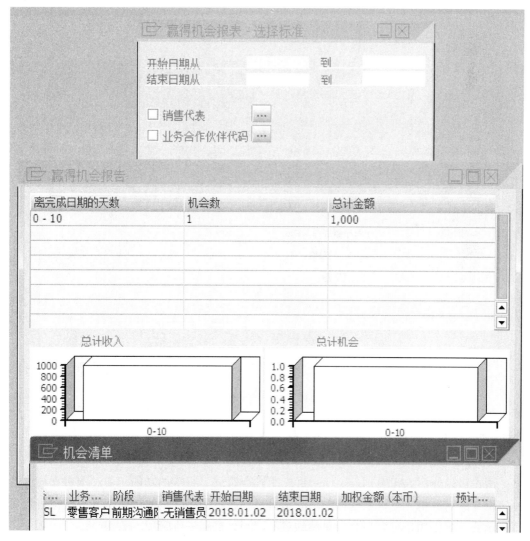

图 8 – 13　基于赢得机会报表选择标准呈现的赢得机会报告示例

（五）失去的机会报表

如图 8 - 14 所示，在"丢失的机会报表—选择标准"界面通过选择单独或组合查询条件，即可进入到"失去的机会报表"界面，通过点击该界面内的机会编号，还可以查询到具体的销售机会及销售机会执行失败的原因，以便为后续的销售机会维护提供借鉴。

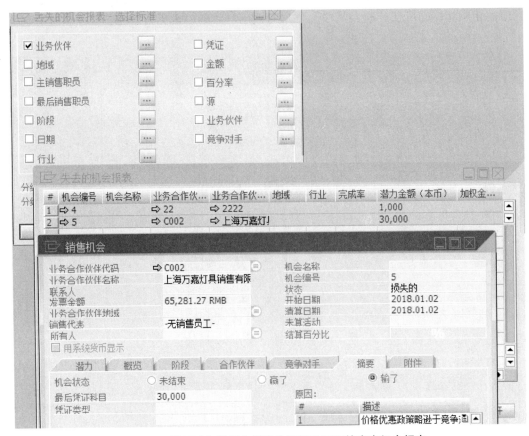

图 8 - 14　基于丢失的机会报表选择标准呈现的失去机会报表

四、机会管道

用户可以使用 SAP Business One 系统"机会管道"提供的功能，通过图表直观的对销售机会进行分析，也可以查询到不同销售机会所在销售阶段的详细信息，根据机会管道显示的信息，用户可以更有针对性的对不同销售机会进行管理。

如图 8 - 15 "机会管道"界面所示，位于界面左侧上方的为选择标准，下方的为"显示"标准选择。位于界面右侧上方的为按照显示标准以图形形式显示的不同销售阶段的实施结果信息。

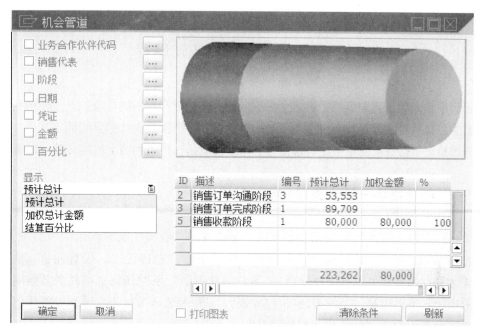

图 8-15 机会管道功能

通过双击图形中的不同销售机会所在的颜色阶段，会出现不同阶段的详细信息，如图 8-16 所示，为双击图形最左侧所显示的"销售订单沟通阶段"的所有销售机会信息。

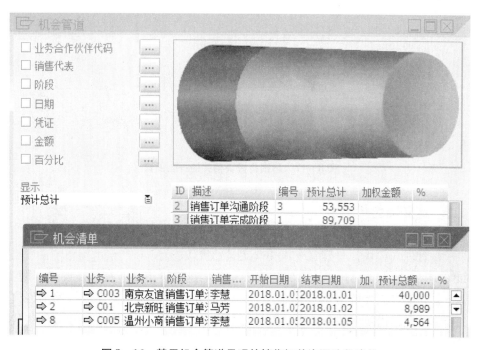

图 8-16 基于机会管道呈现的销售订单沟通阶段清单

第三节　销售模块基础设置

销售模块基础设置内容除了客户主数据、物料主数据和价格清单维护外，还包括与销售相关的总账科目的设置、客户活动限制的条件设置、销售代表和佣金组的定义等。其中大部分理论内容已在前面章节中有过论述，本节仅就销售代表和佣金组定义进行介绍。

一、销售模块一般设置部分初始化设置

路径：管理（模块）—系统初始化—一般设置的"收入"页签。

如图 8 – 17 所示，只有在"一般设置"中选中按"销售代表"设置佣金，销售代表选项才能在销售相关单据中被激活。"客户活动限制"下的任何选项是激活限制任何阶段的前提：发票限制、交货限制或订单限制。如果销售环节的审批流程发挥作用，用户还要在此界面勾选"凭证生成权限管理"复选框。

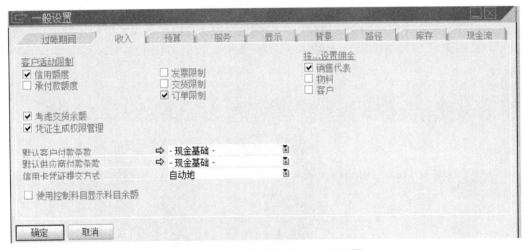

图 8 – 17　与销售模块相关的一般设置

二、定义销售代表

路径：管理（模块）—定义—概览—定义销售代表。

如图 8 – 18 所示，用户可以对销售代表相关信息进行定义。在已经设置"佣金组"的前提下，在此界面才能显示"佣金组"所在的列。用户如果要实现按照销售代表统计相关销售情况，以及评估各销售代表的佣金情况，可以通过设置佣金组和销售代表的形式予以实现。

图 8 – 18　销售代表定义

三、定义佣金组

路径：管理（模块）—定义—概览—定义佣金组。

如图 8 – 19 所示，在定义佣金组界面，用户可以针对不同的销售人员定义不同的佣金组及不同的佣金百分比，如可以设置针对销售经理和普通销售员工不同的佣金百分比。以此设置为基础，用户在定义销售代表时，可以选择定义其所属的佣金组。

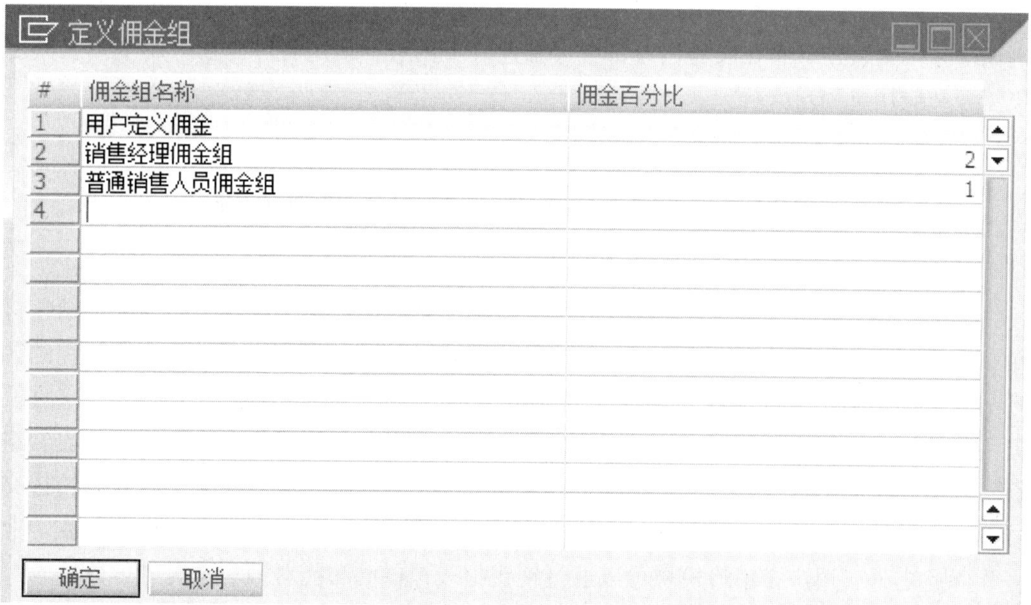

定义佣金组		
#	佣金组名称	佣金百分比
1	用户定义佣金	
2	销售经理佣金组	2
3	普通销售人员佣金组	1
4		

确定　取消

图 8 – 19　佣金组定义

注意：

◇ 在连续定义佣金组和销售代表时，要使用回车键，将光标移到下一行。

◇ 在定义销售代表界面，用户可以通过选定某一个销售代表，点击"缺省值"，设置默认的销售代表，当相关主数据或交易单据未指定销售代表时，系统会自动使用默认的销售代表。

◇ 用户通过不同的初始化设置，可以根据"销售代表""物料"和"客户"的不同选择设置佣金，本书为按照销售代表设置的佣金。如果按照销售代表设置佣金，需要在定义销售代表时，选择相应的佣金组。如果按照物料或客户设置佣金，需要在物料或客户主数据中选择相应的佣金组。

◇ 当创建销售单据时，系统会自动使用在客户主数据中指定的销售代表作为此单据的销售代表。如果已为此销售代表指定了佣金组，则此佣金百分比也会自动使用到此单据表体的行数据中。

◇ 系统并不能根据定义的佣金比例自动计算佣金并生成相应的凭证，仅提供佣金和相关业务的关联关系，用户必须根据自己掌握的信息计算佣金。

◇ 用户不能删除或更改系统默认定义的销售代表和佣金组。

四、定义审批流程

与采购业务审批流程的定义和应用相似，用户可以通过定义审批流程来控制销售单据的创建过程。定义审批流程后，只有被批准的业务单据才能作为基础凭证用于后续业务处理，进而引起相应的仓储数量的变化和财务凭证的生成。

销售业务审批流程的定义请参照采购业务审批流程的定义。关于销售审批流程本书理论部分不再赘述，将在实验内容部分涵盖此部分内容，使用者可以在应用中体会其定义流程和应用过程。

第四节 销售模块基本功能及业务处理

如图 8 – 20 所示，销售管理模块既能基于标准销售流程处理业务，即报价、销售订单、交货、应收发票等标准销售业务。当然在实际销售活动中，构成标准销售流程的各环节并不是必须经过的流程，其各流程还可以进行不同组合，如报价—交货—应收发票—收款组合、销售订单—交货—应收发票—收款组合、销售报价—应收发票—收款组合、销售报价—销售订单—应收发票—收款组合、销售订单—应收发票—收款和销售交货—应收发票—收款等六种不同组合。也能处理销售退货，零星销售和销售预收款等业务。除此之外，用户在销售模块可以通过销售报表提供的功能对销售情况进行分析。

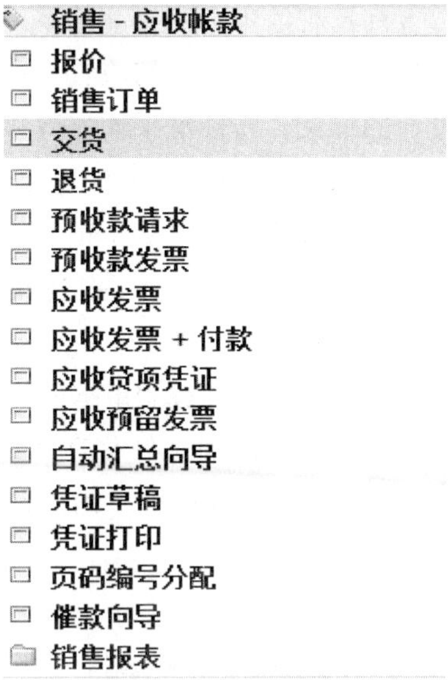

> 销售 - 应收帐款
> 　报价
> 　销售订单
> 　交货
> 　退货
> 　预收款请求
> 　预收款发票
> 　应收发票
> 　应收发票 + 付款
> 　应收贷项凭证
> 　应收预留发票
> 　自动汇总向导
> 　凭证草稿
> 　凭证打印
> 　页码编号分配
> 　催款向导
> 　销售报表

图 8 - 20　销售模块功能

与采购模块相似，在标准销售流程中，单据之间可以建立关联，即销售交货可以基于销售订单生成，应收发票基于交货单生成等。同样，用户可以使用"工具条"中的"基础凭证" 和"目标凭证" 按钮来快速查询当前单据的来龙去脉。

注意：

◇ 销售模块既包含已经创建主数据的"物料"的销售，也可以处理未创建主数据的"服务"的销售。

一、销售标准业务流程

如图 8 - 21 所示，SAP Business One 系统中标准的业务流程包含报价、销售订单、交货、应收发票以及收付款模块的收款业务流程。

> 销售 - 应收帐款
> 　报价
> 　销售订单
> 　交货
> 　退货
> 　预收款请求
> 　预收款发票
> 　应收发票

图 8 - 21　销售标准业务流程

销售报价是销售标准流程的第一步，是在客户有意愿购买产品的背景下，卖方开出的包含产品品种、数量、价格和付款方式在内的报价单；销售订单实际上是在客户介绍报价的基础上，所签订的对双方都具有约束力的销售合同（销售订单）；交货环节是实际产品出库交货环节；应收发票是根据交货生成的应收凭证；收款环节是流程的最后一环，收款完毕代表标准销售过程的结束。与标准采购流程相似，在标准销售流程中，后一个业务流程的"目标凭证"可以基于前一个业务流程生成的"基础凭证"生成，如销售订单可以基于报价单生成，销售交货单可以基于销售订单生成等。用户还可以使用"工具条"中的"基础凭证" 🔁 和"目标凭证" 🔁 按钮来快速查询当前单据的来龙去脉。

在 SAP Business One 系统的销售模块中，有的单据的生成是可选的，如销售报价单的生成，有的单据是系统必须生成的单据，如应收发票单据。单据是否需要生成，以及是否会引起相应数据的变化，表 8 - 1 就销售报价、销售订单、销售交货、应收发票业务单据创建情况进行了总结。

表 8 - 1　　　　　　　　　　　　　销售模块单据创建总结

业务内容	销售报价	销售订单	销售交货	应收发票
是否为必须创建的单据	否	否	否	是
是否可对单据进行修改/取消	是	是	是	是
如何冲销单据	关闭报价单	关闭订单	退货	应收贷项凭证
财务金额是否改变	否	否	是	是
可被关联创建的单据	无	销售报价单	销售报价单、销售订单、退货单	销售报价单、销售订单、销售交货

销售过程的不同流程对库存数据的影响不同，库存数据包含库存中、已承诺、已订购和可用的四组数据。表 8 - 2 对销售报价、销售订单、收货和应收发票流程对库存数据的影响进行了总结。

表 8 - 2　　　　　　　　　　　　销售模块业务流程对库存数据影响总结

库存数据/采购流程	库存中	已承诺	已订购	可用的
销售报价	不变	不变	不变	不变
销售订单	不变	增加	不变	减少
交货	减少	减少	不变	不变
应收发票	不变/减少	不变/不变	不变/不变	不变/减少

用户可以通过"库存（模块）—库存报表—库存状态"，查询各种存货的库存

状况。

（一）销售报价

路径：销售—应收账款（模块）—报价。

如图 8 –22 所示，销售报价单包含顶端的抬头部分信息、中部的表体信息以及界面下方的销售代表和备注信息，以及根据表体输入内容显示的金额信息。

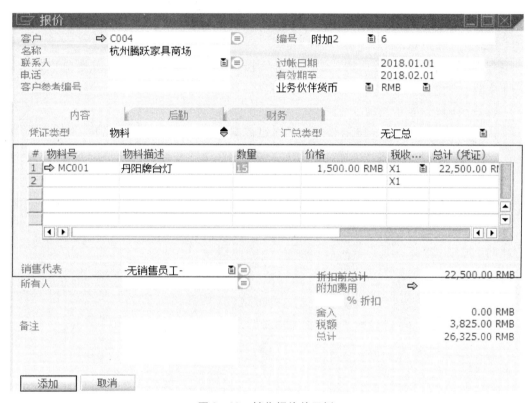

图 8 –22 销售报价单示例

1. 抬头部分信息

在客户对话框，点击"Tab"键选择输入客户代码，与此客户主数据一致的名称、联系人及货币信息会自动显示在抬头部分。过账日期为系统日期，以过账日期为基础，系统自动将报价单有效期延长 1 个月，用户也可以更改报价单有效期。

2. 表体部分信息

表体部分如上界面红色框内显示，包含内容、后勤和财务三个页签，每部分包含不同的信息。

（1）"内容"部分

"凭证类型"包含物料和服务两个选项，选择"物料"，则用户可以在表体物料号所在的对话框中通过点击"Tab"键的形式选择输入物料代码，与物料代码相同的物料主数据相关信息会自动显示在该对话框中，用户可以输入销售数量以及销售价格，在表体输入相关信息后，在界面下方会自动产生金额信息。如果在内容部分凭证类型选择"服务"，则用户需要在表体部分手动输入"服务"的描述信息，总账科目以及价格信息等。

对于"物料"销售，"汇总类型"包含"无汇总"和"按照物料"汇总两个选项，在"无汇总"选项下，表体物料信息都独立显示，不进行汇总。在"按照物料"汇总选项下，表体内如果有相同的物料信息输入，系统会自动对数量和金额进行汇总计算并显示。

注意：

◇ 凭证类型为"服务"时，后续业务流程如销售交货页面，要注意选择"服务"凭证类型。否则，会出现找不到相应销售订单信息的情况。

（2）"后勤"部分

如图 8 – 23 所示，"后勤"部分，主要包含发运至（仓库地址信息）、发运方式等信息，该信息会自动从业务伙伴主数据中复制到此界面。

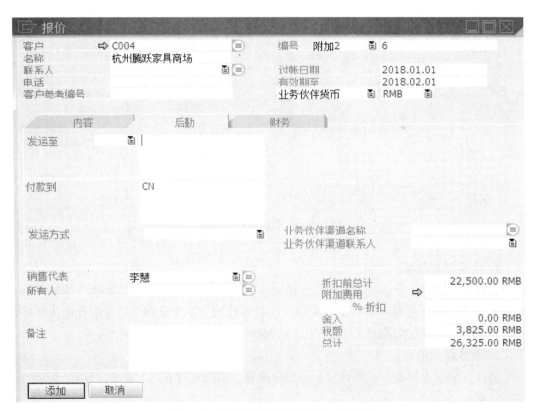

图 8 – 23　销售报价单后勤页签内容示例

（3）"财务"部分

如图 8 – 24 所示，"财务"部分除了常规内容以外，"付款条款"是用户关注的主要内容之一，用户可以在此选择系统已经设置好的付款条款，也可以定义新的付款条款。

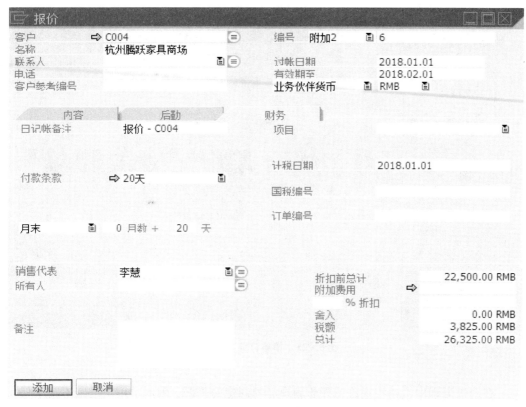

图 8 – 24　销售报价单财务页签内容示例

（二）创建销售订单

路径：销售—应收账款（模块）—销售订单。

标准销售流程中，用户可以应用系统提供的功能，以销售报价单为基础创建与报价单相同的销售订单，也可以在销售报价单基础上修改，创建有别于报价单的销售订单。创建方法为：用户在"销售订单"界面，输入客户代码信息并点击界面下方"报价"选项，系统会自动弹出与该客户有关的所有销售报价单信息，用户可以根据需要选择作为基础的"销售报价单"生成销售订单单据。根据需要用户在创建销售订单时，可以根据实际情况对销售报价单进行数量和单价的修改，如图 8 – 25 所示。

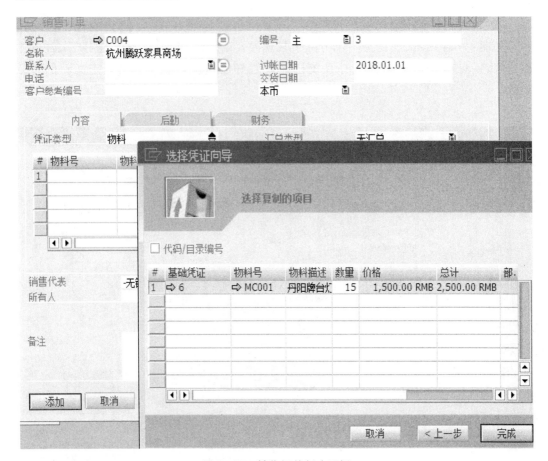

图 8 – 25　销售订单创建示例

在销售流程中，销售报价单并非用户必须创建的单据，因此，用户可以不基于任何基础凭证创建销售订单，销售订单创建的内容除了要注明交货日期外，其他内容基本与销售报价单一致，这里不再赘述。

注意：

◇　用户在创建销售订单时，根据初始化的设置和客户主数据设置的信用额度限制，可能会出现所创建销售订单超过信用额度的情况，用户要根据内部财务制度的规定做相应的处理。

◇　销售订单的创建不会引起库存状态的变化。

（三）创建销售交货单

路径：销售—应收账款（模块）—交货。

在标准销售流程中，交货基于销售订单创建，用户在"交货"界面，输入客户代码信息并点击界面下方"销售订单"选项，系统自动会弹出与该客户有关所有销售订单信息，用户可以根据需要选择作为基础的"销售订单"或"报价"生成交货单。根据需要用户在创建交货单时，可以根据实际情况对销售订单进行数量和单价的修改，如图 8 - 26 所示。

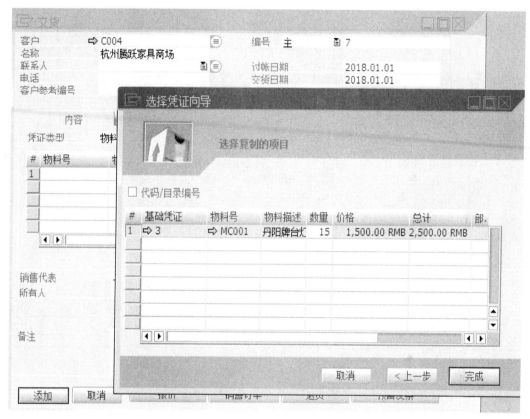

图 8 - 26 销售交货单创建示例

销售交货单的添加生成，不但会引起库存量和承诺量的减少，还会生成结转已经售出商品成本结转的财务凭证。

（四）创建应收发票

路径：销售—应收账款（模块）—应收发票。

在标准销售流程中，应收发票基于交货生成，用户在"应收发票"界面，点击 TAB 键，选择输入客户代码信息并点击界面下方"交货"选项，系统会自动弹出与该客户有关所有交货单信息，用户可以根据需要选择作为基础的"交货单"生成应收发票信息。根据需要用户在创建应收发票单据时，可以根据实际情况对交货单进行数量和单价的修改，如图 8 - 27 所示。

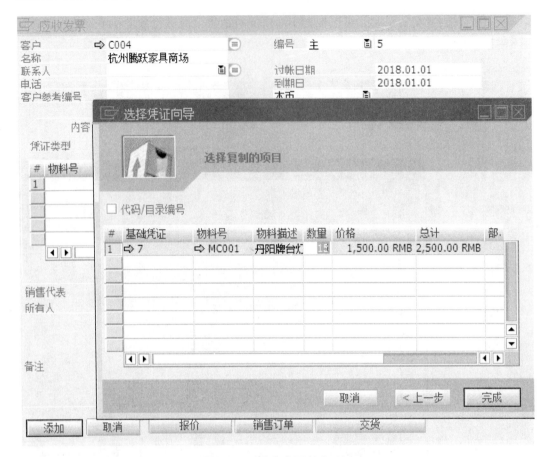

图 8 – 27　应收发票创建示例

基于交货单生成的应收发票信息，不会引起库存状态的变化，但会生成应收账款增加的财务凭证。

注意：

◇ 根据标准销售流程生成的单据，用户可以在相应界面表体的"备注"栏查看"基础凭证"信息。

（五）收款

路径：收付款（模块）—收款—收款。

用户在"收款"界面，输入客户代码信息，在收款的表体部分会出现所有有关该客户的应收未收款项的发票信息，用户可以根据实际情况，选择用户对应的应收发票进行款项的收取。在此基础上，点击工具栏上的付款方式按钮，进入付款方式界面，用户在此界面可以根据实际情况选择付款方式（支票、银行转账、信用卡、现金和汇票），关于付款方式的论述，请参见采购模块的相关内容，这里不再赘述。在此界面，在基础设置中"分配现金流行项目""强制的"选项下，如果系统默认的现金流主表项目不符合实际情况，用户可以在此选择设置符合实际的现金流主表项目。否则会出现由于缺少现金流主表项目收款财务凭证无法生成的情况。"收款"界面的内容，如图 8 – 28 所示。

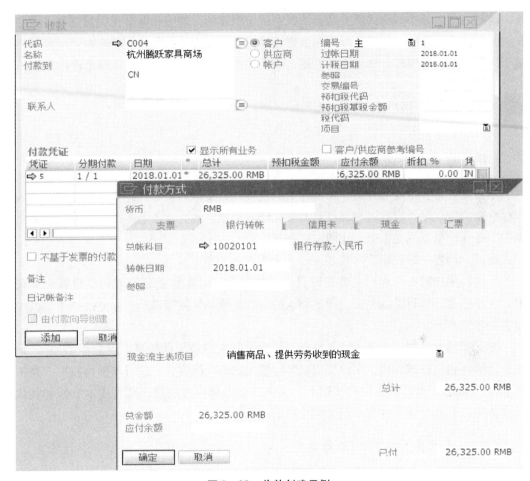

图 8 – 28 收款创建示例

注意：

◇ 用户在"收款"界面，不仅能够处理基于发票的应收账款的收取，在选中"不基于发票的付款"选项的基础上，用户还可以处理不基于发票的收款业务，如应收账款的期初余额收款等。

◇ 在收款的"付款方式"界面，"现金流主表项目"为系统在一般设置—现金流界面选定的默认主表项目，用户可以根据实际情况，在此界面做相应选项的变动。

二、销售组合的业务流程

如本模块概述部分的描述，销售模块可以根据不同情况处理不同销售流程组合的业务，这些组合业务中，有的流程是必须在系统中创建的，如应收发票和收款流程，有些流程的创建是可选的，如销售报价和销售订单流程等。销售组合业务理论内容很多都相似于标准销售业务流程，这里不再赘述，在实验实训部分用户可以对其理论进行理解。

 三、销售特殊业务流程

（一）零售业务流程

零售业务是客户现场提货、现场付款和现场开具发票的业务，此类业务会同时影响库存数据的变化以及应收账款和收款财务凭证的生成，此类业务不必在系统中创建多个单据，是一个单据涵盖多个动作的销售业务。

路径：销售—应收账款（模块）—应收发票＋付款。

前提：用户需要在客户主数据设置中设置专门针对零售业务设置的零售客户主数据；在总账会计科目确认界面，指定默认的应收发票和付款客户是在业务伙伴主数据中设置的零售客户。

此类零售业务的一个最大特点是在系统中添加完应收发票信息，点击"添加"，系统自动弹出付款方式界面，用户要根据实际情况选择收款方式，进行款项的收取。在依次点击"确定"和"添加"的基础上，系统自动生成应收发票、销售成本结转和收款的财务凭证。此类业务内容如图 8－29 所示。

（二）先开票后发货的业务流程

在某些情况下，客户可能要求销售方先开票后发货即先开票后发货的业务流程。这种流程在实务中有两种可能的组合：销售订单—应收预留发票—交货—收款，应收预留发票—交货—收款。应收预留发票的创建不影响系统中有关库存状态的变化，但会生成一张应收账款的财务凭证。本教程以第二种组合介绍该流程操作过程。

1. 应收预留发票

路径：销售—应收账款（模块）—应收预留发票。

用户在如下"应收预留发票"界面，选择输入用户的代码，其信息自动出现在该界面表首部分，在表体部分输入销售物料或服务的信息，点击"添加"按钮，在系统中自动生成一张应收账款的财务凭证，其操作内容如图 8－30 所示。

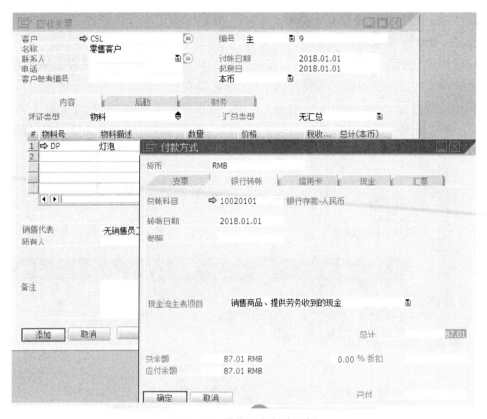

图 8 - 29　零售业务创建示例

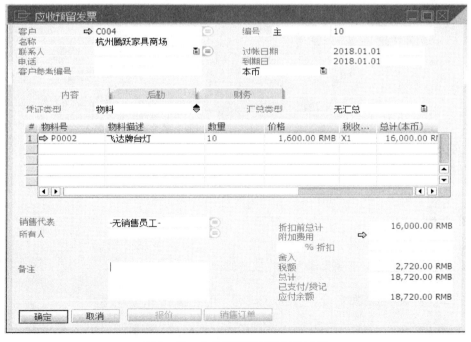

图 8 - 30　应收预留发票的创建示例

2. 交货：根据应收预留发票交货

路径：销售—应收账款（模块）—交货。

用户在"交货"界面，选择输入客户代码，其信息自动出现在该界面表首部分，在该界面的表底部分，点击"预留发票"，用户可以在弹出的对话框中，选择相对应的应收预留发票进行全部或部分交货的业务处理，如图 8 – 31 所示，依次点击如下界面的"完成"和"添加"按钮，系统可生成一张结转已售商品成本的财务凭证，并引起相应库存状态的变化。

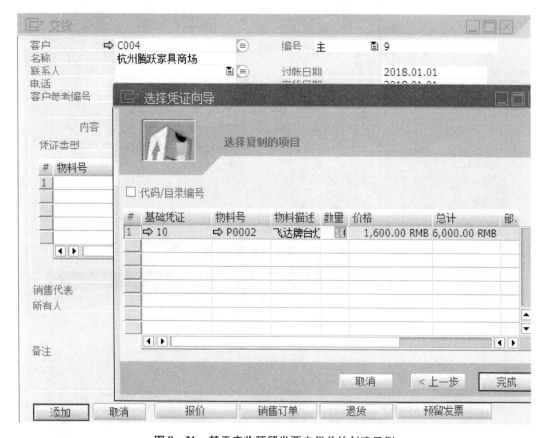

图 8 – 31　基于应收预留发票交货单的创建示例

3. 收款

路径：收付款（模块）—收款—收款。

收款业务流程与标准销售流程的收款类似，这里不再赘述。

（三）对客户预收定金（预收账款）开具收据业务流程

在实际销售业务中，有时客户会预付所购产品的部分定金（而非全部货款），之后再进行相应的销售业务，此类业务基本流程为：销售报价、销售订单、预收款请求、收款、交货、应收发票、收取剩余货款，各部分根据实际可以按照一定规则进行组合，形成个性化的销售预付定金销售流程。本书理论部分将以销售订单—预收款请求—收款—应收发票—收款（剩余货款）流程为例进行阐述。

1. 销售订单

销售订单的创建与标准销售流程的销售订单创建类似，这里不再赘述，其内容为：销售飞达牌台灯 10 盏，单价 1600.00 元，增值税税率为 13%。

2. 预收款请求：根据销售订单生成部分收款的预收款请求

路径：销售—应收账款（模块）—预收款请求。

如图 8-32 所示，预收款请求基于上一流程的销售订单做了部分预收款的业务处理（销售订单为飞达牌台灯 10 盏，预付款为 3 盏，单价和税率不变），此预收款请求单既是对客户已经付款的一张凭证（收据），又是财务对款项做账的依据，但此单据的产生不会引起库存状态和财务数据的变化。

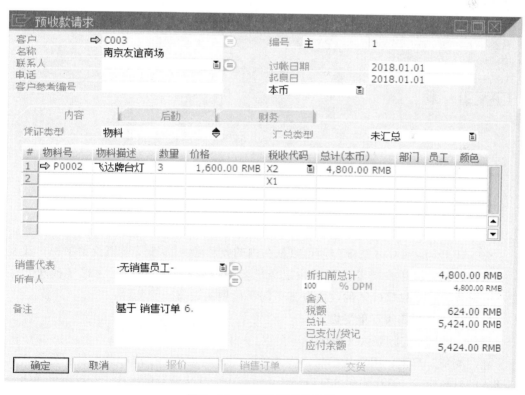

图 8-32　预收款请求单示例

3. 收款：收取预收货款

路径：收付款（模块）—收款—收款。

如图 8-33 所示，用户在"收款"界面输入客户代码，与该客户相关的应收或预收款信息会显示在该界面的表体部分，用户根据实际情况选择上一流程中的预收款项目，点击工具栏上的付款方式按钮 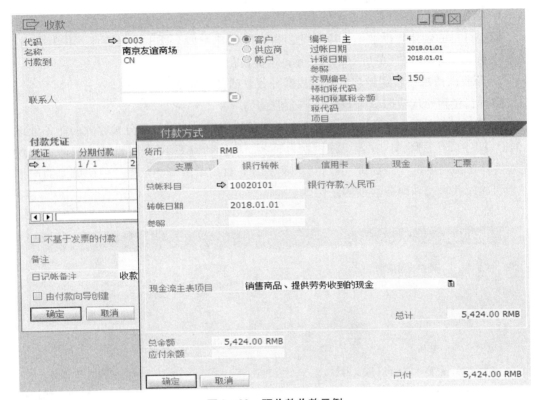，根据实际支付方式进行款项的收取（本例为银行转账方式收款）。收款过程会生成一张预收款的财务凭证。

图 8-33　预收款收款示例

注意：

◇ SAP Business One 系统包括预收款在内的收款业务都涉及增值税销项税，在实际收取预收款时，用户需要设置预收定金税金的抵销科目。路径：管理（模块）—定义—财务—总账科目确认的收入页签下的税额项的设置。

4. 交货：根据销售订单交货

路径：销售—应收账款（模块）—交货。

在"交货"界面，用户基于"销售订单"创建交货单，生成一张结转已经销售商品成本的财务凭证。具体操作参见标准销售流程中的交货流程的操作，这里不再详述。

5. 应收发票：基于发货创建应收发票单据

在"应收发票"界面，用户基于"交货单"创建应收发票，生成一张应收账款的财务凭证。具体操作参见标准销售流程中的交货流程的操作，这里不再详述。

6. 收款：收取扣除预收账款后此笔销售业务的余款

路径：收付款（模块）—收款—收款。

因为本次收款，是收取扣除预收款后的余款，因此在图 8-34"收款"界面，本次收款要选中"预收款请求"和本销售业务的"应收发票"所在的凭证行，进行剩余款项的收取，生成一张收取余款的财务凭证。

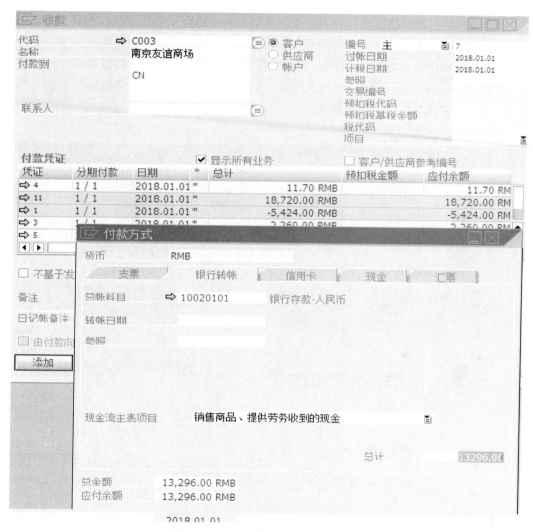

图 8 – 34 扣除预收账款销售收款示例

（四）对客户预收定金（预收账款）开具发票业务流程

本业务流程与收取预收账款开具收据不同，对于客户预付的部分定金要开具定金发票，然后再进行后续的销售业务，其基本流程为：销售报价—销售订单—预收款发票—收款—交货—应收发票—收款（余款），各流程可以按一定规则进行组合，形成符合实际的销售预付定金开具发票的业务。本书理论部分将以销售订单—预收款发票—收款—应收发票—收款（剩余款项）流程为例进行阐述。

1. 销售订单

销售订单的创建与标准销售流程的销售订单创建类似，这里不再赘述，其内容为：

向客户销售 10 盏丹阳牌台灯，单价 888.00 元每盏，增值税税率为 13%。

2. 预收款发票：基于销售订单创建预收款发票

路径：销售—应收账款（模块）—预收款发票。

在图 8 – 35 "预收款发票" 界面，用户基于上一流程的 "销售订单" 和客户的交款情况，开具了 3 盏台灯，单价为 888.00 元人民币，税率为 13% 的预收款发票（订单为 10 盏）。在 "预收款发票" 界面，基于 "销售订单" 创建预收款发票过程中，注意要将预付款数量进行更改，完成单据创建后，在预收款发票界面点击 "添加" 按钮，即生成一张预收和应收账款的财务凭证。

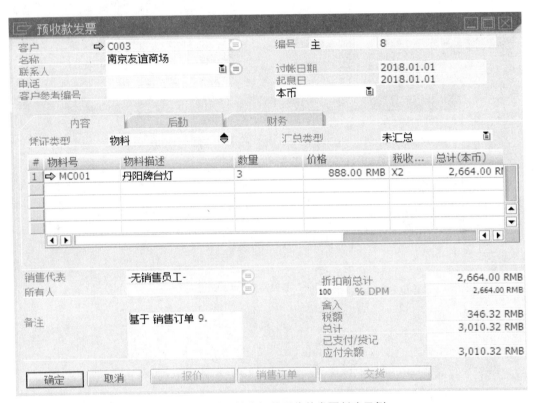

图 8 – 35　基于销售订单预收款发票创建示例

3. 收款：基于预收款发票收款

路径：收付款（模块）—收款—收款。

在图 8 – 36 "收款" 界面，在输入客户代码的情况下，与该客户相关的应收款或预收款发票或预收款数据信息会显示在该界面的 "表体" 内，用户要选择好与上一流程对应的预收款发票行，点击工具栏的支付方式按钮 🪙，根据客户实际支付方式进行款项的收取，如下界面是基于银行转账的款项的收取，依次点击 "确定" 和 "添加" 按钮，即可生成一张收款的财务凭证。

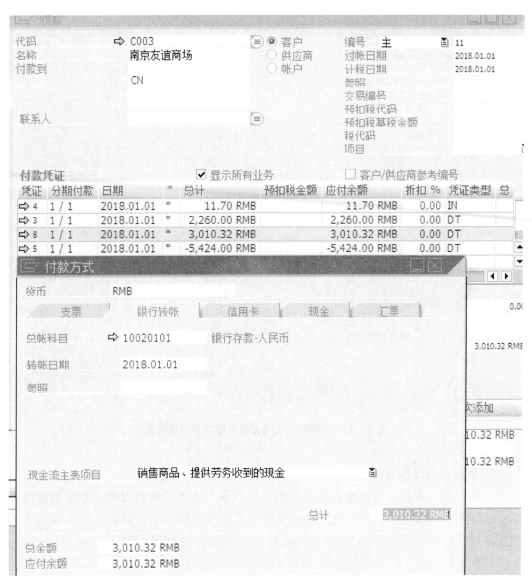

图 8-36 基于预收款发票收款示例

4. 应收发票：扣除预收发票金额的应收发票的开具

路径：销售—应收账款（模块）—应收发票。

在图 8-37 "应收发票"界面，在输入"客户"代码的情况下，用户基于"销售订单"创建应收发票单，对于已经开出发票的预收款项的扣除，用户要在"应收发票"界面，点击总计预付定金前的选项按钮 ，选择与业务对应的预收款发票单据，相应的预收款金额会出现在该选项后。因为此处不是基于"发货"创建的应收发票，因此这里发票的创建，不但会引起库存状态的变化，还会生成一张应收发票和已售商品成本结转的财务凭证。

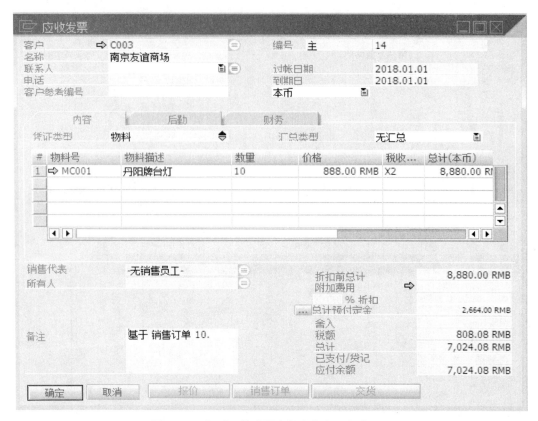

图 8-37　扣除预收发票金额应收发票创建示例

5. 收款：扣除预收款的剩余款项的收回。

在"收款"界面，用户输入客户代码，与该客户有关的应收发票、预收发票等信息会显示在该界面的"表体"内，用户按照业务需要选择与上一流程匹配的应收发票所在的行进行款项的收取。详细操作请参见标准销售流程中的收款操作。

 四、销售退货业务流程

在销售实务中，客户会因为产品质量等问题要求全部或部分退货。退货可能发生在交货但没有开具发票或收据后，也可能发生在交货并在系统中创建应收发票后，还可能发生在客户已经付款的情况下要求退货。退货发生的环节不同，业务处理也会不同，对财务数据的影响也不同。

（一）交货但未开发票退货业务处理

1. 交货

交货单的创建与标准销售流程的交货单创建类似，这里不再赘述，本流程交货单内容为：向上海万嘉灯具销售有限公司交付 10 盏丹阳牌台灯，单价为每盏 896.88 元，增值税税率为 13%。

2. 退货：基于交货退货

路径：销售—应收账款（模块）—退货。

在图 8-38"退货"界面，用户输入客户代码，并点击该界面下的"交货"按钮，与该客户相关的交货信息会显示在交货清单中，用户根据实际需要选择要退货的交货单，点击"选择"按钮，进入"选择凭证向导"界面，在该界面通过选择"定制"，在后续的界面中，用户可以通过修改数量的方式，做出全部或部分退货的业务处理，并生成退货的财务凭证。

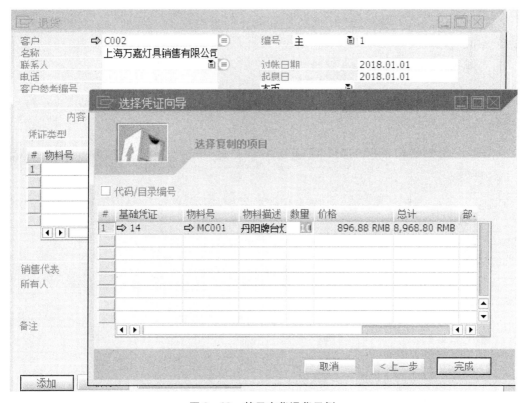

图 8-38　基于交货退货示例

（二）交货并开发票退货业务处理

1. 交货

交货单的创建与标准销售流程的交货单创建类似，这里不再赘述，本流程交货单内容为：向温州小商品批发城交付 5 盏飞达牌台灯，单价为 1280.00 元，增值税税率为 13%。

2. 应收发票：基于交货单创建应收发票

应收发票的创建与标准销售流程的应收发票创建类似，这里不再赘述，本流程应收发票为基于上述交货单创建的发票。

3. 退货：基于应收发票退货

路径：销售—应收账款（模块）—应收贷项凭证。

在"应收贷项凭证"界面，用户能够处理已经开具发票的退货业务，用户在图 8 – 39 界面输入用户代码，点击该界面下的"应收发票"，在系统弹出的对话框内出现与该客户有关的所有应收发票信息，用户根据退货情况，对相应的应收发票进行选择，在"选择凭证向导"界面，选择"定制"或"复制所有数据"选项，进行部分或全部退货业务的处理，并生成应收账款和成本结转的贷项财务凭证。

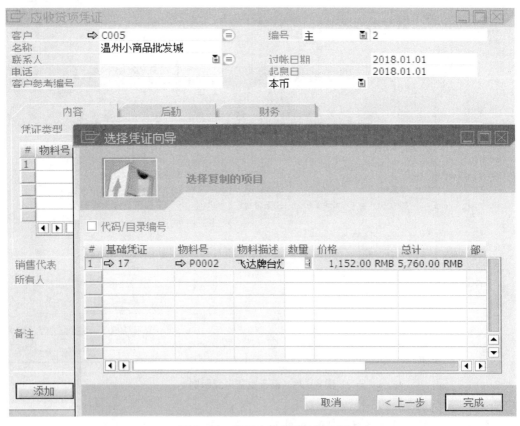

图 8 – 39　基于应收发票退货示例

（三）交货、开具发票并收款的退货业务处理

在销售业务已经交货、开具发票并收款的情况下进行退货，要涉及已收销售款的退回、产品的退回入库和发票（应收发票和预收发票）的冲回等业务。

1. 交货

交货单的创建与标准销售流程的交货单创建类似，这里不再赘述，本流程交货单内容：向上海万嘉灯具销售有限公司交付 7 盏飞达牌台灯，单价为 1280.00 元，增值税税率为 13%。

2. 应收发票：基于交货单创建应收发票

基于交货单创建应收发票与标准销售流程的应收发票创建类似，这里不再赘述。

3. 收款

收款流程与标准销售流程的收款创建类似，这里不再赘述。

4. 退款

路径：收付款—收款—收款。

用户在"收款"界面，点击工具栏中的查找按钮 ，在客户代码处输入客户代码，点击该界面内的"查找"按钮，在该界面的表体部分自动出现已经收款的条目，查找到要退款的收款行，点击菜单栏中的"数据"—取消，在系统弹出的对话框内，点击"是"，即可生成一张退款的凭证。其退款凭证如图 8-40 所示。

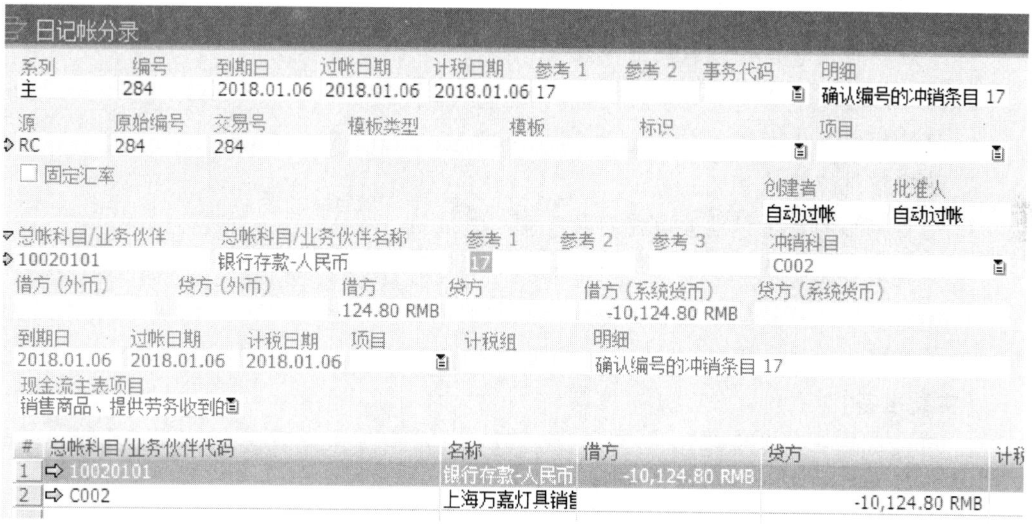

图 8-40　基于收款的退款业务凭证示例

5. 应收发票的冲销

路径：销售—应收账款（模块）—应收贷项凭证。

具体操作过程参见发货—开具应收发票—退货业务流程中的应收发票冲销过程。

思考题

1. SAP Business One 系统的销售过程中，对客户预付定金开具收据和开具发票对后续流程中的应收发票创建有什么影响？

2. SAP Business One 系统中都能处理哪些不同种类的退货业务，各类退货业务有什么区别？请举例说明。

3. 对已经开出预收款发票的销售业务，发生退货如何处理？

4. 在 SAP Business One 系统中，已售商品成本结转有哪几种方法？在哪部分做过相应的设置？

5. 对于客户的期初应收账款余额在收款环节如何收取？请举例说明。

实验十二　销售模块业务

【实验目的】

1. 掌握销售模块审批流程的应用。

2. 掌握销售模块的标准销售流程业务处理。

3. 掌握销售模块非标准销售业务处理。

4. 掌握销售模块不同退货业务处理。

5. 掌握销售模块预收账款的业务处理。

【实验内容】

1. 销售模块基础定义。

2. 销售审批流程的定义。

3. 需要审批的销售标准业务流程的处理。

4. 销售组合业务处理。

5. 销售特殊业务处理：零售业务、预收款业务。

6. 销售退货业务处理。

【实验准备】

1. 引入实验十一实验内容。

2. 将计算机系统日期调整为 2018 年 1 月 1 日。

3. 根据用户不同授权，由不同用户完成本部分实验内容。

【实验资料】

1. 销售模块初始化设置：按照图 8 - 41 界面选项设置，由财务部陈敏（0002）进行销售模块初始化设置。

路径：管理（模块）—系统初始化—一般设置的"收入"页签。

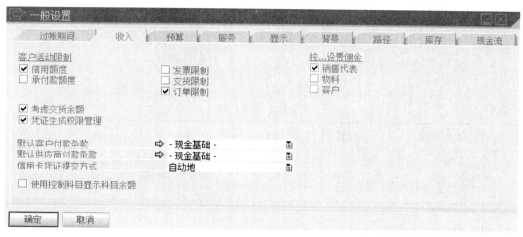

图 8 - 41　销售模块初始化设置

2. 佣金组和销售代表定义（由财务部陈敏 <0002> 完成）。

（1）定义佣金组。

路径：管理（模块）—定义—概览—定义佣金组。

定义佣金组见表 8 - 3。

表 8 - 3　　　　　　　　　　　　　　定义佣金组

佣金组名称	佣金百分比
销售经理佣金组	2
普通销售人员佣金组	1

（2）定义销售代表。

路径：管理（模块）—定义—概览—定义销售代表。

定义销售代表见表 8 - 4。

表 8 - 4　　　　　　　　　　　　　　定义销售代表

销售代表姓名	佣金组
马芳	销售经理佣金组
李慧	普通销售人员佣金组

3. 审批阶段和审批模板定义：由销售部经理李静（0006）对审批阶段和审批模板进行定义。

➤ 定义审批阶段内容：

阶段名称/阶段描述：销售报价审批阶段。

内容：由销售部李静（0006）1 人对销售报价审批才能生效。

➤ 定义批准模板内容见表 8 - 5。

表 8 - 5　　　　　　　　　　　　　　　定义批准模板内容

批准模板名称/描述	创建者	凭证	阶段	条件
销售报价模板	李慧，销售部	销售报价	销售报价审批阶段	当"凭证总额" = 100000.00 元人民币时

4. 销售业务处理。

（1）销售模块标准流程：销售报价—销售订单—交货—应收发票—收款。

➤ 销售报价（需要审批）：1 日销售部李慧（0004）按照客户咨询，向上海万嘉灯具销售有限公司开出以李慧为销售代表的报价单：96 盏飞达牌台灯，按照普通客户售价政策，不含税单价为 1600.00 元人民币，发运地址为上海南京路 103 号，付款条款为 20 天的销售报价单，增值税税率为 13%。

➤ 销售报价审批：1 日，根据系统提示的信息，销售部李静（0006）对该报价单进行审批。

➤ 销售报价创建：1 日销售部李慧（0004）根据销售报价审批的结果（已批准），生成正式销售报价单。

➤ 销售订单创建：1 日，销售部李慧（0004）基于审批的报价单，创建当天交货的销售订单。（超信贷额度情况下，业务继续进行。）

➤ 交货：1 日，财务部陈敏（0002）根据仓储部王丽（0010）提供的交货单，基于销售订单在系统中创建交货单并生成结转已售商品成本的财务凭证。

➤ 销售应收发票的创建：1 日，财务部陈敏（0002）基于交货单信息，开具全额的销售发票，同时在系统中创建全额应收发票，生成应收财务凭证。

➤ 收款：1 日，客户上海万嘉灯具销售有限公司开出一张转账支票支付上述货款，支票金额为 173568.00，支票号为 11，财务部王文婧将支票交存中行翔云分理处账户，并在系统中完成收款操作，生成收款凭证。

注意：

➤ 如果销售报价单没有经过审批，创建者可以对报价单进行修改，重新触发满足条件的报价单审批流程。

（2）销售组合业务：销售报价—应收发票—收款。

➤ 销售报价：1 日，销售部李慧（0004）根据与客户的洽谈，向南京友谊商场开出如下报价单：200 个灯泡，按照小客户售价政策不含税单价为 7.7 元人民币，发运地址为南京友谊路 11 号，付款条款为 30 天，增值税税率为 13%。

➤ 应收发票：1日，财务部陈敏（0002）根据上述销售报价单，创建应收发票，添加应收账款凭证。

➤ 收款：1日，财务部王文婧（0001）根据收到的中行翔云分理处的收款通知，收到本次销售的60%货款1044.12元（30天付款条款规定的第一笔60%付款），在系统中完成本收款业务处理。

（3）销售特殊业务流程。

①零售业务流程。

➤ 1日，销售部马芳（0005）将2盏飞达牌台灯销售给某一零星客户，单价执行零散客户售价，每盏售价为1920.00元，增值税税率为13%。客户当场现金付款当场提货，公司财务部门开出发票，财务部陈敏（0002）完成相应的应收发票和销售成本结转以及收款的财务凭证。

②销售预收款业务。

a. 销售预收定金的业务流程：开具定金收据。

路径：预收款请求—收款—应收发票—收款（余款）。

➤ 预收款请求：1日，销售部马芳（0005）收到北京新旺百货公司采购预付款转账支票一张，金额14464.00元（10盏飞达牌台灯预付款，执行大客户售价政策为每盏1280.00元人民币，税金1664元，合同订购数量为18盏），支票号为25，财务部陈敏（0002）开出预收款收据，并据此在系统中创建预收款请求单。

➤ 收款（预收账款）：1日，财务部王文婧将上述款项（支票）存入中行翔云分理处账户，并在系统中做收款业务处理。

➤ 应收发票：1日，财务部陈敏（0002）在向北京新旺百货公司开具发票的同时，根据实际交易信息在系统中创建应收发票：18盏飞达牌台灯，每盏单价1280.00元人民币，增值税税率为13%。

➤ 收款（剩余货款）：1日，财务部王文婧（0001）收到中行翔云处分理处转来的收款通知，为北京新旺百货公司支付的剩余购货款，金额为11571.20元（其中货款10240元，增值税为1331.20元）。此款项为购买18盏飞达牌台灯的剩余货款。

b. 对客户预收定金（预收账款）开具发票业务。

路径：预收款发票—收款—销售交货—应收发票—收款。

➤ 预收款发票创建和收款

1日，销售部马芳（0005）收到西安北光灯具销售公司交来的转账支票一张，支票号为56，金额为7458.00元人民币（其中预收货款为6600.00元，税金为858.00元），预付4盏丹阳牌台灯买价及税款的预付款（计划订购15盏台灯），每盏台灯单价执行小客户售价为1650.00元人民币，增值税税率为13%。财务部陈敏（0002）根据收到的支票开具预收款发票，财务部王文婧（0001）将支票送存中行翔云路分理处账户，在系统中完成收款业务。

> 销售交货

1 日，仓储部门按照销售部马芳与西安北光灯具销售公司达成的协议，向该客户交付 15 盏丹阳牌台灯，不含税单价 1650.00 元人民币，增值税税率为 13%。财务部陈敏（0002）根据交货相关单据，在系统中创建交货单，并生成销售成本结转的财务凭证。

> 应收发票创建

1 日，财务部陈敏（0002）基于"交货单"，开具此笔销售业务的剩余发票，发票金额为本笔销售业务扣除已开预收款发票后的余额，并生成应收发票的财务凭证。

> 收款（剩余货款）

1 日，财务部收到中行翔云分理处的收款通知，收到西安北光灯具销售公司剩余货款，金额为 20509.50 元人民币，财务部王文婧在系统中做收款处理，并生成收款的财务凭证。

（4）销售退货业务。

①基于交货单退货业务。

路径：交货—退货。

> 交货单创建

1 日，仓储部王丽（0010）向客户上海万嘉灯具销售有限公司发出 14 盏丹阳牌台灯，单价执行普通客户售价政策为每盏不含税价 1500.00 元，增值税税率为 13%。财务部陈敏（0002）根据交货单信息在系统中创建交货单，并生成相应财务凭证。

> 退货

同日，由于质量问题，上海万嘉灯具销售有限公司做出 4 盏丹阳牌台灯的退货处理，仓储部王丽（0010）已将退货入库，财务部陈敏（0002）根据退货入库单，基于交货单在系统中创建退货单，并生成财务凭证。

②基于应收发票退货业务。

路径：交货—应收发票—应收贷项凭证。

> 开具应收发票

接上题，1 日，财务部陈敏根据上例退货后的交货单，在系统中创建应收发票，生成财务凭证。

> 退货

接上题应收发票业务，1 日，由于质量问题，上海万嘉灯具销售有限公司退回 2 盏丹阳牌台灯，仓储部王丽（0010）已将退货入库，财务部陈敏（0002）根据退货入库单，基于应收发票在系统中创建退货单，并生成财务凭证。

【实验操作指导】

1. 销售模块初始化设置。

（1）由财务部陈敏（0002）登录系统，进行销售模块初始化设置。

（2）按照"管理（模块）—系统初始化——一般设置"路径，进入"一般设置"界面。

（3）点击"收入"页签，按照实验资料内容进行相应的基础设置。

2. 定义佣金组和销售代表。

（1）定义佣金组。

①由财务部陈敏（0002）登录系统，进行佣金组的设置。

②按照"管理（模块）—定义—概览—定义佣金组"路径，进入佣金组定义界面。

③在"佣金组名称"和"佣金百分比"所在的列，分别按照实验资料内容完成相应的设置。

（2）定义销售代表。

①由财务部陈敏（0002）登录系统，进行销售代表的定义。

②按照"管理（模块）—定义—概览—定义销售代表"路径，进入销售代表定义界面。

③在"销售代表姓名"所在的列，按照实验资料内容输入相应的代表，销售代表所对应的佣金组，通过点击"佣金组"所在列后的选择设置按钮，按照实验资料选择设置不同销售代表对应的佣金组。

3. 销售审批阶段和审批模板的定义。

（1）销售审批阶段定义。

①由销售部李静（0006）登录系统，进行销售批准阶段的定义。

②按照"管理（模块）—审批流程—定义批准阶段"路径，进入"定义批准阶段"界面。

③分别在"阶段名称"和"阶段描述"对话框，输入"销售报价审批阶段"。

④在第一行用户所在的列，点击TAB键，选择输入"李静"，点击"添加"按钮，完成销售审批阶段的定义。

（2）定义（销售）批准模板。

①由销售部李静（0006）登录系统，进行销售批准模板的定义。

②按照"管理（模块）—审批流程—定义批准模板"路径，进入"定义批准模板"界面。

③分别在"名称"和"描述"对话框输入：销售报价模板。

④点击"创建者"页签，在第一行"用户"所在的列，点击TAB键，选择输入"李静"。

⑤点击"凭证"页签，选中"报价"前的复选框。

⑥点击"阶段"页签，在第一行"阶段"所在的列，点击TAB键，选择输入：销售报价审批阶段。

⑦点击"条件"页签，选中"当下列条件满足时"。选中"凭证总额"前的对话框，点击"比率"对话框前的选择设置按钮，选择设置比率为"大于或等于"，"值"所在的列，输入100000.00。

⑧点击"添加"完成销售批准模板的定义。

4. 销售业务处理。

（1）销售标准业务流程。

①销售报价单的创建（需要审批）。

a. 由销售部李慧（0004）登录系统，完成销售报价单的创建。

b. 按照"销售—应收账款—报价"路径，进入销售报价单创建界面。

c. 在"客户"对话框，点击 TAB 键或点击客户对话框后的选择设置按钮 ▣，选择输入客户 C02（上海万嘉灯具销售有限公司）。

d. 在"物料号"所在列，点击 TAB 键，选择输入 P02（飞达牌台灯），数量为 96，不含税价为 1600.00 元，增值税税率为 13%。点击"销售代表"后的选择设置按钮 ▣，设置为李慧。

e. 点击"后勤"页签，"发运至"所在的对话框输入：上海南京路 103 号。

f. 点击"财务"页签，点击"付款条款"后的选择设置按钮 ▣，选择"20 天"付款条款。

g. 点击"添加"，在系统弹出的授权程序界面"销售报价模板"的备注栏输入：请李静经理审批销售报价单，并点击"确定"按钮，完成需审批的销售报价单的创建。

②销售报价审批。

a. 由销售部李静（0006）登录系统，完成销售报价单的审批。

b. 在系统弹出的"消息/警报概览"界面，点击从李慧处发来的"凭证批准请求"。点击"销售报价"前的黄色箭头 ⇨，进入"批准请求"界面，点击"决定"对话框后的选择设置按钮 ▣，选择设置"已批准"，并点击"更新"，完成销售报价单的审批。

③销售报价单的生成。

a. 由销售部李慧（0004）登录系统，在系统弹出的"消息/警报概览"界面，点击查看销售报价单的审批情况。

b. 在已经审批的基础上，按照"销售—应收账款（模块）—凭证草稿"路径，进入"凭证草稿—选择标准"界面，选中"销售—应收账款"以及"报价"前的复选框，点击"确定"按钮，进入待生成的"凭证草稿"界面。在该界面点击需要生成的销售报价草稿，进入"报价—草稿"［已批准］界面，点击"添加"按钮，完成销售报价单的生成。

④销售订单的创建。

a. 由销售部李慧（0004）登录系统，进行销售订单的创建。

b. 按照"销售—应收账款（模块）—销售订单"路径，进入销售订单创建界面。

c. "客户"对话框，点击 TAB 键或点击客户对话框后的选择设置按钮 ▣，选择输入客户 C02（上海万嘉灯具销售有限公司）。

d. 点击"报价"按钮，进入"从清单选择"界面，双击参照的"销售报价"，进入"选择凭证向导"，根据系统默认选项（默认选中"复制所有数据＜费用和预扣税＞"），点击"完成"，返回到"销售订单"界面。输入交货日期为：2018.01.01，点击"添加"。"系统信息"对话框弹出信息："客户已经超过信贷限额113568.00RMB，是否要继续？"，点击"是"，完成销售订单的创建。

⑤销售交货。

a. 由财务部陈敏（0002）登录系统，进行交货单创建。

b. 按照"销售—应收账款（模块）—交货"路径，进入销售交货单创建界面。

c. 在"客户"对话框，点击TAB键或点击客户对话框后的选择按钮 🔲，选择输入客户C02（上海万嘉灯具销售有限公司）。

d. 点击该界面的"销售订单"按钮，进入"从清单选择"界面，双击参照的"销售订单"，进入"选择凭证向导"，根据系统默认选项（默认选中"复制所有数据＜费用和预扣税＞"），点击"完成"，返回到"交货"界面。

e. 依次点击"添加"，完成交货单的创建和财务凭证的生成。

⑥应收发票的创建。

a. 由财务部陈敏（0002）登录系统，进行应收发票的创建。

b. 按照"销售—应收账款（模块）—应收发票"路径，进入应收发票界面。

c. 在"客户"对话框，点击TAB键或点击客户对话框后的选择设置按钮 🔲，选择输入客户C02（上海万嘉灯具销售有限公司）。

d. 点击该界面的"交货"按钮，进入"从清单选择"界面，双击参照的"交货"单据，进入"选择凭证向导"，根据系统默认选项（默认选中"复制所有数据＜费用和预扣税＞"），点击"完成"，返回到"应收发票"界面。

e. 依次点击"添加"，完成应收发票的创建和财务凭证的生成。

⑦收款。

a. 由财务部王文婧（0001）登录系统，进行收款操作。

b. 按照"收付款（模块）—收款—收款"路径，进入收款界面。

c. 在客户"代码"对话框，点击TAB键，或对话框后的选择设置按钮 🔲，选择输入C02（上海万嘉灯具销售有限公司）。点击选择收款的应收发票，并点击工具栏的付款方式按钮 💰，在"付款方式"界面，点击"支票"页签，选择设置收款银行为中国银行（中行翔云路分理处），输入支票号11，在"金额"所在的列，点击"CTRL＋B"键，与应收发票对应的金额自动带入该对话框，现金流项目选择系统默认。

d. 点击"确定"，弹出"系统信息"对话框信息："将检查账户定义为非现金账户将影响现金流报表的结果。"，点击"继续"，返回到"收款"界面。

e. 依次点击"添加"完成收款单的创建和财务凭证的生成。

（2）销售组合业务。

①销售报价。

a. 由销售部李慧（0004）登录系统，完成销售报价单的创建。

b. 按照"销售—应收账款—报价"路径，进入销售报价单创建界面。

c. 在"客户"对话框，点击TAB键或点击客户对话框后的选择设置按钮 🔲，选择输入客户 C03（南京友谊商场）。

　　d. 在"物料号"所在列，点击 TAB 键，选择输入 M05（灯泡），数量为 200，不含税价为 7.70 元，增值税税率为 13%。

　　e. 点击"后勤"页签，"发运至"所在的对话框输入：南京友谊路 11 号。

　　f. 点击"财务"页签，点击"付款条款"后的选择设置按钮 ▣，选择"30 天"付款条款。

　　g. 点击"添加"按钮，完成销售报价单的创建。

　　②应收发票。

　　a. 由财务部陈敏（0002）登录系统，进行应收发票的创建。

　　b. 按照"销售—应收账款（模块）—应收发票"路径，进入应收发票界面。

　　c. 在"客户"对话框，点击 TAB 键或点击客户对话框后的选择设置按钮 ▣，选择输入客户 C03（南京友谊商场）。

　　d. 点击"报价"按钮，进入"从清单选择"界面，双击参照的"报价"单据，进入"选择凭证向导"，根据系统默认选项（默认选中"复制所有数据＜费用和预扣税＞"），点击"完成"，返回到"应收发票"界面。依次点击"添加"，完成应收发票的创建和财务凭证的生成。

　　注意：

　　✧ 不经过交货过程，应收发票的创建影响库存数据的变动。

　　③收款。

　　a. 由财务部王文婧（0001）登录系统，进行收款操作。

　　b. 按照"收付款（模块）—收款—收款"路径，进入收款界面。

　　c. 在客户"代码"对话框，点击 TAB 键，或对话框后的选择按钮 ▣，选择输入 C03（南京友谊商场）。点击选择分期收款的应收发票 1/2，并点击工具栏的付款方式按钮 ☎，在"付款方式"界面，点击"银行转账"页签，输入转账日期为：2018.01.01。在"总计"对话框，点击"CTRL＋B"键，与应收发票 1/2 对应的金额自动带入该对话框，现金流项目选择系统默认。

　　d. 点击"确定"按钮，"系统信息"对话框信息："需要现金科目。选择不同科目会导致在现金流报表中的错误"，点击"继续"按钮。

　　e. 点击"添加"按钮，完成本次收款业务并生成财务凭证。

　　注意：

　　✧ 本收款业务，应收发票分为 60% 和 40% 两部分，这与 30 天付款条款规定相一致，需分两笔收取货款。本次收款为第一笔。

　　（3）销售特殊业务流程。

　　①零售业务流程。

　　a. 由财务部陈敏（0002）登录系统，进行零售业务处理。

　　b. 按照"销售—应收账款（模块）—应收发票＋付款"路径，进入应收发票界面。

c. 在"物料号"所在列，点击 TAB 键，选择输入 P02（飞达牌台灯），数量为 2，不含税价为 1920.00 元，增值税税率为 13%。

d. 点击"添加"按钮，"系统信息"对话框信息："添加凭证后不能进行更改。是否继续？"，点击"添加"。系统弹出"付款方式"对话框，点击"现金"页签，现金总账科目为 10010101－库存现金—人民币（为总账会计科目确认界面在"收入"页签下设置的科目），在"总计"对话框，点击"CTRL＋B"键，与发票金额相同的数字自动带入该对话框，现金流项目选择系统默认。

e. 点击"确定"按钮，"系统信息"对话框信息："需要现金科目。选择不同科目会导致在现金流报表中的错误"，点击"继续"按钮。返回到应收发票对话框，依次点击"添加"，"系统信息"对话框信息："未过账收货/交货。继续吗？"，点击"是"，完成本次销售及收款业务。

注意：

◇ 零售业务应收发票的创建中，客户信息为按照系统初始化设置的零星客户，与其他销售流程需要用户输入客户信息不同，此零星客户信息自动带入单据中。

◇ 零售销售业务与其他销售业务不同，应收发票的创建和款项的收取业务同时处理，在系统中添加完应收发票信息后，点击"添加"，系统会自动弹出付款方式界面，由用户根据实际收款方式完成收款业务。

◇ 系统弹出"未过账收货/交货。继续吗？"信息，说明本业务是不经过销售交货流程的业务。

（4）销售预收定金开具定金收据业务。

①预收款请求。

a. 由财务部陈敏（0002）登录系统，完成预收款请求的创建。

b. 按照"销售—应收账款（模块）—预收款请求"路径，进入预收款请求界面。

c. 在"客户"对话框，点击 TAB 键或点击客户对话框后的选择设置按钮 ，选择输入客户 C01（北京新旺百货公司）。

d. 在"物料号"所在列，点击 TAB 键，选择输入 P02（飞达牌台灯），数量为 10，不含税价为 1280.00 元，增值税税率为 13%。

e. 点击"添加"按钮，完成预收款请求单的创建。

②收款（预收账款）。

a. 由财务部王文婧（0001）登录系统，进行收款操作。

b. 按照"收付款（模块）—收款—收款"路径，进入收款界面。

c. 在客户"代码"对话框，点击 TAB 键，或对话框后的选择设置按钮 ，选择输入 C01（北京新旺百货公司）。点击选择收款的预收款请求单据，并点击工具栏的付款方式按钮 ，在"付款方式"界面，点击"支票"页签，选择设置收款银行为中国银行（中行翔云分理处），输入支票号 25，在"金额"所在的列，点击"CTRL＋B"键，与预收款请求单对应的金额自动带入该对话框，现金流项目选择系统默认。

d. 点击"确定"，弹出"系统信息"对话框信息："将检查账户定义为非现金账户将影响现金流报表的结果。"，点击"继续"，返回到"收款"界面。

e. 依次点击"添加"，完成本次基于预收款请求的收款业务，并生成收款的财务凭证。

注意：

◇ 本流程中预收账款的收取业务中，要注意选择上一流程中的预收款请求单据。

③应收发票。

a. 由财务部陈敏（0002）登录系统，完成应收发票的创建。

b. 按照"销售—应收账款（模块）—应收发票"路径，进入应收发票界面。

c. 在"客户"对话框，点击 TAB 键或点击客户对话框后的选择设置按钮 ，选择输入客户 C01（北京新旺百货公司）。

d. 在"物料号"所在列，点击 TAB 键，选择输入 P02（飞达牌台灯），数量为 18，不含税价为 1280.00 元，增值税税率为 13%。

e. 点击"添加"，弹出"系统信息"对话框信息："添加凭证后不能进行更改。是否继续？"，点击"添加"，弹出"系统信息"对话框信息："未过账收货/交货。继续吗？"，点击"是"，完成应收发票的创建。

④收款（剩余货款）。

a. 由财务部王文婧（0001）登录系统，进行收款操作。

b. 按照"收付款（模块）—收款—收款"路径，进入收款界面。

c. 在客户"代码"对话框，点击 TAB 键，或对话框后的选择设置按钮 ，选择输入 C01（北京新旺百货公司）。按住 CTRL 键，同时选中预收款请求和应收发票单据，点击工具栏的付款方式按钮 ，在"付款方式"界面，点击"银行转账"页签（系统会自动显示总账科目确认时设置的银行转账会计科目），输入转账日期为 2018.01.01，在"总计"对话框，点击"CTRL + B"键，应收发票金额扣减预收款项后的金额，自动呈现在该对话框，现金流主表项目系统默认。

d. 点击"确定"，弹出"系统信息"对话框信息："需要现金科目。选择不同科目会导致在现金流报表中的错误"，点击"继续"按钮。返回到收款界面。

e. 依次点击"添加"，完成本次剩余货款的收取及财务凭证的生成。

注意：

◇ 本流程中剩余货款的收取业务中，要注意选择上两个流程中的预收款请求单和应收发票单据。

（5）销售预收定金开具定金发票业务。

①预收发票创建。

a. 由财务部陈敏（0002）登录系统，创建预收发票。

b. 按照"销售—应收账款（模块）—预收款发票"路径，进入预收款发票界面。

c. 在"客户"对话框，点击 TAB 键或点击客户对话框后的选择设置按钮 ▣ ，选择输入客户 C05（西安北光灯具销售公司）。

d. 在"物料号"所在列，点击 TAB 键，选择输入 P01（丹阳牌台灯），数量为 4，不含税价为 1650.00 元，增值税税率为 13%。

e. 依次点击"添加"按钮，完成预收款发票的创建和财务凭证的生成。

②预收款项的收取。

a. 由财务部王文婧（0001）登录系统，进行收款操作。

b. 按照"收付款（模块）—收款—收款"路径，进入收款界面。

c. 在客户"代码"对话框，点击 TAB 键，或对话框后的选择按钮 ▣ ，选择输入 C05（西安北光灯具销售公司）。点击选择收款的预收款发票单据，并点击工具栏的付款方式按钮 ☜ ，在"付款方式"界面，点击"支票"页签，选择设置收款银行为中国银行（中行翔云路分理处），输入支票号为 56，在"金额"所在的列，点击"CTRL + B"键，与预收款发票对应的金额自动带入该对话框，现金流项目选择系统默认。

d. 点击"确定"，弹出"系统信息"对话框信息："将检查账户定义为非现金账户将影响现金流报表的结果。"，点击"继续"，返回到"收款"界面。

e. 依次点击"添加"，完成本次基于预收款发票的收款业务，并生成收款的财务凭证。

注意：

◇ 本流程中预收款项的收取业务中，要注意选择上一个流程中的预收发票单据。

③销售交货。

a. 由财务部陈敏（0002）登录系统，完成销售交货业务。

b. 按照"销售—应收账款（模块）—交货"路径，进入销售交货单创建界面。

c. 在"客户"对话框，点击 TAB 键或点击客户对话框后的选择设置按钮 ▣ ，选择输入客户 C05（西安北光灯具销售公司）。

d. 在"物料号"所在列，点击 TAB 键，选择输入 P01（丹阳牌台灯），数量为 15，不含税价为 1650.00 元，增值税税率为 13%。

e. 依次点击"添加"，完成交货单的创建和财务凭证的生成。

④应收发票创建。

a. 由财务部陈敏（0002）登录系统，进行应收发票的创建。

b. 按照"销售—应收账款（模块）—应收发票"路径，进入应收发票创建界面。

c. 在"客户"对话框，点击 TAB 键，或对话框后的选择按钮 ▣ ，选择输入 C05（西安北光灯具销售公司），并点击"交货"按钮。从"清单选择"界面，双击选择参照的"交货"单据，进入"选择凭证向导"，根据系统默认选项（复制所有数据＜费用和预扣税＞），点击"完成"，返回到"应收发票"界面。

d. 在应收发票界面，点击"总计预付定金"前的选择按钮 ▦ ，在系统弹出的

"拟定的预付定金"界面，选择本业务预收款发票单据，点击"确定"，返回到"应收发票"界面。

e. 依次点击"添加"，生成扣除预收发票的应收发票及财务凭证的生成。

⑤收款（剩余款项收取）。

a. 由财务部王文婧（0001）登录系统，进行收款操作。

b. 按照"收付款（模块）—收款—收款"路径，进入收款界面。

c. 在客户"代码"对话框，点击 TAB 键，或对话框后的选择按钮，选择输入 C05（西安北光灯具销售公司）。点击选择收款对应的应收发票，并点击工具栏的付款方式按钮，在"付款方式"界面，点击"银行转账"页签（系统会自动显示总账科目确认时设置的银行转账会计科目），输入转账日期为 2018.01.01，在"总计"对话框，点击"CTRL + B"键，与应收发票对应的金额自动带入该对话框，现金流项目选择系统默认。

d. 点击"确定"，弹出"系统信息"对话框信息："需要现金科目。选择不同科目会导致在现金流报表中的错误"，点击"继续"按钮。返回到收款界面。

e. 依次点击"添加"，完成本次剩余货款的收取及财务凭证的生成。

注意：

◇ 本流程中剩余货款的收取业务中，要注意选择上一流程中的应收发票单据。

5. 销售退货。

（1）基于交货单退货。

①创建交货单。

a. 由财务部陈敏（0002）登录系统，进行交货单创建。

b. 按照"销售—应收账款（模块）—交货"路径，进入销售交货单创建界面。

c. 在"客户"对话框，点击 TAB 键或点击客户对话框后的选择设置按钮，选择输入客户 C02（上海万嘉灯具销售有限公司）。

d. 在"物料号"所在列，点击 TAB 键，选择输入 P01（丹阳牌台灯），数量为 14，不含税价为 1650.00 元，增值税税率为 13%。

e. 依次点击"添加"，完成销售交货单的创建，并生成财务凭证。

②退货（基于交货单）。

a. 由财务部陈敏（0002）登录系统，进行退货单创建。

b. 按照"销售—应收账款（模块）—退货"路径，进入退货单创建界面。

c. 在"客户"对话框，点击 TAB 键或点击客户对话框后的选择设置按钮，选择输入客户 C02（上海万嘉灯具销售有限公司）。

d. 点击"交货"按钮，进入"从清单选择"界面，双击选择上述流程中的交货单，进入"选择凭证向导"界面，选择"定制"选项，并点击"下一步"按钮，将数量修改为 4。点击"完成"，返回到退货界面。

e. 依次点击"添加"，完成退货业务，并生成退货的财务凭证。

（2）基于应收发票退货业务。

①应收发票创建（基于交货）。

a. 由财务部陈敏（0002）登录系统，进行应收发票的创建。

b. 按照"销售—应收账款（模块）—应收发票"路径，进入应收发票界面。

c. 在"客户"对话框，点击TAB键或点击客户对话框后的选择按钮 ，选择输入客户C02（上海万嘉灯具销售有限公司）。

d. 点击该界面的"交货"按钮，进入"从清单选择"界面，双击参照的"交货"单据，进入"选择凭证向导"，根据系统默认选项（默认选中"复制所有数据＜费用和预扣税＞"），点击"完成"，返回到"应收发票"界面。

e. 依次点击"添加"，完成应收发票的创建和财务凭证的生成。

②退货（基于应收发票）。

a. 由财务部陈敏（0002）登录系统，完成基于应收发票的退货业务。

b. 按照"销售—应收账款（模块）—应收贷项凭证"路径，进入应收贷项凭证创建界面。

c. 在"客户"对话框，点击TAB键或点击客户对话框后的选择按钮 ，选择输入客户C02（上海万嘉灯具销售有限公司）。并点击"应收发票"按钮。从"清单选择"界面，双击参照的"应收发票"单据，进入"选择凭证向导"，选中"定制"选项，点击"下一步"，将数量修改为2，点击"完成"按钮，返回到应收贷项凭证界面。

d. 依次点击"添加"，生成基于应收发票退货的财务凭证。

第五节　销售报表查询

SAP Business One系统提供了丰富的销售报表查询功能，用户可以通过两个窗口对销售报表进行查询，分别是拖放相关窗口的销售—应收账款部分以及业务合作伙伴部分和销售—应收账款模块销售报表部分。

 一、拖放相关窗口的销售—应收账款销售报表查询功能

如图8－42所示，用户在拖放相关窗口的销售—应收账款部分可以查询到销售业务中各流程中的明细数据，如交货明细、发票明细、报价明细、订单明细、应收贷项凭证等所有流程中的详细数据。

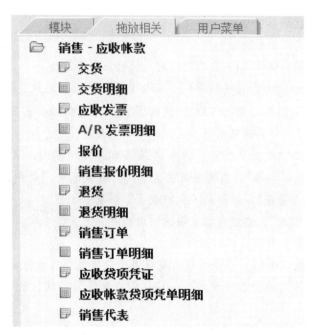

图 8 - 42   拖放相关窗口销售应收账款明细数据查询功能

二、拖放相关窗口的业务合作伙伴部分

路径：拖放相关窗口—业务合作伙伴—业务伙伴。

与采购模块查询与供应商的业务往来信息相似，进入该界面，用户可以查询到所有与客户往来的销售应收账款明细数据以及交货的明细数据，查询方法与采购模块基本一致，所不同的是在销售模块用户关注的是与客户相关数据，在采购模块用户关注的是与供应商相关的数据，详细流程这里不再赘述。

与采购模块业务伙伴数据查询相同，除了在"拖放相关"窗口查询业务伙伴的明细数据外，在"模块"窗口，通过业务合作伙伴（模块）—业务伙伴主数据路径，用户进入业务伙伴主数据定义界面，通过点击上下翻页键 ，找到要查询的业务伙伴，进行相应应收信息的查询。

三、销售—应收账款模块销售分析报表的查询

路径：销售—应收账款（模块）—销售报表—销售分析。

如同采购模块的采购分析信息查询，在销售分析界面，用户可以通过"供应商""物料"或"销售代表"页签，按年、月或季度查询特定会计期间的有关全部或部分客户的应收发票信息、销售订单以及交货单信息，以及相应的毛利信息。对于年度采购分析报表还可以以图表显示相应信息，图表形式包括线形图、条形图、饼形图、Spline 图等，用户可以进行自行选择设置。

销售模块销售报表查询与采购模块采购报表查询类似，详细查询流程参见采购报表查询操作。

 四、销售—应收账款模块未清物料清单信息查询

路径：销售—应收账款（模块）—销售报表—未清物料清单。

在销售模块的未清物料清单界面，用户可以查询到各销售业务流程中的任何未清单据，包括未清报价、未清订单和未清交货等，用户可以根据这些未清事宜的查询结果，进行后续业务处理。实际查询操作与采购模块未清物料清单查询相似，这里不再赘述。

思考题

1. 在 SAP Business One 系统中，销售相关报表的查询路径都有哪些？

2. 在 SAP Business One 系统中，销售模块的报表分析部分，都提供了哪些分析功能？请举例说明。

实验十三　销售报表查询

【实验目的】

1. 掌握销售相关报表查询路径。

2. 能够熟练根据查询目的进行销售相关报表的查询。

【实验内容】

1. 应收发票明细查询。

2. 未清交货的查询。

【实验准备】

1. 引入实验十二实验内容。

2. 将计算机系统日期调整为 2018 年 1 月 1 日。

3. 查询工作由财务部陈敏（0002）完成。

【实验资料】

1. 1 日，财务部陈敏（0002）对本月客户应收发票明细情况进行查询，并查询本月上海万嘉灯具销售有限公司应收发票的报表，以便进行收款工作。

2. 1 日，财务部陈敏（0002）查询本月所有客户已经交货但未开具发票的未清交货情况。

【实验操作指导】

1. 应收发票明细查询。

（1）由财务部陈敏（0002）登录系统，对本月应收发票明细进行查询。

（2）按照"拖放相关—销售—应收账款（模块）—应收发票"路径，进入"拖放相关"界面。

（3）点击该界面的漏斗图标 ▽ ，过账日期设置为：在范围内，"值从"设置为 2018.01.01，"值至"设置为 2018.01.31。点击"确定"按钮，呈现本月所有客户应收发票情况。

（4）.点击该界面的漏斗图标 ▽ ，"过账日期"设置为：在范围内，"值从"设置为 2018.01.01，"值至"设置为 2018.01.31。"客户/供应商名称"设置为"等于"上海万嘉灯具销售有限公司，点击"确定"按钮，呈现本月上海万嘉灯具销售有限公司应收发票情况。

2. 未清交货查询。

（1）由财务部陈敏（0002）登录系统，对本月未清交货明细进行查询。

（2）按照"销售—应收账款（模块）—销售报表—未清物料清单"路径，进入"未清物料清单"界面。

（3）点击表头空白对话框后的选择设置按钮 ▣ ，选择设置"未清交货"选项。即可返回查询结果。

第九章　库存模块

第一节　库存系统概述

SAP Business One 库存系统主要用于管理物料的收、发、存等业务，包括采购入库、销售出库、非交易性出入库业务、仓库间调拨、盘点等业务。对于需要追踪的物料，系统还提供了序列号管理和批次管理。库存管理主要针对于物料的数量管理，但系统同时也会自动生成相应的财务凭证。库存系统的整体业务流程如图 9 – 1 所示。

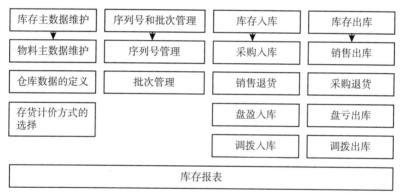

图 9 – 1　库存模块业务流程

在 SAP Business One 系统中，库存模块主数据包括物料主数据的维护、仓库的定义以及库存计价方式的选择，相关内容已在本书中第一部分基础设置中进行阐述，这里不再赘述。库存模块还提供物料的序列号和批次管理功能。出入库业务既包括与采购和销售相关的业务，也包括盘点或调拨的出入库业务。

与采购和销售业务相关的出入库业务，分别在采购模块和销售模块中进行处理，通过前两章的学习，不同业务对库存状态的影响我们已经有所了解。在库存模块，主要处理的是与物料的采购和销售无关的出入库业务，其业务类型主要包括以下几种：

收货：指除采购收货以外的所有入库业务，本节以接受物料投资为例进行说明。

发货：指除销售发货以外的所有出库业务，本节以捐赠物料为例进行说明。

库存转储：指物料在不同仓库之间的调拨。可以处理寄售的业务。

盘点：指对不同物料的实地盘点以及相应的业务处理。

思考题

1. 库存模块处理的出入库业务主要有哪些？

2. 关于库存计价方式的选择，SAP Business One 系统有哪几种选择？在哪部分做库存计价方式的选择设置？

第二节　库存模块基础设置

库存模块初始化设置是该模块功能得以发挥的前提，本模块的初始化设置既包括系统初始化—公司明细—初始化界面成本计价方法的设置，又包含系统初始化——般设置—库存界面有关物料序列及批次管理方法的设置和默认仓库及总账科目依据的设置，以及系统初始化——般设置—显示界面关于长度和重量单位的设置，还包括系统初始化—凭证设置界面中"当试图将库存减至最小水平以下时"如何控制的选项设置。定期对库存进行盘点，是库存管理的一项重要工作，因此在基础设置中用户还需要设置库存盘点的周期。库存部分基础设置的理论阐述已在本教程前面章节相关内容中给出，这里不再赘述。在本书的实验实训部分，对于没有完成的库存模块初始化设置，会进行完善。已经在前面章节中涉及的初始化设置，如物料主数据维护和仓库的定义，本章实训内容将其省略。

思考题

SAP Business One 系统中，库存模块的基础设置都包括哪些内容？

第三节　序列号和批次管理

根据物料的价值和管理的不同，用户可以对某些物料进行序列号或批次管理。这样，通过对物料指定批次或序列号，来加强对物料的收发进行跟踪管理。

SAP Business One 软件系统提供了对物料进行批次和序列号管理的功能，用户在使用此功能前，需要分别在一般设置窗口和物料主数据窗口进行相应的初始化设置。

一、序列号和批次管理初始化设置

（一）初始化设置一

路径：管理（模块）—系统初始化——般设置的库存页签。

如图9-2所示，用户可以在此界面，对物料序列号和批次管理进行初始化设置，对于序列号管理，可以在每个交易事务中使用，也可以仅在出货时使用。对于物料的批次管理，用户可以在发布、不可存取的或锁定的三个选项中进行选择设置。

图9-2 与库存模块相关的一般设置

（二）初始化设置二

路径：库存（模块）—物料主数据。

如图9-3所示，对于要进行序列号或批次管理的物料，要在其主数据设置时进行相应的设置。

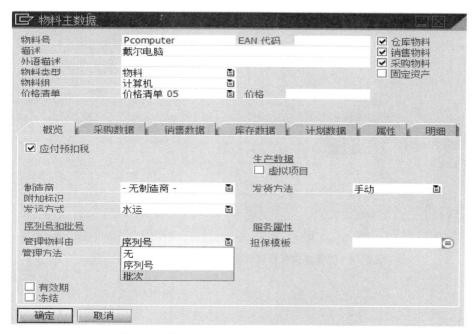

图9-3 物料主数据中序列号或批次设置示例

对于物料的序列号和批次管理有很多相似之处，本书仅对采购模块和销售模块的交易性收发业务为例对物料的序列号管理进行阐述。

二、采购收货业务中的序列号管理

路径：采购—应付账款—收货采购订单。

如图 9 - 4 所示，当用户创建需要进行序列号管理的物料收货单时，系统底部弹出"不能添加没有序列号/批号的完整选择的行 1"的提示信息后，会自动弹出"定义序列号"的对话框，用户在此对话框内定义完序列号，点击"更新"按钮，返回到收货采购订单界面，点击"添加"按钮，系统才能完成收货业务，生成相应的财务凭证，并引起库存状态的变化。

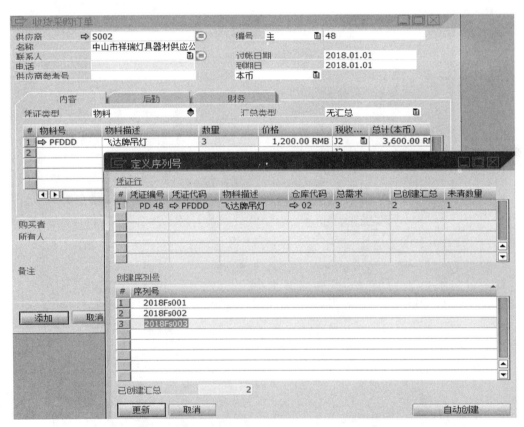

图 9 - 4 基于序列号管理的收货采购订单序列号定义示例

三、销售发货业务中的序列号管理

路径：销售—应收账款（模块）—交货。

如图9-5所示，当用户创建需要进行序列号管理的物料交货单时，系统底部同样会在弹出"不能添加没有序列号/批号的完整选择的行1"的提示信息后，自动弹出"选择序列号"的对话框，用户在此对话框将可用的序列号与发货信息对应，通过点击该对话框中箭头的形式，将其选定，点击"更新"按钮，返回到销售交货界面，点击"添加"按钮，系统才能完成收货业务，生成相应的财务凭证，并引起库存状态的变化。

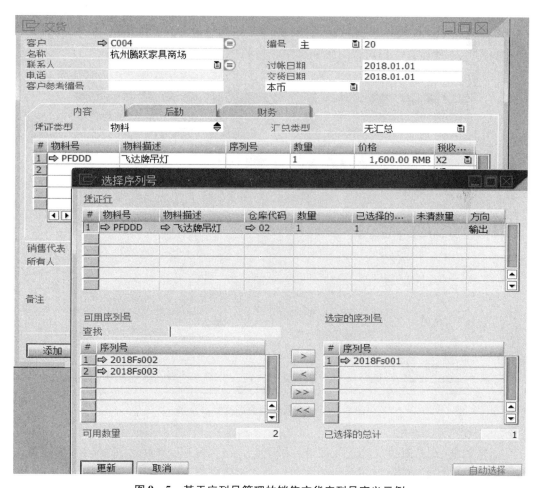

图9-5 基于序列号管理的销售交货序列号定义示例

注意:

◇ 上述采购收货和销售发货业务进行序列号管理的前提是:一般设置中"在每个事务中"对物料进行序列号管理以及该物料主数据设置中此物料为进行序列号管理的物料。

◇ 用户可以通过路径:库存(模块)—库存报表—序列号交易报表或批号交易报表对可用或不可用的序列号或批号以及与序列号或批号相关的交易进行查询。

四、序列号与批次的更新

如前面所述,对于有序列号或批次管理的物料,在出入库时,系统都会弹出相应的界面,要求用户输入相应的序列号或批号。对出入库物料的序列号或批号,用户也可以对其进行更新。

路径:库存(模块)—物料管理—序列号—序列号管理。

如图 9 - 6 所示,用户可以对采购订单收货的物料进行序列号的更新。

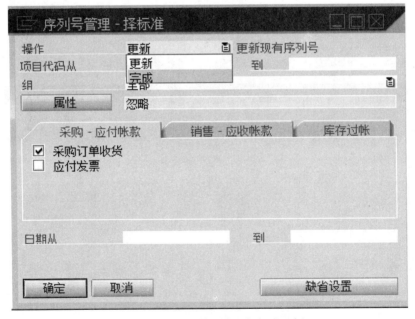

图 9 - 6 序列号管理更新择标准示例

点击图 9 - 6 界面的"确定"按钮,系统会弹出图 9 - 7 界面,在图 9 - 7 界面点击"彻底更新"按钮,即可对所选中的序列号进行更新设置。

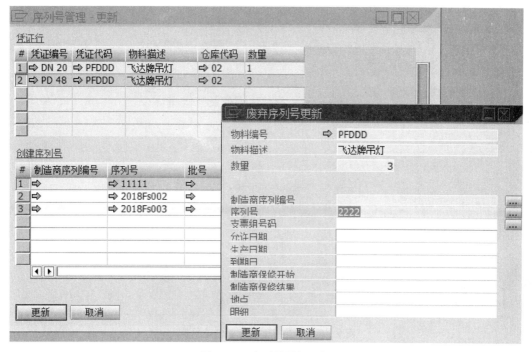

图9-7 序列号更新示例

思考题

1. SAP Business One 系统中，如果要对某一物料收发货进行序列号管理，需要完成哪些初始化设置？

2. SAP Business One 系统中，如果对某一物料收发货进行序列号管理，序列号如何设置、使用和更新？

第四节 库存模块业务

 一、库存模块的收货业务

库存中的非交易性收货可以处理采购收货外的入库业务，例如接受投资等。与采购中的入库不同，非交易性收货不会生成发票，用户直接维护收货的数量以及价格，生成相关财务凭证并对库存成本产生影响。

路径：库存（模块）—库存交易—收货。

图9-8界面为库存模块收货业务录入界面，其内容包括。

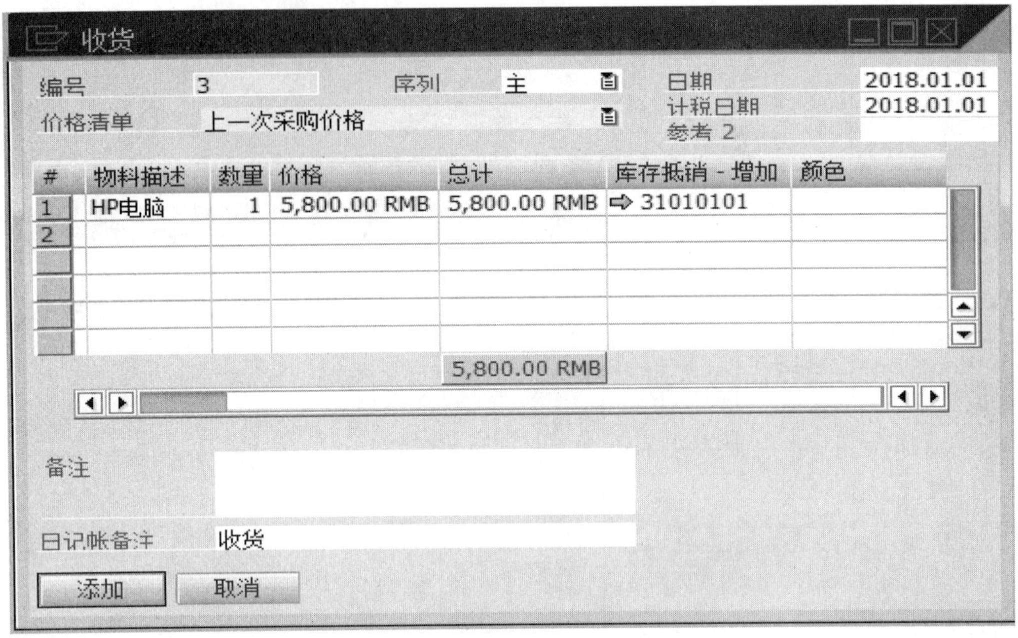

图 9-8　非交易性收货单创建示例

编号：为系统自动取值，号码受其后"序列"的控制，关于序列的设置参见本教程管理（模块）—系统初始化—凭证编号部分。

日期和计税日期：自动与当前系统日期一致，可修改，但日期要小于或等于当前系统日期。

价格清单：用户可以根据实际情况选择系统已经设置好的"价格清单"，价格会根据选择的"价格清单"显示在表体部分，用户可对价格进行修改，以修改后的金额为入库成本。

库存抵销—增加：为库存收货的贷方科目，用户可以根据不同的库存入库业务，在此界面对该会计科目进行修改。

日记账备注：为生成财务凭证的摘要内容。

注意：

◇ 对于库存收货，用户可以在此界面设置用户比较关注的仓库信息，否则，系统自动使用在管理（模块）—系统初始化——一般设置—库存界面设置的默认仓库。激活仓库信息方法：打开收货界面，点击工具栏中的表格设置按钮 ⬦，在系统弹出的对话框中的表格中选中"仓库"栏中的"可视"和"激活"对话框，被激活后的收货界面如图 9-9 所示。

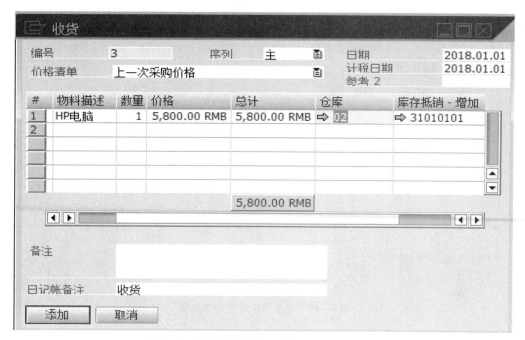

图9-9 非交易性收货业务激活仓库设置示例

二、库存模块的发货业务

库存中的非交易性发货可以处理销售发货外的出库业务，例如捐赠物品等。与销售中的出库不同，非交易性发货不会生成销售发票，用户直接维护发货的数量以及价格，并生成相关财务凭证。

路径：库存（模块）—库存交易—发货。

如图9-10所示，为非交易性发货界面所要输入的信息，与非交易性收货类似，用户需要选择所使用的价格清单，根据所选择的价格清单，价格会显示在所发物料的表体中，当然用户可以对此单价进行更改，"库存抵销—减少"科目是用户需要设置的财务凭证的借方会计科目，用户可以根据实际情况进行设置。对于发出物料的仓库，如非交易收货一样，用户可以通过表格设置功能将其激活，以便对发出仓库进行设置。

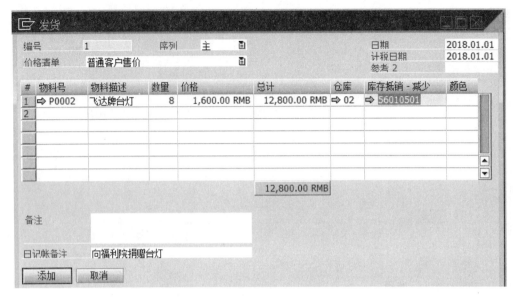

图 9 – 10   非交易性发货业务示例

注意:

◇ 库存交易中的收货与发货,可以处理除采购入库和销售出库以外的所有出入库业务。

◇ 不同类型的出入库业务,需要使用不同的会计科目,用户要根据不同业务类型进行确定。

◇ 出库单的金额与其生成的财务凭证金额不一致,是因为:出库单是企业外部单位使用的单据,一般使用销售价,财务凭证金额为物料的成本价。

◇ 入库单生成的财务凭证以入库单中所示的金额为准。

三、库存模块库存转储业务

库存中的库存转储业务可以处理仓库间调拨以及寄售等业务。由于本系统的集成性,物料数量的转移也会影响到财务记账,转储业务也会生成相应的财务凭证。

路径:库存(模块)—库存交易—库存转储。

如图 9 – 11 所示,库存转储单上显示的信息,位于"表首"的信息为编号和及所在的序列,为系统自动取值,不能修改,但要受其后"序列"的控制;过账日期和计税日期为系统日期,可以进行修改,但不能大于系统日期;"从仓库"为物料目前所存储的仓库;在"表体"部分,用户要输入需要转储的物料信息,其中价格根据位于"表底"所选择的价格清单显示,用户对价格也可以进行手工更改;用户在"表底"部分要输入日记账备注信息,即为财务凭证的摘要内容。库存转储单的"添加",会生成一张借贷方会计科目和金额完全相等,且对财务结果和报表不产生影响的财务凭证,但会影响转储物料在不同仓库中的库存状态。

图 9 – 11　库存转储业务示例

注意：

◇ 在上述"库存转储"单上的价格不是财务核算的物料成本（以系统设置的成本核算方式计算），而是显示在仓储部门转储单上的价格。

四、库存模块库存盘点业务

为了确保账簿记录的真实准确和账实相符，定期或不定期对物料进行清查盘点是存货管理的重要内容之一。在 SAP Business One 系统中，用户可以按照仓库对物料进行盘点，可以仅针对于某一个物料进行盘点，还可以针对某一物料组的物料进行盘点。

路径：库存交易—初始数量—库存跟踪—库存过账中的库存跟踪选项。

盘点流程：

（1）在盘点前，用户进入库存跟踪页面，可以按照物料组或仓库或者某一物料为对象进入"库存跟踪"界面，在该界面隐藏现有仓库中的数量（勾选"隐藏存储的数量"），为清查盘点人员打印出物料明细表，为实地盘点做准备。图 9 – 12 显示的是以成品库为标准的库存跟踪界面。

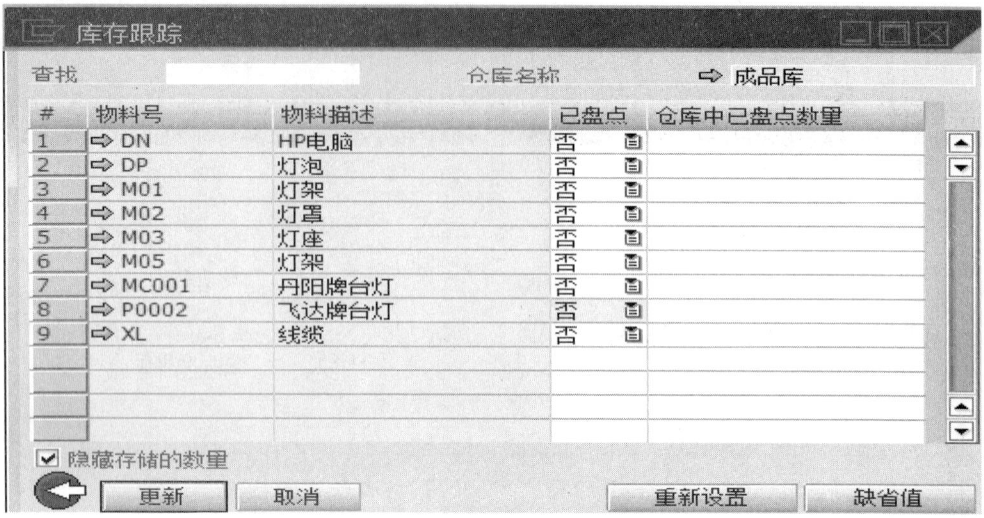

图 9 - 12　库存跟踪初始化设置示例

（2）实地盘库结束后在初始数量—库存跟踪页面，将清单盘点人员清查结果录入到系统中。

（3）录入已经盘点完的物料数量，系统会自动将已盘点字段值改为是。所有盘点完的数量录入后，点击更新，保存结果，图 9 - 13 界面显示的是成品库盘点完后的结果。

图 9 - 13　库存跟踪显示结果示例

（4）进入"初始数量—库存跟踪—库存过账"界面，如图 9 - 14 所示，用户可以选择库存记账价格标准，在进行库存盘点过账时，系统会自动使用在此选择的价格标准引入价格。对于"盘亏"的物料，依据价格标准生成的价格不能更改，对于"盘盈"

的物料，用户可以手工输入价格。

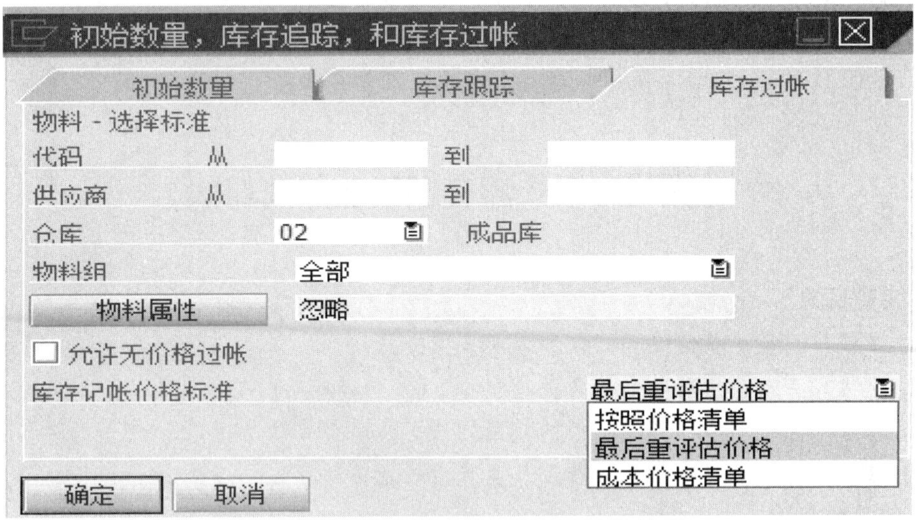

图 9 - 14　库存过账初始设置示例

（5）点击图 9 - 14 的"确定"按钮，即进入图 9 - 15 存货过账界面，由财务人员决定盘盈、盘亏物料所使用的价值标准并在表首部分设置盘盈或盘亏所使用的会计科目，点击"对账"，既生成盘盈或盘亏的财务凭证。

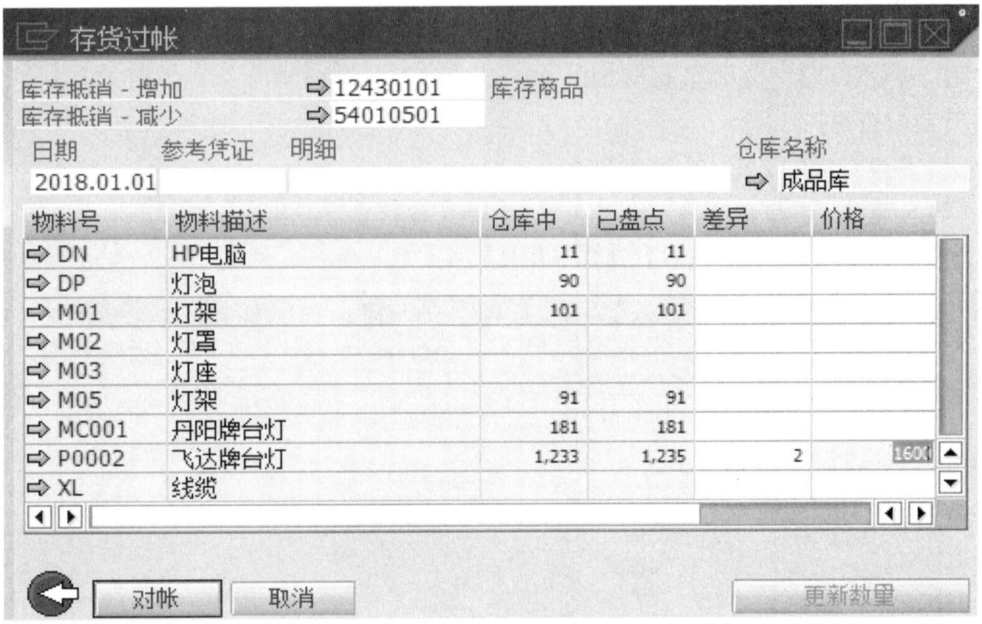

图 9 - 15　存货过账的对账设置示例

思考题

1. SAP Business One 系统中，除了与采购和销售相关的出入库业务外，库存模块处理的业务类型都有哪些？

2. SAP Business One 系统中，库存盘点的流程都有哪些？

实验十四　库存模块业务处理

【实验目的】

1. 掌握库存模块基础设置的内容以及设置方法。

2. 掌握库存模块处理的主要业务类型。

3. 掌握库存模块序列号或批号的使用方法。

4. 掌握库存模块库存盘点流程以及盘点后的业务处理。

【实验内容】

1. 库存初始化设置。

2. 非交易性收货业务。

3. 非交易性发货业务。

4. 库存盘点业务。

5. 带有序列号管理的收发货业务。

【实验准备】

1. 引入实验十三实验内容。

2. 将计算机系统日期调整为 2018 年 1 月 1 日。

【实验资料】

1. 库存初始化设置（由财务部陈敏 < 0002 > 完成）。

（1）路径：管理（模块）—系统初始化——般设置的"库存"页签。

请按照图 9 – 16 界面内容，进行本部分的库存模块初始化设置。

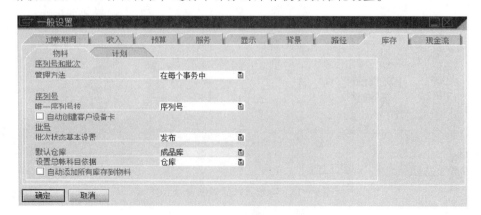

图 9 – 16　库存初始化设置

（2）物料主数据初始化设置：注意戴尔电脑实行序列号管理，要在其主数据维护时做相应设置，请回顾"实验三系统初始化设置（2）"中物料主数据中的相应设置。

2. 非交易性收货业务。

➤ 1 日，收到广东霞红商贸公司投资（追加投资）的 HP 电脑 10 台，每台协议价为 5000 元，作为投资款投入公司（实收资本），入成品库，财务部陈敏（0002）根据投资协议和入库单在系统中创建收货单。（备注信息：收广东霞红商贸公司实物投资。）

3. 非交易性发货业务。

➤ 1 日，公司向某小学对外捐赠 HP 电脑 3 台，单价每台 5000 元（此单价为价格清单：上一次采购价格），从成品库发货，财务部陈敏（0002）根据捐赠协议和出库单在系统中创建发货单。（备注信息：对外实物捐赠。）

4. 库存转储。

➤ 1 日，由于仓库空间有限，故将 100 个灯泡从原材料库转入成品库，转储单上载明的单位成本为人民币 6.5 元。由财务部陈敏（0002）根据仓储部门转储单在系统中完成转储业务。（备注信息：灯泡原材料库转成品库。）

5. 库存盘点。

➤ 实地盘点

1 日，财务部王文婧（0001）和仓储部王丽（0010）联合对成品库产品 P01（丹阳牌台灯）和 P02（飞达牌台灯）进行实地盘点，盘点结果为 P01（丹阳牌台灯）173 盏，P02（飞达牌台灯）452 盏。

➤ 库存跟踪：实地盘点结果录入

1 日，由财务部陈敏（0002）按照盘点单结果将数据录入系统。

➤ 库存过账

1 日，经过公司研究决定，盘盈的商品作为营业外收入，盘亏的商品作为营业外支出，由财务部陈敏（0002）完成账务处理。库存过账过程中，库存记账价格标准选择：按照价格清单；价格清单选择：普通客户售价。（明细：丹阳牌台灯和飞达牌台灯盘亏和盘盈账务处理。）

6. 带有序列号管理的收发货业务。

➤ 1 日，采购部苟小莉（0007）自广东河源苹果电脑销售有限公司购买的 3 台需要进行序列号管理的戴尔电脑到达企业，并已经验收入库，不含税单价为人民币 10999.00 元，增值税税率为 13%。财务部陈敏（0002）在系统中创建采购订单收货单据，并生成相应的财务凭证。戴尔电脑的序列号分别为：0J257M，0J258M，0J259M。

➤ 1 日，销售部马芳（0005）将刚入库的 1 台戴尔电脑出售给北京新旺百货公司，序列号为 0J259M，不含税单价为人民币 12999.00 元，增值税税率为 13%，产品已经出库。财务部陈敏（0002）根据出库单据在系统中创建交货单，并生成相应的财务凭证。

【实验操作指导】

1. 库存初始化设置。

（1）由财务部陈敏（0002）登录系统，进行库存初始化设置。

（2）按照"管理（模块）—系统初始化—一般设置"路径，进入一般设置界面。

（3）点击"库存"页签，点击"管理方法"对话框后的选择设置按钮 ▣，选择"在每个事务中"。同样的方式，"唯一序列号按"对话框选择"序列号"，默认仓库选择"成品库"。

（4）点击"更新"按钮，完成库存初始化设置。

2. 非交易性收货业务。

（1）由财务部陈敏（0002）登录系统，进行非交易性收货业务处理。

（2）按照"库存（模块）—库存交易—收货"路径，进入收货界面。

（3）在"物料号"所在列，点击 TAB 键，选择输入 P03（HP 电脑），数量为 10，价格为 5000 元。

（4）选中"库存抵销—增加"对话框中已有会计科目，将其删除基础上点击 TAB 键，选择输入会计科目 31010101（实收资本—广东霞红商贸公司投资）。

（5）"备注"所在对话框输入信息：收广东霞红商贸公司实物投资。

（6）依次点击"添加"，完成非交易性收货和财务凭证的生成。

3. 非交易性发货业务。

（1）由财务部陈敏（0002）登录系统，进行非交易性发货业务处理。

（2）按照"库存（模块）—库存交易—发货"路径，进入发货界面。

（3）在"物料号"所在列，点击 TAB 键，选择输入 P03（HP 电脑），数量为 3，价格为 5000 元。

（4）选中"库存抵销—减少"对话框中已有会计科目，在将其删除的基础上点击 TAB 键，选择输入会计科目 56010501（营业外支出—捐赠支出）。

（5）"备注"所在对话框输入信息：对外实物捐赠。

（6）依次点击"添加"，完成非交易性发货和财务凭证的生成。

4. 库存转储。

（1）由财务部陈敏（0002）登录系统，进行库存转储业务处理。

（2）按照"库存（模块）—库存交易—库存转储"路径，进入库存转储界面。

（3）点击"从仓库"前的黄色箭头 ⇨，选择仓库 02（原材料库）。

（4）在"物料号"所在列，点击 TAB 键，选择输入 M05（灯泡），数量为 100，价格为 6.5 元。点击"到仓库"前的黄色箭头 ⇨，选择仓库 01（成品库）。

（5）"备注"所在对话框输入信息：灯泡原材料库转成品库。

（6）依次点击"添加"，完成库存转储和财务凭证的生成。

5. 库存盘点。

（1）库存跟踪：实地盘点结果录入。

①由财务部陈敏（0002）登录系统，进行盘点结果的录入。

②按照"库存（模块）—库存交易—库存数量，库存追踪和库存过账"路径，进入库存数量，库存追踪和库存过账界面。

③点击"库存跟踪"页签，在"从"代码对话框点击TAB键，选择输入P01，同理在"到"代码对话框输入P02。点击仓库对话框后的选择设置按钮 ▣ 选择01（成品库）。

④点击"确定"按钮，进入库存跟踪界面。在该界面，选中"隐藏存储的数量"前的复选框。并在"仓库中已盘点数量"所在的列分别输入丹阳牌台灯173（盏），飞达牌台灯452（盏）。点击"更新"按钮，完成实地盘点数据的录入。

（2）库存过账。

①由财务部陈敏（0002）登录系统，完成库存过账业务。

②按照"库存（模块）—库存交易—库存数量，库存追踪和库存过账"路径，进入库存数量，库存追踪和库存过账界面。

③点击"库存过账"页签，在"从"代码对话框点击TAB键，选择输入P01，同理在"到"代码对话框输入P02。点击仓库对话框后的选择设置按钮 ▣ 选择01（成品库）。

④点击"库存过账价格标准"对话框后的选择设置按钮 ▣，选择设置"按照价格清单"，同样方法，价格清单选择为"普通客户售价"。

⑤点击"确定"按钮，进入"存货过账"界面。在该界面，在"库存抵消—增加"对话框，删除已有会计科目，并点击TAB键，选择输入53010101（营业外收入—存货盘盈）；在"库存抵销—减少"对话框，删除已有会计科目，并点击TAB键，选择输入56010101（营业外支出—存货盘亏）；"明细"对话框输入：丹阳牌台灯和飞达牌台灯盘亏和盘盈账务处理。

⑥点击"对账"按钮，完成库存过账业务处理，生成财务凭证。

注意：

◇ 移动平均法计价方式情况下，盘盈和盘亏的金额计算方式有区别：

盘盈：以在"库存过账"界面选择的"库存记账价格标准"及"价格清单"为依据，系统自动带出价格。用户可以对价格进行手动修改，以手工输入的金额生成财务凭证，并重新计算盘盈物料的库存成本。

盘亏：以在"库存过账"界面选择的"库存记账价格标准"及"价格清单"为依据，系统自动带出价格，用户既不能对价格数据进行更改，也不能手工输入价格数据。但财务凭证生成时，按照移动平均计价法的成本生成财务凭证（按照库存估价基础设置："移动平均"方法计算成本生成凭证）。

6. 带有序列号管理的收发货业务。

（1）采购订单收货（序列号管理商品）。

①由财务部陈敏（0002）登录系统，完成采购订单收货业务。

②按照"采购—应付账款（模块）—收货采购订单"路径，进入收货采购订单界面。

③在"供应商"对话框，点击 TAB 键，或该对话框后的选择按钮 ，选择输入 S03（广东河源苹果电脑销售有限公司）。

④在"物料号"所在列，点击 TAB 键，选择输入 P05（戴尔电脑），数量为 3，不含税价为 10999.00 元，增值税税率为 13%。

⑤点击"添加"按钮，系统弹出"定义序列号"界面，在"序列号"所在列的第一行输入：0J257M，点击 TAB 键，在第二行输入：0J258M，同样方法，在第三行输入：0J259M。

⑥点击"确定"按钮，返回到收货采购订单界面。

⑦依次点击"添加"按钮，完成收货采购订单的创建和财务凭证的生成。

（2）交货单创建（序列号管理商品）。

①由财务部陈敏（0002）登录系统，完成交货单创建业务。

②按照"销售—应收账款（模块）—交货"路径，进入交货单创建界面。

③在"客户"对话框，点击 TAB 键，或该对话框后的选择设置按钮 ，选择输入 C01（北京新旺百货公司）。

④在"物料号"所在列，点击 TAB 键，选择输入 P05（戴尔电脑），数量为 1，不含税价为 12999.00 元，增值税税率为 13%。

⑤点击"添加"按钮，系统弹出"定义序列号"界面，选中"序列号"所在列的第一行的序列号 0J257M，点击向右侧方向键 ，将序列号选入右侧对话框中。

⑥依次点击"更新"和"确定"按钮，返回到交货界面。

⑦依次点击"添加"，完成交货单的创建和财务凭证的生成。

第五节 库存报表

SAP Business One 系统提供了丰富的库存报表查询功能，以加强对物料的库存管理。其库存报表功能如图 9 - 17 所示。

库存报表
物料清单
上次价格报表
不活跃物料
物料查询
按照物料的库存过帐清单
库存状态
仓库的库存报表
库存估价报表
序列号交易报表
批号交易报表

图 9 - 17 库存报表查询功能

一、物料清单

如图9-18所示，用户可以通过物料清单报表查询到物料的库存信息、物料组信息以及最近采购价格和价格清单的详细信息。

#	商编号 物料描述	库存数量	EAN代码	物料组	序列/批...	制造厂商	最后重评估价格	最近采购价格	普通客户售价	大客户售价	小客户售价	零星客户售价
1	HP电脑	11		物料		- 无制造商 -		5,800.00 RMB				
2	灯泡	367		物料		- 无制造商 -		6.50 RMB				
3	苹果电脑			计算机		- 无制造商 -		5,120.00 RMB				
4	菲亚特运输车			运输设备		- 无制造商 -						
5	灯架	1,363		物料		- 无制造商 -		450.50 RMB	500.00 RMB	400.00 RMB	550.00 RMB	600.00 RMB
6	灯罩	326		物料		- 无制造商 -		182.04 RMB	200.00 RMB	160.00 RMB	220.00 RMB	240.00 RMB
7	灯座	1,030		物料		- 无制造商 -		78.00 RMB				
8	灯架	254		物料		- 无制造商 -		500.00 RMB	500.00 RMB	400.00 RMB	550.00 RMB	600.00 RMB
9	丹阳牌台灯	66		成品组		- 无制造商 -		1,500.00 RMB	1,500.00 RMB	1,200.00 RMB	1,650.00 RMB	1,800.00 RMB
10	飞达牌台灯	1,205		物料		- 无制造商 -		1,600.00 RMB	1,600.00 RMB	1,280.00 RMB	1,760.00 RMB	1,920.00 RMB
11	戴尔电脑			计算机		- 无制造商 -						
12	飞达牌吊灯	2		成品组		- 无制造商 -						
13	审计服务			其他		- 无制造商 -						
14	消防器材			物料		- 无制造商 -						
15	线缆	30		物料		- 无制造商 -		160.00 RMB				

图9-18　物料清单查询示例

二、上次价格报表

如图9-19所示，用户可以通过上次价格报表，查询到有关某一业务伙伴物料交易的价格信息，交易包括预付定金、发票、交货等选项，用户可以根据实际查询需要对业务进行选择。用户可以在该界面的"显示"对话框输入要显示的价格信息的"行"数。根据查询的信息，用户可以在进行销售或采购业务时对价格进行评估。

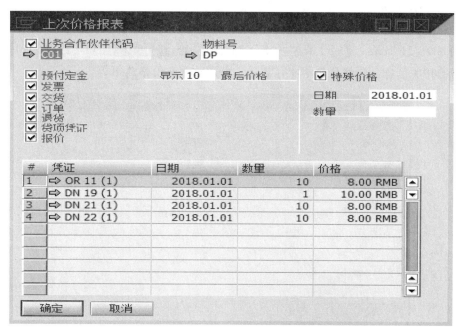

图9-19　上次价格报表查询示例

三、不活跃物料

如图 9-20 所示，用户可以查询到自某一日期后，没有完成某一或某几个交易流程的不活跃物料的信息。对于不活跃的物料，管理者要采取一定的措施，促进交易流程的完成。

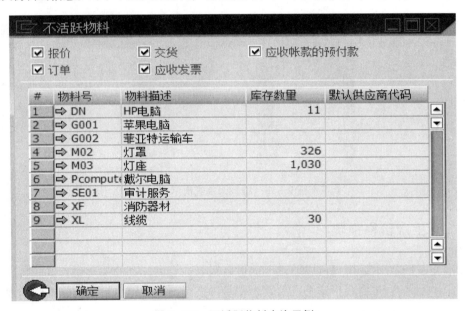

图 9-20　不活跃物料查询示例

四、物料查询

如图 9-21 所示，通过工具栏的上下翻页键 ⏮ ◀ ▶ ⏭ 用户可以查询到任何一种物料的相关信息，此信息包括库存数量、可用数量和价格清单等。

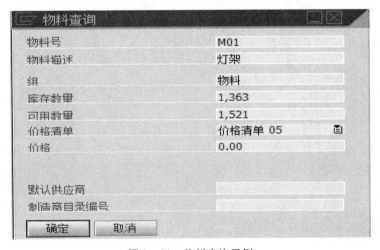

图 9-21　物料查询示例

五、按照物料的库存过账清单

如图 9-22 所示，用户可以查询到有关物料的所有交易过账信息，包括凭证号信息、交易的业务伙伴信息、价格信息以及库存余额等信息。

过帐日期	凭证	仓库	总帐科目/业务伙伴代码	总帐科目/业务伙伴名称	价格	余额
DP				灯泡		
2018.01.01	PD 38	⇨ 01	⇨ S002	中山市祥瑞灯具器材供应公司	6.00 RMB	100
2018.01.01	PD 41	⇨ 01	⇨ S002	中山市祥瑞灯具器材供应公司	7.00 RMB	200
2018.01.01	PD 43	⇨ 01	⇨ SHH	中山市明红消防器材销售公司	7.00 RMB	250
2018.01.01	PD 44	⇨ 01	⇨ SHH	中山市明红消防器材销售公司	7.00 RMB	320
2018.01.01	DN 6	⇨ 01	⇨ C003	南京友谊商场	10.00 RMB	319
2018.01.01	PD 45	⇨ 01	⇨ 8888	实验供应商	7.00 RMB	419
2018.01.01	PD 46	⇨ 01	⇨ 8888	实验供应商	7.00 RMB	439
2018.01.01	DN 8	⇨ 01	⇨ C005	温州小商品批发城	7.20 RMB	429
2018.01.01	IN 7	⇨ 01	⇨ C005	温州小商品批发城	6.30 RMB	409
2018.01.01	IN 8	⇨ 01	⇨ C005	温州小商品批发城	6.93 RMB	209
2018.01.01	IN 9	⇨ 01	⇨ CSL	零售客户	7.70 RMB	199
2018.01.01	PD 47	⇨ 02	⇨ S03	南京诚类灯具配件公司	6.50 RMB	389
2018.01.01	IM 2	⇨ 01			6.50 RMB	489
2018.01.01	IM 2	⇨ 02			6.50 RMB	389
2018.01.01	DN 18	⇨ 02	⇨ C002	上海万喜灯具销售有限公司	10.00 RMB	388
2018.01.01	DN 19	⇨ 02	⇨ C01	北京新旺百货公司	10.00 RMB	387

图 9-22 库存过账清单查询示例

六、库存状态

如图 9-23 所示，用户可以查询到所有或某一个物料的库存状态信息，包括库存量、已承诺（销量）、已订购量和可用量，物料的出入库业务都会影响到库存状态的变化。

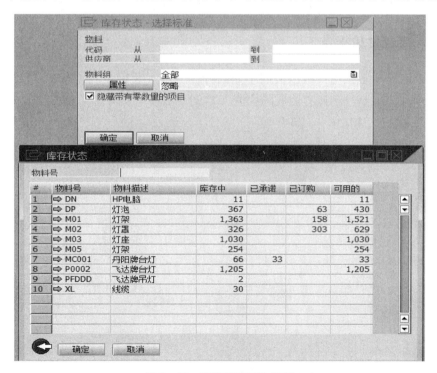

图 9-23 库存状态查询示例

七、仓库的库存报表

如图 9 – 24 所示，用户可以按照一定的查询标准，查询到某仓库中的物料信息，包括数量信息、价格信息以及收发货信息等。

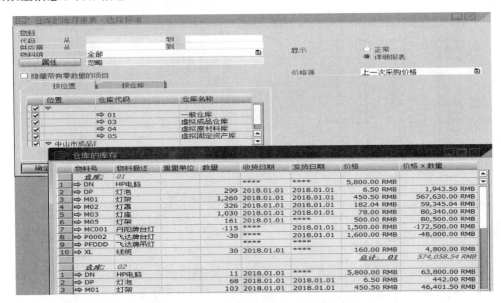

图 9 – 24　按仓库查询的库存报表示例

八、库存估价报告

如图 9 – 25 所示，用户可以按照不同的计算方法（移动平均、FIFO、LIFO、标准价格等）评估某一或全部库存物料的价值（本例使用移动平均计算方法），点击本页面的"确定"按钮，弹出图 9 – 26 界面。

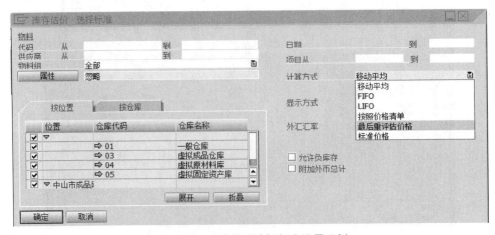

图 9 – 25　库存估价选择标准设置示例

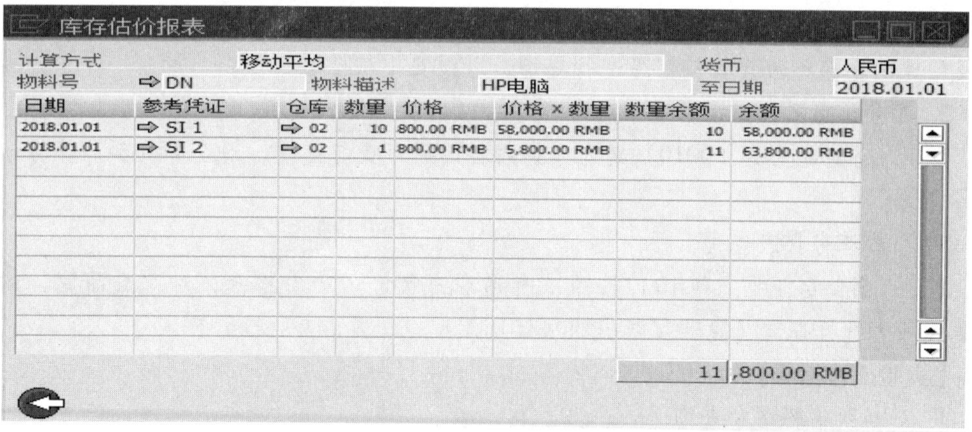

图9-26 基于库存估价选择标准显示的库存估价报表示例

图9-26可以显示以某种计价方式计算的某一物料的价值,通过工具栏的上下翻页键 ⟨⟨ ⟨ ⟩ ⟩⟩ 用户可以查询到任何一种物料的相关价值信息。

关于序列号交易报表和批号交易报表在本章的序列号和批号管理中已经有所论述,这里不再赘述。

思考题

1. SAP Business One 系统中,库存报表查询功能主要有哪些?

2. SAP Business One 系统中,采购入库业务和销售出库业务怎样引起库存状态的变化?

实验十五 库存报表查询

【实验目的】

掌握库存报表的查询方法。

【实验内容】

1. 不活跃物料信息查询。

2. 库存状态报表的查询。

3. 仓库库存报表的查询。

【实验准备】

1. 引入实验十四实验内容。

2. 将计算机系统日期调整为 2018 年 1 月 1 日。

【实验资料】

1. 不活跃物料信息查询。

1 日，财务部陈敏（0002）对自 2018 年 1 月 1 日及以后没有完成"应收发票"开具及创建的全部不活跃物料信息进行查询，以便安排相应的工作。

2. 库存状态报表查询。

1 日，仓储部王丽（0010）为了掌握物料的库存状态信息，对全部物料的库存状态进行查询。

3. 仓库库存报表查询。

1 日，仓储部王丽（0010）按照"普通客户售价"的价格源，对"成品库"的库存详细报表进行查询（隐藏零数据的项目）。

【实验操作指导】

1. 不活跃物料信息查询。

（1）由财务部陈敏（0002）登录系统，对不活跃物料应收发票情况进行查询。

（2）按照"库存（模块）—库存报表—不活跃物料"路径，进入"不活跃物料—选择标准"界面。

（3）系统默认选项，不做改动。点击"确定"按钮，进入"不活跃物料"界面。

（4）选中"应收发票"前的复选框，点击"刷新"按钮，返回查询结果。

2. 库存状态报表查询。

（1）由仓储部王丽（0010）登录系统，对库存状态信息进行查询。

（2）按照"库存（模块）—库存报表—库存状态"路径，进入"库存状态—选择标准"界面。

（3）系统默认选项，不做改动。点击"确定"按钮，即可呈现所有物料的库存状态信息。

3. 仓库库存报表查询。

（1）由仓储部王丽（0010）登录系统，对仓库库存报表进行查询。

（2）按照"库存（模块）—库存报表—仓库的库存报表"路径，进入"仓库的库存报表—选择标准"界面。

（3）分别选中"隐藏带有零数据的项目"和"成品库（01）"前的复选框，点击"价格源"后的选择设置按钮 选择设置"普通客户售价"。

（4）点击"确定"按钮，即返回成品库（01）库存报表。

第十章　生产模块

第一节　生产系统概述

SAP Business One 系统的生产模块能够处理实务中各种生产活动，其功能包括处理标准生产流程、特殊生产流程和分装生产流程生产订单的创建、生产发货（反冲发货方式不经过该流程）、生产收货等业务，也能处理生产物料退库业务。生产发货或生产收货不但会引起库存状态的变化，还会生成相应的成本结转财务凭证。生产系统的整体业务流程如图 10－1 所示。

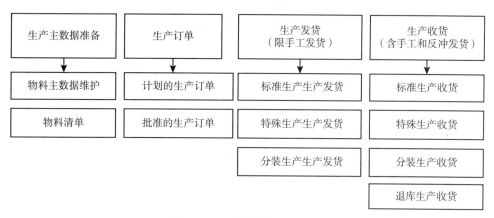

图 10－1　生产模块业务流程

第二节　生产业务流程

一、定义物料单

物料清单定义是 SAP Business One 系统标准生产流程的第一个环节，它定义了生产基础数量的产品与其使用的组件之间的关系，且每种组件需要的数量、默认的仓库、发货方法以及价格清单必须给定，其类型有生产、组装、模板、销售（收入）等，在这里定义的类型要与物料主数据属性的定义相关联。如具有"销售物料"属性的产品和组件才能进行"组装"类型的 BOM 设置，"生产"类型的 BOM，产品和物料的属性要为"采购物料""仓库物料"和"销售物料"属性。在定义物料清单前，系统首先要有物料主数据的设置。

路径：生产（模块）—定义物料单。

如图 10 - 2 所示，用户需要在定义物料单的表头部分输入产品的编号、单位数量以及选择输入 BOM 的类型，并在表体输入所需物料的种类及数量、发货方法和价格清单。"手动"的发货方法，需要用户在该系统中经过"生产发货"流程，手动将物料发出进入生产流程，并生成组件成本结转的财务凭证。对于"反冲"的物料发货方法，用户不需要经过"生产发货"的手工处理过程，在产品完成后，系统会自动针对所需组件物料的物料交易进行发货，并生成组件成本结转的财务凭证。

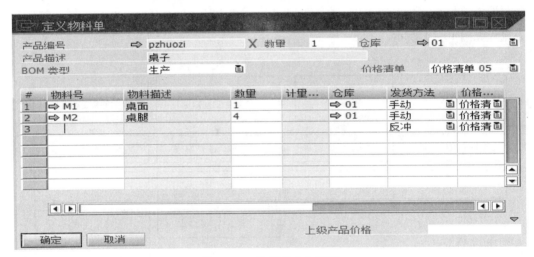

图 10 - 2　物料单定义示例

注意：

◇ 在定义物料单时，用户首先点击工具栏上的"添加"按钮，进入物料单添加页面。

◇ BOM 类型与物料主数据属性设置的对应性。

二、生产订单

SAP Business One 系统能够处理三种生产订单类型：标准生产订单、特殊生产订单和分装（分解）生产订单。以下将分别对不同生产订单进行论述。

（一）（手动发货方法）标准生产流程

标准生产流程是唯一能够和 MRP 关联的生产订单类型，也就是说根据 MRP 运算生成的生产订单一定是标准类型的生产订单。其特点是根据预先定义好的 BOM 进行生产，体现将清单中的组件进行生产或组装后，输出产品的过程。一般情况下，其流程为计划生产订单—批准生产订单—生产发货—生产收货—结清生产订单（手动发货方法设置下）或计划的生产订单—批准的生产订单—生产收货—结清生产订单（反冲发货方法设置下）。

1. （计划的）生产订单

路径：生产（模块）—生产订单。

如图 10 - 3 所示，用户在该界面"表首"部分选择生产订单类型为"标准"，输入产品编号信息以及计划数量信息，在"表体"部分自动会出现生产所需数量的产品所需的物料及其数量信息，修改发货方法为"手动"，点击"添加"按钮，即生成一张手动发货的计划生产订单。已经添加成功的计划生产订单，将引起物料可用量的变化，用户也可以根据可用量信息，对于不足的物料组织采购或生产。

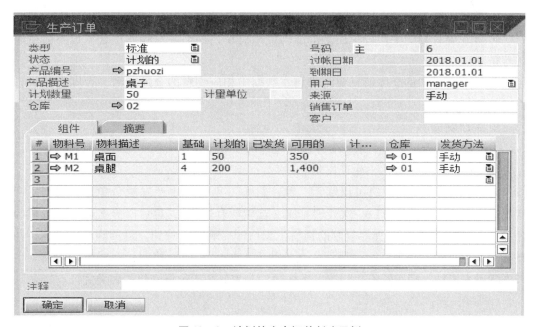

图 10 - 3　计划的生产订单创建示例

2. 批准的生产订单

如图 10 - 4 所示，具有批准权限的用户可以在生产订单界面将计划的生产订单批准为"已批准"的生产订单。只有已经"批准"的生产订单，才能在生产发货时作为基础凭证被调用。

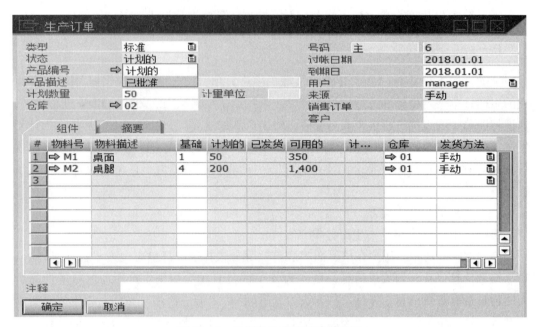

图 10 - 4　计划的生产订单批准示例

注意：

◇ 无论是计划的生产订单还是批准的生产订单，都不会引起库存过账也不会生成财务凭证。

◇ 生产订单中的仓库信息要与物料主数据中相应物料的仓库一致，否则会影响订单的创建。

3. 生产发货

生产订单批准后，接下来的工作就是组件的发货工作。

路径：生产（模块）—生产发货。

如图 10 - 5 所示，用户可以基于"生产订单"创建"生产发货"单据，根据生产状况的不同，生产发货可以一次处理完成（选中所有物料），也可以分次进行（选择部分物料）。点击如上"选择要复制的物料"窗口的"确定"按钮，返回到如下界面，并设置"库存抵销—减少"会计科目，点击此界面的"添加"按钮，完成生产发货。生产发货单完成后，相应的库存状态发生变化，并生成基于价值变化的财务凭证。

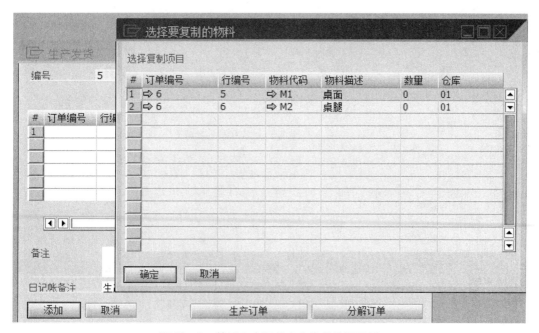

图 10 –5　基于生产订单生产发货选择示例

根据图 10 –6 的设置，生成的财务凭证如图 10 –7 所示。

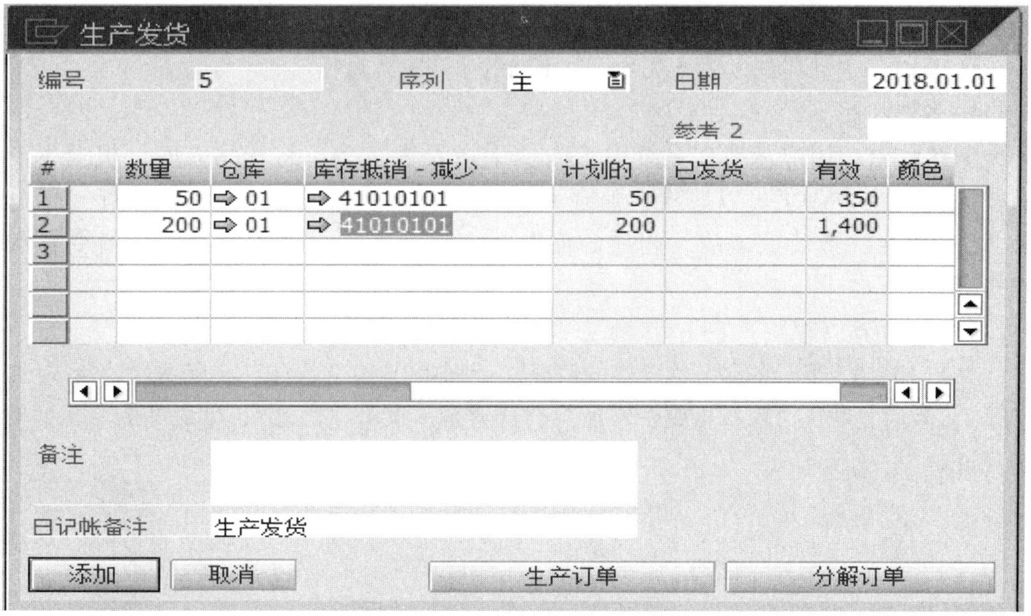

图 10 –6　生产发货会计科目设置示例

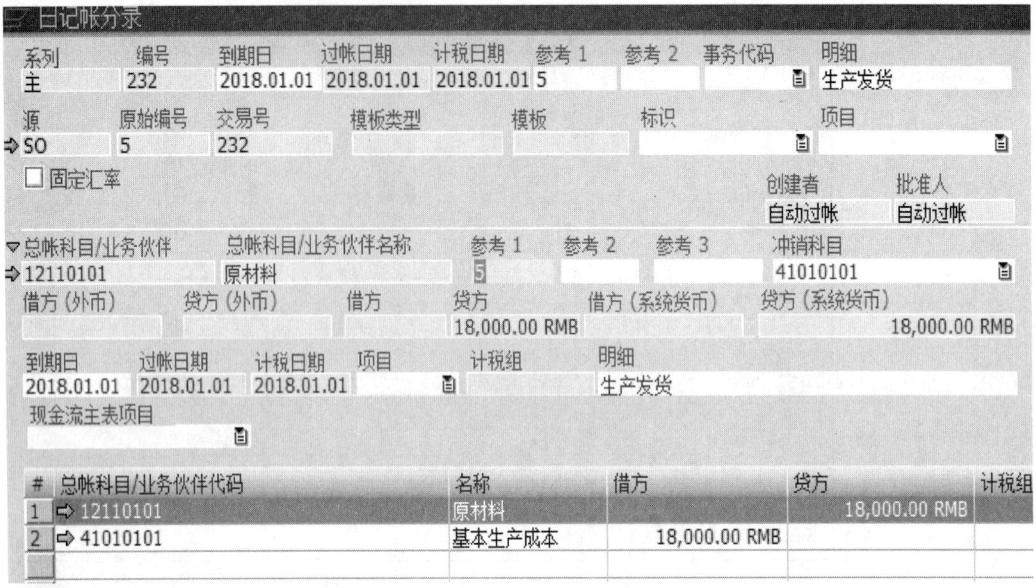

图 10 - 7　生产发货财务凭证示例

注意：

◇ 在生产发货界面"库存抵销—减少"会计科目的设置是必需的过程，在系统没有激活该行项目的情况下，用户首先需要点击工具栏上的表格设置按钮 🖮 将该会计科目激活。

◇ 只有"手动"的发货方法才经过手动的生产发货过程。

4. 生产收货

生产结束，用户需要在系统中录入"生产收货"单，将产品入库。根据生产状况不同，生产收货可以一次性处理完毕（全部收货），也可分多次进行（部分收货）。在生产收货完成后，相应的库存状态发生变化，并生成基于价值变化的财务凭证。

路径：生产（模块）—生产收货。

如图 10 - 8，显示的是分次收货的情况（计划生产 50 张桌子，实际本次收货 30 张桌子），激活并设置"库存抵销—增加"会计科目，点击"添加"，生成图 10 - 9 的财务凭证。

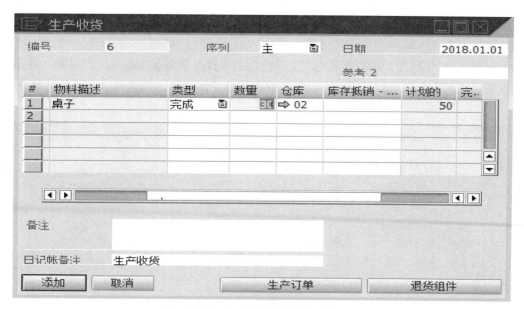

图 10-8　分次生产收货示例

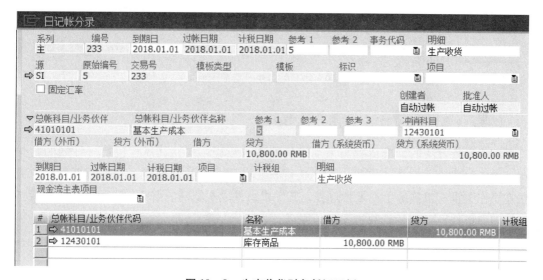

图 10-9　生产收货财务凭证示例

注意：

◇ 在生产收货界面，"库存抵销—增加"会计科目的设置是必须的过程，在系统没有激活该行项目的情况下，用户首先需要点击工具栏上的表格设置按钮 将该会计科目激活。

5. 结清生产订单

对于采用计划成本法核算物料收发的业务情况下，结清生产订单完成后系统会生成由计划成本调整为实际成本的财务凭证。在 SAP Business One 中，库存估价的三种方式中"标准"法核算会在结清生产订单时生成调整的财务凭证。

路径：生产（模块）—生产订单。

在图 10-10 界面，用户需要点击工具栏上的查找按钮 ⊙⊙，在"生产订单"界面，输入要结清的生产订单的号码，将生产订单状态由"批准的"调整为"已清"的状态。

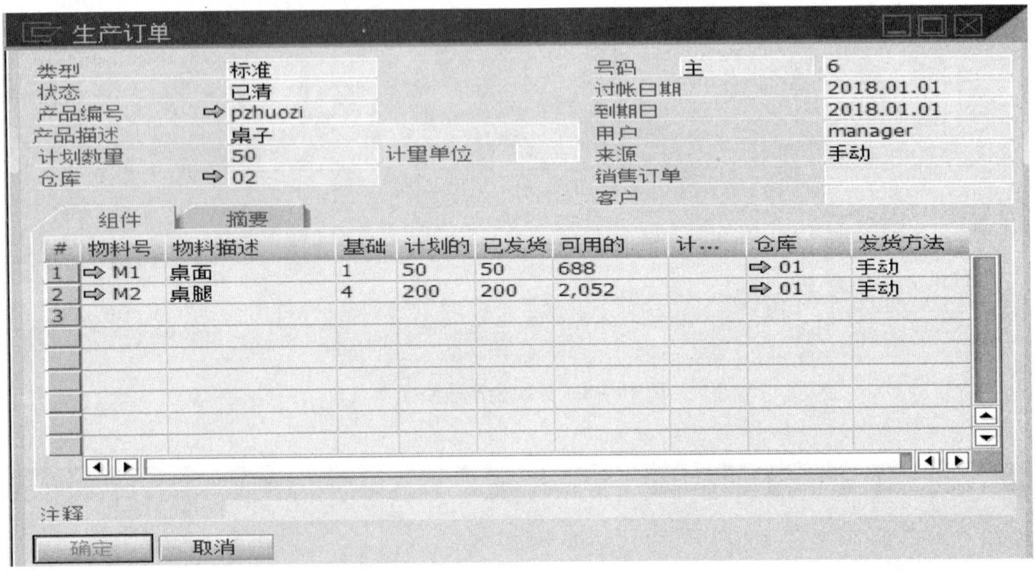

类型	标准		号码	主	6
状态	已清		过帐日期		2018.01.01
产品编号	⇨ pzhuozi		到期日		2018.01.01
产品描述	桌子		用户		manager
计划数量	50	计量单位	来源		手动
仓库	⇨ 02		销售订单		
			客户		

组件 　摘要

#	物料号	物料描述	基础	计划的	已发货	可用的	计...	仓库	发货方法
1	⇨ M1	桌面	1	50	50	688		⇨ 01	手动
2	⇨ M2	桌腿	4	200	200	2,052		⇨ 01	手动
3									

注释

确定　取消

图 10-10　结清生产订单示例

（二）（反冲发货方法）生产流程

反冲发货方法的标准流程与手动发货方法的流程不同，其流程包括（计划的）生产订单—（批准的）生产订单—生产收货—（已清的）生产订单。与流程匹配，该方法在操作上没有单独的生产发货过程，其发货组件成本结转的财务凭证和完工产品成本结转的财务凭证在"生产收货"环节生成。

（三）特殊生产订单

特殊生产订单与标准生产订单不同，特殊生产订单不需要预定义 BOM，在每次生产开始时，用户需要在生产订单界面单独定义生产所需的物料组件单，此组件单相当于临时性的物料单，不能在系统的物料单主数据中进行存取。特殊生产订单主要是企业应客户需求组织的临时性特殊生产活动，其重复性较小。该类型的生产订单处理除不依赖于现有 BOM 主数据外，其他流程与标准生产订单流程一致。因此本书仅对特殊生产订单的创建进行介绍。

前提：根据客户的采购订单临时性组织生产，假设客户 1 月 1 日订购了 25 张新学习桌，企业根据用户需求创建特殊的生产订单。

如图 10-11 所示，此特殊订单是根据 16 号销售订单的特殊需要创建的特殊生产订单，在创建特殊的生产订单时，用户需要手工输入表体的物料组件内容，这是与标准生产订单创建的主要区别之一。其他内容与标准订单基本一致。

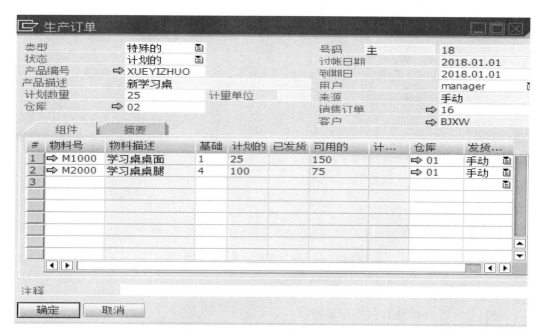

图 10 - 11 特殊生产订单创建示例

后续的批准订单、生产发货、生产收货流程请参照标准生产订单创建过程。

（四）分装（分解）生产订单

除了标准生产订单和特殊生产订单外，对于装配型制造企业，实务中还有分解的生产订单，在逻辑上是标准生产订单的逆向处理。分解生产订单不能通过 MRP 实现其物料需求，分解类型的生产订单只能来源于"手动"。分解类型的生产订单要具备两个重要特征：生产过程的可逆性和 BOM 组件的通用性，只有具备这两个特征，分解的生产订单才有实际意义。

1. 分装的生产订单的创建和批准（手动发货方式）

路径：生产（模块）—生产订单。

如图 10 - 12 所示，在创建分装的生产订单时，用户输入产品编号及计划分装的产品数量，在表体部分自动会根据物料清单计算出分装的组件的计划量。在该界面，用户要输入正确的仓库信息以及使用的发货方法。

计划的生产订单不能被后续业务引用，在此界面具有权限的用户可以批准该订单，生成"已批准"的生产订单，此种状态的生产订单能够被后续业务流程引用。

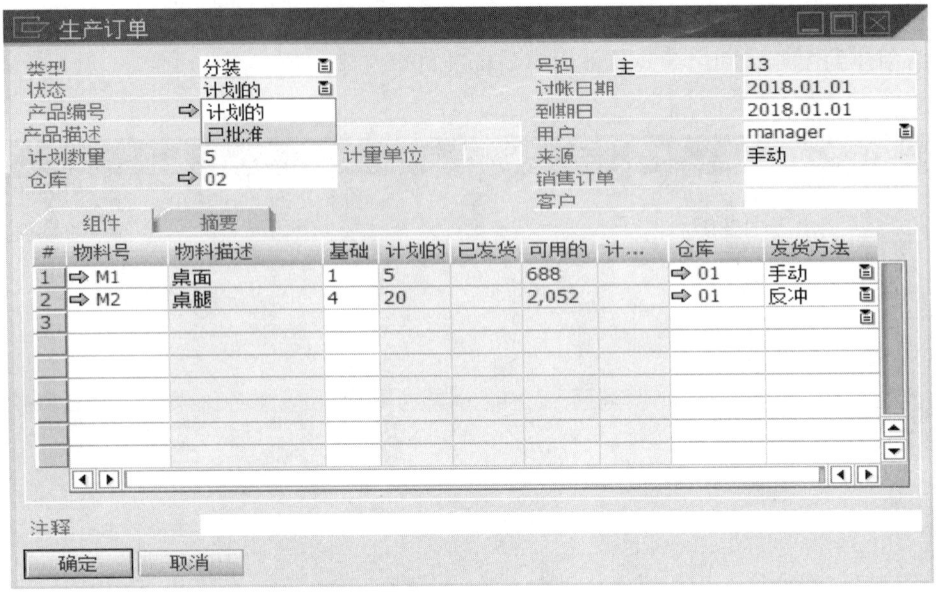

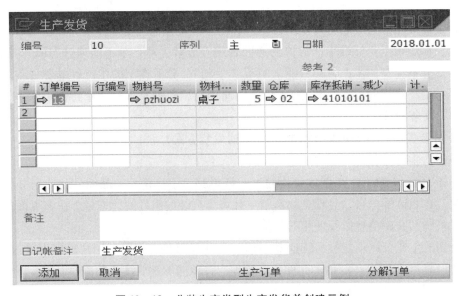

图 10 – 12　分装生产订单创建示例

2. 生产发货

路径：生产（模块）—生产发货。

如图 10 – 13 所示，为分装生产订单的生产发货单，与标准和特殊生产订单的生产发货不同，其要基于该界面的"分解订单"来创建，并要在此界面设置财务凭证生成用到的"库存抵销—减少"会计科目。生产发货可以一次性完成（全部发货），也可分次完成发货（部分发货）。生产发货单的创建，产品的库存状态会发生改变，同时生成产品成本结转的财务凭证，如图 10 – 14 所示。

图 10 – 13　分装生产类型生产发货单创建示例

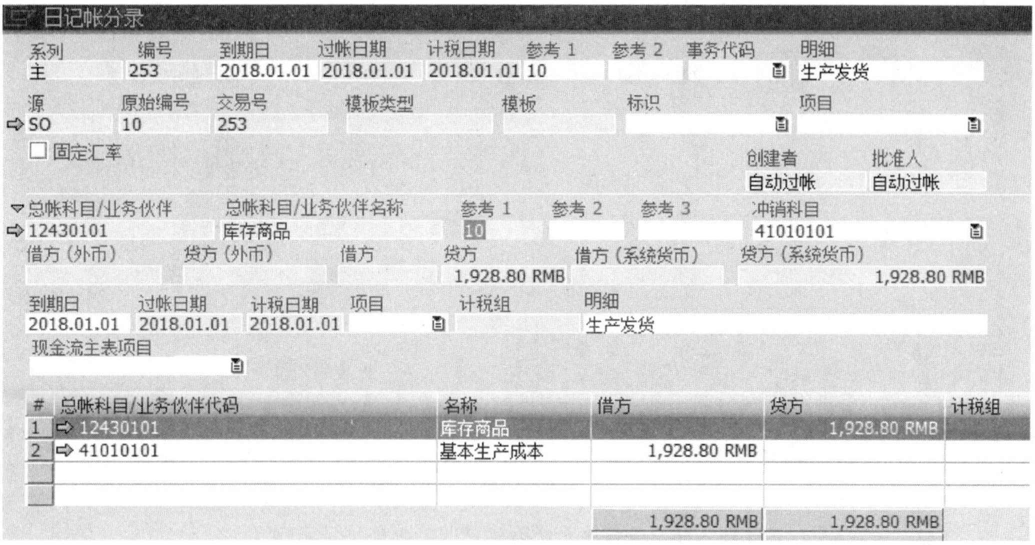

图 10 - 14 分装生产类型生产发货财物凭证示例

3. 生产收货

路径：生产（模块）—生产收货。

如图 10 - 15 所示，分装类型的生产收货与标准和特殊生产订单的流程略有不同，其要基于该界面的"退货组件"来生成生产收货单。生产收货可以一次完成收货（全部收货），也可分次完成（部分收货）。生产收货单的创建，组件的库存状态发生变化，并生成一张组件成本结转的财务凭证，如图 10 - 16 所示。

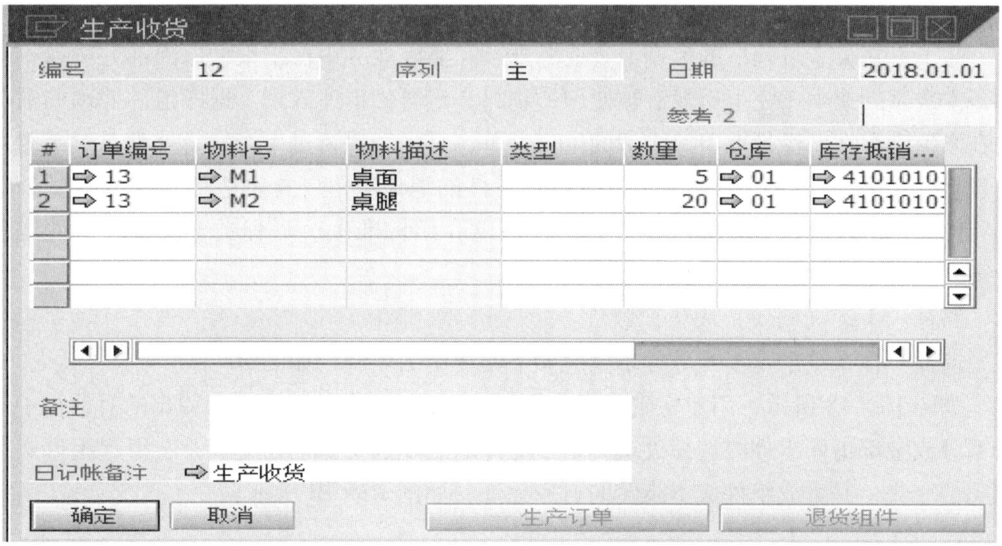

图 10 - 15 分装生产类型生产收货示例

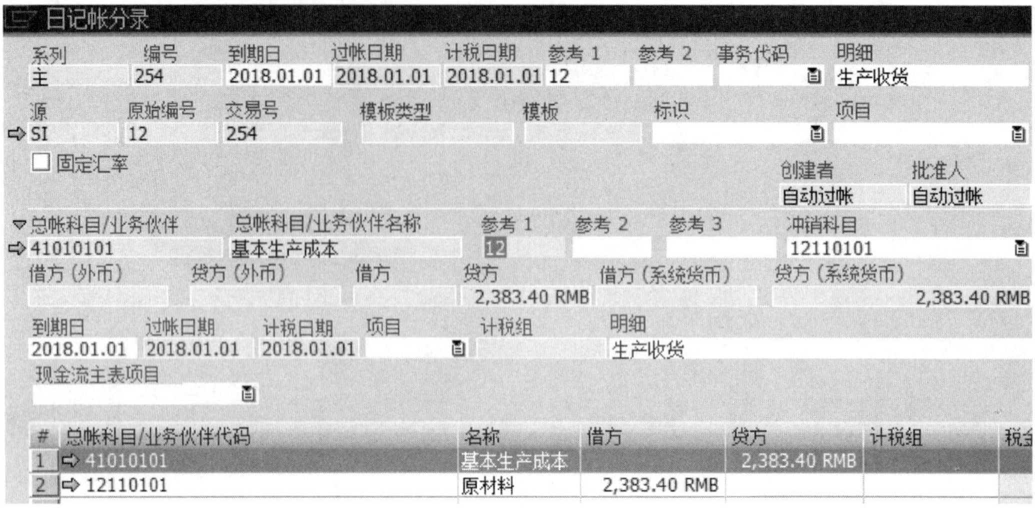

图 10 – 16　分装生产类型生产收货财务凭证示例

4. 结清生产订单

该模式的结清生产订单操作流程与标准生产模式的结清生产订单类似，这里不再赘述。

反冲发货方式的分装生产模式流程包括生产订单的创建、生产订单的批准、生产订单的收货和生产订单的结清，没有单独的生产发货流程。

三、生产退库业务处理

除了上述分装过程中的生产退货业务外，在实际业务中由于某种原因部分物料不能用于本次生产或生产完工后没有被使用的物料，也要做退库处理。退库组件处理的前提是在系统中存在已经批准但未结清的生产订单，且已经执行过生产发货处理。对于组件的发货方式是"反冲"模式的，不能处理组件的退库处理。标准生产流程的退货处理和特殊生产流程的退货处理基本一致，这里仅介绍标准生产流程下不需要的组件退库业务。

路径：生产（模块）—生产收货。

前提：在系统中基于 4 号订单完成如下发货单的填制，如图 10 – 17 所示。

如图 10 – 18 所示，用户在生产收货界面，点击"退货组件"，在弹出的对话框中进行部分或全部退库组件的选择处理。组件退库的生产收货单创建完毕，会引起组件库存状态的变化，并生成组件成本结转的财务凭证，如图 10 – 19 所示。

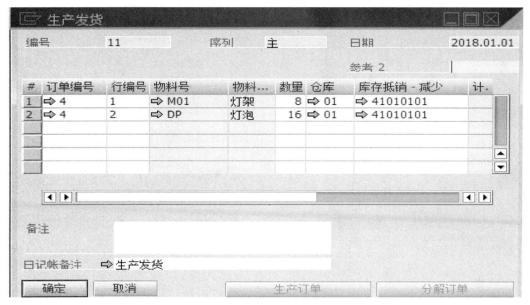

图 10 - 17 生产发货创建示例

图 10 - 18 生产退库组件选择示例

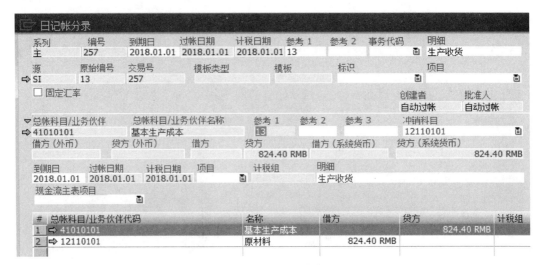

图 10 - 19　生产退库财务凭证示例

思考题

1. SAP Business One 系统中，手动发货前提下，标准生产和特殊生产都包含哪些流程？二者有何区别？

2. SAP Business One 系统中，分装退货和不需用材料退货如何进行处理？

实验十六　生产模块业务

【实验目的】

1. 掌握生产模块的标准业务流程。

2. 掌握生产模块的特殊业务流程。

3. 掌握生产模块的分装业务流程。

4. 掌握生产模块的退库业务流程。

【实验内容】

1. 手动发货方法下的标准生产流程业务处理。

2. 特殊生产订单的业务处理。

3. 分装的生产订单的业务处理。

4. 生产退库业务处理。

【实验准备】

1. 引入实验十五实验内容。

2. 将计算机系统日期调整为 2018 年 1 月 1 日。

【实验资料】

1. （手动发货方法）标准生产流程。

➢ 定义物料清单：由生产部王涵（0012）完成物料清单定义。

路径：生产（模块）—定义物料单。

请按照如下产品和组件之间的数量关系、发货方法、仓库和价格清单信息定义丹阳牌台灯的物料清单如图 10-20 所示。

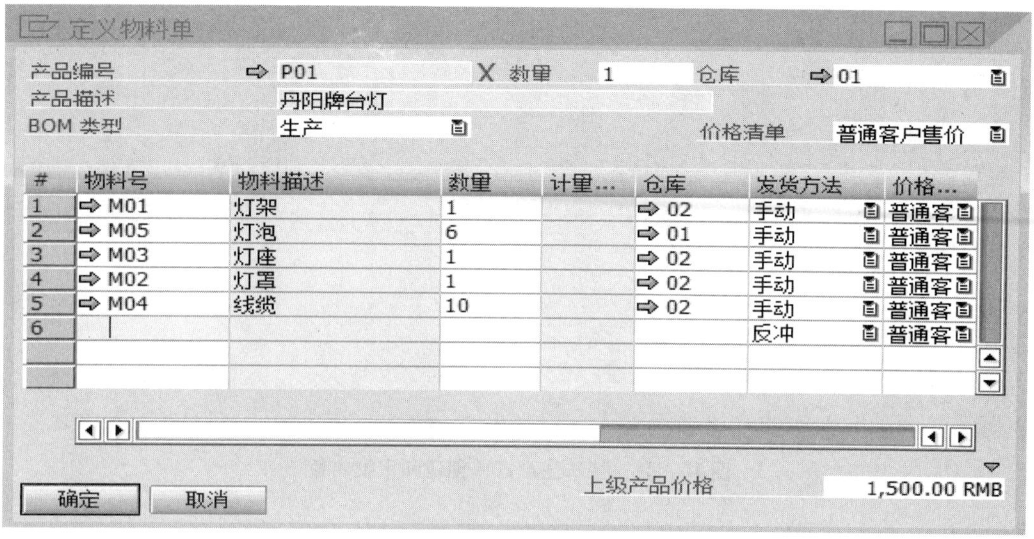

图 10-20　定义物料单内容

➢ 计划生产订单的生成和批准

1 日，生产部腾飞（0011）根据销售部门的信息，按照创建的物料单在系统中创建计划的生产订单：丹阳牌台灯 60 盏，到期日为 2018.01.01。由生产部王涵（0012）批准该生产订单。

➢ 生产发货（参照生产订单）

（1）生产发货和财务凭证的生成。

1 日，按照上述生产订单需要，仓储部门王丽组织生产的 60 盏丹阳牌台灯的组件一次性全部发货，财务部陈敏（0002）根据仓储部门发货单，在系统中创建该单据，并生成财务凭证。（日记账备注信息：60 盏丹阳牌台灯生产物料发货。）

（2）凭证中"项目"信息的添加。

1 日，由财务部陈敏（0002）查找出已经生成的上述生产发货财务凭证，将"项目"信息补齐：为 P001 丹阳牌台灯项目。

➢ 生产收货

1 日，仓储部王丽（0010）将生产部门生产的 60 盏丹阳牌台灯入成品库，财务部陈敏（0002）根据入库单在系统中完成生产收货单的创建，生成财务凭证。（日记账备注信息：60 盏丹阳牌台灯完工入库。）

2.（按客户需求定制）特殊生产订单。

➤ 特殊生产订单的创建和审批

生产部腾飞 (0011) 应客户的采购需求，在系统中创建 13 盏简易飞达牌台灯的生产订单，由生产部王涵 (0012) 对该特殊生产订单审批，特殊生产订单内容如图 10 - 21 所示。

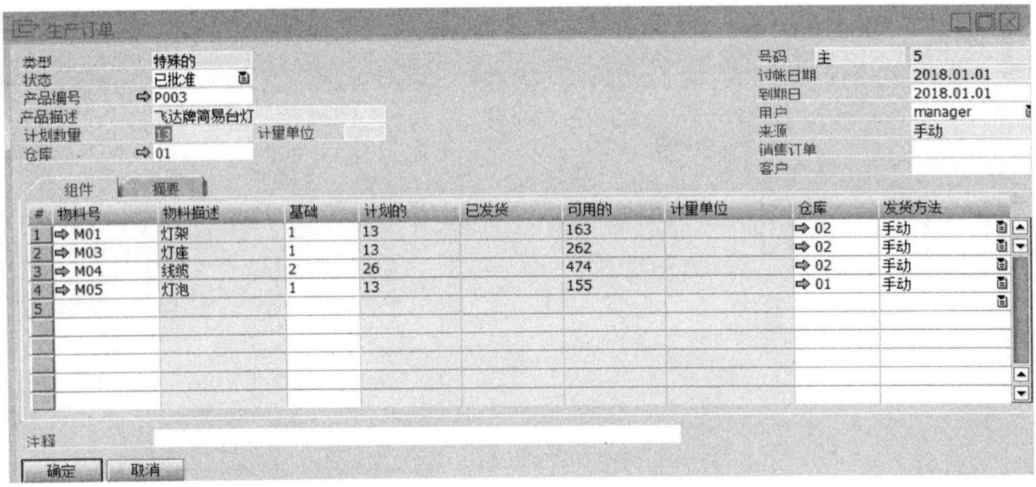

图 10 - 21　特殊生产订单创建和审批内容

➤ 生产发货

1 日，按照上述特殊生产订单需要，仓储部王丽 (0010) 组织生产的 13 盏飞达牌简易台灯组件中的灯架、灯座和线缆进行全部发货，并进行 3 个灯泡的部分发货，财务部陈敏 (0002) 根据仓储部门发货单，在系统中创建该单据，并生成财务凭证。（日记账备注信息：生产 13 盏飞达牌简易台灯的部分发货业务。）

3. 分装（分解）的生产订单。

➤ 计划生产订单的生成和批准

1 日，生产部将存在质量缺陷的丹阳牌台灯 2 盏进行分解处理，由生产部腾飞 (0011) 在系统中创建计划的分装生产订单，发货方式为"手工"，到期日为 2018.01.01。由生产部王涵 (0012) 批准该分装的生产订单。

➤ 生产发货

1 日，仓储部门将 2 盏存在质量缺陷的丹阳牌台灯发货出库，由财务部陈敏 (0002) 根据上述生产部门批准的分装的生产订单和仓储部门的发货单，在系统中完成生产发货，并生成相应的产品分装的财务凭证。（日记账备注信息：分解的 2 盏丹阳牌台灯发货。）

➤ 生产收货

1 日，财务部陈敏 (0002) 根据分解后仓储部门提供的材料入库单，在系统里一次性完成上述分解产品的材料收货业务，并生成相应的财务凭证。（日记账备注信息：2 盏飞达牌台灯分解的材料入库。）

4. (生产不能使用的材料）组件退库业务。

路径：生产（模块）—生产收货。

1日，生产部将上述特殊生产流程中生产简易飞达牌台灯已发货但不能使用的3台灯架做退库处理，仓储部门做收货处理，财务部陈敏（0002）根据仓储部门的收货单在系统中做收货退库处理，并生成相应的财务凭证。（日记账备注信息：不需用3台灯架退库处理业务。）

【实验操作指导】

1. （手动发货方法）标准生产流程业务。

（1）定义物料清单BOM。

①由生产部王涵（0012）登录系统，进行物料单的定义。

②按照"生产（模块）—定义物料单"路径，进入定义物料单界面。

③点击工具栏的添加图标 ，在产品编号对话框点击TAB键，选择输入P01（丹阳牌台灯）数量为1，默认仓库为01（成品库）。点击"BOM类型"对话框后的选择设置按钮 ，选择"生产"。同样方法，在"价格清单"对话框选择"普通客户售价"。

④在"物料号"所在列的第一行点击TAB键，选择输入M01（灯架），"数量"为1，仓库为与物料主数据设置一致的默认仓库02（原材料库），点击选择设置按钮 ，选择发货方法为"手动"。"价格清单"均为"普通客户售价"。同样方法，按照实验资料完成物料清单其他信息的录入。

⑤点击"更新"，完成物料清单的定义。

（2）计划生产订单的生成和批准。

①计划生产订单的生成。

a. 由生产部腾飞（0011）登录系统，完成计划生产订单的创建。

b. 按照"生产（模块）—生产订单"路径，进入生产订单创建界面。

c. 点击"类型"对话框后的选择设置按钮 ，选择"标准"类型。在"产品编号"对话框点击TAB键，选择设置为P01（丹阳牌台灯）。"到期日"对话框输入：2018.01.01。"计划数量"对话框输入：60。

d. 点击"添加"按钮，完成计划生产订单的创建。

②生产订单的批准。

a. 由生产部王涵（0012）登录系统，进行计划生产订单的审批。

b. 按照"生产（模块）—生产订单"路径，进入生产订单创建界面。

c. 通过点击上下翻页键 ，找到上述要审批的生产订单（计划的）。

d. 点击"状态"对话框的选择设置按钮 ，选择设置为"已批准"。

e. 点击"更新"按钮，完成生产订单的审批。

注意：

◇ 生产订单生成时，要注意各物料的仓库要与各物料主数据中默认仓库设置一致。

（3）生产发货（参照生产订单）。

①生产发货和财务凭证的生成。

a. 由财务部陈敏（0002）登录系统，进行生产发货操作。

b. 按照"生产（模块）—生产发货"路径，进入生产发货界面。

c. 点击"生产订单"按钮，进入从"清单选择"界面，选中要参照的上一流程生成的生产订单，点击"选择"按钮，进入"选择要复制的物料"界面，点击 CTRL 键并分别点击物料所在的行，点击"确定"按钮，返回到"生产发货"界面。

d. 点击工具栏的格式设置按钮 ，在"表格式"页签下，将"库存抵销—减少"设置为"可视"和"激活"。点击"确定"按钮，返回到生产发货界面。

e. 将光标置于"库存抵销—减少"所在的列，点击 TAB 键，分别设置为 41010101（生产成本—直接材料）。

f. 日记账备注对话框输入信息：60 盏丹阳牌台灯生产物料发货。

g. 依次点击"添加"按钮，完成发货单的创建和财务凭证的生成。

②凭证中"项目"信息的添加。

a. 由财务部陈敏（0002）登录系统，在凭证中完成"项目"信息的添加。

b. 按照"财务（模块）—日记账分录"路径，进入日记账分录填制界面。

c. 点击工具栏上下翻页键的"最后一个数据记录键" ，找到上述已经生成的生产发货财务凭证，点击表头"项目"对话框后的选择设置按钮 ，选择设置为 P001（丹阳牌台灯项目）。系统自动弹出"系统信息"对话框信息："也更新行中的项目代码？"点击"是"。点击"更新"按钮，完成项目信息的添加。

注意：

◇ 生产发货完成要生成领用材料组织生产的财务凭证。

◇ 要通过工具栏的表格设置按钮在生产发货界面 将"库存抵销—减少"科目激活，并设置该会计科目，本题为生产领用原材料，因此将其设置为 41010101 生产成本—直接材料。

（4）生产收货。

①由财务部陈敏（0002）登录系统，完成生产收货操作。

②按照"生产（模块）—生产收货"路径，进入生产收货界面。

③点击"生产订单"，进入"从清单选择"界面，选择本标准生产流程中批准的生产订单，点击"选择"，返回到生产收货界面。在被激活的"库存抵销—增加"所在的列补充设置会计科目为 41010101（生产成本—直接材料），其余信息不做改动。

④输入日记账备注栏信息：60 盏丹阳牌台灯完工入库。

⑤依次点击"添加"按钮，完成生产收货和财务凭证的生成。

注意：

◇ 生产收货完成要生成完工产品生产成本结转的财务凭证。

◇ 要通过工具栏的表格设置按钮 在生产收货界面将"库存抵销－增加"科目激活，并设置该会计科目，本题为完工产品成本结转，因此将其设置为 41010101 生产成本—直接材料。

2.（按客户需求定制）特殊生产订单业务。

（1）特殊生产订单的创建和批准。

①特殊生产订单的创建。

a. 由生产部腾飞（0011）登录系统，完成计划生产订单的创建。

b. 按照"生产（模块）—生产订单"路径，进入生产订单创建界面。

c. 点击"类型"对话框后的选择设置按钮 ▦，选择"特殊的"类型。在"产品编号"对话框点击 TAB 键，选择设置为 P06（飞达牌简易台灯）。"到期日"对话框输入：2018.01.01。"计划数量"对话框输入：13。

d. 在第 1 行物料号所在的列，点击 TAB 键，选择输入 M01（灯架），基础数据输入 1，发运方法选择设置为：手动。同样方法，按照实验资料完成其他组件信息的录入。

e. 点击"添加"按钮，完成特殊的计划生产订单的创建。

②特殊生产订单的审批。

a. 由生产部王涵（0012）登录系统，进行特殊的计划生产订单的审批。

b. 按照"生产（模块）—生产订单"路径，进入生产订单创建界面。

c. 通过点击上下翻页键 ▮◀ ◀ ▶ ▶▮，找到上述要审批的特殊生产订单（计划的）。

d. 点击"状态"对话框的选择设置按钮 ▦，选择设置为"已批准"。

e. 点击"更新"按钮，完成特殊生产订单的审批。

注意：

◇ 特殊生产订单的创建，一般意味着要生产新的产品，因此在创建特殊生产订单前，要在物料主数据中对新的产品进行维护。这是创建特殊生产订单的前提。

（2）生产发货（参照生产订单部分发货）。

①由财务部陈敏（0002）登录系统，进行生产发货操作。

②按照"生产（模块）—生产发货"路径，进入生产发货界面。

③点击"生产订单"按钮，进入"从清单选择"界面，选中要参照的上一流程生成的生产订单，点击"选择"按钮，进入"选择要复制的物料"界面，点击 CTRL 键并分别点击物料所在的行，点击"确定"按钮，返回到"生产发货"界面。

④将灯泡的数量修改为：3，其他信息不变。

⑤点击工具栏的格式设置按钮 ▣，在"表格式"页签下，将"库存抵销—减少"设置为"可视"和"激活"。点击"确定"按钮，返回到生产发货界面。（在会计科目没有被激活的情况下操作。）

⑥将光标置于"库存抵销—减少"所在的列，点击 TAB 键，分别设置为 41010101（生产成本—直接材料）。

⑦日记账备注对话框输入：生产 13 盏飞达牌简易台灯的部分发货业务。

⑧依次点击"添加"按钮，完成发货单的创建和财务凭证的生成。

3. 分装的生产订单业务。

（1）分装的生产订单的生成和审批。

①分装的生产订单的生成。

a. 由生产部腾飞（0011）登录系统，完成计划生产订单的创建。

b. 按照"生产（模块）—生产订单"路径，进入生产订单创建界面。

c. 点击"类型"对话框后的选择设置按钮 ▣，选择"分装"类型。在"产品编号"对话框点击 TAB 键，选择设置为 P01（丹阳牌台灯）。"到期日"对话框输入：2018.01.01。"计划数量"对话框输入：2。

d. 点击"添加"按钮，完成计划生产订单的创建。

②生产订单的批准。

a. 由生产部王涵（0012）登录系统，进行计划生产订单的审批。

b. 按照"生产（模块）—生产订单"路径，进入生产订单创建界面。

c. 通过点击上下翻页键 ⏮ ◁ ▷ ⏭，找到上述要审批的生产订单（计划的）。

d. 点击"状态"对话框的选择设置按钮 ▣，选择设置为"已批准"。

e. 点击"更新"按钮，完成生产订单的审批。

（2）生产发货。

①由财务部陈敏（0002）登录系统，进行生产发货操作。

②按照"生产（模块）—生产发货"路径，进入生产发货界面。

③点击"分解订单"按钮，进入"从清单选择"界面，选中要参照的上一流程生成的分解类生产订单，点击"选择"按钮，返回到"生产发货"界面。

④点击工具栏的格式设置按钮 ✎，在"表格式"页签下，将"库存抵销—减少"设置为"可视"和"激活"。点击"确定"按钮，返回到生产发货界面。（在会计科目没有被激活的情况下操作。）

⑤将光标置于"库存抵销—减少"所在的列，点击 TAB 键，分别设置为 41010101（生产成本—直接材料）。

⑥日记账备注对话框信息输入：分解的 2 盏丹阳牌台灯发货。

⑦依次点击"添加"按钮，完成发货单的创建和财务凭证的生成。

注意：

◇ 针对于分装的生产订单发货，用户要在生产发货界面选择"分解订单"按钮。

◇ 在相关会计科目列没有被激活的情况下，要通过工具栏的表格设置按钮 ✎ 在生产收货界面将"库存抵销—减少"科目激活，并设置该会计科目，本题为完工产品成本结转的逆向，因此将其设置为 41010101 生产成本—直接材料。

（3）生产收货。

①由财务部陈敏（0002）登录系统，完成生产收货操作。

②按照"生产（模块）—生产收货"路径，进入生产收货界面。

③点击"退货组件"，进入"从清单选择"界面，选择本分装生产流程中批准的分

装生产订单，点击"选择"，进入"选择要复制的物料"界面，点击 CTRL 键并分别点击物料所在的行，点击"确定"按钮，返回到"生产收货"界面。在被激活的"库存抵销—增加"所在的列补充设置会计科目为 41010101（生产成本—直接材料），其余信息不做改动。

④输入日记账备注栏信息：2 盏丹阳牌台灯分解的材料入库。

⑤依次点击"添加"按钮，完成生产收货和财务凭证的生成。

注意：

◇ 分装类型的生产订单，其生产收货环节，在该界面要选择"退货组件"按钮。

◇ 生产收货可以一次完成，也可以分次完成。

4.（生产不能使用的材料）组件退库业务。

（1）由财务部陈敏（0002）登录系统，完成组件退库操作。

（2）按照"生产（模块）—生产收货"路径，进入生产收货界面。

（3）点击"退货组件"，进入"从清单选择"界面，选择特殊生产流程环节创建的特殊类型的生产订单，点击"选择"，进入"选择要复制的物料"界面，选中物料"灯架"所在的行，点击"确定"按钮，返回到"生产收货"界面，将灯架的数量修改为 3。在被激活的"库存抵销—增加"所在的列补充设置会计科目为 41010101（生产成本—直接材料），其余信息不做改动。

（4）输入日记账备注栏信息：不需用 3 台灯架退库处理业务。

（5）依次点击"添加"按钮，完成生产收货和财务凭证的生成。

注意：

◇ 做退库处理，用户在生产收货界面，要点击"退货组件"按钮，在弹出的对话框内完成部分或全部组件的退货处理。

◇ 在"生产收货"界面，要做好"库存抵销—增加"会计科目的设置，否则不能生产相应的财务凭证。

第十一章 MRP 物料需求计划系统

第一节 物料需求计划系统概述

MRP 是 20 世纪 60 年代由 IBM 公司的管理专家约瑟夫·奥里奇（Joseoph Orlicky）提出的，是目前世界上普遍采用的一种离散型制造企业的管理模式。其运行原理是根据客户订单结合市场预测制订出的排产计划，根据物料清单、生产工艺流程、产品交货期以及库存状态等信息由计算机编制出各个时间段、各种物料组件的采购计划和产品的生产计划。它既是一种较精确的生产计划系统，又是一种有效的物料控制系统，用以保证在及时满足物料需求的前提下，使物料的库存水平保持在最小值内。基于此原理，SAP Business One 系统 MRP 物料需求计划主要功能包括预测定义和物料需求计划的编制。

SAP Business One 系统的物料需求计划模块包含定义预测、物料需求计划向导、订单建议报表等内容，除此之外物料需求计划的编制还需要相关的初始化设置，以下将分别对其进行阐述。

第二节 物料需求计划编制初始化设置

 一、参与物料需求计划物料及产品主数据的设置

在前面的章节中，物料主数据的维护是重要的基础设置之一，但所设置的物料主数据均为不参与物料需求计划的数据，因此在本章中，需要对参与物料需求计划的物料主数据进行补充设置。

路径：库存（模块）—物料主数据。

如图 11-1 所示，对于参与物料需求计划的物料或产品，都要在"物料主数据"界面的"计划数据"页签做相应的设置，首先参与"物料需求计划"是必须要设置的选项，对于"采购方法"的选择，如果该主数据是产品，需要设置为"实施"，如图 11-1

所示的丹阳牌台灯的设置。如果该主数据是生产产品的组件，则需要将该项设置为"购买"，如图 11 - 1 所示，组件灯架的设置；订单间隔，为下达订单的间隔时间，多重订单为下达订单的倍数，最小订单数量为每次订单的最小数量，提前期是指为了及时满足生产的需要，而需要提前下达订单的日期。在这里维护的物料主数据项，是系统编制物料需求采购计划和产品生产计划考虑的因素。

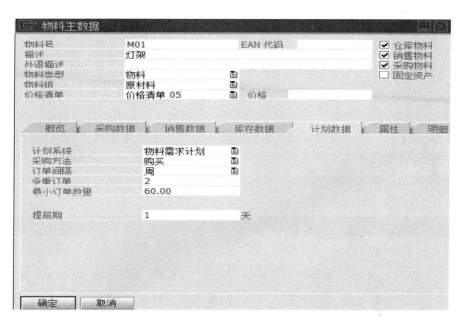

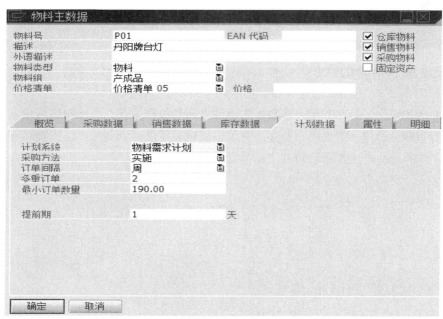

图 11 - 1　参与物料需求计划的物料主数据设置示例

二、销售预测

销售订单情况和销售预测是物料需求计划编制的起点，因此除了系统中的销售订单外，用户还要在系统中对销售预测进行设置。即使在没有销售订单的情况下，销售预测的编制也是重要的工作之一，按照销售预测进行排产，能够满足随时可能到来的销售订单需求。

路径：物料需求计划（模块）—定义预测。

如图 11-2 所示，在"定义预测"界面，用户需要设置预测代码和预测名称，以及预测的起止日期，用户可以编制月预测、周预测或日预测，如果编制月预测，对企业的决策指导价值较大，但不利于生产部门安排生产。相较于月预测，周或日预测更有利于生产部门安排生产。因此，为了满足不同的需求，用户可以编制月、周和日销售预测。这里表体部分需要用户输入产品的物料号以及计划的数量，点击"添加"按钮，系统生成销售预测单，作为编制物料需求计划的一个参考。

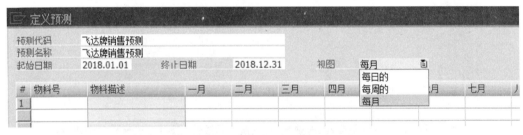

图 11-2　销售预测定义示例

 三、物料清单的维护

物料清单定义了产品和生产产品所需组件之间的数量关系，关于物料清单已在生产模块进行过相应论述，这里不再赘述。为了编制物料需求计划的需要，本物料清单的维护沿用生产模块生产丹阳牌台灯和飞达牌台灯的物料清单。

第三节　物料需求计划的编制和输出

 一、物料需求计划的编制

SAP Business One 系统物料需求计划通过编制向导分五步完成计划的建立、维护和运行。按照编制计划的选项设置，会生成物料的采购计划和产品的生产计划。以下以丹阳牌物料采购和生产计划为例，对物料需求计划的编制进行阐述。

路径：物料需求计划（模块）—物料需求计划向导。

本例中物料需求计划的编制，其基础设置已经完成，即物料主数据进行了参与物料需求计划的设置，以及编制完成了"日"丹阳牌台灯销售预测。具体操作过程，读者可在实验部分进行体验。

第一步：如图 11 – 3 所示，用户根据物料需求计划编制向导。

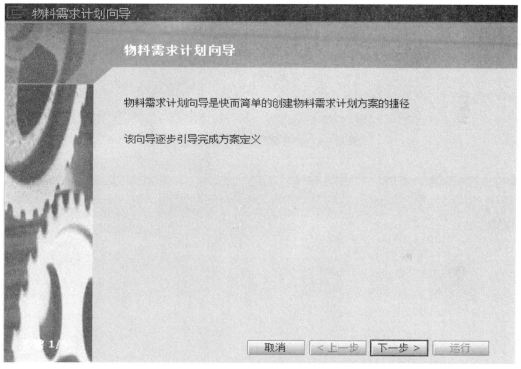

图 11 – 3　物料需求计划向导第一步

第二步：点击图 11 – 3 中的"下一步"按钮，进入物料需求计划向导的物料需求计划方案创建界面，进行方案的创建，用户需要输入脚本名称和描述信息，其示例如图 11 – 4 所示。当然，用户也可以在该界面选择现有方案。

第三步：点击图 11 – 4 中的"下一步"按钮，进入物料需求计划方案明细设置界面，其示例如图 11 – 5 所示。其中组数据进入……的期间以"1 天"为单位，意味着物料需求计划的编制会以"天"为周期进行显示。起始日期输入后，报表长度会自动显示。如果计划输出的采购计划和生产计划考虑假期，要将上述两个对话框选中。

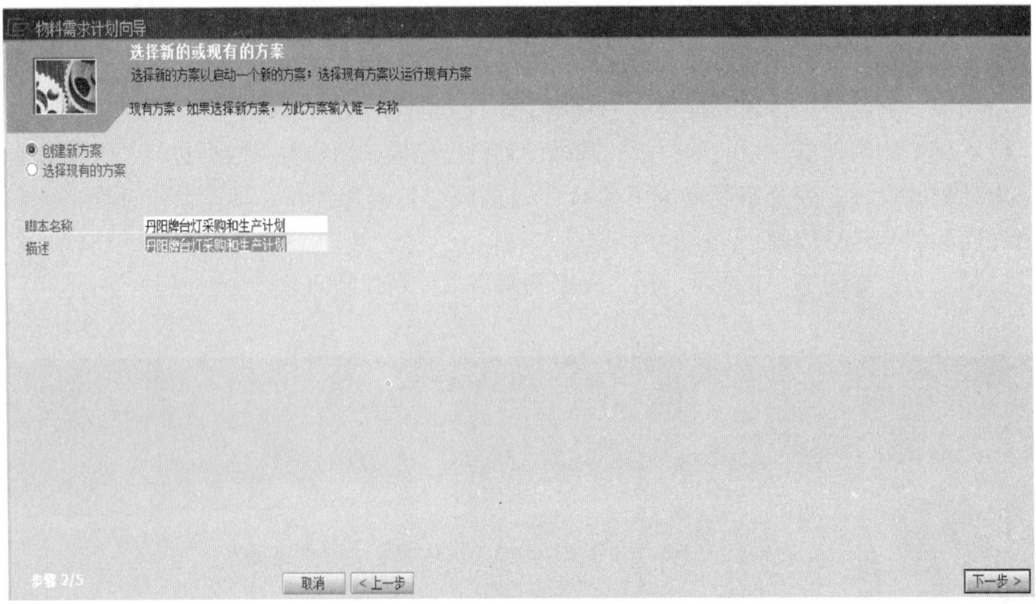

图 11 - 4　物料需求计划方案创建示例

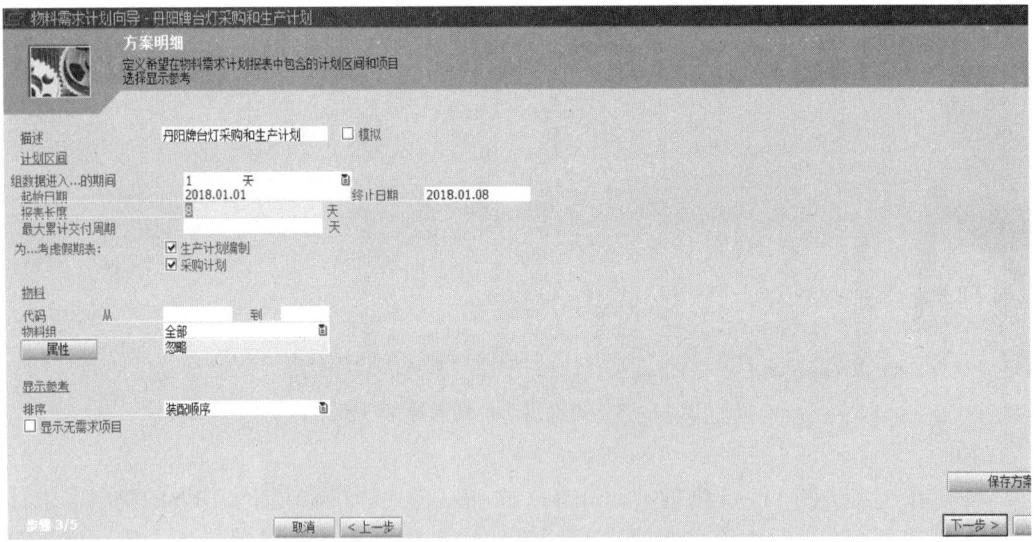

图 11 - 5　物料需求计划创建方案明细数据示例

　　第四步：用户点击图 11 - 5 中的"下一步"按钮，进入物料需求计划编制的第四步—物料需求计划编制数据源设置，其示例如图 11 - 6 所示。物料需求计划编制需要考虑的数据源有很多，除了参考物料清单外，现有库存、采购订单、销售订单、生产订单、最低库存水平以及预测数据也是不可或缺的参考项，在选择"现有库存"参考项的前提下，要在"仓库"所在的对话框对仓库做出选择。本书物料主数据维护中都没有设置最低库存水平，因此在选择设置时，没有选择"最小库存水平"作为参考项。

用户定义的销售预测信息，也是编制物料需求计划的关键参考之一。

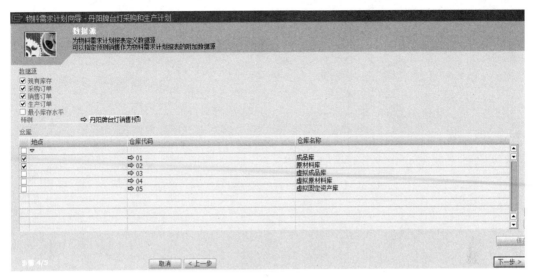

图 11－6　物料需求计划创建数据源设置示例

第五步：用户点击图 11－6 中的"下一步"按钮，即进入物料需求计划结果界面，其示例如图 11－7 所示。依次点击图中的"运行"和"浏览推荐"按钮，用户即可看到按照设置需求输出的物料需求计划结果：物料的采购计划和产品的生产计划。本例中呈现的结果为采购订单的物料需求计划。

 二、物料需求计划建议报表的查询

路径：物料需求计划（模块）—订单建议报表。

如图 11－8 所示，按照订单查询路径进入"订单推荐报表—选择标准"界面，在该界面设置好查询条件，点击"确定"按钮，即可进入"订单建议报表"，显示所有的物料需求计划编制结果，用户根据实际情况，可以选择执行哪些建议报表，对于要执行的采购订单，点击该行第一列的"创建"按钮，输入供应商信息（价格信息会根据供应商所属的价格清单组自动显现），点击该界面的"更新"，系统会自动弹出"1 新的采购订单已被创建"的提示信息。同理，用户可以选择是否按照订单建议报表生成生产订单。

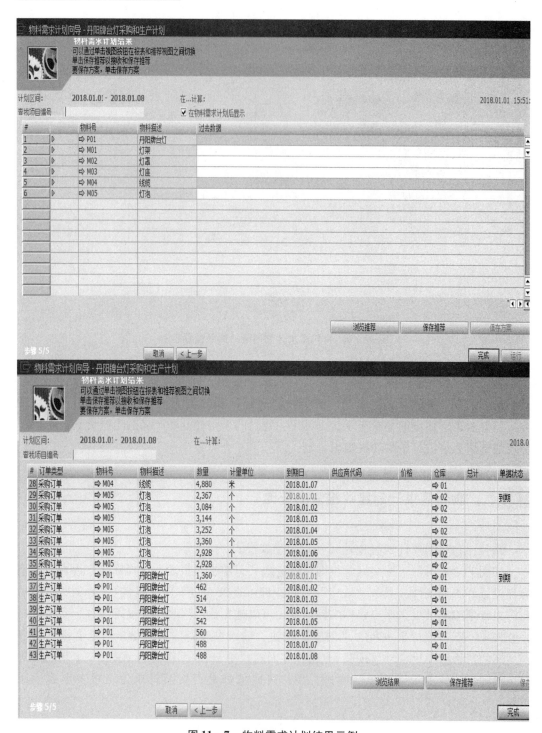

图 11-7　物料需求计划结果示例

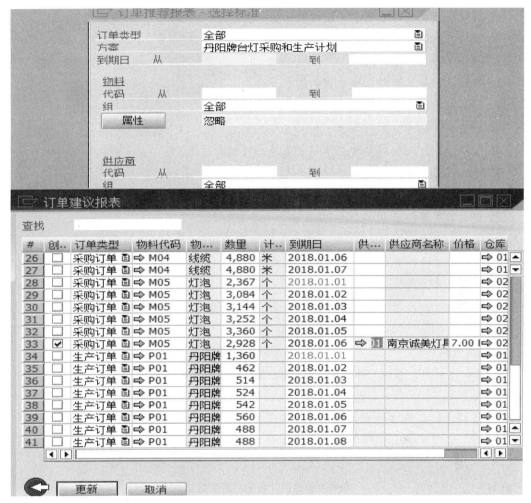

图 11 - 8　物料需求计划建议报表示例

思考题

1. SAP Business One 系统中，物料需求计划的编制，需要用户完成哪些基础设置？

2. SAP Business One 系统中，物料需求计划的编制需要经过哪几个过程？

3. SAP Business One 系统中，物料需求计划的输出结果主要是什么订单？怎样使用物料需求计划输出的结果？

4. SAP Business One 系统中，物料需求计划编制的第四步需要考虑的数据源都有哪些？

实验十七　物料需求计划模块

【实验目的】

1. 掌握物料需求计划编制需要完成的基础设置。

2. 掌握物料需求计划编制的流程及考虑的要素。

3. 掌握物料需求计划编制结果的使用。

【实验内容】

1. 产品及产品组件物料主数据的维护。

2. 物料清单的维护。

3. 销售预测的定义。

4. 物料需求计划的编制和订单建议报表的查询和应用。

【实验准备】

1. 引入实验十六实验内容。

2. 将计算机系统日期调整为 2018 年 1 月 1 日。

3. 以生产部腾飞（0011）身份进入库存管理系统，对参与物料需求计划的物料进行补充维护，对物料清单进行定义；以销售部马芳（0005）的身份，进入物料需求计划系统，对销售预测进行定义；以采购部苟小莉（0007）的身份，进入物料需求计划系统，完成物料需求计划的编制，并输出结果。完成 2018 年 1 月 1 日的灯架采购订单的创建。

【实验资料】

按照如下材料，编制 2018 年 1 月 1 日 ~ 2018 年 1 月 8 日飞达牌台灯生产和采购的物料需求计划。

1. 物料主数据的（补充）维护——产品及产品组件物料主数据。

路径：库存（模块）—物料主数据物料主数据的（补充）维护内容，见表 11 – 1。

表 11 – 1　　　　　　　　　　物料主数据的（补充）维护内容

物料编号及描述	MRP 计划数据					
	计划系统	采购方法	订单间隔	多重订单	最小订单数量	提前期
M01 灯架	MRP	购买	每 2 天	3	60	1 天
M02 灯罩	MRP	购买	每 2 天	3	60	1 天
M03 灯座	MRP	购买	每 2 天	3	60	1 天
M04 线缆	MRP	购买	每 2 天	3	300	1 天
M05 灯泡	MRP	购买	每 2 天	2	600	1 天
P02 飞达牌台灯	MRP	实施	每 2 天	2	80	1 天

2. 物料清单的维护。

参见生产管理模块生产飞达牌台灯的物料清单。

3. 销售预测。

路径: 物料需求计划 (模块) —定义预测。

按照如下内容按日编制 2018 年 1 月 1 日 ~ 2018 年 1 月 8 日的销售预测, 如图 11 - 9 所示。

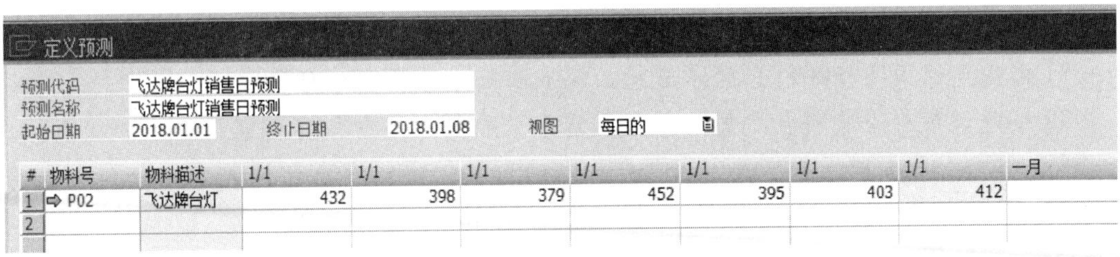

图 11 - 9 定义预测内容

4. 物料需求计划编制。

(1) 创建新方案。

➤ 脚本名称和描述为: 飞达牌台灯采购和生产计划

(2) 方案明细。

➤ 组数据进入……的期间: 1 天

➤ 起止时间: 2018.1.1 ~ 2018.1.8

➤ 为生产计划编制和采购计划考虑假期表

➤ 其余信息默认

(3) 数据源。

➤ 选中: 现有库存、采购订单、销售订单、生产订单

➤ 预测: 飞达牌台灯销售日预测

➤ 仓库: 01 成品库, 02 原材料库

(4) 保存物料需求计划结果

5. 采购订单的创建。

在订单建议报表界面创建 2018 年 1 月 1 日的灯架采购订单, 供应商为 S01 南京诚美灯具配件公司 (价格为供应商所对应的价格清单组)。

【实验操作指导】

1. 物料主数据的 (补充) 维护。

(1) 产品组件物料主数据的维护。

①由生产部腾飞 (0011) 登录系统, 完成物料主数据的补充设置。

②按照 "库存—物料主数据" 路径, 进入 "物料主数据" 查找窗口。

③点击工具栏上的上下翻页键 ◀◀ ◀ ▶ ▶▶ , 找到要维护的物料 M01 - 灯架。

④点击 M01 - 灯架主数据界面的页签 "计划数据", 在该页签下, 计划系统选择为 "物料需求计划", 采购方法选择为 "购买", 新建订单间隔周期 (名称为 "天", 频率

为"每2天")并选择该周期，多重订单定义为"3"，最小订单数量为60，提前期为1。

⑤点击"更新"按钮，完成物料主数据的维护。

⑥按照如上方法，按实验资料内容完成物料 M02 – 灯罩，M03 – 灯座，M04 – 线缆，M05 – 灯泡的维护。

（2）产品物料主数据的维护。

①由生产部腾飞（0011）登录系统，完成物料主数据的补充设置。

②按照"库存—物料主数据"路径，进入"物料主数据"查找窗口。

③点击工具栏上的上下翻页键 ◀◀ ◀ ▶ ▶▶，找到要维护的产品 P02 – 飞达牌台灯。

④点击 P02 – 飞达牌台灯主数据界面的页签"计划数据"，在该页签下计划系统选择为"物料需求计划"，采购方法选择为"实施"，新建订单间隔周期（名称为"天"，频率为"每2天"）并选择该周期，多重订单定义为"2"，最小订单数量为80，提前期为1。

⑤点击"更新"按钮，完成产品主数据的维护。

2. 物料清单的维护。

（1）由生产部腾飞（0011）登录系统，对物料清单进行维护。

（2）按照"生产—定义物料单"路径进入定义物料单界面。

（3）在"产品编号"对话框，点击 TAB 键，选择输入飞达牌台灯代码 P02，"数量"为1，仓库和产品描述信息按照系统弹出信息（与该物料主数据设置信息一致），BOM 类型选择设置为"生产"，价格清单选择设置为"普通客户售价"。

（4）在表体第一行的"物料号"对话框，点击 TAB 键，选择输入 M01，数量设置为1，仓库为02，发货方法为"手动"，其余信息默认。

（5）按照如上方法和物料清单内容完成物料清单的定义。

3. 销售预测的定义。

（1）由销售部马芳（0005）登录系统，进行销售预测的定义。

（2）按照"物料需求计划—定义预测"进入销售预测（查找）界面。

（3）点击该界面工具栏上的添加按钮 ，进入销售预测添加界面。

（4）输入预测代码和预测名称均为"飞达牌台灯销售日预测"，起止日期为2018年1月1日~2018年1月8日，视图选择为"每日的"。

（5）在"物料号"对话框，点击 TAB 键，选择输入 P02 – 飞达牌台灯，依次输入数量432、398、379、452、395、403、412。

（6）点击"添加"按钮，完成销售预测的定义。

4. 物料需求计划的编制。

（1）由采购部苟小莉（0007）登录系统，进行物料需求计划的编制。

（2）按照"物料需求计划—物料需求计划向导"路径，进入物料需求计划模块，点击该界面的"下一步"按钮，进入"选择新的或现有的方案"界面。

（3）点击该界面的"创建新方案"输入脚本名称和描述为"飞达牌台灯采购和生产计划"，点击该界面的"下一步"按钮，进入"方案明细"界面。

（4）设置"组数据进入……的期间"为 1 天，起止日期为 2018 年 1 月 1 日~2018 年 1 月 8 日，为"生产计划编制"和"采购计划"考虑假期表，其余信息默认，点击该界面的"下一步"按钮，进入"数据源"界面。

（5）"数据源"选择现有库存、采购订单、销售订单和生产订单，选择预测为"飞达牌台灯销售日预测"，仓库选择 01 成品库和 02 原材料库。点击该界面的"保存方案"和"运行"按钮，进入物料需求计划结果界面。

（6）点击该界面的"浏览推荐"按钮，即可查看物料需求计划结果。点击"保存推荐"，即完成物料需求计划结果的保存。点击"完成"退出物料需求计划编制界面。

5. 订单建议报表界面生成采购订单。

（1）按照"物料需求计划—订单建议报表"路径，进入"订单推荐报表—选择标准"界面。

（2）在"订单推荐报表—选择标准"界面，选择"全部"生产类型，方案选择"飞达牌台灯采购和生产计划"，其余默认。点击"确定"按钮，进入"订单建议报表"界面。

（3）选中 2018 年 1 月 1 日灯架采购订单所在行前的"创建"复选框，在"供应商代码"所在的列，点击 TAB 键，选择输入 S01（南京诚美灯具配件公司），与供应商对应的价格会自动显现。点击该界面的"更新"按钮，在系统弹出的提示信息对话框中点击"确定"即完成采购订单的创建。

综合练习题

要求：以下 1～10 为系统初始化设置部分，由系统内置超级用户 Manager 在 2018 年 1 月 1 日完成。

1. 建立公司账套

公司名称	数据库名称	本地设置	科目表模板	基础语言	过账期间
内蒙古呼和浩特市纵策自行车生产有限公司	Zongce01	中国	股份有限公司会计制度	简体中文	2018.01，其中类别为：2018；期间名称为：2018；子期间：月

2. 系统初始化

（1）公司明细—初始化。

◇ 本位币：人民币；

◇ 系统货币：美元，其余默认。

（2）一般设置。

◇ 过账期间：2018.01（将该会计期间设置为默认会计期间）。

◇ 预算页签初始化设置：初始化预算，对收购订单，收货采购订单，财务信息进行月度预算的控制，对于从预算中派生的凭证：冻结预算偏差。其余默认。设置预算时不将所有收入类科目设置为与预算相关科目。

◇ 其余选项默认。

（3）定义外币汇率：2018 年 1 月 1 日～2018 年 1 月 30 日，1 欧元 = 8 人民币，1 美元 = 6 元人民币。

3. 定义用户及权限的设置

◇ 用户代码为 lihong，用户名为：李红，超级用户。用户密码为：0002，该用户的所属部门为财务部。

◇ 用户代码为 xixi，用户名为：希溪，非超级用户。用户密码为：0003，该用户的所属部门为采购部，拥有管理模块、采购—应付账款模块所有权限。

◇ 用户代码为 fengdi，用户名为：凤迪，非超级用户。用户密码为：0004，该用户的所属部门为销售部，拥有管理模块、销售—应收账款模块所有权限。

◇ 用户代码为 dihong，用户名为：帝鸿，非超级用户。用户密码为：0005，该用户的所属部门为生产部，拥有管理模块和生产模块所有权限。

◇ 用户代码为 maofei，用户名为：毛飞，非超级用户。用户密码为：0006，该用户的所属部门为生产部，拥有管理模块和生产模块所有权限。

◇ 用户代码为 zhenda，用户名为：震达，非超级用户。用户密码为：0007，该用户的所属部门为仓储部，拥有管理模块和库存模块所有权限。

4. 业务主数据设置

定义仓库

◇ 01，原材料库 01，将库存科目设置为 12110101 原材料，其余默认。

◇ 02，原材料库 02，将库存科目设置为 12110101 原材料，其余默认。

◇ 03，成品库，其余默认。

物料主数据设置

◇ FG01，飞鸽牌自行车（仓库物料，销售物料，采购物料），计量单位：辆，库存信息为：成品库（默认仓库）。

◇ CL02，A 牌车轮（仓库物料，销售物料，采购物料），计量单位：副，库存信息为：原材料库 01（默认仓库）。

◇ CJ03，光达牌车架（仓库物料，销售物料，采购物料），计量单位：架，库存信息为：原材料库 01（默认仓库）。

◇ CZ04，中山牌车座（仓库物料，销售物料，采购物料），计量单位：个，库存信息为：原材料库 01（默认仓库）。

◇ CB05，光牌车把（仓库物料，销售物料，采购物料），计量单位：个，库存信息为：原材料库 01（默认仓库），原材料库 02。

◇ CD06，飞华牌车灯，（仓库物料，销售物料，采购物料），计量单位：个，库存信息为：原材料库 01。

业务伙伴主数据

代码	类型	名称	组	货币	联系人	地址	付款条款
C01	客户	北京西红贸易公司	大客户	人民币	刘杰	北京友谊大街 11 号	默认
C02	客户	上海户外用品供应商城	普通客户	人民币	张丽丽	上海大庆路 10 号	默认
S01	供应商	天津象风 自行车配件公司	普通供应商	人民币	朱海妹	天津天成路 2 号	默认

代码	类型	名称	组	货币	联系人	地址	付款条款
S02	供应商	南京小柯电子公司	普通供应商	人民币	张闻天	南京相仿街 34 号	默认
S03	供应商	呼和浩特市诚信会计师事务所	普通供应商	人民币	石兰	呼和浩特市曙光街 12 号	默认

5. 成本会计

◇ 定义成本核算代码

名称	激活	描述
Dimention 1	是	车间

◇ 定义利润中心

利润中心代码	利润中心名称	排序代码	成本核算代码
CJY	车间 1	01	车间
CJE	车间 2	02	车间
CJS	车间 3	03	车间

◇ 定义分配规则

代码	描述	成本核算代码	总计	中心代码	中心名称	值
GNFFT	车间供暖费分摊	车间	100	CJY	车间 1	20
				CJE	车间 2	50
				CJS	车间 3	30

6. 会计科目设置

（1）增加会计科目。

◇ 10020301 – 银行存款（位于 10020201 后同级标题科目）及以下下级明细会计科目，币别为人民币

1002030101 – 银行存款—中行新城区分理处

1002030102 – 银行存款—工行新城区分理处

✧ 10020401 – 银行存款—多货币户（位于 10020301 后同级会计科目，总账科目属性为明细科目，币别为多货币）

✧ 10010301 – 现金—欧元（位于 10010201 后，总账科目属性为明细科目，币别为欧元）

✧ 5999 – 期初余额中转科目（位于 5801 后同级会计科目，总账科目属性为明细科目，币别为多货币）

✧ 将 2151 – 应付工资科目，修改为 2151 – 应付职工薪酬，标题科目，并增加以下明细科目，货币类型为人民币。

21510101 – 应付职工薪酬—工资

21510102 – 应付职工薪酬—职工福利费

21510103 – 应付职工薪酬—职工教育经费

21510104 – 应付职工薪酬—工会经费

✧ 55020407 – 审计费用（位于 55020406 – 办公文具费后，总账科目属性为明细科目，币别为人民币）

✧ 4101 下修改增加以下明细会计科目

41010101 – 基本生产成本—材料费

41010102 – 基本生产成本—人工费

✧ 在 55020407 – 办公文具费后，增加同级明细会计科目 55020408 – 报刊订阅费，货币类型为人民币

（2）修改会计科目。

✧ 1191 – 其他应收款

11910101 – 其他应收款—李红

✧ 将 5501 – 营业费用，修改为 5501 – 销售费用

✧ 将 10010101 – 现金—人民币修改为：10010101 – 库存现金—人民币

（3）总账会计科目确认。

"收入"页签设置内容	"采购"页签设置内容
预付款清算科目：21310101 – 预收账款	预付款清算科目：11410101 – 预付账款

7. 期初余额录入

业务伙伴期初余额：（期初余额录入时汇率设为 1 欧元 = 8.00 人民币，1 美元 = 6.00 元人民币）；期初余额录入时，没有标明币别的均为人民币期初余额。

✧ 业务伙伴期初余额录入

业务伙伴代码	业务伙伴名称	期初余额（元）
C01	北京西红贸易公司	15000
C02	上海户外用品供应商城	30000
S01	天津象风自行车配件公司	－335610
S02	南京小柯自行车配件公司	－5500

✧ 库存期初余额录入：

产品名称	数量（个）	价格（元）	期初余额（元）
飞鸽牌自行车	180	560	100800
A 牌车轮	100	50	5000
光达牌车架	102	55	5610
中山牌车座	200	25	5000
光牌车把	150	70	10500
飞华牌车灯	300	6	1800

✧ 总账科目期初余额：

会计科目	期初余额（元）
10010101 - 库存现金—人民币	98000
1002030101 - 银行存款—中行新城区分理处	800000
1002030102 - 银行存款—工行新城区分理处	157700
10020401 - 银行存款—多货币户	人民币余额 10000，欧元余额 EUR3000
15010501 - 固定资产—计算机	100000
11910101 - 其他应收款—李红（币别为人民币）	2000
21010101 - 短期借款	－382000
31010101 - 股本	－642300

8. 预算设置

预算方案设置为：2018 年年度管理部门水电费预算，不舍入。（注意此预算为主预算）

定义预算分配方法：使用系统内设的方法 1，即平均分配法。

定义预算：55020401 – 水费 4600 元，55020402 – 电费 5000 元。

9. 凭证模板的设置

◇ 周期性过账模板：2018 年 1 月 1 日设置经常性过账模板 P001（按月平均分摊管理人员报刊订阅费 1000 元），频率为每月在 1 日，有效至 2018.12.31）。注意：模板设置中各要素要填写完整，包括描述信息。

◇ 百分比过账模板设置：自中行新城区分理处提取现金的模板设置（金额根据实际提款金额决定）。

10. （生产类型）物料清单

产品编号：FG01（飞鸽牌自行车），数量 1，仓库：03（成品库）

物料号	数量	仓库	发货方法	价格清单
CL02（A 牌车轮）	2	01（原材料库 01）	手动	系统默认
CJ03（光达牌车架）	1	01（原材料库 01）	手动	系统默认
CZ04（中山牌车座）	1	01（原材料库 01）	手动	系统默认
CB05（光牌车把）	1	01（原材料库 01）	手动	系统默认
CD06（飞华牌车灯）	2	01（原材料库 01）	手动	系统默认

11. 日常业务处理

要求：由财务部李红填制凭证，由 Manager 对凭证进行审核，生成永久性凭证。

（1）2018 年 1 月 1 日，从银行存款多货币户（10020401 – 银行存款—多货币户）提取欧元现金 500 元备用。

（2）2018 年 1 月 1 日，财务部李红报销差旅费（住宿费）3200 元，冲销李红以前借款 2000 元，其余以人民币现金支付。

（3）2018 年 1 月 1 日，以中行新城区分理处支付管理人员全年报刊订阅费 12000 元。

（4）1 月 2 日，使用系统提供的凭证冲销的方法修改凭证：财务部李红报销差旅费（住宿费）3200 元，冲销以前借款 2000 元，其余以现金支付。改为正确的业务数据李红报销差旅费（住宿费）4300 元，冲销以前借款 2000 元，其余以现金支付。（注意冲销凭证明细（摘要）书写明晰。）

（5）2018 年 1 月 2 日从工行新城区分理处账户转账支付水费 4900 元，注意做账时使用预算会计科目 55020401 水费。（注意凭证生成与否与预算设置的相关性。）

（6）2018 年 1 月 3 日，采购部希溪自南京小柯自行车配件公司订购了 18 架光达牌车架，每架不含税单价为 50 元，增值税税率为 13%，采购部办理了入库手续，财务部李红完成收货采购订单的创建和财务凭证的生成。财务部李红将收到的发票做应付款业务处理，生成应付账凭证（以采购订单收货为基础凭证创建），但货款未付。

（7）2018 年 1 月 4 日，生产部帝鸿创建 20 辆飞鸽牌自行车的标准类型的生产订单，并由生产部毛飞批准该生产订单（到期日为 2018 年 1 月 4 日）。

（8）2018 年 1 月 5 日，仓储部震达根据上述 1 月 4 日审批的生产订单，进行发货业务处理（基于生产订单一次性全部发货），财务部李红根据发货单，在系统中完成发货操作，并生成相应的财务凭证。

（9）生产部按照上述生产发货组织生产，2018 年 1 月 8 日，完成 15 辆自行车的生产任务（原生产订单为 20 辆），财务部李红根据入库单完成生产收货业务（部分收货），并生成生产收货的凭证。

（10）2018 年 1 月 9 日，使用在成本会计中定义好的采暖费分配规则，本月发生的 8000 元取暖费在 3 个车间按照分摊比例分摊。采暖费由中行新城区分理处账户转账支付。

（11）2018 年 1 月 11 日，财务部李红自中行新城区分理处提取 5000 元现金备用。（要求：使用百分比过账模板生成提取现金的凭证。）

（12）2018 年 1 月 11 日，财务部李红通过中行新城区分理处账户转账的形式支付期初所欠天津象风自行车配件公司的部分欠款 35610.00 元。（为不基于发票的款项的支付。）

（13）2018 年 1 月 19 日，收到北京西红贸易公司订购 10 辆飞鸽牌自行车预付款 7910 元（其中货款 7000.00 元，增值税 910.00 元，合同约定订购 15 辆），每台不含税单价为 700.00 元，税率为 13%。财务部李红根据预收款向对方开具预收款发票，并在系统中完成预收款发票的创建，并根据收到的中行新城区分理处的入账通知在系统中完成收款业务。

（14）2018 年 1 月 19 日，调用周期性过账模板生成按月平均分摊报刊订阅费 1000 元的凭证。

（15）2018 年 1 月 26 日，按照合同规定，公司仓储部震达向北京西红贸易公司交付 15 辆飞鸽牌自行车，不含税单价为 700.00 元，增值税税率为 13%。货款未付，财务部李红开具剩余商品的发票。并在系统中完成应收发票创建业务及凭证的生成。（不基于交货的应收发票的创建。）

（16）2018 年 1 月 27 日，财务部李红购买办公用品借款 890 元现金。

（17）2018 年 1 月 29 日，收到北京西虹贸易公司剩余 5 辆飞鸽牌自行车的货款及销项税，财务部李红根据银行入账通知单，在系统中完成收款业务，款项入中行新城区分理处。

（18）2018 年 1 月 30 日，仓储部门根据库存状况，将全部 CB05（光牌车把）从原材料库 01 转储到原材料库 02，财务部李红根据转储单在系统中完成转储单据的创建。

（19）2018 年 1 月 30 日，呼和浩特市诚信会计师事务所完成对本公司的财务报表审计业务，事务所开出的增值税专用发票载明：不含税审计费用为 24000 元，增值税税率为6%。由财务部李红在系统中完成服务性收货采购订单的创建及基于收货采购订单的应付发票的创建。(收货采购订单描述为:会计师事务所完成审计服务。)

(20) 2018年1月31日,完成以欧元计量的货币资产的汇兑损益结转业务。(1月31日,1欧元=8.70人民币,1美元=6.00元人民币。)

(21) 结转本月所有期间损益类科目余额到本年利润科目。

(22) 输出以本位币人民币显示的现金流量表(科目级次为3层)。

主要参考文献

［1］罗鸿. ERP 原理—设计—实施［M］. 北京：电子工业出版社，2016.

［2］葛家莉. ERP 理论与实践［M］. 上海：复旦大学出版社，2012.

［3］周玉清，刘伯莹，周强. ERP 与企业管理——理论、方法、系统［M］. 北京：清华大学出版社，2010.

［4］闪四清. ERP 系统原理与实施［M］. 北京：清华大学出版社，2006.

［5］黄骁俭. SAP Business One［M］. 北京：中国人民大学出版社，2004.

［6］SAP Business One 产品介绍，SAP 中国官网，2018 年 9 月 19 日，https：//www. sap. cn/products/business-one. html.